Cathleen Strunz

Perspektivenwechsel
Komplementarität im universitären Bildungskontext

INTEGRALE PÄDAGOGIK

herausgegeben von Daniela Michaelis

ISSN 1869-7607

1   *Daniela Michaelis und Gerhild Bachmann (Hg.)*
       Lebenslanges Lernen – freudvoll und integral
       ISBN 978-3-8382-0063-7

2   *Claudia Dostal*
       Qualitätsverbesserung des Schulunterrichts durch
       "lerntypenorientierte Suggestopädie"
       ISBN 978-3-8382-0136-8

3   *Daniela Michaelis (Hg.)*
       Bildung: integral
       Integrale Modelle für eine innovative Lehr- und Lernkultur
       ISBN 978-3-8382-0443-7

4   *Daniela Michaelis (Hg.)*
       Integrale Bildung: Spiraltanz der Befreiung?
       ISBN 978-3-8382-0898-5

5   *Cathleen Strunz*
       Perspektivenwechsel
       Komplementarität im universitären Bildungskontext
       ISBN 978-3-8382-1797-0

Cathleen Strunz

PERSPEKTIVENWECHSEL

Komplementarität im universitären Bildungskontext

Bibliografische Information der Deutschen Nationalbibliothek
Die Deutsche Nationalbibliothek verzeichnet diese Publikation in der Deutschen Nationalbibliografie; detaillierte bibliografische Daten sind im Internet über http://dnb.d-nb.de abrufbar.

Bibliographic information published by the Deutsche Nationalbibliothek
Die Deutsche Nationalbibliothek lists this publication in the Deutsche Nationalbibliografie; detailed bibliographic data are available in the Internet at http://dnb.d-nb.de.

Leuphana Universität Lüneburg, Dissertation, 2021

ISBN-13: 978-3-8382-1797-0
© *ibidem*-Verlag, Stuttgart 2023
Alle Rechte vorbehalten

Das Werk einschließlich aller seiner Teile ist urheberrechtlich geschützt. Jede Verwertung außerhalb der engen Grenzen des Urheberrechtsgesetzes ist ohne Zustimmung des Verlages unzulässig und strafbar. Dies gilt insbesondere für Vervielfältigungen, Übersetzungen, Mikroverfilmungen und elektronische Speicherformen sowie die Einspeicherung und Verarbeitung in elektronischen Systemen.

All rights reserved. No part of this publication may be reproduced, stored in or introduced into a retrieval system, or transmitted, in any form, or by any means (electronic, mechanical, photocopying, recording or otherwise) without the prior written permission of the publisher. Any person who does any unauthorized act in relation to this publication may be liable to criminal prosecution and civil claims for damages.

Printed in the EU

Inhaltsverzeichnis

Vorwort 7

Einleitung 13

Kapitel 1: Komplementäre Bildung – Begriffliche
Rahmung einer datenbasierten Theorie 27

1.1 Begriffliche Ordnungssysteme als
Interpretationsrahmen der Analyse 28

1.2 Grounded Theory: Kodes, Kategorien und die Rolle
des Beobachters 32

1.3 Erkenntnisbefähigung und die Bildung des
wissenschaftlichen Selbst 38

1.4 Komplementäre Aspekte eines ganzheitlichen
Bildungsverständnisses 55

Kapitel 2: Erkenntnis und Viabilität – Bewertung aus
neurobiologischer Perspektive 79

2.1 Beobachtung, Beschreibung und Bewertung von
Verhalten 80

2.2 Bewusstsein und Geist: Der Selbst-Prozess der
Bewusstwerdung 85

2.3 Homöostase: Wertregulation durch Bedürfnisse 89

Kapitel 3: Gegenstandsbilder des Komplementärstudiums –
eine Analyse 95

3.1 Mannigfaltige Beobachtungen einer komplexen
Situation 95

3.2 Grounded Theory: Datenbasierte Theorie- und
Methodenentwicklung 102

3.3 Typische Einstellungen gegenüber dem
Komplementärstudium 114

3.4 Schlüsseldichotomien und Studienmotive der vier
Diskursfelder 215

Kapitel 4: **Komplementäre Bildung – Kompensation einseitiger Welt- und Selbstverhältnisse** **231**

    4.1   Dualität als Merkmal einer objekthaften Wirklichkeitsauffassung 236

    4.2   Diskursdynamik: Widerstreit zwischen komplementären Einstellungen 239

    4.3   Selbstkonzepte und Bildungsverständnis 256

    4.4   Ganzheitliche Bildung der Beobachtungshaltung 268

Ausblick: **Komplementäre Bildung – ein Konzept für das Leuphana College** **275**

Resümee **283**

Schlusswort **299**

Danksagung **303**

Literaturverzeichnis **307**

Abbildungsverzeichnis **313**

Vorwort

Aufgrund der vielfältigen interdisziplinären Bezüge zu bildungswissenschaftlichen Fragestellungen ist eine an konventionellen Fächergrenzen orientierte Einordnung dieser Arbeit schwer möglich. Von Interesse ist die Studie für all diejenigen, die angesichts eines spürbaren Transformationsbedarfs in allen gesellschaftlichen Bereichen über fächerübergreifende Bildung und angemessene Praktiken in institutionellen Bildungskontexten reflektieren wollen. *Transformation* ist nicht von ungefähr aktuell eines der Zauberwörter im Bildungskontext. Wir leben in einer Zeit der Umbrüche und es gilt herauszufinden, wie wir uns bestmöglich auf ein Leben in einer volatilen Welt einstellen können.

Je schneller sich scheinbar stabile Rahmenbedingungen ändern und bewährte Handlungsmuster an Wirkkraft verlieren, desto mehr sind wir darauf angewiesen, Strategien zu entwickeln, die es uns erlauben, viable[i] – also dem (Über-)Leben dienliche – Entscheidungen zu treffen. Verhaltensveränderungen betreffen unsere Haltung gegenüber der Welt und gegenüber uns selbst, sowie die aus unserer Haltung resultierenden Handlungen. Die Diskussion der Frage, welche Bildung unserer Zeit angemessen ist, bedarf nicht nur der Klärung des zugrundeliegenden Bildungsverständnisses[ii], sondern genauso unserer Welt- und Selbstverhältnisse.

Auf die Frage nach einem angemessenen Lösungsansatz im Umgang mit der stetig wachsenden Komplexität unserer Welt, wird insbesondere *Digital Literacy* als neue zentrale Kulturtechnik propagiert. Digitalisierung und künstliche Intelligenz sind zu den Superthemen des aktuellen Bildungsdiskurses avanciert. Von

---

[i] *Viabel* steht im Sinne von „dem Leben dienlich" für effektiv, nützlich, angemessen. Vgl. Kapitel 1.4 Komplementäre Aspekte eines ganzheitlichen Bildungsverständnisses.

[ii] Eine solche Klärung setzt an bei der Frage, inwieweit durch (institutionelle) Bildungsangebote überhaupt Einfluss auf individuelle Bildungsprozesse genommen werden kann. Aus einer von mir geteilten neurowissenschaftlich-systemtheoretischen Perspektive verändert jede Aktivität des Organismus die Hirnstruktur und es gibt deshalb keinerlei Aktivitäten oder Handlungen, die nicht zugleich modifizierendes Denken sind (Lenzen 1997, 952).

Menschen entwickelte intelligente Maschinen sollen uns künftig abnehmen, was der menschliche Verstand nicht zu leisten vermag. Doch mit dem steigenden Grad an technischer Abhängigkeit geht nicht selten ein Gefühl der Überforderung einher, aus dem u.a. die Dystopie eines Kontrollverlustes an humanoide Roboter erwächst.

Konstruktivistische Ansätze gehen davon aus, dass Sprache unser Denken und Wissen formt, was Rückwirkungen des Diskurses auf unsere Erwartungshaltung an die Zukunft impliziert. Sprache wird dabei in Einklang mit Humboldts Sprachtheorie nicht abbildtheoretisch als Medium der Repräsentation betrachtet, sondern als konstitutives Medium der Hervorbringung von Gedanken und mentalen Welt- und Selbstbildern. Unter Bezugnahme auf Hans Christoph Kollers Definition transformatorischer Bildung (2018, 15f.) wird im Folgenden nach Bildungspraktiken gefragt, durch die gezielte Impulse zur Transformation sprachlich strukturierter Welt- und Selbstverhältnisse gesetzt werden können. Dies betrifft die wohl grundlegendste „Kulturtechnik" der (sowohl bewussten als auch unbewussten) Hervorbringung von *Imagines*, also von subjektiven Gegenstandsbildern im Sinne C. G. Jungs.[iii]

Die vorliegende Konzeption komplementärer Bildungspraktiken setzt bei den semantischen Beschreibungen an, die ein Mensch als Beobachter über sich und die Welt hervorbringt. Jedoch baut sie auf einer Theorie komplementärer Bildung auf, welche zwischen einer semantischen und einer systemischen Betrachtungsweise von Bildung unterscheidet.[iv] Durch diese Differenzierung wird die menschliche Doppelexistenz als Subjekt-in-der-Sprache und als

---

[iii] Jungs (1972, 27; 1995, 507) Definition des Begriffes Imago (Pl.: Imagines) verdeutlicht den erkenntnistheoretisch relevanten Unterschied zwischen *Objekt* und *durch Beobachtung hervorgebrachtes Objekt*. Vgl. dazu Kapitel 1.4, Abschnitt *Kognition und Emotion: Informationsverarbeitung im gleichen Modus*

[iv] Trotz einer skeptischen Position in Hinblick auf die Möglichkeit zur gezielten Einflussnahme auf sich selbst bildendende (autopoietische) System bin ich davon überzeugt, dass es sinnvoll ist, Impulse für Bildungsprozesse zu setzen. Jedoch müssen wir uns darüber im Klaren sein, dass diese von einem lebenden System auf seine ganz eigene Weise verarbeitet werden. Bildungsziele sind die von Vertreter*innen von Bildungsinstitutionen auf der semantischen Ebene als angemessen definierte Verhaltensweisen, die es im Bildungsprozess einzuüben gilt. Als Beobachter können wir Verhaltensänderungen (Transformationen) beschreiben und als Wirkung solcher Impulse interpretieren.

Lebewesen betont. Daran schließt sich die Frage an, welche Bereiche menschlicher Existenz in den Blick genommen werden müssen, wenn – zumeist unter Berufung auf Humboldt – ein Anspruch auf ganzheitliche Bildung verfolgt wird. Auf diese Weise geraten verstärkt auch Verhaltensbereiche in den Blick, die größtenteils automatisch und unbewusst auf der systemischen Ebene innerhalb einer lebenden Einheit ablaufen und im Bildungsdiskurs bisher oft ausgespart bleiben.

Die Idee ganzheitlicher Bildung wird hier auf eine Weise adressiert, die (noch) ungewohnt erscheinen mag: Aus einer systemtheoretischen Perspektive wird der Mensch als *ein* sich in permanenter Veränderung befindlicher transpersonaler Organismus betrachtet.[v] Eine solche die Ontogenese des Individuums und die Phylogenese der Gattung gleichermaßen einbeziehende Betrachtungsweise stellt eine sowohl in die Vergangenheit wie auch in die Zukunft gerichtete Perspektive auf das Entwicklungspotential der menschlichen Spezies dar. Auf diese Weise erscheint das Individuum als spezifische Ausdrucksform menschlicher Existenzmöglichkeiten, welches einerseits durch seine biologischen Voraussetzungen sowie durch individuelle und kollektive Erfahrungen geprägt ist. Andererseits gerät es als potentiell zukunftsoffene autopoietische Lebensform in den Blick.[vi]

Die der Theorie komplementärer Bildung zugrunde liegende Idee von Ganzheitlichkeit bezieht sich darüber hinaus auf die menschliche Psyche als der Gesamtheit aus Bewusstem und

---

[v] Unter System kann eine einzelne lebende Einheit verstanden werden, aber auch ein Zusammenschluss aus vielen solchen Einheiten zu einem übergeordneten System (Maturana und Varela 1987, 216–17).

[vi] Solange Komplexität und Unvorhersehbarkeit in erster Linie als Bedrohung betrachtet werden, für die wir maßgeschneiderte Lösungen in der Schublade haben sollten, werden wir uns in einer unsicheren Welt imaginieren. Auf diese Weise bleiben wir einem Lebensgefühl verhaftet, welches an den Überlebenskampf unserer Vorfahren erinnert, die in weit weniger komplexen, aber nicht weniger bedrohlichen Situationen klarkommen mussten. Ihre kollektiven Erfahrungen sind ebenso in uns eingeschrieben wie wir die grundlegende Organisationsform der menschlichen Spezies mit ihnen teilen. Dazu gehören auch Merkmale der menschlichen Bewusstseinsstruktur, die uns trotz einer überaus dynamischen Entwicklung unsere Wahrnehmungsweise und daraus resultierende Wirklichkeitsauffassungen noch immer grundlegend prägen.

Unbewusstem, sowohl in individueller als auch in kollektiver Hinsicht. Vor diesem Hintergrund sind ganzheitliche Bildungsangebote als Impulse zur Integration von Unbewusstem in unser Bewusstseinsfeld – und in diesem Sinne als Bewusstseinserweiterung – zu konzipieren. Um den hier skizzierten großen Bogen zu schlagen, bedarf es einer anthropologischen Reflexion, die idealerweise Erkenntnisse aus so verschiedenen Disziplinen wie der Neurobiologie mit ihren facettenreichen Subdisziplinen, der Psychologie, der Philosophie, den Geschichts-, Sprach-, Kultur- und Sozialwissenschaften sowie der Quantenphysik einbezieht.

Auch wenn die vorliegende Arbeit einem so umfänglichen Anspruch nicht gerecht werden kann, vermag sie eine Idee davon vermitteln, wie das Unterfangen der Integration interdisziplinärer Erkenntnisse zu veränderten Sichtweisen auf Bildung als *Bildung des Menschen* (wie es Humboldt 1793 formulierte[vii]) führt. Es geht um eine Verbindung des geistes- und sozialwissenschaftlichen Diskurses mit naturwissenschaftlichen Perspektiven auf den Menschen als ein durch seine vegetativen Funktionen geprägtes Lebewesen und „Wissenssubjekt". Hiermit wird ein Beitrag zur Überbrückung der kulturellen Kluft zwischen den Humanities und den Sciences geleistet. Auf diese Weise geraten auch Prozesse in den Blick, die automatisch und unterhalb der Bewusstseinsschwelle ablaufen, sich aber auf die Wirklichkeitsauffassung eines lebenden Systems ebenso auswirken wie seine bewussten Wahrnehmungen. Das Zusammenspiel dieser beiden Ebenen, die im Folgenden als *semantische* und *systemische*[viii] Ebene adressiert werden, ist für die Frage nach angemessenen Bildungsimpulsen von besonderem Interesse.[ix]

[vii] Der Titel des 1793 verfassten Textes lautet „Theorie der Bildung des Menschen" (Humboldt, 1986).

[viii] Die Formulierung „systemische Ebene" ist bewusst unscharf gewählt, weil damit ein Lebensbegriff adressiert wird, der die unterschiedlichsten Stufen von Leben einschließt, sich also ganz explizit nicht auf biologische – auf den Körper bezogene – Vorgänge beschränken lässt, sondern darum bemüht ist, die Ganzheit der Psyche als die Summe aus Bewusstem und Unbewusstem im Sinne Jungs einzubeziehen und auch dem Überbewussten potentiell Raum bietet.

[ix] Aufgrund meiner Intention einer Zusammenführung interdisziplinärer Perspektiven wird der umfängliche Diskurs um das Wissenssubjekt, der in einer

Aufgrund der zahlreichen erklärungsbedürftigen Konzepte aus verschiedenen Disziplinen ist das Sprechen über die vorliegende Theorie komplementärer Bildung überaus voraussetzungsvoll. Deshalb erlaube ich mir im Voraus ein semantisches Netz aufzuspannen, das den Lesern beim Einfangen der komplexen Bezüge helfen soll: Im Zentrum der Theorie *komplementärer* Bildung steht der *Ich-Beobachter*[x]. Die *Ausrichtung seiner Wahrnehmung* hat Einfluss auf seine *Wirklichkeitsauffassung*. Komplementäre Bildung zielt auf die Einübung eines bewussten *Perspektivenwechsels*, welcher der *Kompensation einer einseitigen Beobachtungshaltung* dient. In einer vom Anspruch wissenschaftlicher Objektivität stark geprägten Gesellschaft bedient die *extravertierte* Beobachtungshaltung die kulturell dominante Wirklichkeitsauffassung. Sie profitiert von der Reintegration der *introvertierten* Betrachtungsweise, die vor dem Hintergrund wissenschaftlicher Bemühungen um *objektive Welterkenntnis* ins Abseits universitärer Bildungspraktiken geraten ist.

Durch die Gegenüberstellung von *Extraversion* und *Introversion* (bzw. *Außenansicht und Innenansicht*) sind zwei Bezugsgrößen benannt, mit denen ich mich im Anschluss an C. G. Jung und Hans-Peter Dürr auf grundlegend verschiedene Arten des In-der-Welt-Seins beziehe, und von denen ich behaupte, dass sie in einem *komplementären* Verhältnis zueinanderstehen. Dieses Verhältnis wird auf der Basis empirischer Untersuchungsergebnisse als *systemische Polarität* definiert, die einerseits auf *ektoderme und endoderme Wahrnehmungsfunktionen* zurückzuführen ist, andererseits auf menschliche Grundbedürfnisse, welche die Pole verschiedener Wertspektren bilden. Im Diskurs über *fächerübergreifende Bildung* spiegelt sich diese *systemische Polarität* auf der semantischen Ebene als eine

---

Diskussion über Bildung nicht unberücksichtigt bleiben darf, innerhalb dieser Arbeit tendenziell unterbelichtet. Da im Sinne Ludwig Hubers (1991) dennoch der Anspruch einer intentionalen Intervention auf den Bildungsprozess des wissenschaftlichen Subjektes verfolgt wird, werde ich die konzeptionell relevanten Schlussfolgerungen in einem Schlusswort noch einmal möglichst anwendungsorientiert zusammenfassen.

[x] Den Begriff „Beobachter" verwende ich im generischen Maskulinum, ebenso andere im direkten Zusammenhang damit stehende Abstrakta wie z.B. *Beobachtungstyp*.

binäre Argumentationsstruktur (*Entweder-oder*) und mündet in einen *Widerstreit unterschiedlicher Diskursarten* im Sinne Lyotards (1989).

Komplementarität wird im Anschluss an Jean Gebser als „sich ergänzende Polarität" (1978, 299) definiert und in dem von Carl Friedrich von Weizsäcker (1990) formulierten Sinne als *zirkuläre Komplementarität* gedacht. Diesen Punkt gleich zu Beginn der Studie auszuführen halte ich für sinnvoll, da unsere Denk- und Wahrnehmungsweisen so stark auf binäre Konstruktionen ausgerichtet sind, dass zunächst der Unterschied zwischen Polarität und Dualität herauszustellen ist. Polarität sollte nicht auf das Verhältnis von zwei Bezugsgrößen reduziert werden. Die konsequente Beschreibung einer systemischen *Poly-Polarität* des Komplementären schützt vor einem Zurückfallen in die Dualität von Gegensatzpaaren. Komplementäres Denken, so die hier vertretene These, bietet einen Ausweg aus der Sackgasse, in welche das von Theodor W. Adorno kritisierte *identitäre Denken* führt und weist uns den Weg zu der von Jean Gebser beschriebenen integralen Bewusstseinsstruktur.

Einleitung

Ausgangspunkt dieser Untersuchung sind Beobachtungen, die ich seit 2008 als Koordinatorin fächerübergreifender Studienprogramme an verschiedenen deutschen Hochschulen gemacht habe.[1] Als Programmkoordinatorin bin ich u.a. für die Qualitätssicherung und Weiterentwicklung zuständig und werde mit den Erwartungen, Wünschen und Kritikpunkten sämtlicher universitärer Statusgruppen konfrontiert. Bisher gelang es nicht, die Summe der heterogenen Verbesserungsvorschläge konzeptionell zu berücksichtigen und daraus ein Programmkonzept zu entwickeln, das alle Beteiligten wertschätzen. Denn die Vorstellungen darüber, was ein fächerübergreifender[2] Studienbestandteil leisten soll, gehen nicht nur weit auseinander, sondern stehen häufig zueinander im Widerspruch.[3]

Auf diese heterogene Realität mit ihren vielfältigen Konzepten und Praktiken trifft die Idealvorstellung, wonach eine Verständigung über die Bedeutung und damit auch die Zielsetzung solcher Studienprogramme mithilfe sprachlicher Kategorien wie „Bildung" und „fächerübergreifend" möglich wäre. Die Irritation darüber, dass dies nicht im gewünschten Maße gelingt, wird aber selten zum Anlass genommen, um in einem gemeinsamen Klärungsprozess die semantischen Schichten dieser Begrifflichkeiten sorgsam abzuklopfen. Eine mangelnde Reflexion über die

---

[1] Von 2008 bis 2011 war ich an der Bucerius Law School und der HafenCity-Universität in Hamburg tätig. Seit 2011 bin ich als wissenschaftliche Mitarbeiterin und Koordinatorin an der Leuphana Universität in Lüneburg beschäftigt.

[2] Bereits hinsichtlich der Frage, ob von *fächerübergreifenden* oder *überfachlichen* Studienprogrammen die Rede sein soll, besteht kein Konsens geschweige denn eine einheitliche Sprachregelung. Bezugnehmend auf Wilhelm von Humboldt und seine Unterscheidung in „die verschiedenen Fächer der menschlichen Erkenntnis" (Humboldt 1986, 32), spreche ich von *fächerübergreifender* Bildung.

[3] Die Konfliktlinien verlaufen u.a. zwischen den administrativen Anforderungen im Zusammenhang mit der Modularisierung des Programms und organisatorischen Ansprüchen, welche die Wahlfreiheit auf inhaltlicher Ebene betreffen. Letzteres reicht u.a. in die Diskussion darüber hinein, ob Studierende gegen ihren Willen zur Belegung fachfremder Kurse verpflichtet werden können, und ob im Rahmen eines fächerübergreifenden Programms auch der Vermittlung von Fachinhalten Raum gewährt werden muss.

wirklichkeitsreduzierende Funktion kategorialer Objektbezeichnungen führt dazu, dass individuell wahrgenommene Phänomene mit den sie bezeichnenden Begriffen[4] gleichgesetzt werden. Doch lassen sich – wie im ersten Kapital nach Lyotard (1989) näher ausgeführt – unterschiedliche Diskursarten, mit denen verschiedene Zwecke verfolgt werden, nicht ineinander übersetzen. So sprechen wir über „fächerübergreifende Bildung" oder „Perspektivenwechsel" etc., ohne uns bewusst zu machen, dass wir so unterschiedliche Sprachen sprechen wie nach dem Turmbau die Bewohner von Babel.

Der mangelnde Konsens über die Bedeutung und Zielsetzung fächerübergreifender Bildung wirft einmal mehr grundsätzlich die Frage danach auf, wie entsprechende Studienprogramme bzw. die darin zu ermöglichenden Lehr- und Lernprozesse zu gestalten sind. Um Antworten auf diese Frage zu finden, habe ich eine qualitative Analyse durchgeführt, die die empirische Grundlage für die vorliegende Theorie über komplementäre Bildung darstellt. Als Forschungsumfeld für diese Untersuchung wurde das *Komplementärstudium* am College der Leuphana Universität Lüneburg ausgewählt. Es steht exemplarisch für Studienprogramme, die am Ideal fächerübergreifender Bildung orientiert sind. Diese Auswahl wurde einerseits aus forschungspragmatischen Gründen[5] getroffen, andererseits aufgrund des mit dem Komplementärstudium verfolgten Anspruchs, ein Studienelement *wissenschaftlicher Bildung* zu sein. Was von wem unter wissenschaftlicher Bildung verstanden wird, gehört in den zu klärenden Fragebereich, weshalb dieser Anspruch hier nur umschrieben werden kann. Im Gegensatz zu vielen anderen fächerübergreifenden Studienprogrammen an deutschen

---

[4] Es gibt verschiedene Möglichkeiten *Begriff* zu definieren. Im Folgenden wird darunter ein sprachlicher Ausdruck (Wort, Zeichen) verstanden, mit dem ein Beobachter einen bestimmten Vorstellungsinhalt bezeichnet. In der Grounded Theory werden *Begriff* und *Konzept* synonym zur Bezeichnung von *„verallgemeinernden* Sprachausdrücke[n] für spezifische empirische Phänomene" verwendet. Die genannten Termini werden „auch als Sammelbezeichnung für ‚Kodes' und ‚Kategorien' angesehen" (Breuer 2010, 74).
[5] Meine Doppelrolle als Forscherin und Akteurin im Feld wird hinsichtlich der diesbezüglichen epistemologischen und methodischen Voraussetzungen in Kapitel 3.1 reflektiert.

Universitäten enthält das Programm des Komplementärstudiums keine „wissenschaftsfernen" Angebote, wie z.B. anwendungsorientierte Software- oder Sprachkurse. Das Komplementärstudium ist nicht auf ein breites Publikum, sondern allein auf die studentische Zielgruppe ausgerichtet und als verpflichtender Bestandteil des Bachelorstudiums nicht losgelöst vom Kontext des gesamten Studienmodells zu betrachten.

Das Bachelorstudium am Leuphana College, der so genannte *Leuphana-Bachelor*, setzt sich aus den Studienbestandteilen Major und Minor (Haupt- und Nebenfach), dem Leuphana-Semester und dem Komplementärstudium zusammen und umfasst 180 Credit-Points (CP). Neben zwei Fachmodulen belegen die Studienanfänger*innen aller Disziplinen im Leuphana-Semester drei fächerübergreifende Module, in denen sie an wissenschaftliches Denken und Arbeiten herangeführt werden. Das Komplementärstudium wird ab dem zweiten bis zum sechsten Semester parallel zu Major und Minor studiert. Hier können Studierende aus einem bis zu 140 Lehrveranstaltungen pro Semester umfassenden Angebot wählen, welches sich über 12 Module verteilt, von denen sechs verschiedene belegt werden müssen, was 30 CP entspricht.[6] Die Module ergeben sich aus einer Matrix von vier Perspektiven und drei Herangehensweisen. Die Perspektiven repräsentieren die Wissenschaftsgebiete[7] Geistes-, Sozial- und Naturwissenschaften sowie einen vierten Bereich, der als „Inter- und transdisziplinäre Wissenschaften" ausgewiesen ist. Jede Perspektive ist in drei Herangehensweisen unterteilt, durch die der didaktische Schwerpunkt einer Lehrveranstaltung als medialitätsorientiert[8], methodenorientiert oder praxisorientiert markiert wird.[9]

---

[6] Im deutschlandweiten Vergleich weist es mit 30 von 180 Credit-Points eine sehr umfassende curriculare Verankerung auf.

[7] Diese Einteilung orientiert sich an der Fachsystematik, wie sie die Deutsche Forschungsgemeinschaft (DFG 2021) verwendet.

[8] Damit ist ein traditionell an der Arbeit mit Texten und sonstigen medialen Informationsquellen wie (bewegten) Bildern, Objekten, Artefakten etc. orientierter Zugang gemeint.

[9] Die auf der Leuphana-Website (2021a) beschriebene Struktur ist das 2015 erzielte Ergebnis eines Aushandlungsprozesses, in den zahlreiche Akteure unterschiedlichster Statusgruppen eingebunden waren. Davor setzte sich das

Die Beschränkung des Untersuchungsbereiches auf nur ein einzelnes fächerübergreifendes Studienprogramm findet ihre Begründung darin, dass der Forschungsfokus nicht auf der Vielfalt der Ausprägungsformen fächerübergreifender Bildungsangebote liegt, sondern auf der Mannigfaltigkeit der Wahrnehmungen ein und desselben Phänomens. So lautet die Fragestellung, welche die qualitative Analyse mit der erarbeiteten Theorie verbindet: *Wie wird ein fächerübergreifendes Bildungsangebot wahrgenommen und was liegt den Bewertungen dieses Phänomens zugrunde?* Diese Frage beschränkt sich nicht auf die Offenlegung der Kriterien, welche die Beurteilenden zur Bewertung anlegen. Vielmehr weist sie über die Ebene der Wahrnehmungsinhalte hinaus, indem sie die Wahrnehmungsweise der Wahrnehmenden in den Blick nimmt. Damit gerät der Wahrnehmende und Beurteilende als Beobachter[10] *selbst* ins Zentrum der Betrachtungen.

Die Auseinandersetzung mit der Frage nach fächerübergreifender Bildung braucht als Fundament ein geklärtes Verständnis von Bildung. „Was ist Bildung?" lautet der Titel einer von Heiner Hastedt (2012) herausgegebenen Textanthologie, in der er – an der klassischen Bildungsphilosophie orientiert – Bildung einleitend „vor allem als Selbstbildung und die möglichst harmonische Entwicklung der ganzen Person" (2012, 7) definiert. Doch wenn Bildung vor allem Selbstbildung ist, stellt sich die Frage: „Was ist das Selbst?"

Komplementärstudium aus sechs Perspektiven zusammen, bei deren Benennung von einer Orientierung an Wissenschaftsgebieten und Disziplinen bewusst abgesehen worden war. Die Perspektivenbezeichnungen lauteten: Methoden & Modelle, Kunst & Ästhetik, Sprache & Kultur, Verstehen & Verändern, Projekte & Praxis sowie Natur & Technik.

[10] Der Begriff „Beobachter" steht im generischen Maskulinum, da es sich um ein Abstraktum handelt, zugleich dient er der Anonymisierung der Aussagen im dritten Kapitel. Ebenso handhabe ich Abstrakta, die im direkten Zusammenhang mit *Beobachter* verwendet werden, wie z.B. der *Wahrnehmende*, der *Beurteilende*, der *Erkennende* sowie die Formulierung *Beobachtungstyp*, die für eine von Personen unabhängige und damit auch geschlechtsneutrale Klassifikation einer Haltung steht. Darüber hinaus wurde eine gendergerechte Schreibweise mit dem Gendersternchen (*) gewählt, dort wo möglich, auch ein geschlechtsneutraler Plural. An einzelnen Stellen wurden Begriffe mit historischem Hintergrund („Wissenschaftler") oder im Interesse der Leserlichkeit Komposita wie „Forscherpersönlichkeit" nicht angepasst.

Im Zentrum der klassischen Bildungstheorie steht die Selbstbildung des Individuums. Das Ideal der Bildung, wie u.a. von Humboldt und Herder geprägt, beziehe sich – so Hastedt – auf die „Entwicklung der ganzen Person" (2012, 11), die Steigerung der Individualität (die nicht als Gegensatz zu einer überindividuellen Verbindlichkeit zu denken sei), und beinhalte den Gedanken von Wachstum durch Entfremdungsüberwindung und als Ausgleich der anthropologischen Bedürftigkeit des Mängelwesens Mensch (2012, 11–14). Bildung als Selbstbildung wird von dem seine Möglichkeiten entwickelndem Individuum gedacht, das sich gegenüber der Welt öffnet und letztlich selbst darüber entscheidet, ob ihm die von außen kommenden Erfahrungen zum Bildungsanlass werden oder ohne Folgen bleiben (2012, 10). Das zentrale Merkmal der Selbstbildung ist Hastedt zufolge von „Bildung in speziellen Institutionen" und der „Bildung der Menschheit" zu unterscheiden (2012, 9–10). Mit dieser Unterscheidung wird die sich selbst bildende Person vom kollektiven Selbst der Menschheit geschieden, so als bezöge sich *Selbst* per Definition auf ein Individuum. Obwohl Hastedt betont, dass in den klassischen Bildungstheorien mit der Formulierung von der „ganzen Person"[11] ein organizistisches Leitbild verfolgt wurde (2012, 11), argumentiert er:

> Werden Bildungsinstitutionen zu Ausbildungsstätten, dann kann der Bildungsgedanke nur über Selbstbildung neu an Stärke gewinnen (will man die erkenntnistheoretisch mysteriöse Bildung der Menschheit als nicht greifbare Kollektivinstanz gar nicht ins Gespräch bringen). (2012, 10)

Die Herausforderungen unserer Zeit machen es meiner Ansicht nach jedoch erforderlich, die „Menschheit als nicht greifbare Kollektivinstanz" in den Blick zu nehmen. Überdenkt man die Frage nach dem *Selbst*, eröffnet das Bildungsideal ganzheitlicher (Selbst-) Bildung, welches bis heute unser Verständnis von Bildung im Gegensatz zu einer Ausbildung prägt, neue Gestaltungsmöglichkeiten im Bildungskontext. Der Fokus der vorliegenden Untersuchung ist

---

[11] In seiner „Theorie der Bildung des Menschen" spricht Wilhelm von Humboldt allerdings nicht von der ganzen Person, sondern dem „ganzen Wesen" (1986, 34, 36), was als Indiz dafür gelten kann, dass Humboldt ‚Individuum' nicht mit ‚Person' gleichsetzt.

auf fächerübergreifende Studienprogramme an Universitäten gerichtet, die als Angebote *wissenschaftlicher* „Bildung in speziellen Institutionen" (Hastedt 2012, 9) konzipiert sind.[12]

Institutionell verankerte Bildungsangebote spiegeln idealerweise einen kollektiven Konsens darüber, was unter Bildung verstanden wird. An den Konflikten über etablierte Studienpraktiken kann abgelesen werden, wo das kollektive Bildungsverständnis an die Grenzen der Konsensfähigkeit stößt. Die Grenze, welche ich als die entscheidende Konfliktlinie in der Auseinandersetzung um fächerübergreifende Bildung interpretiere, verläuft zwischen einem *Selbst*verständnis als *äußerer* und als *innerer Persönlichkeit* (Jung 1995, 500). Das *Selbst*verständnis als *innere Persönlichkeit* kann die Vorstellung der an einen Körper gebundenen, personalen Identität übersteigen und das *Selbst* als „kollektiven Menschen" (Jung 1998, 94) imaginieren. Letztlich verweist diese Konfliktlinie auf die seit jeher mit Bildungsfragen eng verbundene Frage nach dem Menschen.

„Die Frage: Was ist der Mensch?, ebenso die Aufforderung, sich selbst zu erkennen, ist uralt", lautet der erste Satz der 1965 erschienen Abhandlung *Integrale Anthropologie und Kybernetik*, in welcher sich der Psychologe Kurt Strunz vor einem systemtheoretischen Hintergrund für eine integrale philosophisch-anthropologische Bildung einsetzt. Mit seiner bereits im Untertitel formulierten Aufforderung „zur anthropologischen Besinnung auf zahlreichen Lehrgebieten" regt er zu einer produktiven Skepsis gegenüber fachwissenschaftlich *einseitigen* Lösungen des anthropologischen Problems an (1965, 10).[13] *Integral* kann hier im Sinne der Integration

---

[12] Die Frage, ob oder unter welchen Bedingungen Bildungsangebote dem Individuum tatsächlich zum Bildungsanlass werden können, wird vor einem systemtheoretischen Hintergrund unter der Fragestellung erörtert, was unter „Erkenntnis" verstanden werden kann. In Anschluss an Maturana und Varela (1987, 35) wird eine Position vertreten, von der aus Erkenntnis als *effektive Handlung* definiert wird.

[13] Wobei Strunz fachwissenschaftliche Auseinandersetzungen vor Augen hat, bei denen die Frage nach dem Menschen nur unter einem Teilaspekt erfolgt, „[...] dem exakt-naturwissenschaftlichen, dem biologischen, dem geisteswissenschaftlichen, dem soziologischen, dem theologischen. Solche *Einseitigkeiten* sind in den Fachdisziplinen nicht zu vermeiden, und sie sind, vom pädagogischen Sinn der Schularbeit und vom Bildungsauftrag der Universität aus gesehen,

zahlreicher Perspektiven auf den Menschen verstanden werden, auch wenn Strunz (1965, 10) explizit darauf hinweist, dass es nicht das Ziel sein kann, bei der Behandlung der anthropologischen Frage abgeschlossene Vollständigkeit erreichen zu wollen. Dies gelte insbesondere auch hinsichtlich der integrativen Aufgabe pädagogischer Arbeit, die er vor allem darin sieht, Studierende wie auch Experten dazu anzuregen, „ihr Fachwissen mit den Fragen und Antworten zu integrieren, die aus *ganz anderen Wissens- und Lebensgebieten* stammen" (1965, 10; Hervorh. i. O.).

Daran wird deutlich, dass einer fachwissenschaftlichen *Einseitigkeit* mit dieser Konzeption Perspektivenvielfalt gegenübergestellt wird als einem nicht abschließbarem Prozess der Integration von Erfahrungen, welche sowohl aus anderen disziplinären wie auch aus lebensweltlichen Kontexten stammen. Unter dem Schlagwort *integrale Bildung*[14] finden sich im Umfeld der Bildungs- und Erziehungswissenschaften in den letzten Jahren zunehmend Publikationen[15], die sich auf Jean Gebser und seine Theorie vom integralen Bewusstsein beziehen.[16] Einen expliziten Zusammenhang

---

    auch ungefährlich, sofern sich der Fachvertreter immer bewusst ist und […] darauf hinweist, daß seine Art, Menschen zu sehen, eben nur eine spezielle ist und dass die Verabsolutierung solche Erkenntnisse, sogar schon die allzu einseitige Akzentuierung seines Aspektes zu einer Verzerrung des Menschenbildes führt" (1965, 17; Hervorh. C. S.).

[14] Auch wenn hier an viele Konzepte angeknüpft wird, auf die sich auch die integrale Bewegung in ähnlicher Form bezieht, wird von der Verwendung des Terminus *integral* zur Bezeichnung der erarbeiteten Bildungskonzeption abgesehen.

[15] Unter anderem eine von Daniela Michaelis herausgegebene Schriftenreihe zur Integralen Pädagogik (https://www.ibidem.eu/de/reihen/gesellschaft-politik/integrale-paedagogik.html) sowie Reinhard Fuhr/ Heinrich Dauber „Praxisentwicklung im Bildungsbereich – ein integraler Forschungsansatz", 2004 und Internetforen, z.B. https://www.integralesforum.org/dabei-sein/integrale-initiativen-themen-und-projekte/4952-integrale-paedagogik (letzter Aufruf Juli 2021).

[16] Zahlreiche dieser Arbeiten nehmen auch nur Bezug auf Ken Wilber, dem einflussreichsten zeitgenössischen Autor dieser Bewegung. Wilber hat seine Theorie jedoch u.a. auf Gebsers Ideen, insbesondere seine Konzeption einer integralen Bewusstseinsstruktur, aufgebaut. Auch wenn Wilber in wissenschaftlichen Fachkreisen umstritten ist, trägt er mit seinen Publikationen wesentlich zur Auseinandersetzung mit Fragen nach der Entwicklung des menschlichen Bewusstseins im Kontext von Bildungsfragen und zur Integration theoretischer Ansätze unterschiedlichster Wissenschaftsgebiete – u.a. der Theorie von Gebser – bei.

zwischen Gebsers Theorie und der Beziehung zwischen dem „Phänomen des Bewusstseins und einer damit verbundenen Geistes- oder sogar Haltungsschulung" stellt Jürgen Elsholz (2013, 9) in *Bildung und Bewusstsein* her.

An die Bildungskonzeptionen der genannten Autoren wird hier insofern angeknüpft, als dass Bildung ebenfalls unter den Gesichtspunkten der Integration unterschiedlicher Perspektiven auf den Menschen und als eine Frage der Bewusstseinsentwicklung verhandelt wird. Die mit Elsholz (2013) angesprochene „Haltungsschulung" wird als *ganzheitliche Bildung der Beobachtungshaltung* zum Inbegriff dessen, was ich als *komplementäre Bildung* bezeichne.[17] Unter *Haltung* ist dabei die Haltung des Beobachters zu verstehen, die er sich selbst und der Welt gegenüber einnimmt. Durch die Bewusstmachung der eigenen Beobachtungshaltung und einer methodischen Reflexion der beobachtend hervorgebrachten *Welt- und Selbstverhältnisse* (Koller 2018) steuert komplementäre Bildung der mit Strunz (1965) angesprochenen Gefahr einer einseitigen Perspektive auf den Menschen entgegen. Im Rahmen der hier vorgestellten Konzeption komplementärer Bildung meint *Perspektivenwechsel* einen bewusst vorgenommenen Wechsel der Beobachtungshaltung zur Einübung komplementärer Welt- und Selbstverhältnisse im Studium. Dabei geht es wohlgemerkt um die Veränderung der Perspektive des Beobachters auf die Welt und sich selbst, nicht nur als Person, sondern auch als kollektives Wesen. *Komplementär* im Sinne von „sich ergänzender Polarität" (Gebser 1978, 299) steht einerseits für das Verhältnis zwischen zwei unterschiedlich ausgerichteten Beobachtungseinstellungen (*introvertiert* vs. *extravertiert*, vgl. Kap. 4) und andererseits für die kompensatorische Dynamik (Jung 1995, 2–4) zwischen unterschiedlichen menschlichen Grundbedürfnissen.

Vor diesem theoretischen Hintergrund erfolgt die qualitative Analyse von Aussagen, die in Bezug auf das fächerübergreifende

---

[17] Das Konzept der Komplementarität spielt im Bildungsdiskurs bisher kaum eine Rolle. Eine explizite Bezugnahme erfährt es in einem Text von Jongebloed (2003), der trotz seines Verweises auf die Quantenphysik eine binäre Gegenüberstellung von Theorie vs. Praxis wählt, die sich mit der hier erarbeiteten Theorie als inkompatibel erwiesen hat.

Studienprogramm *Komplementärstudium* am College der Leuphana Universität getroffen wurden. Diese Aussagen werden als sprachlich verfasste Beschreibungen eines Phänomens behandelt, welche ein Beobachter von einem wahrgenommenem Objekt hervorbringt, und im Anschluss an Maturana und Varela (1987, 223) als *semantische Beschreibungen* definiert. Um den erkenntnistheoretisch relevanten Unterschied zwischen *Objekt* und *durch Beobachtung hervorgebrachtes Objekt* zu verdeutlichen, nutze ich für letzteres die Bezeichnung *Gegenstandsbild* oder in Anlehnung an C. G. Jung (1972; 1995) den Begriff *Imago* (Pl.: *Imagines*).

In den semantischen Beschreibungen und den darin enthaltenen heterogenen Bewertungen des Komplementärstudiums spiegeln sich die Schwierigkeiten, die hinsichtlich der Frage nach der Gestaltung dieses fächerübergreifenden Studienprogramms auftreten. Die Meinungen über das Komplementärstudium gehen nicht nur unter den Studierenden weit auseinander. Auch von Vertreter*innen anderer universitärer Statusgruppen wird dieser Studienbestandteil sehr unterschiedlich bewertet. Der untersuchte Textkorpus enthält u.a. Aussagen von Professor*innen, internen und externen Lehrbeauftragten sowie Mitarbeiter*innen aus Bereichen der akademischen Verwaltung, u.a. den Studiendekanaten der Fakultäten, der Studienberatung, dem Qualitätsmanagement sowie der Marketingabteilung. Die Analyse der Gegenstandsbilder des Komplementärstudiums macht deutlich, dass im untersuchten Diskurs sehr unterschiedliche Konzepte von Bildung und Studium kursieren.

Der sich in diesem Datenmaterial abzeichnende Dissens wird als Widerstreit darüber interpretiert, welcher Zweck mit fächerübergreifenden Bildungsangeboten verfolgt werden sollte bzw. durch welche Praktiken die Erkenntnisfähigkeit Studierender gefördert werden kann. Die Analyse lässt im Ergebnis hinter dem monolithischen Bildungsbegriff vier unterschiedliche Konzepte von Erkenntnis hervortreten. Damit rückt Erkenntnis- und Urteilsfähigkeit als übergeordnetes Bildungsziel in den Blick. Der Argumentation von Maturana und Varela (1987, 35) folgend, wird Erkenntnis als eine durch den Beobachter getroffene Bewertung von Verhalten als *angemessen* bzw. *effektiv* aufgefasst. Aus der Bestimmung von

Erkenntnisbefähigung als übergeordnetem Studienziel ergab sich die Leitfrage der Datenanalyse[18], die lautet: *Welche Praktiken bewertet ein Beobachter im Studienkontext als angemessen/effektiv und was empfindet er als störend/ineffizient?*

Die eingangs aufgeworfene Frage nach dem *Selbst* im Kontext wissenschaftlicher Bildung wird von Daston und Galison (2007) als eine Frage der Habitualisierung spezifischer Verhaltensweisen in einem institutionellen Kontext thematisiert, die zur Herausbildung einer spezifischen, kollektiv geteilten Beobachtungshaltung führt. Am Beispiel von Objektivität verdeutlichen sie, wie sich die gezielte Einübung von Beobachtungspraktiken, die als wissenschaftlich gelten, auf das Selbstverhältnis des Beobachters auswirken. Anhand der von ihnen getroffenen Unterscheidung in *Praktiken der Welterkenntnis* und *Selbst-Techniken* (2007) kann gezeigt werden, wie sich diese Praktiken gegenseitig bedingen und auf das sich im Studium bildende *wissenschaftliche Selbst* auswirken. Vor diesem Hintergrund rückt die von Hastedt (2012, 9) als „Bildung in speziellen Institutionen" von Selbstbildung unterschiedene Dimension von Bildung wie die Rückseite der Medaille wieder ins Zentrum der Aufmerksamkeit. Der Hochschulpädagoge Ludwig Huber[19] (1991) äußert sich folgendermaßen zur sozialisierenden Rolle institutioneller Bildung:

> Wenn – wie zumeist – ‚Bildung durch Wissenschaft' emphatisch gebraucht wird, um die Einforderung einer pädagogischen Verantwortung der Universität über das Treiben und Vermitteln von Wissenschaft hinaus abzuwehren, dann wird implizit (ohne diesen Begriff) auf einen selbständigen nicht intentional zu steuernden Prozeß der Sozialisation durch Wissenschaft gesetzt. Dieser findet zweifellos statt ... (Huber 1991, 198)

---

[18] Die analytische Leitfrage hat sich aus der Datenanalyse ergeben. Wie bei dem Fernsehquiz „Jeopardy!" (M. Richards 1984) ging es im Prozess des Kodierens darum, die Frage zu finden, auf welche all die semantischen Beschreibungen der Beobachter Antworten darstellen. Erst vor dem Hintergrund der entsprechenden Theorien konnte die Frage in dieser Form formuliert und die gebildeten Kodes und Kategorien als unterschiedliche Antwort-Cluster darauf interpretiert werden.

[19] Ludwig Huber hat dieses Forschungsprojekt bis zu seinem Tod im Jahr 2019 beratend unterstützt.

Das durch Hubers Forschung wesentlich geprägte und beförderte hochschuldidaktische Format des „Forschenden Lernens", mit dem er sich für eine „intentionale" („hochschulpädagogische") Intervention stark gemacht hat, steht in der Tradition Wilhelm von Humboldts. Huber (1991, 194) grenzt sich ab von einem Bildungsverständnis, das „an ein so oder so beschriebenes Quantum bestimmter Kenntnisse gebunden" ist, indem er ausdrücklich darauf hinweist, dass mit der Formulierung „Bildung durch Wissenschaft" (Wissenschaft wohlgemerkt im Singular) nur eine die Einzelwissenschaften durchdringende Fragestellung gemeint sein kann oder „auf der Seite des Subjekts, eine bestimmte Frage*haltung*", die sich als „Disposition der Erkenntnissuche" geformt und bewährt hat. Die Haltung, welche die Universität als Bildungsinstitution fördern soll, versteht Huber unter Verweis auf Schleiermachers „Gelegentliche Gedanken über Universitäten im deutschen Sinn" aus dem Jahr 1808 als „das Vermögen, selbst zu forschen, zu erfinden und darzustellen" (zitiert in 1991, 194). Als einen möglichen Ort für die Bildung einer auf Selbstreflexivität (1991, 196) und zweckfreies Forschen (1991, 195,198) gerichteten Haltung, benennt Huber „fächerübergreifende Studien [...] – ein neu zu konzipierendes, nicht traditionalistisches, sondern problemorientiertes und reflexives studium generale" (1991, 199).[20]

An Huber anknüpfend frage ich, was die Entstehung einer wissenschaftlichen Haltung im Sinne von Bildung, „in der objektive Ansprüche des Kulturbereichs, hier der Wissenschaft, und subjektive der Person miteinander vermittelt sind" (1991, 196), wahrscheinlicher macht. Als richtungsweisend für einen auf diese Frage zielenden Forschungsansatz benennt Huber (1991) zum einen drei Dimensionen der humboldtschen Forderung nach Selbstreflexion (Wissenschaft als Erkenntnismodus, Selbstreflexion des Subjekts, Reflexion auf das Allgemeinwohl): So wie Bildung nicht losgelöst vom Subjekt der Bildung (dem sich Bildenden) zu denken ist,

---

[20] Huber schneidet in diesem Kontext auch die Frage an, ob ein solcher Ort, welcher Raum für Selbstreflexivität, Muße zum Nachdenken und Freiheit zum Erfinden (1991, 195) gewähren kann, in unserer Gesellschaft paradoxerweise zum obligatorischen Studienbestandteil gemacht werden muss, um einem solchen Freiraum seine Existenzberechtigung zu verleihen (1991, 199).

könne *Selbst*bildung im humboldtschen Sinne nicht ohne Rückbezug auf den Begriff der Menschheit und deren „Ausbildung [...] als ein Ganzes" (Humboldt 1986, 32) erfolgen.[21] Zum anderen betont Huber die Notwendigkeit der Berücksichtigung von Aspekten menschlicher Existenz, die auf die *systemische* Ebene verweisen, wie „kognitive Dissonanzen", „Fragen der emotionalen Klärung der Persönlichkeitsentwicklung (z.B. Ambiguitätstoleranz) und der Habitusbildung" (1991, 196). Hubers Überlegungen werden im Folgenden insofern berücksichtigt, als dass die Frage nach dem Menschen bzw. danach, was (und von wem) unter *Selbst* verstanden wird, als Orientierungspunkt bezüglich der Frage nach der Gestaltung fächerübergreifender Studienprogramme immer präsent bleibt.

Damit rückt die „menschliche Doppelexistenz" (Köppl 2017, 81) ins Zentrum der theoretischen Betrachtungen: Der Mensch agiert sowohl als *bewusstes Subjekt* wie auch als *Lebewesen, das bewusste und unbewusste Mechanismen* zur Aufrechterhaltung seiner biologischen und sozialen Überlebensfunktionen nutzt. Beobachtung, im umfassenden Sinn von Wahrnehmung und Informationsverarbeitung, erfolgt nicht ausschließlich als bewusster Prozess. Im Gegenteil erhält sich das Lebewesen Mensch überwiegend durch unbewusst ablaufende Regulationsmechanismen am Leben, deren Funktion darin besteht, Werte in einem homöostatischen Bereich zu erhalten. Das Prinzip des Werterhalts wirkt nicht nur auf der – von mir als *systemisch* bezeichneten – Ebene der automatischen Homöostase. Auch in den Werturteilen, die wir auf der Verstandesebene treffen und als Meinungen äußern, spiegeln sich Bedürfnisse, die auf ein effektives Lebensmanagement auf einer soziokulturellen Ebene gerichtet sind.

Den engen Zusammenhang zwischen der Bedürfnissteuerung eines lebenden Systems und seinen Bewertungen verdeutlicht das Ergebnis der vorgenommenen Datenanalyse: Vier Grundbedürfnisse erweisen sich als die Schlüsselkategorien des untersuchten

---

[21] Denn die Aufgabe des Individuums sieht Humboldt darin, „dem Begrif der Menschheit in unsrer Person [...] einen so grossen Inhalt, als möglich, zu verschaffen" (1986, 34).

Diskurses. Entlang der methodischen Vorgehensweise der Grounded Theory wurde anhand des Datenmaterials ein Kodiersystem entwickelt[22], das die systematische Einteilung in vier typische Diskurspositionen ermöglicht. Diese Diskurspositionen sind als typische Beobachtungshaltungen zu verstehen, die ein Beobachter gegenüber dem Komplementärstudium einnehmen kann. Jede Diskursposition versammelt typische Aussagen, deren Gemeinsamkeit in der Ausrichtung auf ein je spezifisches Bedürfnis liegt. Diese Bedürfnisse können in handlungsleitende Studienmotive übersetzt werden, aus denen sich ablesen lässt, was ein Beobachter als erkenntnisförderndes Verhalten (angemessene Studienpraxis) bewertet.

Zur Erklärung der Diskursdynamik wird die systemisch bedingte Polarität von Bedürfnissen herangezogen, aus der sich auf der semantischen Ebene ein Muster von vielfältigen dualistischen Gegensätzen ergibt. Die datenbasiert nachgewiesenen bipolaren Spannungsverhältnisse auf der Diskursebene werden im Anschluss an Hans-Peter Dürr (2016) und C. G. Jung (1972; 1995) als Ausdruck eines komplementären Verhältnisses zwischen zwei grundlegend verschiedenen Beobachtungshaltungen (extravertierte und introvertierte Einstellung) interpretiert.[23] Eine mit dem Ziel der Welterkenntnis bewusst eingeübte wissenschaftliche Beobachtungshaltung kann zu einer habitualisierten extravertierten Einstellung führen, welche sowohl das Weltverhältnis als auch das Selbstverhältnis des Beobachters prägt.[24]

In einem Ausblick wird eine Konzeption für das Komplementärstudium am Leuphana College vorgestellt, in welche die

---

[22] Unter Verwendung des speziell für die computergestützte qualitative Daten- und Textanalyse entwickelten Programms ATLAS.ti.
[23] Die in Kapitel 3 dargestellte Datenanalyse bezieht sich *nicht* auf Individuen. Vielmehr wird Jungs (1972; 1995) theoretische Unterscheidung zwischen Extraversion und Introversion auf die erarbeiteten Diskurspositionen und damit auf typische Beobachtungshaltungen, die der einzelne Beobachter vorübergehend einnehmen kann, angewendet.
[24] Damit ist *nicht* gemeint, dass Wissenschaftler*innen per se dem extravertierten Typus zuzurechnen sind. Jedoch korrespondiert die von Wissenschaftler*innen eingenommene Beobachtungshaltung mit einer extravertierten Einstellung, wenn sie im Zuge ihrer wissenschaftlichen Suche nach objektiver Welterkenntnis einseitig auf das Objekt fokussieren.

dargestellten Überlegungen als konkrete Vorschläge zur Neugestaltung dieses fächerübergreifenden Studienprogramms eingeflossen sind. Die Aufgabe komplementärer Bildung sehe ich in der gezielten Anleitung zum Perspektivenwechsel als einer Selbst-Technik, die einer einseitigen Beobachtungshaltung entgegensteuert. Die Bewusstmachung der eigenen Beobachtungshaltung gegenüber spezifischen Gegenstandsbildern dient der Reflexion dadurch hervorgebrachter Welt- und Selbstverhältnisse und eröffnet Möglichkeiten für ihre Transformation.

Kapitel 1: Komplementäre Bildung – Begriffliche Rahmung einer datenbasierten Theorie

Im Zentrum der Untersuchung stehen semantische Beschreibungen des fächerübergreifenden Komplementärstudiums am Leuphana College. Deshalb rückt gleich zu Beginn der Beobachter als „Lebewesen-in-der-Sprache" in den Fokus. Im Anschluss an die biologisch begründete Erkenntnistheorie von Maturana und Varela (1987) wird das *erkennende* Tun des Beobachters als Hervorbringung von Realität verstanden, wobei betont wird, dass „alles menschliche Tun sich im In-der-Sprache-Sein abspielt" (1987, 267). *Realität* steht dabei für subjektgebundene Konstrukte, welche durch ihre interpersonelle Abstimmung den Charakter des Realen, d.h. eine vom Beobachter unabhängige Existenz, bekommen (Ludewig 1987, 13–14). Erkenntnis wird als *effektive Handlung* definiert, „die es einem Lebewesen in einem bestimmten Milieu erlaubt, seine Existenz darin fortzusetzen, indem es dort seine Welt hervorbringt" (Maturana und Varela 1987, 36). Damit wird die Identität von Erkennen und Handeln postuliert, was Konsequenzen hat in Hinsicht darauf, was unter Kognition[1] verstanden wird, weil „[w]as immer wir in irgendeinem Bereich tun, sei es etwas Konkretes wie das Gehen oder etwas Abstraktes wie philosophische Reflexion, bezieht unseren gesamten Körper mit ein" (Maturana und Varela 1987, 267). Der Mensch gerät dadurch in seiner Doppelexistenz als Lebewesen und als Subjekt in den Blick. Zur Differenzierung dieser beiden Betrachtungsebenen wird im Folgenden zwischen einer *systemischen* und einer *semantischen* Ebene unterschieden.

Vor dem damit vorausgesetzten Hintergrund erfolgt die Annäherung an das Komplementärstudium, indem die semantischen Beschreibungen als sprachlich strukturierte Verhältnisse eines Beobachters zu diesem Phänomen aufgefasst werden. Entsprechend

---

[1] Vgl. Kapitel 1.4, Abschnitt Kognition und Emotion: Informationsverarbeitung im gleichen Modus

geht es bei der Analyse der untersuchten Aussagen um die Offenlegung der zugrundeliegenden begrifflichen Ordnungssysteme, derer sich die Beobachter bedienen, um ihre Beobachterrealität hervorzubringen. Im Folgenden wird durch die Einführung des Bildungsbegriffs als einer den Begriffen *Erkenntnis* und *Viabiliät* übergeordneten Kategorie verdeutlicht, dass durch Beobachter vorgenommenen Bewertungen in einem komplexen Zusammenspiel der semantischen und der systemischen Ebene entstehen.

1.1 Begriffliche Ordnungssysteme als Interpretationsrahmen der Analyse

Um sich dem Themenbereich fächerübergreifender wissenschaftlicher Bildung zu nähern, empfiehlt es sich, zunächst danach zu fragen, was unter dem Referenzpunkt *Bildung* verstanden werden soll. Im Kontext der Bildungs- und Erziehungswissenschaften gibt es eine Vielzahl theoretischer Ansätze, die sich mit dieser Frage beschäftigen und zu unterschiedlichen Antworten kommen. Unter Verweis auf Ehrenspeck und Rustemeyer problematisiert Dieter Lenzen die „Unschärfe" des Bildungsbegriffs, die dazu führt, dass er „begrifflich eine Differenz [fixiert], die mit unterschiedlichen Inhalten gefüllt" (1997, 950) werden kann. Lenzen zufolge begreift die Unbestimmtheitsdiagnose

> Bildung als einen Begriff, wie er sich einem Beobachter darstellt, der, von außen kommend, die historisch-semantischen Facetten nicht nachvollzieht. Tut er das indessen, dann entpuppt sich der Bildungsbegriff weniger als indeterminiert denn als überdeterminiert. In ihm haben sich im historischen Verlauf zahlreiche semantische Elemente akkumuliert, von denen im konkreten Fall der Rede niemand weiß, ob sie überhaupt, ausnahmslos oder in welcher Selektion konnotiert werden. (1997, 951)

Durch die Separierung semantischer Schichten des Bildungsbegriffs[2] versucht Lenzen unterschiedliche Bedeutungsebenen

---

[2] Was Daston und Galison über das Ideal der wissenschaftlichen Objektivität schreiben, nämlich dass es sich „durch allmähliche Ablagerung und Erweiterung aus Praktiken historisch entwickelt" habe, weshalb es nicht verwunderlich sei, dass seine „Struktur verworren" und „nicht kristallklar" ist, lässt sich m.E. auch auf den Bildungsbegriff übertragen. Weder Objektivität noch Bildung sind als

einzeln in den Blick zu bekommen. Auf dieser Basis will er prüfen, ob der Begriff der Selbstorganisation bzw. Autopoiesis[3] oder Emergenz (SAE) als „Beschreibungsterminus für die Humanontogenese" Chancen hat, den in seinen Augen für eine wissenschaftliche Verwendungsweise ungeeigneten Bildungsbegriff abzulösen (1997, 951). Lenzen arbeitet zunächst folgende vier Bildungsdimensionen ausführlich heraus: 1) Bildung als individueller Bestand, 2) Bildung als individuelles Vermögen, 3) Bildung als individueller Prozess und 4) Bildung als individuelle Selbstüberschreitung und als Höherbildung der Gattung (1997, 951–56). Diese vier Dimensionen können Lenzen zufolge alle durch den Alternativbegriff der *Autopoiesis* abgedeckt werden. Er weist aber auch darauf hin, dass der Bildungsbegriff mehr als diese vier Dimensionen umfasst und hinterfragt ganz gezielt „das Verständnis von Bildung als Aktivität bildender Institutionen oder Personen" (Lenzen 1997, 956). In der Regel wird zwischen denjenigen unterschieden, deren Handeln darauf abzielt, andere zu bilden, und solchen, deren Handeln der eigenen Bildung dient. Lenzen zufolge, der sich insbesondere auf Niklas Luhmanns *Soziologische Aufklärung Band 6* von 1995 bezieht, ist diese Unterscheidung aus neurowissenschaftlicher und systemtheoretischer Perspektive aber nicht haltbar, weil „jede Aktivität des Organismus eine Tätigkeit ist, die die Hirnstruktur verändert. Aktivitäten, Handlungen, die nicht zugleich modifizierendes Denken sind, gibt es gar nicht" (Lenzen 1997, 952).

Bildung wird nicht als Einfluss der Umwelt auf das System verstanden und Lernen nicht als „Übernahme" einer Instruktion aus der Umwelt begriffen (Lenzen 1997, 956–57). Vielmehr stellen

---

abstrakte, zeitlose und monolithische Begriffe zu verstehen. Würde man diese moralisch stark aufgeladenen historischen Formationen dennoch als Begriffe erfassen wollen, glichen sie weniger „einer Bronzeskulptur aus einem Guß" als „einem improvisierten, aus schlecht passenden Teilen von Fahrrädern, Weckern und Dampfrohren zusammengelöteten Apparat" (2007, 55).

[3] Lenzens Position baut auf systemtheoretischen Annahmen auf. Er bezieht sich auf Maturana und Varela, u.a. auf eine Ausgabe von *Der Baum der Erkenntnis* aus dem Jahr 1991, sowie auf Luhmanns „Die Autopoiesis des Bewußtseins", ein Text der 1995 in *Soziologische Aufklärung Band 6* erschien. Diese systemtheoretischen Grundannahmen sowie die Begriffe Autopoiesis, Selbstorganisation, Ontogenese und Phylogenese werden in Kapitel 2 ausführlich besprochen.

„Erziehung und Unterricht als Umweltphänomene Perturbationen dar [...], aus denen das kognitive System selegiert" (1997, 956). Demzufolge bildet sich nicht nur im Bildungskontext jeder beteiligte Akteur (selbst), sondern grundsätzlich jedes Individuum, bei jeder beliebigen anderen Aktivität, die wir *nicht* Bildung nennen (1997, 952). Pädagogische Praktiken (nicht aber Bildung in einem die Dimension der Selbstbildung umfassenden Sinne) werden aus systemtheoretischer Perspektive auf die gleiche Stufe mit allen anderen Umweltreizen gestellt.

Die Verwendung des Begriffs „Bildung" in seiner „Funktion einer normativen Leitkategorie zur Begründung und Zielbestimmung pädagogischen Handelns" (Koller 2018, 10) wurde auch vor dem Hintergrund der „von Heinrich Roth propagierten realistischen Wendung der Pädagogik zu einer modernen Sozialwissenschaft seit den 1960er Jahren" zunehmend infrage gestellt und wiederholt durch andere Termini zu ersetzen versucht. Unter Verweis auf die Diskussion darüber, inwiefern es angezeigt sei, den klassischen Bildungsbegriff zu ersetzen oder ob er jenen unverzichtbaren „Ort darstellt, an dem über Legitimation, Zielsetzung und Kritik pädagogischen Handelns methodisch reflektiert gestritten werden kann und soll" greift Hans Christoph Koller weitere relevante Fragen auf:

> ob (bzw. inwieweit) [...] [die] um 1800 entwickelte klassische Fassung des Bildungsbegriffes auch heute noch als Orientierungskategorie für bildungstheoretische Überlegungen brauchbar ist oder ob dafür nicht eine gründliche Revision erforderlich wäre [und] [...] ob bzw. inwieweit die philosophische, begrifflich-(re)konstruktive Auseinandersetzung mit dem Bildungsbegriff geeignet ist, Verbindungen zur empirischen Forschung tatsächlicher Bildungsprozesse herzustellen. (Koller 2018, 10)

Vor dem Hintergrund eigener Erfahrungen im Rahmen der vorliegenden Untersuchung kann ich alle diese Fragen bejahen, wobei ich die vermeintliche Gegenposition berücksichtigt wissen will. Konkret heißt dies, dass mir eine Haltung angemessen scheint, die sowohl die Orientierung am klassischen Bildungsbegriff als auch seine gründliche Revision befürwortet. Darüber hinaus setze ich auf die zusätzliche (nicht alternative!) Verwendung weiterer

Termini zur Differenzierung des Container-Wortes *Bildung* (Lenzen 1997, 549).

Statt der u.a. von Lenzen (1997) propagierten Abschaffung des Bildungsbegriffs empfiehlt sich m. E. ein Weg, bei dem am Bildungsbegriff festgehalten werden kann[4], gleichzeitig aber eine terminologische Differenzierung eingeführt wird, die – wie von Maturana und Varela (1987, 149) im Sinne einer „logischen Buchhaltung" vorgeschlagen – eine Gruppierung in zwei getrennte Fragebereiche ermöglicht. Dabei wird zwischen einer semantischen und einer systemischen Betrachtungsweise differenziert (*systemisch* aufgrund der ihr zugrundeliegenden systemtheoretischen Grundannahmen). Auf diese Weise wird zwischen Bildung als Verhaltensbewertung durch einen Beobachtenden und Bildung als autopoietischer Entwicklungsdynamik eines lebenden Systems unterschieden. Letzteres korrespondiert mit bildungstheoretischen Positionen, die dem Konstruktivismus zugerechnet werden.

Durch die Verwendung des gleichen Begriffs (Bildung) für einen inneren Prozess, der permanent und größtenteils ohne unsere bewusste, willentliche Entscheidung abläuft, und den durch einen Beobachter „observierten" Entwicklungsprozess ergeben sich leicht unbemerkte semantische Diskrepanzen, die im Diskurs zu Missverständnissen führen. Entsprechend geht es mir darum zu verdeutlichen, wie eng die beiden Ebenen miteinander verwoben sind und welche Wirkmechanismen zwischen ihnen bestehen. Um die Differenz sichtbar zu machen, gleichzeitig aber die Gemeinsamkeit zu betonen, verwende ich den Bildungsbegriff wie eine

---

[4] Auch Koller (2018) scheint einen Mittelweg gewählt zu haben. Indem er von *transformatorischen* Bildungs*prozessen* spricht, ersetzt er den Bildungsbegriff nicht völlig durch den der Transformation und ermöglicht dadurch eine orientierungsstiftende Verortung innerhalb der Begriffsgeschichte. Seine Formulierung suggeriert, dass es auch Bildungsprozesse geben könnte, die nicht transformatorisch wirken, was der bereits zitierten Ansicht von Lenzen (1997) widerspricht, wonach jede Aktivität des Organismus die Hirnstruktur verändert. Meiner Ansicht nach muss aber nur die Frage anders gestellt werden, nämlich ob eine Veränderung der Hirnstruktur grundsätzlich auch zu einer *beobachtbaren Veränderung* des „Gehirnbesitzers" führt. Denn eine Veränderung der Hirnstruktur kann auch zur Verfestigung und Stabilisierung von Verhaltensweisen führen, was aus der Perspektive eines Beobachters nicht als Transformation bewertet wird.

Klammer für das komplexe Zusammenspiel beider Ebenen. So wird er zu einem übergeordneten Gefäß (Kategorie), das andere Konzepte (Kodes und Subkategorien) in sich aufnehmen kann.[5]

Bevor dies inhaltlich weiter ausgeführt und die gewählten Subkategorien des Bildungsbegriffs eingeführt werden, erfolgt eine epistemologische und methodische Reflexion, warum diese Vorgehensweise sinnvoll ist. Auf diese Weise soll verdeutlicht werden, wie die hier vorgestellte Theorie datenbasiert aus den Ergebnissen der empirischen Analyse entwickelt wurde und in welcher Beziehung sie zu der im Rahmen der Datenanalyse gewählten methodischen Vorgehensweise steht.

Die Funktion begrifflicher Ordnungen für das denkende Bewusstsein ist sowohl für die Interpretation der Ergebnisse datenbasierter Studien als auch für die damit einhergehende selbstkritische Reflexion des Forschungsprozesses von zentraler Bedeutung. Die *Methode der Grounded Theory* fordert Forschende zu einer intensiven Auseinandersetzung mit der Bildung begrifflicher Kategorien, deren Legitimationsgrundlage sowie einer diesbezüglichen Selbstreflexion auf. Empirisches Datenmaterial enthält Beobachtungen erster Ordnung, die im Prozess des Kodierens (re-)konstruiert werden. Mit dem Ziel, diese erste Ordnung zu erklären, erzeugen Forschende eine Beobachtung zweiter Ordnung. Dabei handelt es sich um ein übergeordnetes Begriffssystem, das als Interpretationsschema dazu dient, die Analyseergebnisse in einen größeren theoretischen Kontext (im vorliegenden Fall die Frage nach Bildung) einzuordnen.

1.2 Grounded Theory: Kodes, Kategorien und die Rolle des Beobachters

Die Grounded Theory ist keine einheitliche Methode, sondern vielmehr eine epistemologisch offene Methodologie (GTM). Sie wurde von Barney Glaser und Anselm Strauss im Rahmen ihrer Studie *Awareness of Dying* (1965) entwickelt und in *The Discovery of Grounded*

---

[5] In Kapitel 1.2 erfolgt eine vertiefte Auseinandersetzung mit der Frage nach *Kategorien* und *Kodes* im Kontext der Grounded Theory.

Theory (1967) als qualitative Forschungsmethode erstmalig dargestellt. Heute gilt sie als die weitverbreitetste Methode der qualitativen Sozialforschung (Reichertz und Wilz 2016, 48). Aufgrund ihrer strukturellen Offenheit besteht jedoch die Gefahr, dass Forschende ihre epistemologischen Fundierungen und methodologischen Grundannahmen nicht ausreichend reflektieren und sich vorrangig auf die datenorientierte Analyse fokussieren (Reichertz und Wilz 2016, 48). Demnach ist zunächst eine epistemologische und methodische Verortung im Feld der unterschiedlichen Grounded-Theory-Ansätze angezeigt.

Die Relevanz einer solchen Positionierung verdeutlicht ein kurzer Blick in die Geschichte der Grounded Theory, die durch sehr unterschiedliche epistemologische Standpunkte geprägt ist. Bereits die beiden „Urväter" Strauss und Glaser unterscheiden sich diesbezüglich stark voneinander. Barney Glaser wird als positivistischer Vertreter eingestuft, wohingegen der spätere Strauss (Strauss und Corbin 1996) dem interpretativen Paradigma nähersteht, auch wenn diese Variante noch immer positivistische Anklänge hat.

Als verbindendes Merkmal aller Grounded-Theory-Ansätze kann die Zielsetzung benannt werden, durch den detaillierten Vergleich empirischer Daten ein charakteristisches Muster zu erkennen. Dazu werden z.B. verschriftlichte Aussagen oder filmisch dokumentierte Interaktionen miteinander verglichen und nach dem Prinzip der Ähnlichkeit[6] so gruppiert, dass der jeweils fokussierte Aspekt der Gemeinsamkeit über die Zuordnung zu Kodes, Subkategorien und Kategorien bottom-up immer stärker abstrahiert wird.

---

6 Obwohl *Ähnlichkeit* ein Leitprinzip der Grounded Theory ist, wird dieses Konzept in den meisten Ansätzen nicht weiter problematisiert, sondern wie z.B. bei Strauss und Corbin vorausgesetzt: „Während des offenen Kodierens werden die Daten in einzelne Teile aufgebrochen, gründlich untersucht, auf Ähnlichkeiten und Unterschiede hin verglichen, und es werden Fragen über die Phänomene gestellt, wie sie sich in den Daten widerspiegeln" (Strauss und Corbin 1996, 44). Allerdings muss die Behauptung von Ähnlichkeit als eine Erkenntnisleistung eines Beobachters betrachtet werden. Vor diesem Hintergrund wird die Thematik der Kategorienbildung hier über die in der Grounded Theory verbreitete anwendungsorientierte Thematisierung hinaus problematisiert.

Mit Kodieren wird im Kontext der Grounded Theory die Zuordnung von bestimmten empirisch beobachtbaren Phänomenen zu einem „kategorial-theoretischen Vokabular" verstanden (Breuer 2010, 69). Bei der Beschreibung von Phänomenen und Ereignissen stellt sich das Problem der sprachlichen bzw. symbolischen Fassung: Bestimmte Charakteristika des beobachteten Phänomens werden eingeschlossen, andere aus der Beschreibung ausgeschlossen, weshalb es in Hinblick auf die Bildung von Kodes und Kategorien sinnvoll ist, von einer Modellierung des Objekts zu sprechen (2010, 12). Durch das Vergleichen mit ähnlichen und kontrastierenden Fällen erfolgt im Prozess des Kodierens eine verdichtende Modellierung, durch die immer abstraktere Konzepte (Kategorien und Subkategorien) gebildete werden (2010, 53). Am Ende dieses Prozesses, in dessen Rahmen eine datenbasierte Theorie entwickelt wird, stehen eine oder mehrere so genannte „Schlüsselkategorien".

In einem ersten Schritt, dem so genannten offenen Kodieren, geht es um die Benennung[7] von Phänomenen, wodurch die Aufmerksamkeit auf Ähnlichkeiten, Unterschiede und teilweise auch schon auf mögliche Beziehungen zwischen den einzelnen Phänomenen gerichtet wird. Um in diesem Prozess nicht vorschnell auf begrifflich etablierte Ordnungskategorien zurückzufallen, sind die Kodes und Kategorien möglichst eng am jeweiligen Datenmaterial zu entwickeln.[8]

> Eine Theorie auf der Grundlage von Daten zu generieren, heißt, dass die meisten Hypothesen und Konzepte nicht nur aus den Daten stammen, sondern im Laufe der Forschung systematisch mit Bezug auf die Daten ausgearbeitet werden. [...] Der Ursprung einer Idee oder gar eines Modells muss nicht in den Daten liegen. [...] Doch die Generierung von Theorie aus solchen ‚Einsichten' heraus muss in Beziehung zu den Daten gebracht werden –

---

[7] Dieser Benennungsakt ist kein rein deskriptiver Vorgang. Vielmehr geht es bereits darum, anhand des singulären Textbeispiels einen Namen zu finden für eine Art oder Klasse von Ereignissen/Ideen. Diese zusammenfassenden Bezeichnungen (Namen) sind das, was Strauss und Corbin als *Konzepte* bezeichnen oder eben als *Codes* (Strauss und Corbin 1996, 44).

[8] Deshalb empfehlen Strauss und Corbin (1996), für Kategorien einen Namen zu vergeben, der von einem selbst kommt, ggf. eine eigene Erfindung ist (Strauss und Corbin 1996, 49–50).

ansonsten besteht die Gefahr, dass Theorie und empirische Welt nicht zueinander finden. (Glaser und Strauss 2005, 15-16)

In einem nächsten Schritt werden die textnahen Kodes zu Kategorien gebündelt, mit denen Ähnlichkeitsbeziehungen zwischen empirischen Ereignisgruppen auf einem höheren Abstraktionsniveau behauptet werden.[9] In die Kategorienbildung fließen unweigerlich Präkonzepte ein. Bei so genannten *Theory-driven*-Analysen, welche top-down konstruiert werden, ist dies offenkundig.[10] *Data-driven*-Analysen, zu denen Grounded-Theory-Ansätze gerechnet werden, gehen bei der Bildung von Kategorien bottom-up vor. Daraus erwächst die Redewendung vom *Emergieren* der Kodes und Kategorien aus den Daten.[11]

Doch was genau wird unter „emergieren" verstanden? Eine positivistische Sichtweise geht davon aus, dass das Muster, welches durch die Analyse sichtbar gemacht wird, in den Daten selbst enthalten ist. Dieses Muster, so die Behauptung, existiert unabhängig von den Forschenden in den Daten und wird von diesen nur „freigelegt". Aus einer sozial-konstruktivistischen Perspektive ist „emergieren" als ein (Re-)Konstruieren kollektiver Denk- und Handlungsmuster im Prozess der Datenanalyse zu deuten. Die kategorialen Ordnungsstrukturen, nach denen Forschende im

---

[9] Die unterschiedlichen Kodier-Varianten, die in den verschiedenen Grounded-Theory-Ansätzen zur Anwendung kommen, stellen alle Vorschläge für die Bildung von Kategorien dar. Als Beispiele seien das Kodierparadigma nach Strauss und Corbin (1996), Barney Glasers Codier-Familien (1978) sowie Adele Clarkes Situationsmatrix (2012) benannt. Alle diese Varianten stellen Vorschläge hinsichtlich der Kategorienbildung dar, weshalb die Logik von Interesse ist, die sich hinter einer solchen Matrix verbirgt. Strauss und Corbins (1996) Modell beinhaltet z.B. eine kausale Logik, in der zwischen Bedingungen, Ursachen und Folgen unterschieden wird und entsprechend eine Vorannahme über die Existenz kausaler Beziehungsmuster enthält. Clarkes Situationsmatrix bietet ein Raster an, welches u.a. zwischen menschlichen und nichtmenschlichen Elementen, symbolischen Elementen und politisch-ökonomischen Elementen einer Situation unterscheidet. Über diese Logiken nachzudenken, hilft, Präkonzepte offenzulegen.

[10] Unterscheidung zwischen *Theory-driven*- (top-down) und *Data-driven*- (bottom-up) Analysen (T. Richards und Richards 1996).

[11] Zur Kritik der Idee des „Emergierens" theoretischer Konzepte aus den Daten vgl. u.a. Strübing (2014, 51–60), Breuer und Muckel (2016, 70–71) und Reichertz und Wilz (2016, 48–49).

ungeordneten empirischen Datenmaterial suchen, spiegeln demzufolge das Wissen über Zusammenhänge, welches Mitglieder einer Gesellschaft in einem historischen Zeitfenster vor einem gemeinsamen Erfahrungshintergrund teilen. Der forschende Beobachter muss dazu in der Lage sein, begriffliche Ordnungssysteme als soziokulturelle Konventionen wahrzunehmen, welche die Grundlage für Kommunikation bilden. Er kann in ihnen soziokulturell geteilte Konzepte oder auch neurobiologisch begründete Wahrnehmungsmuster erkennen. Es braucht Zeit, sich von gewohnten Ordnungssystematiken zu lösen und andere Beziehungsmuster in den Blick zu bekommen, weshalb es nicht verwunderlich ist, dass das Kodieren als iterativer Prozess beschrieben wird.[12]

Für jegliche Rekonstruktion von Kategorien sind wissende Beobachter erforderlich. Damit erübrigt sich m. E. auch die z.B. von Richards und Richards getroffene Unterscheidung zwischen so genannten *factual codes* (insb. soziodemografische Daten) und *referential codes* (1996, 83). Anders ausgedrückt: ohne Beobachter keine Kategorie. Zwar können unterschiedliche Beobachter die gleiche Ordnung (re-)konstruieren, doch ist diese nie unabhängig von einem Wissen, dass sie als Angehörige einer wie auch immer gearteten Beobachtergemeinschaft teilen. In jedem Akt der Kategorisierung stecken stille Prämissen, denn bei der Rekonstruktion von Mustern geht es letztlich um die Benennung von *wahrgenommenen* Ähnlichkeiten mithilfe von *Begriffen*. Diese müssen – wenn auch nicht bereits etabliert – so doch für andere ausreichend anschlussfähig sein, damit das beobachtete Muster kommuniziert werden kann. Forschende, die ihre Theorie in Sprache fassen wollen, können sich also

---

[12] Die endgültige Bildung von Kategorien erfolgt Strauss und Corbin (1996) zufolge erst im Zuge des so genannten axialen Kodierens, dem „Prozess des In-Beziehung-Setzens der Subkategorien zu einer Kategorie" (1996, 92). Das Beziehungsgeflecht der Subkategorien beruht Strauss und Corbin zufolge auf Bedingungen, Handlungs- und interaktionalen Strategien, Konsequenzen, Kontext etc. (1996, 76). Mit ihrem paradigmatischen Modell bestätigen Strauss und Corbin (1996) kausale Beziehungsmuster. Da aus meiner Forschungsperspektive erst im und durch den Akt der Beobachtung Beziehungsmuster hervorgebracht werden, erscheint es mir aufschlussreicher, möglichst unvoreingenommen danach zu fragen, welche Beziehungen ein Beobachter wahrnimmt und welches Gesamtbild dadurch entsteht.

nicht von sämtlichen Präkonzepten freimachen, wenn sie beobachtete Phänomene beschreiben.

Man kann eine Datenanalyse ohne die Auseinandersetzung mit solchen Fragen betreiben, jedoch muss man dann akzeptieren, dass offenbleibt, woher das zur Strukturierung der Daten angelegte Kategoriensystem seine Legitimität bezieht. Insbesondere eine sozialkonstruktivistische Sichtweise, die eingesteht, dass sie keine Wahrheit, sondern soziale Wirklichkeiten offenlegt, steht in der Verantwortung zur Reflexion ihres kategorialen Grundgerüsts und der darin enthaltenen Prämissen. Die Kategorien, mithilfe derer wir Informationen ordnen und dadurch Wissen (re-)produzieren, treten in der Regel nicht isoliert auf, sondern als Kategoriensysteme, die eine hierarchische oder kausale Ordnung aufweisen. In Bezug auf hierarchische Kategoriensysteme behaupten Richards und Richards:

> If it is a well-designed structure all the links are of a general-to-specific kind, and in any given case of a parent it should be *clear from inspection* what the exact relationship is: kind to instances, thing to parts, concept to examples, etc. (1996, 87; Hervorh. C. S.)

„Clear from inspection" impliziert, dass man nicht weiter über die Beziehung nachzudenken braucht, da sie vermeintlich offensichtlich und für alle am Diskurs Beteiligten verständlich ist.[13] Doch gerade die Verknüpfungslogik zwischen den Kodes und Kategorien und die sich daraus ergebende Diskursdynamik sind die Elemente, aus welchen der Erklärungsansatz für eine neue Theorie gewonnen wird. Durch die gezielte Entfremdung von einer scheinbar „natürlichen" Verknüpfungslogik werden idealerweise bislang verdeckte Beziehungsmuster freigelegt. Gleichzeitig stellen die stark abstrahierten Schlüsselkategorien eine Art Scharnier dar zwischen den eng an den Daten formulierten Kodes und einer kommunikativ anschlussfähigen Theorie. Der Prozess des Kodierens endet, wenn eine Hypothese über die Beziehungsstruktur zwischen den

---

13   Eine solche Behauptung blendet aber die „Vielheit unterschiedlicher Sprachspiele" im Sinne Lyotards (1989) aus und beruft sich auf eine Legitimierung von Wissen im Stil der „großen Erzählungen", welche ihre Legitimationskraft mit der Postmoderne verloren haben (Koller 2018, 88).

Schlüsselkategorien empirisch ausreichend belegt werden kann. In diesem Fall spricht man von *theoretischer Sättigung*. Das freigelegte Muster ist Ausgangspunkt für die Entwicklung einer datenbasierten Theorie bzw. eines Erklärungsansatzes.[14]

Die hier vorgestellte Theorie basiert auf den Schlüsselkategorien der vorliegenden Datenanalyse. Bei den vier Schlüsselkategorien handelt es sich um menschliche Grundbedürfnisse. Deren Beziehung untereinander enthält eine Hypothese, die zentraler Baustein des datenbasierten Erklärungsansatzes ist: Auf der semantischen Ebene spiegelt sich die Beziehungsdynamik, die zwischen den Grundbedürfnissen auf systemischer Ebene besteht. Damit diese Hypothese in den Kontext der Frage nach Bildung eingeordnet werden kann, werden die vier Schlüsselkategorien bereits vor der ausführlichen Darstellung ihrer Generierung in Kapitel 3 eingeführt. Dies dient ihrer Einordnung in das für die Interpretation des Diskurses erarbeitete begriffliche Ordnungssystem. Dem stelle ich noch eine Reflexion über Erkenntnis als Entwicklungsziel eines Studiums voran, da die vier Grundbedürfnisse als Subkategorien eines Erkenntnisbegriffs angesehen werden, der im Anschluss an Maturana und Varela als „operationale Effektivität im Existenzbereich des Lebewesens" (1987, 35) definiert wird.

1.3 Erkenntnisbefähigung und die Bildung des wissenschaftlichen Selbst

Als fächerübergreifendes Studienprogramm steht das Komplementärstudium im Kontext wissenschaftlicher Bildung. Die thematisierte Unschärfe des Bildungsbegriffs steht der Klärung der Frage, was das Spezifikum fächerübergreifender Studienangebote sein soll, erschwerend im Weg. Zur Unterscheidung von *Ausbildung* als

---

14 Ein zentraler Kritikpunkt an der Grounded Theory betrifft das Verhältnis zwischen dem Anspruch der Theorieentwicklung und der empirischen Datenbasis einer qualitativen Studie, mit relativ wenigen Stichproben und einer potentiell tendenziösen Auswahl der Research participants. Ich schließe mich einem Stil der Grounded Theory an, die mit dieser Methode nicht den Anspruch verfolgt „definitive concepts" zu entwickeln, sondern „sensitizing concepts" (Clarke 2012, 72).

einer vornehmlich auf die Weitergabe von Wissensbeständen und die Einübung spezifischer Handlungsweisen zielenden Praxis, wird Bildung – zumeist unter Berufung auf Wilhelm von Humboldt – als ein selbstgesteuerter Prozess verstanden, der auf eine umfassende bzw. ganzheitliche Entwicklung der Person abzielt (Hastedt 2012, 7–11). Deshalb wird im Zusammenhang mit diesem Bildungsideal auch die Formulierung von der „ganzheitlichen Bildung" verwendet. An Universitäten weltweit wird versucht, dieses Ideal einer ganzheitlichen Bildung in konkrete Studienkonzepte zu übersetzen. Auch das Komplementärstudium am Leuphana College basiert auf der konzeptionellen Annahme, dass der mit einem Studium angestrebte ganzheitliche Bildungsprozess[15] durch die fächerübergreifende Auseinandersetzung gefördert wird.

Erkenntnis als Entwicklungsziel fächerübergreifender Studienangebote?

In der Diskussion um das Komplementärstudium steht diese Prämisse zur Debatte. Die Diskussion wird dabei auf zwei Ebenen geführt: Auf der ersten Ebene geht es um die Frage, ob das konkrete Studienprogramm dem Ideal fächerübergreifender Bildung gerecht wird. Auf der Ebene darunter liegt die Diskussion darüber, was überhaupt unter fächerübergreifender wissenschaftlicher Bildung verstanden werden soll und ob diese wirklich dazu geeignet ist, den Entwicklungsprozess Studierender in gewünschter Weise zu fördern.[16]

Zunächst muss geklärt werden, welche Art von Entwicklung mit einem Studium angestrebt wird. Aber lässt sich diese Frage auf einem solchen Abstraktionsniveau überhaupt beantworten? Im Hinblick auf ein konkretes Studienprogramm ist es durchaus möglich, ein oder mehrere Entwicklungsziele festzulegen. Sie sind das Ergebnis eines kommunikativen Prozesses, in dem sich bestimmte

---

[15] Entsprechend heißt es auf der Website: An der Leuphana Universität wird „durch Major, Minor und Komplementärstudium eine ganzheitliche Bildung ermöglicht" (Leuphana 2021b).

[16] Auch wenn im untersuchten Diskurs ebenso die Idee präsent ist, dass alle am Bildungsprozess Beteiligten Bildung erfahren, gelten in erster Linie Studierende als Adressaten dieses Bildungskonzeptes.

Vorstellungen – als Konsens oder gegen Widerstände – durchsetzen konnten. Ein solcher Aushandlungsprozess findet in einem historisch und soziokulturell spezifischen Setting statt.[17] Die Behauptung, wissenschaftlicher Bildung *im Allgemeinen* oder *dem* Studium bzw. *dem* Studieren läge ein einheitliches Entwicklungsziel zugrunde, impliziert einen kleinsten gemeinsamen Nenner, auf den sich alle am Aushandlungsprozess Beteiligten einigen können. Dieser kleinste gemeinsame Nenner könnte als Zuwachs an Wissen, Fähigkeiten und Kompetenzen durch ein wissenschaftliches Studium verstanden werden. Darin spiegelt sich die Idee von Erkenntnisgewinn als *der* übergeordneten und von konkreten Inhalten losgelösten Zielsetzung aller Bildungsprozesse.

Humboldt, der in der Bildungsdebatte noch immer als zentraler Referenzpunkt dient, hat in seinem 1793 erschienenen Text „Theorie der Bildung des Menschen" (1986) sein Ideal von der Verbindung der „verschiedenen Fächer der menschlichen *Erkenntnis*" (1986, 32; Hervorh. C. S.) formuliert. Er verbindet dies sowohl mit der Warnung vor einer Haltung, aus der heraus keine Entscheidung für *ein einzelnes jener Fächer* getroffen wird, als auch vor einer Haltung, die sich mit der Beschränkung auf ein Fach („Geschäft") begnügt, und sich zu keiner allgemeineren Übersicht erheben könne. Beide führten zu:

> der nicht unberechtigten Klage, dass das Wissen unnütz und die Bearbeitung des Geistes unfruchtbar bleibt, dass zwar Vieles um uns her zu Stande gebracht, aber nur wenig in uns verbessert wird, und dass man über der höheren, und nur für Wenige tauglichen wissenschaftlichen Ausbildung des Kopfes die allgemeiner und unmittelbar nützliche der Gesinnung vernachlässigt. (Humboldt 1986, 34)

---

[17] Eine konkrete Zielvereinbarung, die als objektiver (bzw. im Aushandlungsprozess objektivierter) Bezugspunkt für Bewertungen dient und die Grundvoraussetzung für Qualitätsmanagement darstellt, ist für ein Studium oft nicht gegeben. Ohne eine solche Zielvereinbarung erfolgen Bewertungen als Abgleich zwischen einem wahrgenommenen Phänomen und den expliziten und impliziten Kriterien, die der Beobachter an das Phänomen heranträgt. Die Bewertungsgrundlage des Beobachters erweist sich dann als subjektives Konglomerat an individuellen und kollektiven Erwartungen, weshalb nicht nur danach zu fragen ist, anhand *welcher* Kriterien beurteilt wird, sondern ebenso anhand *wessen* Kriterien.

Der wissenschaftlichen Ausbildung des Kopfes stellt Humboldt eine allgemeinere der Gesinnung zur Seite. Die Rede von der Gesinnung sowie die humboldtsche Formulierung von einer „eigenthümlichen Fähigkeit", welche „die verschiedenen Fächer der menschlichen Erkenntnis zu ihrer glücklichen Erweiterung voraussetzen" und von dem „ächten Geist, in dem sie einzeln bearbeitet" werden, bieten Anhaltspunkte für ein Verständnis dessen, was Humboldt mit „fächerübergreifender Bildung" anvisierte (Humboldt 1986, 32).[18] Auch wenn die Dimensionen seines Bildungsbegriffes heute nicht mehr alle selbsterklärend sind, ist dennoch offensichtlich, dass eine Gleichsetzung der „Fächer der menschlichen Erkenntnis" mit „wissenschaftlichen Disziplinen" (1986, 32) bei weitem zu kurz gegriffen ist. Deshalb ist es notwendig, sowohl den Erkenntnisbegriff selbst als auch die Prämisse vom Erkenntnisgewinn als *dem* Entwicklungsziel eines Studiums zu hinterfragen.

Meine Kritik setzt bei der begrifflichen Kategorie *Erkenntnis* an, welche die Vielfalt der Konzepte verschleiert, die sie in sich versammelt. Deshalb wird im Folgenden die Frage erörtert, ob der Erkenntnisbegriff dazu geeignet ist, die Funktion einer Kategorie zu erfüllen, in die sich alle auf die Entwicklung des Individuums orientierten Handlungen und Praktiken im Kontext eines Studiums einordnen lassen. Sollte sich erweisen, dass die Vorstellung von Erkenntnis als einem mit sich selbst identischen Entwicklungsziel so nicht haltbar ist, würde der Diskussion darüber, ob das Komplementärstudium dieses vermeintliche Entwicklungsziel (fächerübergreifender) Bildung ausreichend befördert, die Basis entzogen.

Mit anderen Worten stellt sich die Frage: Beziehen sich die am Diskurs beteiligten Beobachter auf das gleiche Entwicklungsziel, wenn sie darüber urteilen, ob das Studienprogramm diesem dient? Oder verfolgen sie eventuell verschiedene Entwicklungsziele, die

---

18 Der damit verbundene Bildungsanspruch „dem Begrif der Menschheit in unsrer Person [...] einen so großen Inhalt als möglich, zu verschaffen" (Humboldt 1986, 34), ist nicht durch die Auseinandersetzung mit disziplinär unterschiedlichen Themenbereichen, Fragestellungen oder Methoden im Studium einlösbar. Diese Aufgabe lässt sich Humboldt (1986, 34) zufolge „allein durch die Verknüpfung unsres Ichs mit der Welt zu der allgemeinsten, regesten und freiesten Wechselwirkung" lösen.

mit fächerübergreifenden Studienpraktiken unterschiedlich gut korrespondieren?

Wissenschaftliche Praktiken und Selbst-Techniken: ein vergessenes Zusammenspiel

Im Folgenden wird ein wissenschaftliches Studium im Anschluss an Daston und Galison (2007) als ein Handlungsfeld in den Blick genommen, welches auf die Befähigung Studierender zu objektiver Welterkenntnis gerichtet ist. Die Einübung wissenschaftlicher (Beobachtungs-)Praktiken wirkt sich Daston und Galison (2007) zufolge auch auf die Entwicklung des Individuums aus. Durch die Habitualisierung spezifischer Praktiken und so genannter Selbst-Techniken bildet sich das Individuum in diesem Prozess zu einem *wissenschaftlichen Selbst*. Dieses zeichnet sich durch seine Bereitschaft zur Selbstzurücknahme und Willenskontrolle im Dienst der Objektivität aus, was einhergeht mit der gezielten Unterdrückung subjektiver, innerer Wahrnehmungen.

Das wissenschaftliche Selbst wird von Daston und Galison (2007) als eine durch wissenschaftliche Praktiken formbare und damit veränderliche Größe beschrieben. Durch die habituelle Ausführung spezifischer Praktiken werden *ethische* Verhaltensnormen[19] etabliert, also Vorstellungen über das sittlich richtige bzw. den Erwartungen des sozialen Umfelds angemessene Verhalten.[20] Solche Verhaltensnormen bezeichnen Daston und Galison (2007) im wissenschaftlichen Kontext als „epistemische Tugenden".[21]

---

[19] In Abgrenzung zu *moralisch* definieren sie ethisch als „Verhaltensnormen, die eine Weise des In-der-Welt-Seins regulieren, ein Ethos im Sinne von Sittlichkeit, der gewohnheitsmäßigen Haltung eines einzelnen oder einer Gruppe" (Daston und Galison 2007, 42).

[20] Auf den Zusammenhang zwischen Verhalten und Erkenntnis gehe ich in Kapitel 2 unter Bezugnahme auf den Erkenntnisbegriff bei Maturana und Varela (1987) ausführlich ein.

[21] Der Begriff der Tugend verweist auf den moralischen Gehalt solcher Verhaltensnormen und ihrer Nähe zum Regelwerk anderer „Gesinnungslehren": „Innerhalb der Wissenschaft können die spezifischen Werte und davon abhängigen Techniken des Selbst in schroffem Gegensatz zu den Vorstellungen antiker Religionen und philosophischer Sekten stehen, die darauf insistieren, dass dem Empfang der Weisheit Reinigungs- und Initiationsrituale vorausgehen müssen. […] Aber sie gleichen den früheren in ihrer Berufung auf bestimmte

Epistemische Tugenden sind Normen, „die ebenso durch Berufung auf ethische Werte wie auf ihre pragmatische Wirksamkeit beim Wissensgewinn verinnerlicht und verstärkt werden." (2007, 43). Ihre These von der Objektivität als einer in einem spezifischen historischen Kontext erwachsenen epistemischen Tugend illustrieren Daston und Galison (2007) anhand einer Gegenüberstellung von Atlasbildern – „die als Realisierung der epistemischen Tugend der Naturwahrheit[22] gedacht waren" (2007, 45) – und neuen Bilderarten wie Fotografien, die sie als Produkte einer *mechanischen Objektivität* bezeichnen. Am Beispiel der Objektivität arbeiten sie heraus, wie sich wissenschaftliche Verhaltensnormen in spezifischen wissenschaftlichen Praktiken[23] niederschlagen und wie Forscherpersönlichkeiten dadurch geprägt sind. Dabei betonen sie die Wirkkraft, die epistemische Tugenden durch ihre Institutionalisierung im Kontext einer wissenschaftlichen Pädagogik entfalten. Mit ihrer Beobachtung, dass „[e]pistemische Tugenden […] in der Wissenschaft nicht zum Zweck der Selbsterkenntnis, sondern der Welterkenntnis gepredigt und praktiziert" werden, erinnern sie an die „durch das Narrativ über die wissenschaftliche Revolution" gut verankerte Trennung zwischen Wissen und Wissenden (2007, 41). Damit werfen sie ein Schlaglicht auf den vergessenen Zusammenhang zwischen wissenschaftlichen Praktiken und Selbst-Techniken und beleuchten auch die oft unterbelichtete Seite pädagogischer Bemühungen um Welterkenntnis neu.

> Eine Erkenntnistheorie ohne Ethos mag denkbar sein, aber begegnet sind wir noch keiner. Solange Erkenntnis einen Erkennenden postuliert und solange der Erkennende als potentielle Hilfe oder Hürde für die Erwerbung von Erkenntnis gilt, wird sein Selbst ein erkenntnistheoretisches Thema

---

maßgeschneiderte Techniken des Selbst, die mit wissenschaftlichen Praktiken eng verwoben waren" (Daston und Galison 2007, 43).

22 Die neue epistemische Tugend der Objektivität verdrängt die frühere Tugend der Naturwahrheit und mit ihr „die der Naturwahrheit verpflichteten Praktiken der Auswahl, Vervollkommnung und Idealisierung […], da sich in ihnen die subjektiven Phantasievorstellungen des Atlasmachers ungezügelt entfalten konnten" (Daston und Galison 2007, 46).

23 Zur Verdeutlichung dessen, was sie unter wissenschaftlichen Praktiken verstehen, führen Daston und Galison aus: „[D]ie genauen Einzelheiten der Formen, zu sehen, zu schreiben, teilzunehmen, zu erinnern, zu vergessen" (2007, 47).

sein. Veränderungen des Selbst sind wiederum nur mit ethischer Berechtigung zu verlangen. (Daston und Galison 2007, 43)

Erkenntnis – egal ob Selbst- oder Welterkenntnis – setzt einen Erkennenden voraus. Die institutionalisierte Anleitung zur Ausübung spezifischer Handlungen im Studien- und Forschungskontext erfolgt mit dem Ziel der Befähigung zur Welterkenntnis. Gleichzeitig wird das Individuum, welches die Handlungen auf eine angemessene Weise ausführen soll, durch deren Ausübung zu einem Selbst von bestimmter Art geformt und konstituiert.[24] Die tagtägliche Wiederholung bestimmter Handlungen prägt den Handelnden[25]; eine epistemische Tugend wie die Objektivität geht so auf ihren Träger über: „Objektiv wird man, indem man objektive Handlungen durchführt" (Daston und Galison 2007, 57). Durch ihre permanente Reaktualisierung kristallisieren einzelne Handlungen zu spezifischen Praktiken und in ihrer Summe zu ethisch aufgeladenen Handlungsidealen:

> Es ist nicht so, dass ein bereits bestehendes Ideal auf den Arbeitsalltag angewandt wird, sondern umgekehrt: Ideal und Ethos werden durch Tausende konkreter Handlungen allmählich aufgebaut und ausgefüllt [...]. (Daston und Galison 2007, 57)

Durch sich verändernde Praktiken sind nicht nur Ideal und Ethos permanentem Wandel unterworfen, sondern auch das Selbst. Unterschiedliche epistemische Tugenden führen zu verschiedenen Wissenschafts- und Wissenschaftler-Idealen und im historischen Vergleich zu entsprechend unterschiedlichen Wissenschaftlertypen.

---

[24] Daston und Galison (2007, 209, vgl. 475 Fußnoten 10-11) nehmen Bezug auf Michel Foucault (insbesondere auf die Texte „Subjektivität und Wahrheit" und „Über sich selbst schreiben"), der wiederum auf den Theorien von Pierre Hadot aufbaut.

[25] Daston und Galison gehen davon aus, dass eine „allgemeinere Vorstellung von einem (zum Beispiel) auf freiem Willen beruhenden wissenschaftlichen Selbst [...] ausgedrückt, weiterentwickelt und bestärkt [wurde] durch konkrete, in zahllosen Gebieten tausendfach wiederholte Handlungen, in deren Verlauf Beobachter sich agierend, protokollierend, zeichnend, nachzeichnend und photographierend zu dem Ziel durchkämpften, die Einwirkung ihres Willens zu minimieren" (2007, 40).

Das Selbst – eine veränderliche historische Formation

Daston und Galison betten ihre anhand markanter Forscherpersönlichkeiten illustrierte Geschichte des wissenschaftlichen Selbst in einen spezifischen historischen Kontext[26] ein.

> Wir haben es nicht mit einem Ethos oder einem Selbst von immer gleicher Art zu tun, denn beide haben ihre Geschichte. In dem Zeitabschnitt, von dem dieses Buch handelt, verschiebt sich die Auffassung von Ethik; sie löst sich von der Aristotelischen Tradition, in der Sittlichkeit durch Erziehung und Gewohnheit reguliert wurde, und nähert sich der strengen Kantischen Berufung auf die Autonomie des Willens; das Selbst, zuerst als Konglomerat lose zusammenhängender vernunftgeleiteter Fähigkeiten verstanden, gilt zunehmend als dynamische, vom Willen getriebene Subjektivität. (Daston und Galison 2007, 42–43)

Das Selbst (bzw. das, was man sich jeweils darunter vorstellt)[27] als eine veränderliche historische Formation, lässt sich nur in seiner konkreten historischen Ausprägung erfassen. Im Kontext einer sehr heterogenen Rezeption der Kantischen Philosophie und seines Wortgebrauches von „Objektivität und Subjektivität" kommt ein wissenschaftliches Selbst neuer Art auf (Daston und Galison 2007, 28-37).[28]

Das Begriffspaar „objektiv und subjektiv", so Daston und Galison (2007, 31), bildete „von Anfang an ein Gegensatzpaar [...], aber ursprünglich bedeuteten diese Begriffe fast genau das Gegenteil ihres heutigen Inhalts." Die Behauptung, die Begriffe hätten immer schon in einem Oppositionsverhältnis gestanden, wird auch von Ricken (1999) nicht hinterfragt, der ebenfalls auf diese Bedeutungsumkehr Bezug nimmt:

---

[26] Vom 18. bis zum Ende des 20. Jahrhunderts, überwiegend in Westeuropa (Daston und Galison 2007, 208–9).

[27] „Das Selbst steckt in einem Gewirr aus fast synonym gebrauchten und verwandten Wörtern verschiedener europäischer Sprachen, und jedes dieser Wörter ist in ein bestimmtes semantisches Feld eingebettet: *self*, Individuum, Identität, Subjekt, Seele, *persona, le moi*, das *Ego*, das Ich" (Daston und Galison 2007, 208; Hervorh. i. O.).

[28] Immanuel Kant verwendete das Begriffspaar in einem neuen Bedeutungsverhältnis, wobei für ihn die Grenze zwischen dem Allgemeinen und Notwendigen und dem aposteioischen Einzelnen verläuft und nicht zwischen Welt und Geist (Daston und Galison 2007, 30-31).

> Meint aber ‚subiectum' nun den beharrenden Träger der mannigfaltigen und wechselnden Erscheinungen, der nicht an etwas, sondern selbständig an und in sich ist, kurz: ‚das erste Seiende' (Guttandin 1980, 493), das vom Vorstellen unabhängig ist, so wird mit ‚obiectum' – als dessen Opposition – das gedachte, vorgestellte oder gar bloß gemeinte Seiende bezeichnet. (Ricken 1999, 31)

Ricken führt weiter aus, dass *subiectum* bereits vor dem neuzeitlichen Bedeutungswandel „das ‚Zugrundeliegende' (Metz 1964, 1135) oder ‚Darunterliegende' (Hügli/Lübcke 1991, 553) [bezeichnete], das den Eigenschaften und konkreten Bestimmungen ‚Unterworfene', kurz: den Träger der Prädikate, das Wesentliche und Wesen selbst" (Ricken 1999, 31). Durch die zitierte Verwendung von dem „Zugrundeliegenden" und dem „Unterworfenen" als alternative Übersetzungsmöglichkeiten für *subiectum* geht jedoch eine für die Begriffsgeschichte wesentliche Differenz verloren. Der griechische Ausdruck *hypokeímenon* (das Zugrundeliegende) wurde bereits von dem Vorsokratiker Anaximander gebraucht, aber erst von Aristoteles mit der Vorstellung von *subiectum* als *substratum* in Verbindung gebracht.[29] Damit rückt *subiectum* „in einen engen Zusammenhang mit dem Begriff der Substanz, der insbesondere in der aristotelischen Tradition das „eigentlich Seiende [meint] im Gegensatz zum Akzidens, das nur durch die Substanz, an oder in ihr ist' (Oeing-Handhoff 1964, 1139)" (Ricken 1999, 31). Das *subiectum* als *substratum* bzw. das „Unterworfene" und als Träger der Prädikate wird in der aristotelischen Tradition auch als das „erste Seiende" bezeichnet. Durch die Gleichsetzung von dem „Zugrundeliegenden" und dem „Unterworfenen" wird ein (geistiges) Zugrundeliegendes, das nicht an ein Subjekt gebunden ist, negiert. Daraus ergibt sich eine Dimension des Bedeutungswandels im Hinblick auf die neuzeitliche Vorstellung vom Selbst als Subjekt, die von Daston

---

[29] Das *hypokeímenon* ist an sich gänzlich frei von allen Bestimmungen (Eigenschaften). Wegen seiner eigenen Eigenschaftslosigkeit ist es geeignet, Träger von unterschiedlichen hinzutretenden Eigenschaften zu sein. Substrat ist insbesondere die bestimmungslose Materie, die wechselnde Formen aufnimmt (Stolzenberg 1998, Sp. 373–399; Kaufmann 1998, Sp. 557–560).

und Galison (2007) in der Form nicht explizit gemacht wird.[30] Im Kontext der Frage nach der Entwicklung des Bewusstseins in Kapitel 2.2 wird dieser Aspekt wieder aufgenommen.

Der von Daston und Galison (2007) hervorgehobene Aspekt bezieht sich auf die Grenze, die durch das sich neu etablierende Begriffsverhältnis zwischen *innen* und *außen* gezogen wird. Während z.B. in der „Cyclopaedia", herausgegeben von Ephraim Chambers im Jahr 1728, noch etwas als objektiv bezeichnet wurde, „wenn es nicht anders als gewusst oder als Objekt des Geistes existiert" (zitiert in Daston und Galison 2007, 30), beginnt sich um 1817 eine uns bereits eher vertraute Lesart zu etablieren, wonach sich der Begriff „objektiv" auf einen passiven, materialen Inhalt beschränkt und auch als „Natur" bezeichnet wird, wohingegen „die Summe all dessen, was SUBJEKTIV ist, unter dem Namen SELBST oder der INTELLIGENZ" (2007, 31; Hervorh. i. O.) zusammengefasst wird. In der Folge verfestigt sich in den Lexika dieser Zeit ein Verständnis, welches *„objektiv* als ‚Beziehung auf einen äußeren Gegenstand' und *subjektiv* auf ‚das Persönliche, Innere, uns Innewohnende, im Gegensatz zum Objektiven' [...]" (2007, 31; Hervorh. i. O.) definiert. Damit gewinnt die Grenze, die zwischen Außen und Innen gezogen wird, an Bedeutung sowie die Idee einer objektiv erkennbaren Natur (damit der Möglichkeit zur objektiven Naturerkenntnis), die einer *nur* subjektiven Sichtweise des Selbst gegenübersteht.

> Das Auftauchen der wissenschaftlichen Objektivität geht notwendig Hand in Hand mit dem der wissenschaftlichen Subjektivität. Sie war der innere Feind, zu dessen Bekämpfung die außergewöhnlichen Maßnahmen der mechanischen Objektivität erfunden und mobilisiert wurden. Es ist kein Zufall, daß diese Maßnahmen Selbstbeschränkung, Selbstdisziplin, Selbstkontrolle zur Bedingung machten: Die größte erkenntnistheoretische Gefahr ging nicht mehr von der veränderlichen Natur oder dem eigenwilligen Künstler aus, sondern vom wissenschaftlichen Selbst. Dieses unzuverlässige wissenschaftliche Selbst war genau so neu wie die Objektivität; es war ihre Kehrseite, ihr photographisches Negativ. ‚Warum Objektivität?' wird zur Frage: ‚Warum Subjektivität?' – oder genauer: ‚Wer ist das wissenschaftliche Subjekt?' (Daston und Galison 2007, 208)

---

[30] Daston und Galison (2007, 31) verweisen zwar darauf, dass Kants Begriffsverwendung von Subjekt und Objekt nicht auf die Grenze zwischen Geist und Welt abzielt, doch führen die nicht aus, welche Implikationen damit verbunden sind.

Aus der skizzierten postkantischen Lesart wird das unbedingte Gebot zur Abschaffung des Selbst abgeleitet (Daston und Galison 2007, 207). Das Gebot der achtsamen Selbstbeschränkung, welches u.a. durch den zunehmenden Einsatz von selbstregistrierenden Messgeräten im wissenschaftlichen Kontext Gestalt annahm, spiegelte sich gegen Ende des 19. Jahrhunderts in unterschiedlichsten Bereichen wider. So appellierte beispielsweise der britische Statistiker Karl Pearson 1892 an aufgeklärte Bürger*innen von ihren eigenen Bedürfnissen zugunsten des Gemeinwohls abzusehen, ganz dem Vorbild des Wissenschaftlers entsprechend, der „bei seinen Urteilen vor allem von sich selbst absehen muß, damit seine Argumente für jeden individuellen Geist so wahr sein können wie für ihn selbst" (zit. in: Daston und Galison 2007, 207). Dieses Ideal resultiert letztlich in einem Verständnis von Objektivität als einer normierenden Strategie zur Unterdrückung des „als Subjektivität vorgestellten Selbst" (Daston und Galison 2007, 46). Auf das Konzept der *Subjektivität* wird in Kapitel 2.2 unter Bezugnahme auf Antonio Damasio (2013) noch ausführlich eingegangen. An dieser Stelle soll es jedoch schon insoweit eingeführt werden, als dass „das Gefühl, das subjektiv erlebte Bilder durchtränkt" (Damasio 2013, 22) als ein das Konzept der Subjektivität definierendes Merkmal benannt wird.

Objektivität - eine Selbst-Technik zur Vermeidung von Subjektivität

Einen solchen historischen Wandel darf man sich nicht als überschneidungsfreie Aufeinanderfolge unterschiedlicher Selbstkonzepte vorstellen. Vielmehr lassen sich Übergangsphasen erkennen, in denen verstärkt „erkenntnistheoretische […] Befürchtungen hinsichtlich des einen oder anderen Hindernisses für die Erkenntnis" aufkommen (Daston und Galison 2007, 52). In diesen Phasen „können [wir] ein schnell wachsendes Cluster aufeinanderprallender widersprüchlicher Ideale erkennen, die alle für sich in Anspruch nehmen, die richtige Abbildung […] zu sein" (2007, 54).

Im Kontext solcher Transformationsprozesse kommt es sogar vor, dass eine frühere epistemische Tugend eine Umwertung in eine Untugend erfährt. Aus einer historischen Perspektive wie der von Daston und Galison (2007) wird deutlich, dass auch der Begriff der Objektivität eine sich aus Praktiken entwickelnde historische Formation ist, deren ethische Bedeutung sich im Laufe der Zeit verschiebt. Dass sich das Verhältnis zu anderen Tugenden bzw. zu den durch diese verkörperten Werte verschieben kann, führen Daston und Galison (2007) darauf zurück, dass Objektivität letztlich selbst ein Wertekodex ist.

> Die Werte, die sie [die Objektivität] setzt, sind zugegeben spezifisch und sonderbar: Die Weigerung, ein Photo zu retuschieren […], ist nicht selbstverständlich eine tugendhafte Haltung – weder für alle Wissenschaftler noch für die Menschheit insgesamt. Ebensowenig wird jedermann entschlossene Passivität oder gewollte Willenlosigkeit als Werte ansehen, die man anstreben sollte. Dies sind Werte im Dienst der Wahrheit, nicht einfach des Guten. Aber sie sind authentische Werte, verwurzelt in einem sorgsam kultivierten Selbst, das ebenfalls ein Produkt der Geschichte ist. Daß ein Vorstoß gegen die Werte der Objektivität den Zorn derer hervorruft, die sich zu ihnen bekennen, ist das sicherste Zeichen dafür, daß diese Werte ihren Namen verdienen. So gesehen geht es in der Frage, ob Objektivität vom moralischen Standpunkt betrachtet, gut oder schlecht sei, nicht mehr um die angebliche Neutralität gegenüber allen Werten, sondern um die Treue zu einer mühsam erworbenen Gruppe von gekoppelten Werten und Praktiken, die eine wissenschaftliche Lebensweise konstituieren. (Daston und Galison 2007, 57–58)

Das im Namen von Neutralität und Wertfreiheit postulierte wissenschaftliche Ideal der Objektivität wird als ein Konstrukt entlarvt, welches vermittels spezifischer Praktiken eigene Wertvorstellungen etabliert und zu anderen Werten in einem Spannungsverhältnis steht. So verwundert es nicht, dass Objektivität als Gegenentwurf zu Subjektivität in Position gebracht und letztere zur Untugend erklärt wird. Das wirkt sich auf das als subjektiv vorgestellte Selbst aus. Die aufkommende Idee von einem willensbestimmten Selbst macht den Einsatz von epistemischen Strategien, welche dazu dienen, diesen Willen zu zähmen, paradoxerweise überhaupt erst erforderlich: Das *wissenschaftliche Selbst* gilt es durch spezifische Praktiken in Schach zu halten. Um objektive Welterkenntnis zu ermöglichen, ordnet es sich und seinen Willen mithilfe von Selbst-Techniken, die der Selbst- bzw. Willenskontrolle dienen, unter.

> Anders gesagt, die verbreitete Vorstellung von einem willensbestimmten Selbst erhielt im neunzehnten Jahrhundert eine spezifische Achse zwischen zwei Polen: An dem einen Pol befand sich ein wissenschaftliches Selbst, das im Willen zur Willenlosigkeit gründete, am anderen Pol ein künstlerisches Selbst, das um den Willen zur Willkür kreiste. Formen des wissenschaftlichen Selbst und epistemische Strategien betreten zusammen die Bühne. (Daston und Galison 2007, 41)

Die „Achse des Willens", mit den Polen „Wille zur Willenlosigkeit" und „Wille zur Willkür", neigt sich zugunsten der Willensunterdrückung. Der eigene Wille wird in Bezug auf die wissenschaftliche Welterkenntnis als eine Art „verunreinigender" Faktor verstanden. Zugunsten des angestrebten Erkenntnisgewinns ist das *wissenschaftliche Selbst* darum bemüht, sich bzw. seinen Willen aus seinen Beobachtungsbeziehungen herauszuhalten. Stattdessen verinnerlicht es eine passive Haltung der Selbstzurücknahme, durch die das Ideal des objektiven wissenschaftlichen Selbst nach und nach Form annimmt. Dieses zeichnet sich insbesondere durch die epistemische Tugend der Objektivität aus, die für eine auf Welterkenntnis – also eine auf das äußere Milieu gerichtete – Beobachtungshaltung steht. Das wissenschaftliche Selbst richtet seine Aufmerksamkeit auf die Beziehung zu den äußeren Gegenständen und unterdrückt dafür die Wahrnehmung innerer Impulse. Den Gegenpol dazu bildet das *künstlerische Selbst*, das nicht die „reine" Natur erkennen will, sondern seine Kunst zum Selbstausdruck nutzt und dafür eine nach innen – auf innere Prozesse, Gefühle und Emotionen – gerichtete Beobachtungshaltung einnimmt.[31]

Widerstreit um das Komplementärstudium am Leuphana College – epidemische Tugenden im Konflikt?

Die im Zuge der Bologna-Reformen an vielen deutschen Universitäten wiederauflebende Tendenz, das Fachstudium um fächerübergreifende Studienelemente zu ergänzen, interpretiere ich als einen

---

[31] Diese gegensätzlichen Beobachtungshaltungen bringe ich in Kapitel 4 mit dem von C. G. Jung (1995) beschriebenen Unterschied zwischen dem extravertierten und dem introvertierten Beobachtungstyp in Verbindung. Die Selbstzurücknahme des wissenschaftlichen Selbst entspricht dem extravertierten Typ, der äußeren Faktoren den Vorrang gegenüber seinen subjektiven Wahrnehmungen einräumt.

Prozess der Neuaushandlung epistemischer Tugenden. Im Zentrum der Bemühungen stehen dabei Versuche, die Studienpraxis um multi-, inter- und transdisziplinäre Aspekte zu ergänzen. Neue oder auch wieder aufkommende Tugenden können die bisherigen ergänzen oder zu diesen in Widerspruch geraten, was zu einem mehr oder weniger konfliktreichen Aushandlungsprozess darüber führen kann, welche didaktische Strategie des Erkennens die „richtige" ist.

Die Auseinandersetzung über das Komplementärstudium am Leuphana College steht exemplarisch für einen solchen Aushandlungsprozess, in dem unterschiedliche Vorstellungen darüber aufeinanderprallen, welche Praktiken im Studium bevorzugt einzuüben sind. So verwundert es nicht, dass in den untersuchten Diskurs zahlreiche normative Vorstellungen eingeschrieben sind, also Aussagen darüber, was ein Studium ausmachen *sollte* bzw. was unter einem Studium bzw. unter Wissenschaft *idealerweise* zu verstehen *sei*. Die in diesem Diskurs sehr präsente Metapher von der „Horizonterweiterung" kann als eine Art pädagogischer Imperativ unserer Zeit gelesen werden. Der „Tunnelblick" hingegen stellt den untugendhaften Gegenpol dazu dar. Wenn sich Werte als Wertungen in Begriffe, Floskeln und Metaphern einschreiben, wird verständlich, warum die Grenze zwischen deskriptiven und normativen Aussagen oft verschwommen ist bzw. normative Aussagen von jemandem, der den Wertekodex nicht kennt, nicht oder nur im Ansatz dechiffriert werden können.

Die am Diskurs beteiligten Akteure beziehen sich auf unterschiedliche und teils auf zueinander in Widerspruch stehende Idealvorstellungen von wissenschaftlich angemessenem Denken und Handeln sowie Idealbildern von Wissenschaftler*innen und erfolgreichen Hochschulabsolventen. Die an vielen Stellen aufbrechende Emotionalität wird besser nachvollziehbar, wenn man sich vor Augen führt, dass Werte ausgehandelt werden, mit denen sich die Beobachter durch die (teilweise jahrelange) Ausübung entsprechender Praktiken und Selbst-Techniken identifiziert haben. Neben Vorstellungen über angemessenes bzw. wünschenswertes Verhalten (gerne mit Blick auf das der anderen) und Bildern von Idealpersonen wie Spezialist*innen oder wissenschaftlich geschulten

Generalist*innen enthalten die Aussagen auch Vorwürfe und Anschuldigungen. Manche Beobachter beklagen sich darüber, dass der Weg zu einem Studienabschluss durch das Studienmodell unnötig erschwert bzw. verlängert wird oder gar Karrierechancen zunichte gemacht werden. Andere sprechen über ihre Angst zu versagen, z.B. weil sie aufgrund fehlender CP den Anforderungen für einen Masterstudienplatz an anderen Universitäten nicht gerecht werden können.

Der Diskurs um das Komplementärstudium entpuppt sich somit als ein Konflikt um die „richtige" didaktische Strategie zur Erkenntnisbefähigung. Auf der Handlungsebene besteht offenbar keine Einigkeit darüber, wie dieses übergeordnete Bildungsziel erreicht werden kann. Dies führe ich darauf zurück, dass dem Konzept der Erkenntnis mehr als ein Wert zugrunde liegt und Erkenntnis deshalb nicht für jeden Beobachter das Gleiche bedeutet. Der vermeintlich eindeutige Erkenntnisbegriff verschleiert die Differenzen, welche zwischen den verschiedenen Beobachterpositionen bestehen. Es handelt sich also um einen Wertekonflikt, den die Beobachter erster Ordnung anhand des Komplementärstudiums austragen. Diesen Gedanken führe ich im Folgenden aus, indem ich die vier Schlüsselkategorien der Diskursanalyse als Werte charakterisiere und den Diskurs um das Komplementärstudium im Sinne von Jean-François Lyotard (1989) als *Widerstreit* zwischen unterschiedlichen Diskursarten betrachte.

Erkenntnis im Plural: Diskursarten im Widerstreit

Wie bereits angekündigt, erfolgt hier ein Vorgriff auf die Ergebnisse der Diskursanalyse zum Komplementärstudium, die in Kapitel 3 ausführlich dargestellt werden. Aus dieser ergibt sich, dass sich im untersuchten Diskurs vier Diskursfelder voneinander abgrenzen lassen. Als Teile (Quadranten) der größeren diskursiven Einheit bezeichne ich diese als Q1 bis Q4. Es handelt sich um vier *Diskurspositionen*, die von den Beobachtern erster Ordnung eingenommen werden können. Jede Diskursposition versammelt ähnliche Aussagen, die zu Kodes und Subkategorien gebündelt werden. Diesen übergeordnet liegt pro Diskursposition eine

Schlüsselkategorie, welche für einen eigenen Diskurszweck oder einen zentralen Wert steht. Im untersuchten Diskurs haben sich datenbasiert folgende vier Grundbedürfnisse als Diskurszwecke erwiesen:

Q1: Sicherheit	Q2: Bindung
Q3: Autonomie	Q4: Transformation

Abbildung 1: Schlüsselkategorien der vier Diskurspositionen

Setzt man an die Stelle des Erkenntnisbegriffs diese vier Schlüsselkategorien, wird eine bis dahin verdeckte diskursive Ordnung sichtbar. Der Begriff der Erkenntnis, so die auf das Analyseergebnis bezogene These, fungiert in dem von Lyotard in *Der Widerstreit* (1989, 9) definierten Sinne wie eine universale Urteilsregel in einem Rechtsstreit. Allerdings ist ein Widerstreit im Unterschied zu einem Rechtsstreit „ein Konfliktfall zwischen (wenigstens) zwei Parteien, der nicht angemessen entschieden werden kann, da eine auf beide Argumentationen anwendbare Urteilsregel fehlt" (1989, 9). Wird dennoch dieselbe Urteilsregel angewandt, „verpuppt" sich der Widerstreit in eine Rechtsstreitigkeit (1989, 32), was zur Verletzung der Regeln von mindestens einer der beteiligten Diskursarten führt. Unter Diskursarten (genres de discours) sind Regelsysteme zur Verkettung von Sätzen zu verstehen, wobei diese Verkettungsregeln nach Maßgabe eines bestimmten Zweckes erfolgen (Lyotard 1989, 58–59).

Bereits ein einzelner Satz als kleinste Einheit des Diskurses unterscheidet sich grundlegend von allen anderen Sätzen, die jeder für sich ein Universum aus vier Instanzen (Referent, Bedeutung, Empfänger und Sender) und deren Beziehungen untereinander bilden.[32] Jedoch lassen sich auf Basis der Formationsregeln (*régimes des*

---

[32] Das Komplementärstudium (Referent) wird als Befähigungsstrategie zur wissenschaftlichen Erkenntnis (Bedeutung) diskutiert und vor diesem Erwartungshintergrund von beteiligten Beobachtern (welche sich als Sender oder Empfänger wissenschaftlicher Praktiken positionieren können) bewertet. Der Widerstreit zwischen den vier Diskursarten wird jedoch nicht deutlich, weil eine gemeinsame Urteilsregel für den Gesamtdiskurs vorausgesetzt wird. In seiner Funktion als gemeinsame Urteilsregel für Nichtidentisches lässt der

phrases), nach denen Sätze gebildet werden, Satzfamilien unterscheiden. Aufgrund ihrer Heterogenität können diese unterschiedlichen Satzfamilien nicht ineinander übersetzt werden. Sätze unterschiedlicher Satzfamilien müssen im Sprechen miteinander verkettet werden. Wie diese Verkettung erfolgt, ist kontingent. Doch gibt es Regeln, die eine bestimmte Verkettung als passend oder angemessen erscheinen lassen, beispielsweise wenn auf eine Frage eine Antwort folgt.

Diese Verkettungsregeln stellen nun die „höhere Ordnung" dar, welche eine Diskursart konstituiert (Koller 2018, 90–91). Verschiedene Diskursarten verfolgen unterschiedliche Zwecke, wie z.B. Rechthaben, Verführen, Bewerten, zum Lachen bringen etc. Den Zweck der kognitiven bzw. wissenschaftlichen Diskursart sieht Lyotard (1989) darin, „die Wirklichkeit eines Referenten zu ermitteln" (Koller 2018, 91). Vor dem Hintergrund seiner Konzeption des Satzuniversums, der zufolge Subjekte nicht *vor* oder *außerhalb* von Sätzen anzusiedeln sind, handelt es sich bei den Zwecken der Diskursarten nicht um intentionale Zielsetzungen eines Subjektes, sondern um „Strategien von der Art, wie sie ein Spiel den Spielern auferlegt" (Lyotard 1989, 227–28). Beim Aufeinandertreffen unterschiedlicher Diskursarten entsteht ein Konflikt (*Widerstreit*), der prinzipiell nicht zu schlichten ist, weil – anders als in einem *Rechtsstreit* innerhalb der gleichen Diskursart – die übergreifende Urteilsregel (sozusagen der Schiedsspruch) fehlt. Wird ein Widerstreit nicht als solcher erkannt und folglich eine gemeinsame Urteilsregel unterstellt, führt dies dazu, dass der Widerstreit als Rechtsstreit behandelt wird. In einem solchen Fall setzt sich eine der Diskursarten gegenüber der oder den anderen durch. In der überlegenen Diskursart kann aber nicht ausgedrückt werden, was eine unterlegene Konfliktpartei in ihrer eigenen Diskursart zum Ausdruck bringt. In letzter Konsequenz kann ein zum Rechtsstreit „verpuppter" Widerstreit im Schweigen der Unterlegenen enden (Koller 2018, 92–93). Diesen Zustand der Sprachlosigkeit bringt Lyotard mit Gefühlen in Verbindung:

Erkenntnisbegriff den Diskurs um das Komplementärstudium zu einem verpuppten Rechtsstreit geraten.

> Dieser Zustand enthält das Schweigen als einen negativen Satz, aber er appelliert auch an prinzipiell mögliche Sätze. Was diesen Zustand anzeigt, nennt man normalerweise Gefühl. ‚Man findet keine Worte' usw. (Lyotard 1989, 33)

In seiner Theorie lässt Lyotard Raum für ‚etwas', das dem „Sich-Ereignen von Sätzen vorgelagert" (Koller 2018, 93) ist, also etwas, was der Sprache vorausgeht bzw. in ihr nicht ausgedrückt werden kann, und wofür Lyotard deshalb die vage Formulierung ‚nennt man normalerweise Gefühl' wählt.

Auf die Funktion von Gefühlen und Emotionen in Bezug auf die Steuerung menschlichen Verhaltens komme ich in Kapitel 2 ausführlicher zu sprechen. An dieser Stelle sei nur angemerkt, dass die durch Emotionen und Gefühle hervorgerufenen Bedürfnisse als *Zweck* einer Diskursart angesehen werden können. Lassen sich solche Bedürfnisse nicht verbalisieren – sei es, weil sie unbewusst sind und der Sprache somit vorgelagert oder weil sie sich nicht in der dominanten Diskursart ausdrücken lassen – können sie im Diskurs trotzdem „durchscheinen". Sie kommen als bewusste und unbewusste Erwartungen und Bedürfnisse in den Verhaltensbewertungen eines Beobachters zum Ausdruck. Es ist kein Zufall, dass die im Rahmen der Analyse „emergierten" Schlüsselkategorien grundlegende menschliche Bedürfnisse bzw. Grundbedürfnisse repräsentieren. Als dem grundlegendsten Zweck jeglichen Verhaltens wird hier der homöostatische Ausgleich angenommen, der dem Erhalt von Werten dient (vgl. hierzu Kapitel 2.3).

1.4 Komplementäre Aspekte eines ganzheitlichen Bildungsverständnisses

In dem von mir als Interpretationsschema erarbeiteten begrifflichen Ordnungssystem wird dem Begriff der *Erkenntnis* die Funktion einer Kategorie zugewiesen, welche die vier Diskurszwecke enthält. Gleichzeitig wird der Erkenntnisbegriff selbst als Subkategorie des Bildungsbegriffs eingeordnet. Auf diese Weise steigt das begriffliche Abstraktionsniveau um eine Stufe und Bildung wird zur übergeordneten Kategorie für die Subkategorien *Erkenntnis* und *Viabilität*.

Bildung			
Erkenntnis / Viabilität			
Sicherheit	Bindung	Autonomie	Transformation

Abbildung 2: Interpretations- und Kategorienschema zum Bildungsbegriff

Der Begriff „Viabilität" wurde von Ernst von Glasersfeld (1996) in die erkenntnistheoretische Debatte eingeführt, um den klassischen Wahrheitsbegriff des Realismus zu ersetzen (Pörksen 2002, 46–47). Viabilität, ein aus der Evolutionstheorie entlehnter Begriff (2002, 54), steht für *viables* bzw. nützliches, lebensdienliches Verhalten. Er entspricht einem Aspekt, den der Erkenntnisbegriff von Maturana und Varela (1987) enthält und der ihrem Postulat der Identität von Erkennen und Handeln zugrunde liegt.

Durch die Einordnung der vier Diskurszwecke in dieses begriffliche Ordnungssystem wird die Vielfalt von Dimensionen, die der Erkenntnisbegriff enthält (ohne Anspruch auf Vollständigkeit) deutlich. Diese analytische Herangehensweise lässt sich gut mit einer auf Synthese gerichteten Haltung verbinden, indem durch die kategoriale Abstufung jeweils auf einen übergeordneten Zusammenhang verwiesen wird. Die Nebeneinanderstellung von Erkenntnis und Viabilität, als zwei unterschiedlichen Arten der Bewertung von lebensdienlichen Verhaltensweisen, dient zur Verdeutlichung des gemeinsamen Bezugspunktes beider Betrachtungsweisen im Bildungsbegriff. Auf diese Weise kann Bildung als übergreifende Kategorie für Verhaltensweisen (re-)produziert werden, die dem (Über-)Leben dienlich sind.[33]

Erkenntnis und Viabilität: zwei Arten der Verhaltensbewertung

Durch die terminologische Differenzierung in *Erkenntnis* und *Viabilität* soll im Folgenden die Grenze markiert werden, die zwischen einer *semantischen Beschreibung von Verhalten* als angemessen (bzw. als sinnvoll, nützlich, effektiv, funktional etc.) und dem

---

[33] Der Akt der Bewertung ist nicht auf eine bewusste kognitive Entscheidung zu reduzieren, sondern umfasst unbewusste ablaufende Prozesse, die auf die Regulation von Werten gerichtet sind.

lebensdienlichen Verhalten des lebenden Organismus selbst verläuft. Ein Beobachter spricht von Erkenntnis, wenn er das Verhalten, welches er in einem bestimmten Kontext beobachtet, als effektiv bzw. einer Situation angemessen bewertet (Maturana und Varela 1987, 189). Den Maßstab zur Beurteilung legt der Beobachter, indem er durch eine explizite oder implizite Frage den Verhaltensbereich umreißt, in dem in Form eines effektiven Verhaltens eine Antwort erwartet wird (1987, 189–91).

Entsprechend verwende ich *Erkenntnis* im Sinne einer Beobachterkategorie, mit Hilfe der ein Beobachter *Viabilität* als ein der *Selbstorganisation*[34] eines lebenden Organismus dienendes Verhalten beschreibt. Bewertende Beobachtung findet aber auch jenseits sprachlich artikulierbarer Bewertungen statt. *Jenseits* steht in diesem Zusammenhang für „unterhalb der Bewusstseinsschwelle", womit ein Bereich der Bewertung angesprochen ist, der automatisch (unbewusst) stattfindet und dem Erhalt systemrelevanter Werte dient.[35] Diese Bewertungsaktivität auf der systemischen Ebene wird auch als *Homöostase*[36] bezeichnet und zielt auf den Erhalt grundlegender Werte in einem homöostatischen Bereich ab.

Als Beobachterkategorie ist Erkenntnis eine an die Erwartungen (sowie Befürchtungen) und Bedürfnisse eines Beobachters gekoppelte semantische Verhaltens*bewertung*. Davon können mit dem Begriff der Viabilität von außen nicht beobachtbare – auf den Erhalt biologischer Parameter (Werte) in einem biopositiven Bereich – gerichtete Bewertungsaktivitäten unterschieden werden. Sowohl semantische als auch systemische Bewertungen erfolgen

---

[34] Ein anderer Begriff für Selbstorganisation ist Autopoiesis (Maturana und Varela 1987, 55). Sie steht in einem engen Zusammenhang mit der werterhaltenden Regulation lebenswichtiger Parameter.

[35] Um die Lebensfunktionen aufrechtzuerhalten, ist es erforderlich, „die chemischen Parameter des Körperinneren (sein inneres Milieu) innerhalb jener magischen Spanne zu halten, die mit dem Leben vereinbar ist. Diese magische Spanne wird als homöostatischer Bereich bezeichnet, und den Prozess, durch den der Gleichgewichtszustand erreicht wird, nennt man Homöostase" (Damasio 2013, 54).

[36] Das Konzept der Homöostase und der Zusammenhang, der damit zwischen Bedürfnissen, Werten und Bewertungen aufgezeigt werden kann, wird im Anschluss an Damasio (2013, 54–72) in Kapitel 2.2 noch ausführlicher dargestellt.

durch eine Orientierung am Urbild des biologischen Wertes und dem Ziel des Werterhalts im homöostatischen Bereich.

Bildung bzw. bildende Prozesse: auf semantischer und/oder systemischer Ebene als lebensdienlich bewertete Verhaltensweisen	
Erkenntnis	Viabilität
semantische Beschreibung von Verhalten *als* angemessen, sinnvoll, nützlich etc.	viables Verhalten, das auf den homöostatischen Werterhalt des lebenden Systems abzielt
im Bereich des sprachlich Artikulierbaren	artikulierbar nur, wenn über Emotionen und Gefühle zugänglich

Abbildung 3: Schema zu Bildung/bildende Prozesse

Kognition und Emotion: Informationsverarbeitung im gleichen Modus

Die Differenzierung zwischen Bildung als Beobachterkategorie und Bildung als einer auf Selbstorganisation gerichteten inneren Dynamik (Autopoiesis) ist hilfreich, wenn man sich damit vor Augen führt, dass es sich letztlich nur um zwei verschiedene Arten der Informationsverarbeitung handelt, die beide dem gleichen Ziel dienen. Der analytische Mehrwert, der aus der begrifflichen Differenzierung zwischen Erkenntnis und Viabilität erwächst, liegt in der Offenlegung der strukturellen Gemeinsamkeit von scheinbar getrennten Bereichen und ihres gemeinsamen Bezugspunktes im biologischen Wert. Erkenntnis und Viabilität als Bezeichnungen für bewertende Aktivitäten auf unterschiedlichen Ebenen helfen dabei, diesen gemeinsamen Ursprung wieder sichtbar zu machen.[37]

Um zu ermessen, welche Verhaltensweisen in einer Situation *viabel* bzw. *angemessen* sind, verfügt ein Organismus über unterschiedliche Wahrnehmungsfunktionen. Diese ermöglichen es ihm, sich im inneren und im äußeren Milieu zu orientieren, um

---

[37] In Kapitel 3 wird im Rahmen der Datenanalyse diese strukturelle Gemeinsamkeit nachgezeichnet und aufgezeigt, wie sich semantische Gegensätze auf die Polarität von Grundbedürfnissen zurückführen lassen. Die Pluralität der Diskurszwecke kann als Ausdruck einer Werte-Pluralität auf der systemischen Ebene gedeutet werden.

lebensdienliche Verhaltensoptionen zu sondieren.[38] Im Zuge dieser Orientierung bringt ein Lebewesen permanent Vorstellungen von seiner (Um-)Welt und von sich selbst hervor, von denen nur ein geringer Teil bewusst wahrgenommen wird. Ein vom Beobachter erzeugtes Konzept beschreibt C. G. Jung auch als „ein das Objekt nur sehr bedingt wiedergebendes Bild", das zum Teil „aus Material geschaffen ist, welches aus dem Subjekt selber stammt" (Jung 1972, 27). Für ein solches „Bild der subjektiven Beziehung zum Objekt" verwendet Jung den Begriff *Imago* (1995, 507). Auf der psychischen Entwicklungsstufe, die Jung die *Objektstufe* nennt, kann der Mensch nicht zwischen Objekt und Imago unterscheiden (1972, 27). Die Objektstufe entspricht einer abbildtheoretischen Auffassung der Welt.

Die Wirkung, die nicht ins Bewusstsein aufsteigende Konzepte auf unsere Bewertungen von Informationen und damit unsere Verhaltensregulation haben, wird im Bildungskontext m. E. bisher noch nicht ausreichend berücksichtigt. Gerade aufgrund der Schwierigkeit, sich solcher inneren Prozesse bewusst zu werden und sie zu artikulieren, sehe ich hier eine wesentliche Bildungsaufgabe. Dem entgegen steht jedoch eine mangelnde Anerkennung der Idee, wonach die Bewusstmachung und Reflexion unbewusster Motive menschlichen Verhaltens und die Auseinandersetzung mit unseren Emotionen und Gefühlen eine originäre Bildungsaufgabe seien.[39] Eine starke Konzentration auf die Ebene bewusster Kognition führt zu einer Haltung, die zur Ausgrenzung dieser Bereiche aus dem dominanten Bildungsdiskurs tendiert. Dabei ist Kognition aus evolutionsgeschichtlicher Perspektive etwas, was auch

---

[38] Wie in Kapitel 2 und 4 näher ausgeführt, orientiere ich mich u.a. an dem von C. G. Jung beschriebenem Modell der menschlichen Psyche (2013, 16–35). Jung (2013) benennt vier psychologische Grundfunktionen, die er in ektodermische und endodermische Funktionen unterscheidet, wobei erstere der Wahrnehmung des äußeren Milieus und letztere der Wahrnehmung des inneren Milieus dienen.

[39] Hinsichtlich der Unterscheidung zwischen Emotion und Gefühl folge ich Damasio (2013, 122–24). „Emotionen sind demzufolge komplexe, größtenteils automatisch ablaufende, von der Evolution gestaltete Programme für *Handlungen*. [...] Gefühle von Emotionen dagegen sind zusammengesetzte *Wahrnehmungen* dessen, was in unserem Körper und unserem Geist abläuft, wenn wir Emotionen haben. Was den Körper betrifft, so sind Gefühle nicht die Abläufe selbst, sondern Bilder von Abläufen" (2013, 122; Hervorh. i. O.) „Triebe und Motive gehören zu den einfacheren Bestandteilen der Emotionen" (2013, 124).

Lebewesen ohne Gehirn zu ihrer Orientierung in der Welt zur Verfügung steht und ihnen ein basales Gefühl für sich selbst (bzw. ein Selbst zu sein) ermöglicht. Damasio (2013) zufolge hat sich das Bewusstsein aus unbewusstem Geist entwickelt. Auch Ulrich Warnke zufolge ist

> Bewusstsein [...] ein Modus, der das Erkennen und Verarbeiten der Information eröffnet, die der Vernunft zufließt. Unterbewusstsein ist derselbe Modus, der das Erkennen und Verarbeiten der Information eröffnet, die der Emotion zufließt. (Warnke 2013, 84)

Da der Begriff „Bewusstsein" in der Regel einseitig mit Wachbewusstsein und dem, was dem Denken zugänglich ist („der Vernunft zufließt"), assoziiert wird, halte ich es für hilfreich, ihn durch den Begriff der „Psyche" zu ersetzen. Dabei beziehe ich mich auf das von C. G. Jung (2013) im Rahmen seiner komplexen Psychologie entwickelte Modell der Psyche, welches Bewusstsein und Unbewusstes (sowohl in individueller als auch kollektiver Hinsicht) umfasst. Jung betont, dass sich das menschliche Bewusstsein aus einem vorgängigen unbewussten Zustand entwickelt und sich nicht allein aus den Sinnesempfindungen ableiten lässt (2013, 21). Mit dieser Annahme grenzt sich Jung (2013, 21) von Sigmund Freud ab, welcher unbewusste psychische Inhalte vorrangig als das Ergebnis von Verdrängungsprozessen ansah, also als sekundäre Bewusstseinsphänomene. Darüber, was das Unbewusste ist, können wir Jung zufolge aber keine Aussage machen:

> Das Bewusstsein ist wie die Oberfläche oder wie eine Haut über einem ausgedehnten unbewussten Gebiet, dessen Umfang wir nicht kennen. [...] Über etwas, was man nicht kennt, kann man keine Aussagen machen. Wenn wir ‚das Unbewusste' sagen, sind wir oft der Meinung, damit etwas Konkretes zum Ausdruck zu bringen, aber in Tat und Wahrheit bringen wir nur zum Ausdruck, dass wir nicht wissen, was das Unbewusste ist. Wir haben lediglich indirekte Anhaltspunkte dafür, dass es ein psychisches Gebiet unterhalb der Bewusstseinsschwelle gibt. (Jung 2013, 19)

Die bei Jung enthaltene Vorstellung vom kollektiven Unbewussten (1998, 25) findet sich in der von Damasio (2013, 44) formulierten These wieder, wonach sich das Bewusstsein historisch aus einem unbewussten Geist entwickelt hat, welcher als eine Art „natürlicher

Wille" nach wie vor in jede Zelle des Organismus eingeschrieben ist. Der Prozess der Entwicklung eines bewussten Geistes ist eng an den biologischen Wert gekoppelt. Dieser Gedanke wird noch einmal aufgegriffen, wenn ich entlang Damasios (2013) Thesen in Kapitel 2.2. herausarbeite, welche Rolle Emotionen und Gefühlen bei der Hervorbringung eines komplexen Selbst spielen.

Welt und Selbst: semantische Beschreibungen und mentale Karten

Wie bezüglich der Wahrnehmungsfunktionen oben bereits angemerkt, wird Bildung immer wieder mit der Hervorbringung von Welt- und Selbstverhältnissen in Verbindung gebracht. Beispielsweise versteht Koller „Bildung als Transformation grundlegender Figuren des Welt- und Selbstverhältnisses" (2018, 15), womit er explizit an Humboldt und dessen Überlegungen zum Verhältnis zwischen Welt und Mensch anschließt.

Mit seiner Theorie transformatorischer Bildungsprozesse zielt Koller einerseits darauf ab, den Bildungsbegriff anders zu denken als bisher[40] und andererseits „das Bildungsgeschehen selbst als ein *Andersdenken* oder *Anderswerden* zu begreifen" (2018, 9). Diesem Konzept zufolge kann Bildung

> als ein Prozess der Erfahrung beschrieben [werden], aus dem ein Subjekt ‚verändert hervorgeht' – mit dem Unterschied, dass dieser Veränderungsvorgang nicht nur das Denken, sondern das gesamte Verhältnis des Subjekts zur Welt, zu anderen und zu sich selbst betrifft. (Koller 2018, 9)

Durch die Formulierung „Bildung als Transformation grundlegender Figuren des Welt- und Selbstverhältnisses" (Koller 2018, 15) beantwortet Koller bereits die Frage danach, was seiner Ansicht nach im Bildungsprozess transformiert wird.[41] Er bezieht sich u.a. auf

---

[40] Mit „bisher" bezieht Koller sich auf den Bildungsbegriff, wie er in den Erziehungswissenschaften gebräuchlich ist: „... das Nachdenken über Bildung zu verändern und das, was in der Erziehungswissenschaft als Bildung bezeichnet wird, anders zu fassen, als das bisher geschehen ist" (Koller 2018, 9).

[41] Koller (2018, 17) verweist zudem darauf, dass die Formulierung „Welt-, Anderen- und Selbstverhältnis" präziser wäre, aber aus stilistischen Gründen vermieden wird und das Verhältnis zu anderen Menschen in dem zur Welt beinhaltet ist.

Humboldts Sprachtheorie, die am Theorem von Bildung als Wechselwirkung von Ich und Welt ansetzt. Humboldt charakterisiert die Sprache als das entscheidende Medium jeder bildenden Auseinandersetzung des Menschen mit der Welt, was sowohl das Verhältnis zu den Dingen (die welterschließende Aufgabe der Sprache) als auch zu anderen Menschen (die kommunikative Aufgabe der Sprache) betrifft. Sprache versteht Humboldt dabei nicht abbildtheoretisch, „d.h. nicht als Repräsentation von etwas, was vor bzw. außerhalb der Sprache existieren würde, sondern vielmehr ‚konstitutionistisch', d.h. als Medium der Hervorbringung [...] von Gegenständen und Gedanken" (Koller 2018, 12). Wie Humboldt in seinen „Schriften zur Sprachphilosophie" (1979) formuliert, ist Sprache „das bildende Organ des Gedankens" (zit. in Koller 2018, 12). Aber was sind Gedanken bzw. wie kommen diese im Medium der Sprache zustande?

Eine mögliche Antwort darauf bietet Damasio:

> Und aus was bestehen die Gedanken [...]? Aus Mustern, die in der Sprache der verschiedenen Sinne kartiert sind – visuell, akustisch, taktil, propriozeptiv und so weiter. Und das alles in fantastischen Schattierungen, Tönen, Variationen und Kombinationen, die geordnet oder chaotisch dahinfließen – kurz gesagt: Bilder. (Damasio 2013, 171–72)

Gedanken sind also nicht an Sprache im engeren Sinne gebunden. Damasio zufolge, der „die Begriffe *Bild*, *Karte* und *neuronales Muster* fast in gleicher Bedeutung verwendet" (2013, 77; Hervorh. i. O.), besitzt unser Gehirn die Fähigkeit, zu seiner Information Landkarten und Bilder zu erzeugen.[42]

> Wenn das Gehirn aber Karten erzeugt, erzeugt es auch Bilder, die wichtigsten Inhalte unseres Geistes. Letztlich versetzt das Bewusstsein uns in die

---

[42] Mit seiner früheren Differenzierung zwischen *Bild* und *Karte* wollte er auf den Unterschied zwischen einem mentalen Muster im Geist und einem neuronalen Muster als Aktivitätsmuster im Gehirn aufmerksam machen. Die Unterscheidung zwischen Geist (als Inhalt der Aktivität des Gehirngewebes) und Gehirn ist seiner Ansicht nach zwar stichhaltig, aber für das zu Erklärende, nämlich den Geist als ganz privates Erlebnis, nicht unbedingt erforderlich bzw. förderlich (Damasio 2013, 76–77).

Lage, Karten als Bilder wahrzunehmen, diese Bilder zu verarbeiten und die Vernunft auf sie anzuwenden. (2013, 75)[43]

Bei der Kartierung handelt es sich nicht um eine passive Übertragung der Umgebung des Gehirns in sein Inneres, also nicht um die Erzeugung einer reinen Kopie der Umwelt (Damasio 2013, 50–51). Das Gehirn leistet vielmehr einen aktiven Beitrag bei der Erzeugung mentaler Muster bzw. mentaler Bilder von all dem, was sich außerhalb von ihm befindet, dazu gehören der Körper, die Umwelt, aber auch die Tätigkeiten, die der Organismus und seine Bestandteile ausführen. Man könnte auch sagen, dass das Gehirn aktiv Welt- und Selbstbilder erzeugt. Die Gehirnkarten sind zudem nicht statisch, sondern verändern sich von einem Augenblick zum nächsten und spiegeln so die Veränderungen wider, die sich in den Neuronen, den spezifischen Körperzellen aus denen das Gehirn aufgebaut ist, abspielen. Die Karten sind ein Spiegelbild der Veränderungen im Körperinneren und in unserer Umwelt. Sie verdeutlichen auch, dass wir ständig in Bewegung sind (Damasio 2013, 78). Wichtig in diesem Zusammenhang ist zudem, dass „Handlungen und Karten, Bewegungen und Geist [...] Teile eines unendlichen Zyklus" sind, und dass die Kartenerstellung, die „für die Verbesserung von Handlungen unentbehrlich ist, häufig von vornherein im Umfeld der Handlungen stattfindet" (Damasio 2013, 75).

Die Karten bzw. Welt- und Selbstbilder werden also in einem nicht endenden Prozess aktiv und im Kontext von Handlungen, die wir ausführen, erzeugt. Koller (2018) zielt mit seinem Begriff der transformatorischen Bildungsprozesse aber offenbar nicht auf diese Ebene der mentalen Bilder ab. Wiederum in Anlehnung an Kokemohrs Werke von 1992 und 2007 unterscheidet er Lernprozesse von Bildungsprozessen, wobei er Bildungsprozesse als Lernprozesse höherer Ordnung versteht, „bei denen nicht nur neue Informationen angeeignet werden, sondern auch der Modus der Informationsverarbeitung sich grundlegend ändert" (2018, 15). Darüber

---

[43] Damasio macht deutlich, dass auch unbewusste Bilder zur Lebenssteuerung beitragen, z.B. zur motorischen Steuerung. „Gehirne erweiterten die Möglichkeiten des Lebensmanagements schon zu einer Zeit, als sie noch keinen Geist hervorbrachten, von einem bewussten Geist ganz zu schweigen" (Damasio 2013, 70–71).

hinaus wird die Konfrontation mit neuen Problemlagen von Koller als Auslöser transformatorischer Bildungsprozesse benannt, welche darin bestehen,

> dass Menschen in der Auseinandersetzung mit neuen Problemlagen neue Dispositionen der Wahrnehmung, der Deutung und Bearbeitung von Problemen hervorbringen, die es ihnen erlauben, diesen Problemen besser als bisher gerecht zu werden. (Koller 2018, 16)

Es geht Koller (2018) folglich um eine grundlegende Veränderung des Verhältnisses von Ich und Welt, ausgelöst durch eine Problemlage, die eine Verhaltensveränderung erfordert. Dieser Veränderungsprozess wird im Anschluss an Humboldts Sprachtheorie und Kokemohrs Verweise auf die Tradition der Rhetorik sprachtheoretisch gefasst. Koller betont wiederholt, dass die Welt- und Selbstverhältnisse als „*sprachlich* bzw. semiotisch, d.h. zeichenförmig strukturierte (oder eben *figurierte*) Verhältnisse aufzufassen sind" (2018, 16; Hervorh. i. O.).

Es ist also davon auszugehen, dass Kollers (2018) grundlegende Figuren des Welt- und Selbstverhältnisses keine Karten bzw. Bilder im Sinne Damasios (2013) sind, sondern komplexe Gebilde („Dispositionen der Wahrnehmung, der Deutung und Bearbeitung" (2018, 16)) mit mehr Stabilität, die zu ihrer Veränderung eine Art Erschütterung benötigen. Meiner Interpretation zufolge bezieht sich Kollers Transformation somit auf semantische Beschreibungen der Welt- und Selbstverhältnisse, also auf veränderte bzw. transformierte Verhaltensbeschreibungen.[44]

Bewusstes und Unbewusstes: individuelle und kollektive Dimensionen des Selbst

Humboldts Bildungstheorie basiert auf einer Vorstellung vom menschlichen Geist, der sich selbst durch seine prägende Wirkung auf die Welt in den Blick bekommen will (Humboldt 1986). „Welt" steht bei Humboldt für all das, was dem Menschen als „Stoff" dient,

---

[44] Dennoch korrespondiert das von Koller (2018) benannte Bildungsziel, „Problemen besser als bisher gerecht zu werden" mit Damasios (2013) Konzept des „homöostatischen Ausgleichs". Letzterer wird durch „Perturbationen aus dem Milieu" in Gang gesetzt (Ludewig 1987, 27).

dem er die Gestalt seines Geistes aufdrücken kann, um sich selbst zu erkennen.[45] Des Menschen „Denken sei immer nur ein Versuch seines Geistes, vor sich selbst verständlich" zu werden, so wie sein „Handeln ein Versuch seines Willens, in sich frei und unabhängig zu werden".[46] Diese humboldtsche Aussage über den menschlichen Geist, der sich selbst reflektiert durch die Wirkung, die er auf die Welt ausübt, lässt sich in den von Damasio (2013, 193) als dreistufigen Selbst-Prozess[47] bezeichneten Entwicklungsprozess des Bewusstseins aus unbewusstem Geist einordnen.

So wie Humboldt den Menschen nicht nur als ein Individuum vor Augen hatte, lässt sich auch sein Konzept des menschlichen Geistes nicht auf ein bewusstes mentales Vermögen reduzieren, das an ein Individuum gekoppelt ist. Vor diesem Hintergrund erscheinen die bei Humboldt (1986) gefundenen Formulierungen „ganze Bildung" (1986, 37), „ganzes Wesen" (1986, 34, 36), dem „ganzen Menschengeschlecht" (1986, 34) und die darauf Bezug nehmende Redeweise „der ganze Mensch" noch einmal in einem anderen Licht: Letztere steht für das Gattungswesen, verkörpert durch jede einzelne Person, die aufgrund ihrer Gattungszugehörigkeit Zugang zu den kollektiven Inhalten der menschlichen Psyche hat, sowohl zu den bewussten als auch zu den unbewussten. Humboldts ganzheitlicher Bildungsanspruch geht weit über die „wissenschaftliche Ausbildung des Kopfes" hinaus und zielt wesentlich auf die Bildung der Gesinnung, also die wertbasierte Haltung des Menschen, die dieser als Beobachter gegenüber der Welt und sich selbst einnimmt.

---

[45] Bei dieser Hinwendung des Menschen zur Welt als einer Bewegung „zu den Gegenständen ausser ihm" kommt es darauf an, „dass er in dieser Entfremdung sich nicht selbst verliere. [...] [Er muss] „die Natur aufzufassen versuchen, nicht sowohl um sie von allen Seiten kennen zu lernen, als vielmehr um durch diese Mannigfaltigkeit der Ansichten die eigene inwohnende Kraft zu stärken, von der sie nur anders und anders gestaltete Wirkungen sind" (Humboldt 1986, 35).
[46] Denken und Handeln seien aber nur vermöge eines Dritten möglich, „dessen eigentlich unterscheidendes Merkmal es ist, Nicht-Mensch, d.i. Welt zu seyn [...]" (Humboldt 1986, 33).
[47] Zum Selbst-Prozess vgl. Damasio (2013, 193–95) und die Ausführungen in Kapitel 2.2.

Ein grundlegendes Verständnis dieser Zusammenhänge erscheint mir notwendig für die Anerkennung der Wirkung, welche die aus dem Bereich des Unbewussten ausgehenden Kräfte auf unser Verhalten haben. Bei der Heraus*bildung* der Welt- und Selbstverhältnisse wirkt das ganze Bewusstsein mit, d.h. auch das, was wir im Allgemeinen als das Unbewusste oder den unbewussten Anteil der menschlichen Psyche bezeichnen. Bildung als ganzheitliche Bildung umfasst die „Wirkkräfte" auf allen Bewusstseinsebenen. Deshalb stehen in dem hier erarbeiteten begrifflichen Ordnungssystem Theorien, die Bildung aus einer Beobachterkategorie beschreiben (z.B. Koller) auch nicht im Widerspruch zu einer systemischen Betrachtungsweise, die Bildung als Autopoiesis konzipiert (z.B. Lenzen). Es handelt sich vielmehr um eine Frage der Fokussierung: Wie bei einem Vexierbild, in dem der Blick zwischen zwei Gestalten hin und her changieren muss, wird Bildung als Ganzes erst durch die Ergänzung der semantischen um die systemische Betrachtungsweise erfassbar.

Damit schließt sich erneut der Bogen zu Humboldt, der es vermochte, seinen Fokus – wie bei einem Vexierbild – gleichermaßen auf die individuelle Ontogenese wie auf eine zukunftsoffene Phylogenese zu richten.[48] Der humboldtsche Bildungsanspruch kann noch in einer weiteren Hinsicht als ganzheitlich betrachtet werden. Indem jedem Individuum die Aufgabe zugewiesen wird, sein individuelles Potential zu entfalten und seine persönlichen

---

[48] Ontogenese verstehen Maturana und Varela als die „Geschichte des strukturellen Wandels einer Einheit ohne Verlust ihrer Organisation" (1987, 84). Die Geschichtlichkeit der Lebewesen erschließe sich dadurch, dass der Beobachter das Lebewesen nicht isoliert betrachte, sondern vor einem Hintergrund, dem Milieu. Operational seien Lebewesen und Milieu voneinander unabhängig und erst dadurch voneinander unterscheidbar. Gleichzeitig interagiere das Lebewesen mit seinem Milieu (1987, 106). Während sich die Ontogenese der Ebene des individuellen Lebewesens ereigne, umfasse die Phylogenese „eine Abfolge von durch reproduktive Beziehungen verwandten organischen Formen" und somit ganze Abstammungslinien (1987, 116). Während der Begriff der Ontogenese also die Geschichte des individuellen Lebewesens beschreibt, meint der Begriff der Phylogenese die historischen (intergenerationellen) Transformationen von Lebewesen. Phylogenese wird im Anschluss an Maturana und Varela als ein Prozess des „ko-ontogenetischen strukturellen Driften[s], dem kein Entwurf zugrunde liegt" (1987, 226) betrachtet.

Errungenschaften an seine Nachkommenschaft weiterzugeben, beinhaltet er die künftige Ausformung unserer Organisation als Spezies: Für die „Fortdauer der einmal erworbenen Vorzüge" sei es erforderlich, dass der Mensch seinem Werk und seiner Umwelt das „Gepräge seines Werthes sichtbar aufdrücke, [...] seine Tugend und seine Kraft [...] noch der Nachkommenschaft einhauche" und sich so an der „Veredlung und Bildung" der Menschheit über Generationen hinweg beteiligt (Humboldt 1986, 34–35).

Eine solche Betrachtungsweise, welche die Bildung des Menschen gleichermaßen als Ontogenese und als Phylogenese in den Blick nimmt, lädt dazu ein, das Individuum analog zur Zelle als Teil eines größeren (sowie zeitlich umfänglicheren) Organismus zu denken. Von einer analytischen Unterscheidung des Menschen als individuelles, als kollektives und als artspezifisches Selbst kann auch die (empirische) Bildungsforschung profitieren. Der einzelne Mensch kommt dadurch als ein lebendes System mit all seinen Bedürfnisse auf den unterschiedlichen Ebenen in den Blick. Das Gesamtsystem Mensch besteht aus Teilsystemen. Die Bildung des „ganzen Menschen" erfolgt in einem komplexen Spannungsverhältnis zwischen den unterschiedlichen Bedürfnissen all seiner Subsysteme. Aus dieser Perspektive ist Bildung ein wertorientierter Aushandlungsprozess, der im Interesse aller beteiligten Subsysteme den Erhalt des übergeordneten Systems sicherstellen soll. Die Ausrichtung auf den Erhalt der komplexesten Ebene dieses Selbst entspräche systemisch betrachtet dem Ideal *ganzheitlicher* Bildung. Die systemische Multiplikation unseres Selbstverständnisses ist uns i.d.R. nicht bewusst, noch weniger die dadurch entstehenden Spannungen zwischen den bewussten und unbewussten Bedürfnissen, die unser Verhalten auf allen Ebenen steuern. Angesichts der bereits auf der Ebene des Individuums bestehenden Bedürfnispluralität macht eine systemische Betrachtungsweise erst recht die Komplexität nachvollziehbar, die aus der menschlichen Doppelexistenz als einem einzelnen lebenden Organismus und einem sozialen Wesen, das in unterschiedliche soziale Systeme eingebunden ist, erwächst. Ganzheit wird hier also in einem doppelten Sinne als systemische Ganzheit und als psychische Ganzheit des Menschen verstanden. Vor diesem Hintergrund steht *Selbst*-Reflexion als Bildungsaufgabe nicht nur für eine transpersonale Reflexion des Menschseins, sondern ebenso für Bewusstseinserweiterung im Sinne einer gezielten Integration von Unbewusstem in unser individuelles und kollektives Bewusstsein. Diese Vorstellung von Ganzheitlichkeit bildet den argumentativen Ankerpunkt der vorliegenden Theorie über *komplementäre* Bildung.

Dichotomien statt Gegensätze: Widerstreit mit gemeinsamer Wurzel

Wie Koller schreibt, geht es bei der Analyse eines Diskurses vor allem darum, verschiedene Diskursarten voneinander zu unterscheiden, indem man „innerhalb gegebener Satzverkettungen retrospektiv die Regelhaftigkeit und Zweckgerichtetheit der Verkettungen" (2018, 91–92) bestimmt. Als ein Ergebnis der durchgeführten Diskursanalyse liegen vier Diskursarten (Q1 bis Q4) mit einem je eigenen Zweck vor. Wie diese Zwecke als Varianten von „Erkenntnis" in das Interpretationsschema einzuordnen sind, wurde bereits ausgeführt. An dieser Stelle ist es erneut erforderlich, zentrale Ergebnisse der Datenanalyse vorgreifend zu benennen, um den Datenbezug der generierten Theorie verdeutlichen zu können. Die Datenanalyse hat – wie in Kapitel 3 noch ausführlich dargestellt wird – vier Werte bzw. auf deren Erfüllung gerichtete Bedürfnisse ergeben: Sicherheit (Q1), Bindung (Q2), Autonomie (Q3) und Transformation (Q4). Die ersten drei sind gängige Bezeichnungen für menschliche Bedürfnisse, die oft auch als Grundbedürfnisse bezeichnet werden. Das Bedürfnis nach Transformation entspricht dem Bedürfnis nach Entwicklung, das – auch wenn es möglicherweise keine allgemeine Anerkennung als Grundbedürfnis findet – unbestritten ein wesentliches menschliches Bedürfnis ist. Das Verhältnis, in dem diese vier Bedürfnisse zueinanderstehen, stellt den Schlüssel zur Interpretation des untersuchten Diskurses dar.

Im Kontext meiner Ausführungen über ganzheitliche Bildung wies ich auf das komplexe Spannungsverhältnis hin, das sich aufgrund der vielfältigen Bedürfnisse ergibt, die der Mensch als Individuum und als kollektives Wesen hat. In diesem Sinne ist der *ganze* Mensch als ein komplexes System zu verstehen, welches aus unterschiedlichen Teilsystemen besteht, dessen kleinste Einheit das Individuum ist. Bereits auf dieser untersten Abstraktionsebene ist das System Mensch dadurch geprägt, dass sein grundlegendstes Bedürfnis, nämlich zu (über-)leben, die Aufrechterhaltung von mehr als nur einem Wert erfordert. Auf der systemischen Ebene sind unterschiedliche Parameter im homöostatischen Bereich zu erhalten, um die Viabilität des Systems zu garantieren. Beziehen wir uns als Beobachter auf diesen Sachverhalt, sprechen wir u.a. von Grundbedürfnissen, die erfüllt sein müssen, damit Leben möglich ist.

Die als „widersprüchlich" wahrgenommene Dynamik des Diskurses um das Komplementärstudium wird verständlich, wenn die vier Schlüsselkategorien als Bedürfnisse in den Blick genommen werden. Bedürfnisse dienen in ihrer ursprünglichen Funktion als Regulationsmechanismus dem homöostatischen Ausgleich. Homöostase bedeutet Werterhalt in einem bestimmten Bereich, das bedeutet, dass sowohl einem Mangel als auch einer Übersättigung entgegengesteuert wird. Deshalb hat jedes einzelne Bedürfnis einen Gegenpol. So steuert das Streben nach Autonomie zu starker Bindung entgegen, die einengend wirken kann. Das Streben nach Transformation – als eine auf Veränderung ausgerichtete Kraft – erfordert die Loslösung von Bekanntem und Bewährten, was dem Sicherheitsstreben entgegensteht. Jedes der Bedürfnisse dient einem anderen Zweck und doch muss ein jedes im homöostatischen Bereich liegen, um das Überleben des Systems zu sichern. Idealerweise tarieren sich die Bedürfnisse gegenseitig aus, um das System im homöostatischen Bereich zu halten, d.h. sie sorgen für ein Gleichgewicht zwischen entgegengesetzten Verhaltensimpulsen.[49] Dadurch ist der Diskurs durch ein bipolares Spannungsverhältnis der Schlüsselkategorien untereinander geprägt, welches die strukturelle Polarität jedes einzelnen Bedürfnisses spiegelt.

---

[49] Die hier eingenommene theoretische Perspektive beschränkt sich auf ein System, das über die Fähigkeit zur Selbstorganisation verfügt und entsprechend aus eigener Kraft versucht, in einen ausgeglichenen Zustand zu kommen. Pathologische Fälle, in denen dieser Mechanismus nicht mehr funktioniert, werden hier nicht thematisiert bzw. berücksichtigt.

Die vermeintliche Widersprüchlichkeit besteht nicht auf der systemischen Ebene, sondern ergibt sich aus der Perspektive des Beobachters. Auf sprachlicher Ebene erscheint ein bipolares Spannungsverhältnis als begriffliches Gegensatzpaar (z.B. Sicherheit vs. Unsicherheit), das jeweils *nur* die Extreme (die Pole) eines Wertspektrums markiert. Durch die begriffliche Fixierung auf die Pole wird das Spannungsverhältnis als Gegensatz repräsentiert und semantische Beschreibungen, die sich auf die gegenüberliegenden Pole beziehen, erscheinen dann als widersprüchlich. Jenseits des begrifflichen Denkens – auf systemischer Ebene – lautet die Diagnose aber nicht *Widerspruch*, sondern Widerstreit unterschiedlicher Diskurszwecke (Grundbedürfnisse).

Wie Theodor W. Adorno (1990) in seiner 1966 erschienenen „Negativen Dialektik" feststellt, bestätigt ein Denken in Widersprüchen das Gesetz der Identität. Seine Kritik am *identitären* Denken veranschaulicht Adorno anhand der Dialektik:

> Ihr Name sagt zunächst nichts weiter, als dass die Gegenstände in ihrem Begriff nicht aufgehen, daß diese in Widerspruch geraten mit der hergebrachten Norm der adaequatio. Der Widerspruch [...] ist Index der Unwahrheit von Identität, des Aufgehens des Begriffenen im Begriff. Der Schein der Identität wohnt jedoch dem Denken selber seiner puren Form nach inne. Denken heißt identifizieren. Befriedigt schiebt begriffliche Ordnung sich vor das, was Denken begreifen will. [...] Da aber jene Totalität sich gemäß der Logik aufbaut, deren Kern der Satz vom ausgeschlossenen Dritten bildet, so nimmt alles, was ihm nicht sich einfügt, alles qualitativ Verschiedene, die Signatur des Widerspruchs an. Der Widerspruch ist das Nichtidentische unter dem Aspekt der Identität; der Primat des Widerspruchsprinzips in der Dialektik mißt das Heterogene am Einheitsdenken. Indem es auf seine Grenze aufprallt, übersteigt es sich. Dialektik ist das konsequente Bewußtsein von Nichtidentität. (1990, 16–17)

Die Dialektische Methode arbeite, so die Kritik Adornos, dem Defizit unserer Denkbestimmungen zu, ohne zu verstehen, dass Identität und Widerspruch des Denkens aneinandergeschweißt sind wie zwei Seiten einer Medaille und es eigentlich darum gehen müsste, das Bewusstsein vom Drang zur Einheit zu erlösen. Der dem Drang zur Einheit innewohnenden Wahrheitsanspruch verführt dazu, Aussagen, die sich nicht in die bestehende begriffliche Ordnung einpassen lassen, als falsch oder unwahr auszuschließen.

Dies ruft Adornos Unbehagen hervor, weil er darin einen Totalitätsanspruch erkennt, mit dem Verschiedenheit unterdrückt wird. Er spricht von der „Verarmung der Erfahrung durch Dialektik" und warnt, dass wer sie anwende „mit bitterem Opfer an der qualitativen Mannigfaltigkeit der Erfahrung zu zahlen" habe (1990, 18). Eine Lösung sieht Adorno in der Versöhnung der Widersprüche, wodurch das Nichtidentische freigegeben würde und sich die Vielfalt des Verschiedenen eröffne. „Versöhnung wäre das Eingedenken des nicht länger feindseligen Vielen" (1990, 18).[50]

Mit Blick auf den Diskurs um das Komplementärstudium kann der „Drang zur Einheit" des Erkenntnisbegriffs durch die Anerkennung der Pluralität der Diskurszwecke aufgelöst werden. Während das begriffliche Denken auf semantischer Ebene in die Sackgasse von *Entweder-oder* führt, weist die systemische Betrachtungsweise einen Ausweg aus dem zum Rechtsstreit verpuppten Widerstreit. Der festgefahrene Konflikt zwischen den Diskursarten könnte durch eine Haltung des *Sowohl-als-auch-* entschärft werden, aus der heraus alle vier Bedürfnisse als Erkenntnisaspekte anerkannt werden. Auf persönlicher Ebene eröffnet diese Haltung jedem Beobachter zudem die Möglichkeit, Werte zu integrieren, die bis dahin unterhalb seiner Bewusstseinsschwelle lagen.

Sowohl-als-auch: Komplementarität als Ausweg aus dem identitären Denken

Dem identitären Denken wird an dieser Stelle komplementäres Denken gegenübergestellt. Komplementäres Denken erlaubt es,

---

[50] Auch in Adornos Kritik am *identitären* Denken spiegelt sich in gewisser Weise eine polarisierende Haltung wider: In seiner Ablehnung des Drangs zur Einheit übersieht er m. E. nach, dass Transformation eine zu transformierende (zumindest vorübergehende) Identität voraussetzt. Das Identische, das sich z.B. als begriffliche Ordnung, als disziplinierende Verhaltensnorm einer Wissenschaftsdisziplin etc. äußern kann, stellt in Bezug auf den Wert der Transformation den Gegenpol zum Nichtidentischen dar. Betrachtet man das Bedürfnis nach Transformation als Wertspektrum, wird deutlich, dass sich der transformatorische Prozess aus beiden Polen speist. *Komplementäres* Denken weist nicht nur einen Ausweg aus der von Adorno kritisierten Sackgasse des *identitären* Denkens, sondern vermeidet ebenso den Radikalismus einer Absage an jegliche mit sich selbst identische Form, auf die sich eine Transformation überhaupt beziehen kann.

das Spannungsverhältnis zwischen den verschiedenen Zwecken des Diskurses wahrzunehmen, ohne ein Urteil darüber zu treffen, welche Art der Erkenntnis die „richtige" ist. Komplementarität ist erneut ein Begriff, der viele Lesarten provoziert und deshalb einer näheren Beschreibung bedarf. Dabei orientiere ich mich an Carl Friedrich von Weizsäcker, der 1955 in seinem Niels Bohr gewidmetem Artikel „Komplementarität und Logik" (1990) den Versuch unternimmt, den selbst innerhalb der Quantenphysik nicht einheitlich verwendeten Begriff in einem eng an Bohrs eigener Auffassung orientierten Sinne näher zu bestimmen. Bohr hat den Begriff 1927 im Rahmen eines Vortrags in die Quantenphysik eingeführt, jedoch ohne ihn zu definieren (Weizsäcker 1990, 290). Von Weizsäckers Bestimmungsversuch ist für den hiesigen Zusammenhang besonders aufschlussreich, weil er einen expliziten Zusammenhang zur Problematik der Begriffsbildung im Kontext von Erkenntnis herstellt. Bohr habe den mit dem Wort *komplementär* gemeinten Sachverhalt stets nur umschrieben, da jede Definition andere, undefinierte Begriffe voraussetzt. „Das Neue des Komplementärbegriffs könnte daher beim Versuch, ihn streng zu definieren, nur in die bei der Definition benützten Begriffe versteckt werden; eine solche Definition bliebe stets zirkelhaft" (1990, 290). Weizsäckers Ausführungen über den Unterschied zwischen paralleler und zirkulärer Komplementarität werden hier nur insoweit aufgegriffen, wie erforderlich, um den Zusammenhang zu rekonstruieren, den er zwischen begrifflichen Ordnungssystemen und deren Bedeutung für die menschliche Erkenntnis herstellt.

> Die Begriffe, die Bohr als komplementär bezeichnet, stehen durchweg nicht in einem ‚parallelen', sondern einem ‚zirkulären' Verhältnis zueinander. Das heißt, sie stehen nicht auf gleicher, sondern auf verschiedener Stufe und bedingen einander wechselseitig. Dieses zirkuläre Verhältnis kann man gar nicht aussprechen, ohne auf die Struktur unserer Erkenntnis einzugehen. (Weizsäcker 1990, 282)

Daran schließt von Weizsäcker seinen Vorschlag an, „die Komplementarität als einen Grundbegriff der *Logik* aufzufassen" und die Behauptung, dass die Quantenmechanik „de facto eine gegenüber der klassischen Logik abgeänderte Logik" verwende (1990, 282;

Hervorh. i. O.). Von Weizsäcker problematisiert das Verhältnis zwischen den Begriffen der klassischen Physik, die sich auf messbare Observablen beziehen, und Begriffen der Quantenphysik, die nur statistisch messbar sind und entsprechend „verschiedenen Stufen" angehören (1990, 284–90). Daraus schlussfolgert von Weizsäcker, dass die Bohrsche Auffassung nicht von einer Komplementarität zwischen zwei Begriffen, sondern zwischen Aussagen[51] ausgehe, wobei die Behauptung, „[d]aß zwei Aussagen komplementär seien, [...] eine Aussage über ihre möglichen Wahrheitswerte" sei. Durch die quantentheoretische Einführung des Begriffs der Wahrscheinlichkeit würde der logische Gegensatz von Wahrheit und Falschheit so modifiziert, „daß zwar der Satz vom Widerspruch, aber nicht der Satz vom ausgeschlossenen Dritten erhalten bleibt". Die angesprochene Dualität zwischen *wahr* und *falsch* verweist auf die zentrale Frage der Beobachterwirklichkeit, wobei „die Unmöglichkeit, Subjekt und Objekt der Erkenntnis zu trennen, da das Subjekt selbst zu der Welt seiner Objekte gehört und ihm die Objekte nur als *seine* Objekte gegeben sind" das „Tertium comparationis" bildet. Eine objektive, vom Subjekt unabhängige Beobachtung ist folglich nicht möglich und somit auch keine deterministischen Aussagen über den Zustand eines beobachteten Phänomens.[52] Dadurch wird der Forderung nach Kausalität der Boden entzogen, was uns

> dazu zwingt, das Kausalitätsideal durch einen allgemeineren Gesichtspunkt zu ersetzen, den man ‚Komplementarität' zu nennen pflegt. Die scheinbar

---

[51] In einer nachträglichen Bemerkung zu diesem Aufsatz verweist von Weizsäcker auf Bohrs Hinweis, dass dessen eigener Auffassung nach Komplementarität nur zwischen *Phänomenen* bestehen könne. Weizsäcker deutet dies so aus, dass Komplementarität nur zwischen Begriffen bestehe, die etwas in Experimenten Wahrnehmbares bezeichnen, was aber nicht auf Schrödingers Wellenfunktion zutrifft (1990, 330). Diese ändert aber nichts am Quantenpostulat der beeinflussenden Beobachtung.

[52] In *Atomtheorie und Naturbeschreibung* formuliert Bohr diesen Aspekt unter Bezugnahme auf das Quantenpostulat, wonach „jede Beobachtung atomarer Phänomene eine nicht zu vernachlässigende Wechselwirkung mit dem Messungsmittel fordert, und daß also weder den Phänomenen noch dem Beobachtungsmittel eine selbständige physikalische Realität im gewöhnlichen Sinne zugeschrieben werden kann [...], so ist der Natur der Sache nach eine eindeutige Definition des Zustandes des [beobachteten] Systems nicht mehr möglich, und es kann von Kausalität im gewöhnlichen Sinne keine Rede sein".

> miteinander unverträglichen Auskünfte über das Verhalten des Untersuchungsobjekts, die wir bei Benutzung verschiedener Maßanordnungen bekommen, lassen sich nämlich offenbar nicht in gewöhnlicher Weise miteinander verbinden, sondern dürfen als komplementär zu einander bezeichnet werden. (Bohr 1937, 295)

Durch die Anerkennung der Nichtidentität von Erfahrungen ermöglicht das Prinzip der Komplementarität die Befreiung aus dem engen Korridor des identitären Denkens im *Entweder-oder*-Modus. Komplementäres Denken, das unterschiedliche und sogar einander ausschließende Beobachtungen nicht in den Dualismus von *wahr* und *falsch* zwingt, sondern sie als zusammengehörige und *sich ergänzende* Auskünfte in ein übergeordnetes Bild integriert, eröffnet neue Denk- und Handlungsspielräume.

Der Kulturphilosoph Jean Gebser hat insbesondere die Entwicklungen, die sich seit den 1920er Jahren in der (Quanten-)Physik vollzogen, als Indiz für das Aufkommen einer neuen Bewusstseinsstruktur gedeutet (Elsholz 2013, 61).[53] Gebser erzählt die Entwicklungsgeschichte des Menschen als eine Geschichte der Mutationen des menschlichen Bewusstseins, wobei er der Veränderung der Wahrnehmung und der Perspektive besondere Aufmerksamkeit schenkt.[54] Der Übergang vom identitären zum komplementären Denken kann im Rahmen seiner Konzeption auch als Übergang von der mentalen zur integralen Bewusstseinsstruktur beschrieben werden. Dieser Übergang sei kennzeichnend für die Situation des heutigen Menschen. Aufgrund der fehlenden zeitlichen Distanz ist die erst im Werden begriffene integrale Struktur für einen Zeitzeugen jedoch nur bedingt erfassbar (Elsholz 2013, 117). Gebsers Methode besteht darin,

> die jeweilige Bewusstseinsstruktur der ‚Epochen' aus ihren gültigen Zeugnissen, ihren eigentümlichen Ausdrucksformen [...] aufzuzeigen [...], die

---

[53] Ein weiteres Phänomen, auf welches Gebser sich in diesem Zusammenhang vorrangig bezieht, ist das Aufkommen der Tiefenpsychologie (1975, Kap. *Die Psychologie*; 1977, 29, 35).

[54] Gebser zufolge verlaufen „wirklich entscheidende Prozesse der Entwicklung [...] *mutierend*" (Gebser 1976, 16). Statt sich auf die Beschreibung der Welt und ihrer kulturellen Formen zu beschränken, befragt Gebser kulturelle Entwicklungen nach ihren Ursachen, wobei er versucht, „verfälschende Begriffe wie ‚Entwicklung oder Fortschritt' nach Möglichkeit auszuschalten" (1976, 15).

verschiedenen Bewusstseinsstrukturen aus diesen selber, [...] ihrer eigenen Verfassung heraus zu versanschaulichen, darzustellen, sichtbar, fühlbar, hörbar zu machen. (Gebser 1978, 24; Hervorh. i. O.)

Die Geschichte der Bewusstwerdung des Menschen unterteilt Gebser in fünf Phasen mit jeweils einer spezifischen Bewusstseinsstruktur: die archaische, die magische, die mythische, die mentale und die integrale (1978, 81). Auch wenn uns die archaische, die magische und die mythische Bewusstseinsstruktur nicht mehr bewusst sind,

> müssen wir uns jedoch stets gegenwärtig halten, daß diese Strukturen durchaus nicht nur einen Vergangenheits-Charakter haben, sondern in mehr oder minder latenter oder akuter Form noch heute in jedem von uns vorhanden sind. (Gebser 1978, 81)

Auf diese drei Strukturen, die noch immer latent vorhanden sind, folgt die mentale Struktur. Den Beginn der mentalen Struktur, die auch heute noch kennzeichnend für unsere Bewusstsein sei, datiert Gebser um das Jahr 500 v. Chr. (Elsholz 2013, 96). Das Charakteristikum der mentalen Struktur ist die Abstraktion (2013, 101). In dem von Leonardo da Vinci geprägtem Begriff der „Sehpyramide" drückt sich für Gebser die Denkform der mentalen Struktur aus: In einem Sehdreieck ergeben

> die beiden Augen die Basis, die im perspektivischen Punkt die Synthese des Zusammensehens vollziehen, [...]. Dabei werden wie die durch die Augen gebildeten Punkte mit fortschreitender Rationalisierung zu Gegensätzen, die im perspektivischen Fluchtpunkt auf den anderen Gegensatz treffen, so wie zwei Aussagen, die eine dritte zur Folge haben. (Gebser 1978, 353)

Diese Art der Perspektivierung bringt Gebser mit den von Leisegang im Jahre 1928 herausgebrachten „Denkformen" auf Platon zurückgeführtem Konzept der Begriffspyramide in Verbindung: „Ein Logos ist für Platon die Verknüpfung von solchen Begriffen, die sich unter- und überordnen und damit in einem pyramidenförmig gebauten Klassifikationsschema zu einem sinnvoll Ganzen vereinen lassen" (zit. in: Gebser 1978, 352). In einem auf diese Weise gebildeten Klassifikationsschema steht logisches Denken vor allem für eine separierende Ordnung, in der „nicht mehr die polare Konstellation [...] Gültigkeit [hat], sondern die Teile, die zu Gegensätzen gemacht werden" (1978, 352–53). Die in Platons Methode der Diairesis („Begriffsspaltung") aufscheinende Spaltungstendenz war bereits durch die aristotelische Hauptmaxime des „Tertium non datur" („ein Drittes gibt es nicht") vorausgenommen worden (Gebser 1977, 33). In der sich herausbildenden mental-rationalen Struktur wird die mythisch-psychische Konstellation der *Polarität* durch die Entgegensetzung von These und Antithese abgelöst. Gebser beklagt eine terminologische Vermengung, die dazu führt, dass der Begriff *Gegensatz* als Synonym für das Polaritätsphänomen gebraucht wird (1977, 28). Dadurch wird übersehen, dass der Gegensatz in der mythisch(-psychischen) Bewusstseinsstruktur als *Symbolon* (syn.: „zusammenfügend") für den Spannungsbogen zwischen einander ergänzenden Polen steht, in der mental-rationalen Bewusstseinsstruktur hingegen als *Diabolon* (dia.: „zerreißend") für einen begrifflich-oppositionellen Dualismus (1977, 29–30). Die mentale Struktur mit ihrem rationalen, alternativen Denkstil des *Entweder-oder* setzte dem irrationalen, ambivalenten *Sowohl-als-auch*-Denken der mythischen Struktur ein Ende (Gebser 1977, 33; 1978, 348). Entscheidend an der nun erreichten Schwelle der mentalen zur integralen Struktur ist Gebser zufolge, „dass wir uns heute die Anerkennung des ‚Sowohl-Als-auch' zu leisten vermögen, ohne dadurch rückfällig irrationalisiert zu werden" (1977, 36). Dies sei u.a. durch die Verwendung des Begriffes *komplementär* in der Quantenphysik erleichtert worden. Komplementarität, so Gebser, ist nur ein anderer Ausdruck für „sich ergänzende Polarität" (1978, 299).

> Beide, sowohl die Kernphysik als auch die Tiefenpsychologie, haben damit jenen entscheidenden Schritt in das integral-arationale Bewusstsein vollzogen, dem das uns alle konstituierende Miteinander der mythisch-psychischen sowie der mental-rationalen Bewusstseinsstruktur durchsichtig wurde. (Gebser 1977, 35)

Auf Gebsers Definition von Komplementarität wird in Kapitel 4 zurückgegriffen, wenn es um die Interpretation der Analyseergebnisse geht. Vor dem Hintergrund von Gebsers Theorie über die verschiedenen Bewusstseinsstrukturen kann die Analyse des Diskurses um das Komplementärstudium als der Versuch betrachtet werden, die sich im Diskurs offenbarende mental-rationale Schicht zu durchdringen, um die darunterliegenden latenten Bewusstseinsstrukturen, insbesondere die mythisch-psychische, sichtbar zu machen.[55] Die archäologische Metapher der Durchdringung von (Erd-) Schichten formuliert Gebser als „Rückholung und [...] Durchsichtigwerden anderer als der nur mental-rationalen Bewusstseinsfrequenzen" (1977, 38).

Die auf den zurückliegenden Seiten vorgenommene analytischen Differenzierung zwischen einer semantischen und einer systemischen Ebene könnte als Rückfall in den Dualismus der mental-rationalen Bewusstseinsstruktur gedeutet werden. Einer solchen Lesart wird im Kontext der Analyse dadurch entgegengesteuert, dass die gebildeten Kategorien als *Dichotomien* bezeichnet werden, wodurch auf die gemeinsame Wurzel der sich ergänzenden Polaritäten verwiesen wird. Auch das Verhältnis von *Erkenntnis* und *Viabilität* ist als ein Spektrum zu denken zwischen zwei unterschiedlichen Arten der Informationsaufnahme und -verarbeitung im gleichen Modus. Durch die Verwendung des Bildungsbegriffs als einem übergeordneten Klammerbegriff für diesen gemeinsamen Modus wird verdeutlicht, dass sich menschliches Erkennen fließend zwischen den Polen bewusster und unbewusster Lebenssteuerungsprozesse mit dem Ziel der Wertregulation bewegt.

---

[55] Gebser selbst distanziert sich vom Begriff der Schichtung, weil sich das Denken damit noch im dreidimensionalen Raum bewegt. *Schicht* darf nur als Hilfskonstruktion („façon de parler") betrachtet werden, die sich überlieferter Begriffe bedient (1975, 295). Gebser selbst wechselt zu dem aus der Physik übernommenen Begriff der Frequenz über und spricht in der Folge von Bewusstseinsfrequenzen (1977, 35–38).

# Kapitel 2: Erkenntnis und Viabilität – Bewertung aus neurobiologischer Perspektive

Ausgehend von der Problematisierung des vielschichtigen Bildungsbegriffes und seiner Untergliederung in Erkenntnis und Viabilität wurde im vorangegangenen Kapitel Erkenntnis als eine Subkategorie eingeführt, die Beobachter zur semantischen Beschreibung von Verhalten *als effektiv* nutzen. Die Differenzierung in einen semantischen und einen systemischen Fragebereich gab den Blick frei auf einen sprachlich artikulierbaren Verhaltensbereich einerseits und einen Bereich automatisch und größtenteils unbewusst ablaufender innerer Prozesse, welche der Subkategorie Viabilität zugeordnet wurden. Beide Bereiche unterliegen dem Prinzip des homöostatischen Ausgleichs.

Das Konzept der Homöostase wird im Folgenden als Bezugspunkt für Bewertungen auf der semantischen Ebene vorgestellt. Dazu wird kommunikatives Verhalten als eine Erweiterung des Bereiches möglicher Verhaltensweisen im Kontext der Herausbildung des menschlichen Bewusstseins thematisiert. Die menschliche Doppelexistenz als Lebewesen und als Subjekt-in-der-Sprache wird hier noch einmal mit einem Fokus auf unterschiedliche Bewusstseinsebenen, deren Genese und Zusammenwirken verdeutlicht. Im Zentrum der Betrachtungen steht der Zusammenhang zwischen Verhalten, (Be)Werten und Bedürfnissen.

Ein Verständnis von Erkenntnis als *bedürfnisorientierter Bewertung* von Verhalten *als effektiv* ermöglicht die Rückbindung an das als Erkenntnisbefähigung bezeichnete übergeordnete Bildungsziel eines Studiums. Durch die datenbasiert erarbeiteten und bereits in Kapitel 1 eingeführten Termini für die „Subkategorien des Erkenntnisbegriffs" (Sicherheit, Bindung, Autonomie und Transformation) wurde der Zusammenhang zwischen grundlegenden menschlichen Bedürfnissen und unterschiedlichen Erkenntniskonzepten bereits angedeutet. Während unterschiedliche Einschätzungen von Verhalten auf der semantischen Ebene zu einem Widerstreit führen können, gerät die Pluralität der „bedürfnisorientierten Erkenntnisstrategien" aus einer systemischen Perspektive als lebensdienliches (viables) Zusammenwirken *komplementärer* Bedürfnisse in den Blick.

2.1 Beobachtung, Beschreibung und Bewertung von Verhalten

Wie Wilhelm von Humboldt und andere Bildungstheoretiker weisen auch die Neurobiologen Maturana und Varela der Sprache eine entscheidende Rolle hinsichtlich der Wahrnehmung unserer Welt und von uns selbst zu. Ihrer Ansicht nach modifiziert die Sprache „auf radikale Weise die menschlichen Verhaltensbereiche" und ermöglicht dabei „neue Phänomene wie die der Reflexion und des Bewußtseins" (1987, 227). Das Grundmerkmal der Sprache liegt ihnen zufolge darin, „daß die Sprache dem, der damit operiert, *die Beschreibung seiner selbst* und der Umstände seiner Existenz erlaubt – und zwar mit Hilfe sprachlicher Unterscheidungen von sprachlichen Unterscheidungen" (Maturana und Varela 1987, 227; Hervorh. i. O.).

Maturana und Varela zufolge operieren wir in der „Sprache, wenn ein Beobachter feststellen kann, dass die Objekte unserer sprachlichen Unterscheidungen" (1987, 223) Elemente unseres sprachlichen Bereiches sind.[1] Der sprachliche Bereich beinhaltet das im Verlauf der Ontogenese erlernte kommunikative Verhalten, das abhängig ist von der individuellen Ontogenese des Organismus und von seiner besonderen Geschichte sozialer Interaktionen.[2]

---

[1] Maturana und Varela unterscheiden Sprache von dem, was sie als *sprachlichen Bereich* bezeichnen und der für sie die Grundlage der Sprache darstellt, aber nicht mit dieser identisch ist (1987, 223). Sprache entsteht durch die ko-ontogenetische Koordination von Handlungen in einem sozialen System. Dabei kommt es zu einem ko-ontogenetischen strukturellen Driften, dem kein Entwurf zugrunde liegt (1987, 226).

[2] Erlerntes Verhalten kann von instinktivem Verhalten unterschieden werden, welches in Abhängigkeit von den Strukturen entsteht, die ein Organismus aufgrund seiner phylogenetischen Zugehörigkeit zu einer Gattung unabhängig von seiner individuellen Ontogenese entwickelt (Maturana und Varela 1987, 223).

Wörter sind ihrem Verständnis nach „ontogenetisch festgelegte Koordinationen von Verhalten", was einem repräsentationistischen Verständnis von Wörtern als Bezeichnungen von Objekten oder Situationen in der Welt zuwiderläuft (1987, 225). Eine Ähnlichkeit zwischen einem bestimmten sprachlichen Verhalten und der Aktivität, die dadurch koordiniert wird, ist deshalb gar nicht erforderlich. So ist es z.B. egal, ob wir „Tisch", „table" oder „mesa" sagen bzw. schreiben, weil nicht die Form relevant ist, sondern die Verhaltenskoordination, zu der solche rekursiven Interaktionen führen. Maturana und Varela betonen, dass „sprachliches Verhalten beim Menschen in der Tat Verhalten in einem Bereich gegenseitiger ontogenetischer Strukturkoppelung darstellt, den wir Menschen als ein Ergebnis unserer kollektiven Ko-Ontogenese herstellen und aufrechterhalten" (1987, 224). Die besondere Art der Interaktion, die eine Verträglichkeit (Kommensurabilität) zwischen Lebewesen und Milieu aufrechtzuerhalten sucht, nennen Maturana und Varela *Strukturkoppelung* bzw. *strukturelle Koppelung* (1987, 85, 110).[3]

Erlerntes kommunikatives Verhalten kann als *sprachliches Verhalten* bezeichnet werden, wenn es von einem Beobachter semantisch beschrieben wird. Unter *Verhalten* verstehen Maturana und Varela „die Haltungs- und Standortveränderungen eines Lebewesens, die ein Beobachter als Bewegungen oder Handlungen in bezug auf eine bestimmte Umgebung (Milieu) beschreibt" (1987, 150). Eine semantische Beschreibung liegt vor, wenn ein Beobachter die Interaktionen zwischen Organismen so beschreibt, „als ob das, was den Verlauf der Interaktion determiniert, die Bedeutung wäre und nicht die Dynamik der interagierenden Organismen" (1987, 223). Die als Auslöser der Interaktion interpretierte Bedeutung wird also durch den Beobachter hervorgebracht.

> Wir als Beobachter haben Zugang sowohl zum Nervensystem als auch zur Struktur des Milieus. Deshalb können wir das Verhalten des Organismus beschreiben, als ginge es aus dem Operieren seines Nervensystems mit

---

[3] Jede Ontogenese sei letztendlich ein „Driften von Strukturveränderung" (struktureller Wandel) unter Aufrechterhaltung der Organisation (der Einheit) und daher unter „Erhaltung der Anpassung" (1987, 113).

Abbildungen des Milieus hervor oder als sei es Ausdruck eines zielgerichteten Prozesses. (Maturana und Varela 1987, 145)

Eine solche semantische Beschreibung beruht auf einem Verständnis des Nervensystems als einem Instrument, vermittels dessen

> der Organismus Informationen aus der Umwelt aufnimmt, Informationen, die er benutzt, um eine *Abbildung* (Repräsentation) der Welt aufzubauen, die ihm das Errechnen eines zum Überleben angemessenen Verhaltens erlaubt. (Maturana und Varela 1987, 145; Hervorh. i. O.)

Um eine solche repräsentationistische Sichtweise zu vermeiden, aber auch nicht in eine solipsistische Position zu verfallen,[4] schlagen Maturana und Varela (1987) vor, die dem Beobachter möglichen Betrachtungsweisen voneinander getrennt zu halten: Als Beobachter können wir einen Organismus einerseits im Bereich seiner inneren Zustände und Strukturveränderungen betrachten und andererseits die Geschichte seiner Interaktionen mit seinem Milieu beschreiben (Maturana und Varela 1987, 148). Diese beiden Betrachtungsweisen in einem umfassenderen Bereich miteinander in Beziehung setzen, statt sie einander als unvereinbare Widersprüche gegenüberzustellen, ermöglicht es anzuerkennen, dass der Organismus als Ergebnis seiner Geschichte von Strukturkoppelungen in einem mit ihm verträglichen Milieu operiert, ohne auf die Vorstellung zurückgreifen zu müssen, wonach uns Repräsentationen einer objektiv erkennbaren Welt die erforderlichen Informationen für ein zum Überleben angemessenes Verhalten ermöglichen (1987, 146–49).

Die Erwartungen des Beobachters bilden den Maßstab bezüglich dessen, was von ihm als effektive bzw. angemessene Handlung in einem spezifischen Milieu angesehen wird.

---

[4] Auch wenn unser Milieu nicht als eine Welt von Objekten gedacht werden kann, die wir objektiv erfassen, heißt dies nicht, dass unser Nervensystem in einem völligen Vakuum agiert, wie es die philosophische Tradition des Solipsismus behauptet. Vielmehr operiert „das Nervensystem als Teil des Organismus strukturdeterminiert", was zur Folge hat, dass „[d]ie Struktur des Milieus […] seine Veränderungen also nur auslösen, aber nicht bestimmen [kann]" (Maturana und Varela 1987, 145–46).

Ob eine Verhaltensweise als eine besondere Konfiguration von Bewegungen adäquat erscheint, wird deshalb von der Umgebung abhängen, in der wir sie beschreiben. Erfolg oder Mißerfolg einer Verhaltensweise sind immer durch die Erwartungen definiert, die der Beobachter bestimmt. (Maturana und Varela 1987, 151)

Indem er das, was er beobachtet, mit seinen Erwartungen abgleicht, nimmt der Beobachter eine Verhaltensbeurteilung vor. Dabei treffen Beobachtererwartungen an das Milieu[5] auf Beobachtererwartungen über ein diesem Milieu angemessenes Verhalten. Der Beobachter bewertet Verhalten vor einem mehrschichtigen Erfahrungshintergrund[6], aus dem seine Erwartungshaltung darüber erwächst, wie das Zusammenspiel zwischen dem Organismus und seiner (Um-)Welt funktionieren kann. Die Erwartungen schließen auch Wirkungen ein, die als kausale Folgen des Verhaltens angesehen werden.

Seien wir uns deshalb im klaren, daß die Bewertung, ob (Er-)Kenntnis vorliegt oder nicht, immer in einem relationalen Kontext steht, in dem die Strukturveränderungen, die von Perturbationen in einem Organismus ausgelöst werden, einem Beobachter als Wirkung auf die Umgebung erscheinen. Und der Beobachter schätzt die in einem Organismus ausgelösten strukturellen Veränderungen in Hinsicht auf die Wirkungen ein, die er erwartet. (Maturana und Varela 1987, 191)

Der Beobachter interpretiert wahrgenommene *Strukturveränderungen* als angemessene oder unangemessene Reaktion auf die sie auslösenden (nicht aber bestimmenden) Perturbationen. Erkenntnis ist somit eine Bewertungskategorie für die Angemessenheit von

---

[5] Maturana und Varela (1987) gehen aufgrund der Geschichte der Strukturkoppelungen des Organismus mit seinem Milieu von einer grundsätzlichen Kommensurabilität aus. Da der Beobachter seine Umgebung nicht objektiv erfassen kann, ist deren Beschreibung von seiner Wahrnehmung geprägt. Vermeintlich inadäquates Verhalten kann deshalb auch als ein Hinweis auf eine nicht hinreichende/unzulängliche Beschreibung des Milieus gedeutet werden.

[6] Köppl (2017) unterscheidet drei Ebenen des Erfahrungshintergrunds: einen individuellen, einem lokalen und einem tiefen. Während der individuelle Hintergrund für die persönlichen Erfahrungen und die persönliche Lebensgeschichte steht, bezieht sich der lokale Hintergrund auf die soziokulturelle Prägung des Individuums (2017, 106). In seinem soziokulturellen und sprachlichen Milieu wird es zum Subjekt. Unter dem tiefen Hintergrund wird die „klassenspezifische Form der ‚Selbstorganisation'" (2017, 105) verstanden, also eine Art Grundvoraussetzung für die Zuordnung einer lebenden Einheit zu einer Spezies.

Verhalten im Hinblick auf das Ziel der Aufrechterhaltung der Strukturkoppelung. Daraus leiten Maturana und Varela ihre zentrale These zum Wesen der Erkenntnis ab:

> Wir sprechen dann von (Er-)Kenntnis, wenn wir ein effektives (oder angemessenes) Verhalten in einem bestimmten Kontext beobachten, das heißt in einem Bereich, den wir durch eine (explizite oder implizite) Frage umreißen, die *wir* als Beobachter *formulieren*. (1987, 189; Hervorh. i. O.)

Wenn der Beobachter Verhalten wahrnimmt, welches er als effektiv bewertet – das gilt auch bezüglich seiner eigenen Haltungs- und Standortveränderungen –, dann spricht er von Erkenntnis. Maturana und Varela schlussfolgern, dass „*jede* Interaktion eines Organismus – sein gesamtes beobachtetes Verhalten – von einem Beobachter als eine kognitive Handlung bewertet werden" kann und dass „die ununterbrochene Aufrechterhaltung der Strukturkoppelung als Lebewesen – nichts anderes als Erkennen im Existenzbereich" ist, somit die Tatsache des Lebens selbst als „effektive Handlung im Existieren als Lebewesen" zu deuten ist (1987, 191; Hervorh. i. O.).

Die Strukturveränderungen dienen auf dieser existentiellen Ebene der Aufrechterhaltung der Strukturkoppelung und damit dem Überleben des Organismus in seiner Umwelt.[7] Erkenntnis wird aber auch in weniger basalen Lebensbereichen als Bewertungskategorie für effektives Handeln genutzt. Zur Benennung des homöostatischen Handlungsimpulses, der – egal ob im biologischen oder im soziokulturellen Sinne – auf das Leben gerichtet ist, hat Ernst von Glasersfeld den Begriff der „Viabilität" (1996) in die konstruktivistische Theorie eingeführt. Dieser Begriff kann das Sprechen über *Erkenntnis als Bewertungskategorie* erleichtern, indem er im Unterschied zu Erkenntnis als Bezeichnung für eine nichtsprachliche Bewertung genutzt wird. Auch ohne ihre Artikulation durch einen Beobachter laufen im Inneren eines lebenden Organismus Reaktionen ab, die dem homöostatischen Ausgleich und der Strukturkoppelung dienen.

---

[7] Damasio spricht von „soziokultureller Homöostase", wenn er sich auf Strategien zur Strukturkoppelung bezieht, die dem Überleben des Organismus in seinem sozialen Milieu dienen (2013, 307).

Um zu überleben, benötigt ein Organismus kein bewusstseinsfähiges Nervensystem, jedoch bewirkt dieses die Erweiterung des Bereiches möglicher Verhaltensweisen. Das Nervensystem ist keine Grundvoraussetzung für Verhalten, „und es ist nicht ausschließlich mit ihm verbunden" (Maturana und Varela 1987, 151), aber es erweitert die gegebenen Möglichkeiten des Lebensmanagements um Bereiche, die für bewusstseinsfähige Lebewesen charakteristisch sind. Diese Erweiterung des Verhaltensspektrums ist eng an das geknüpft, was Damasio den *Selbst-Prozess* nennt. Auf diesen wird im Folgenden ausführlicher eingegangen, da er im Zusammenhang mit der Herausbildung des Bewusstseins und der Frage nach dem Selbst (bzw. unterschiedlichen Entwicklungsstufen des Selbst) steht. Die Auseinandersetzung mit diesen neurobiologischen Aspekten der Organisation von (menschlichen) Lebewesen zielt auf die Anbindung an den übergeordneten Fragekontext von Bildung als Selbstbildung ab. Das Subjekt erscheint aus dieser Perspektive nur als ein Ausschnitt eines größeren, ihm übergeordneten Selbst.

2.2 Bewusstsein und Geist: Der Selbst-Prozess der Bewusstwerdung

Verhalten im elementaren Sinne von Haltungs- und Standortveränderung bzw. Bewegung[8] lässt sich auch bei Lebewesen ohne bewusstseinsfähiges Nervensystem beobachten. Verhalten beruht auf Prozessen, die der Entwicklung des Bewusstseins historisch vorausgehen. Damasio[9] spricht in diesem Zusammenhang von einem „natürlichen Willen" oder „hartnäckigem Bestreben" einer jeden Zelle, durchzuhalten und sich durchzusetzen und so lange wie möglich zu überleben (Damasio 2013, 44–46).

---

8   Verhalten kann im weitesten Sinne als *Bewegung* verstanden werden (Maturana und Varela 1987, 156–58).
9   Damasio wird hier stellvertretend für eine Position in den Neurowissenschaften angeführt, die im Kontext der Bewusstseinsforschung einen kritischen Fokus auf den vermeintlichen Dualismus von Denken und Fühlen legt. Als ein weiterer Vertreter dieser Denkrichtung ist Luc Ciompi zu nennen, der insbesondere durch *Die emotionalen Grundlagen des Denkens. Entwurf einer fraktalen Affektlogik* (2016) bekannt wurde.

> Ohne bewusstes Wissen, ohne Zugang zu einem Denkapparat wie unserem Gehirn, scheint der Einzeller nur ein einziges Ziel zu haben: Er will leben, solange seine genetische Ausstattung es ihm erlaubt. Es mag seltsam erscheinen, aber das Wollen und alles, was zu seiner Umsetzung notwendig ist, war früher da als explizites Wissen und Nachdenken über die Lebensbedingungen, denn der Einzeller besitzt eindeutig keines von beiden. (2013, 47)

Damasio zielt darauf ab, dass dem menschlichen Bewusstsein ein verstecktes Wissen über ein grundlegendes Lebensmanagement vorausgeht. Jede Zelle unseres Körpers, so vermutet er, besitzt diese „nichtbewusste Einstellung", welche seiner Ansicht nach die „Blaupause für Einstellungen und Absichten des bewussten Geistes" darstellt (2013, 48). Das Bewusstsein, von Damasio auch als „bewusster Geist" bezeichnet, geht aus einem „unbewussten Geist" hervor. Damasio betont, dass unter Evolutionsgesichtspunkten klar ist, dass „reine Geistesprozesse früher vorhanden waren als Selbst-Prozesse" (2013, 24) und dass ein „Geist, der keinen Selbst-Protagonisten als Zeugen hat, [...] dennoch ein Geist" ist. Diese Ausführungen zu einem – dem Bewusstsein vorgängigen – unbewussten Geist erinnern an das bereits in Kapitel 1 eingeführte griechische Konzept *hypokeímenon* (das Zugrundeliegende).[10] Es kann vermutet werden, dass die Idee des Zugrundeliegenden der Idee des unbewussten Geistes, wie ihn Damasio beschreibt, verwandt ist.

Diese „nichtbewusste Lebensverwaltung" der einzelnen Zellen findet laut Damasio (2013) eine vereinte Stimme im *Selbst* des bewussten Geistes, das seinen Ursprung in einem Gehirn hat. Dafür erforderlich ist die Fähigkeit der einzigartigen Zellen, die wir Neuronen nennen, elektrochemische Signale zu erzeugen und dadurch den Zustand anderer Zellen zu verändern. Neuronen und das Gehirn, dessen Bausteine sie sind, sind für die grundlegenden Lebensprozesse nicht notwendig, doch unterstützen sie den vielzelligen Körper bei der Steuerung der Lebensvorgänge (2013, 48–50).

> Neuronen jedoch beeinflussen mithilfe ihrer Signale weitere Zellen: andere Neuronen, endokrine Zellen (die daraufhin Moleküle abgeben) und die Zellen der Muskelfasern. Eine solche Zustandsveränderung von Zellen ist die

---

10   Vgl. dazu Kapitel 1.4 Abschnitt Das Selbst – eine veränderliche historische Formation

Ursache der Aktivität, die überhaupt erst „Verhalten" darstellt und steuert, und damit trägt sie auch zur Entstehung des Geistes bei. (2013, 49)

Damasio unterscheidet zwischen Geist und Gehirn, als dem physischen Sitz des Geistes. Der Geist bildet in Form von neuronalen Mustern oder Bildern den Inhalt des Gehirns, der aber nicht messbar ist, sondern nur wahrnehmbar durch jenen Prozess, zu dem sie auch gehören: dem Geist (2013, 329). Ihn differenziert Damasio in einen bewussten und einen unbewussten Anteil, wobei der Geist als solcher nur über den bewussten Part wahrnehmbar ist: „Kurz gesagt, hängt unser einziger Blick auf den Geist von einem Teil ebendieses Geistes ab" (2013, 25). Unter Evolutionsgesichtspunkten sei klar, dass reine Geistesprozesse früher vorhanden waren als das, was er als „Selbst-Prozess" (2013, 24) bezeichnet, sich dieses Selbst aber erst entwickeln musste, um den Geist bezeugen zu können. „Taucht in einem Geist kein Selbst auf, ist er auch nicht im eigentlichen Sinne bewusst" (2013, 19).

Zur Bewusstwerdung des Geistes ist ein Selbst erforderlich und zwar auf einer Entwicklungsstufe, die Damasio das „Selbst-als-Wissender" bezeichnet (2013, 22). Er verwendet einen doppelten Begriff des Selbst, nämlich das *Selbst-als-Wissender* und das *Selbst-als-Objekt*, wobei diese „beiden Begriffe zwei Stadien in der Evolution des Selbst entsprechen und das Selbst-als-Wissender seinen Ursprung im Selbst-als-Objekt hat." Das *Selbst-als-Objekt* entspricht dem materiellen Ich bei William James, also der Summe dessen, „was ein Mensch als sein Eigen bezeichnen kann" (2013, 20). Die Formulierung *Selbst-als-Wissender* verwendet Damasio synonym zu *Selbst-als-Subjekt*. „Man kann sich vorstellen, dass das Selbst-als-Subjekt und -Wissender gewissermaßen oben auf das Selbst-als-Objekt aufgepfropft ist wie eine zusätzliche Schicht neuronaler Prozesse, die eine neue Schicht geistiger Prozesse hervorbringt" (2013, 22).

> „In der Evolution wie auch in der individuellen Lebensgeschichte kam der Wissende Schrittweise hinzu: zuerst das Protoselbst und seine ursprünglichen Gefühle, dann das von Handlungen getriebene Kern-Selbst und schließlich das autobiographische Selbst, das auch soziale und spirituelle Dimensionen einschließt" (Damasio 2013, 22).

Um über das Stadium des *Selbst-als-Objekt* hinauszuwachsen und bewusst zu werden im Sinne des *Subjekt-als-Wissender*, muss ein Prozess hinzukommen, in dem das Gehirn eine neue Eigenschaft annimmt: die Subjektivität: „Ein definiertes Merkmal der Subjektivität ist das Gefühl, das subjektiv erlebte Bilder durchtränkt" (2013, 22).

Wenn im Geistesstrom Bilder auftauchen, die als zum Selbst zugehörig erkannt werden, löst dies Gefühle aus. Für die Bewusstwerdung ist nicht die Produktion von Bildern entscheidend, sondern ihre Aneignung, welche durch Emotionen und Gefühle erfolgt. Emotionen können als Instrumente der Lebenssteuerung verstanden werden, die auf Basis der Prinzipien von Belohnung und Bestrafung sowie Antrieb und Motivation funktionieren.

> Aus Sicht der Gene – und damit die Gene über viele Generationen überleben konnten – mussten die Gen-Netzwerke vergängliche und doch erfolgreiche Organismen hervorbringen, die ihnen als Vehikel dienen konnten. Und damit sich Organismen erfolgreich verhalten können, müssen die Gene ihren Aufbau mit einigen entscheidenden Anweisungen gelenkt haben. Zu einem großen Teil müssen solche Anweisungen die Konstruktion von Instrumenten in die Wege geleitet haben, die eine effiziente Lebenssteuerung ermöglichen. Die neuen Vorrichtungen sorgen für die Verteilung von Belohnungen, das Verhängen von Strafen und die Vorhersage von Situationen, denen ein Organismus gegenüberstehen könnte. Kurz gesagt, führten Anweisungen in den Genen zur Konstruktion von Apparaten für die Ausführung dessen, was in komplizierten Lebewesen wie uns am Ende die Form von Emotionen im weitesten Sinne annahm. (Damasio 2013, 55)

Was wir Belohnung und Bestrafung nennen, entspricht dem Anreiz, den die Reaktionsregeln setzen, damit bestimmte Reaktionen ausgelöst und Abläufe stattfinden, die keinen bewussten Geist erfordern. Emotionen sind komplexe, größtenteils automatisch ablaufende Programme für Handlungen, die durch bestimmte Gedanken und Kognitionsformen ergänzt werden und vorwiegend aus Vorgängen bestehen, die in unserem Körperinnern ablaufen. Sie gehen der Entwicklung eines Gehirns und eines Bewusstseins voraus, machen sich aber in einem bewussten Geist in Form von Gefühlen bemerkbar (Damasio 2013, 121–22). „Gefühle von Emotionen dagegen sind zusammengesetzte *Wahrnehmungen* dessen, was in unserem Körper und in unserem Geist abläuft, wenn wir

Emotionen haben" (2013, 122). Der Aufbau des bewussten Geistes und einem Selbst hängt von der Entstehung solcher Gefühle und ihrer Wirkung als somatische Marker ab (2013, 21). Emotionen und Gefühle stehen im Dienst des Wertprinzips, dessen Urbild der biologische Wert ist, wie im Folgenden ausgeführt wird.

2.3 Homöostase: Wertregulation durch Bedürfnisse

Der bewusste Geist erwächst aus der Geschichte der Lebenssteuerung, dem dynamischen Prozess, der auch als „Homöostase" bezeichnet wird. Die Organismen – als durch natürliche Selektion entstandene Gen-Netzwerke – sind mit der Fähigkeit zur Homöostase ausgestattet.

> Auf der Ebene der Gen-Netzwerke besteht die primitive Form des Wertes aus einer Reihenfolge in der Genexpression, die zum Aufbau ‚homöostasefähiger' Organismen führt. (Damasio 2013, 55)

Der Begriff des *Wertes* ist von zentraler Bedeutung für das Verständnis der Evolution des Gehirns, seine Embryonalentwicklung und seine jeweils aktuell ablaufende Tätigkeit (Damasio 2013, 57–58). Der biologische Wert ist das Urbild des Wertbegriffes.

> Objekte und Prozesse, mit denen wir uns in unserem täglichen Leben auseinandersetzen, erhalten ihren zugeordneten Wert durch Bezugnahme auf dieses Urbild des durch natürliche Selektion entstandenen Wertes eines Organismus. (2013, 60)

Der entscheidende Aspekt des biologischen Wertes wird aber erst durch die Integration dessen deutlich, was wir als *Bedürfnis* bezeichnen. Bedürfnisse ergeben sich aus dem Bestreben der Lebenserhaltung, was im Gehirn einer ständigen Repräsentation chemischer Parameter entspricht, was dazu dient „Abweichungen vom Homöostasebereich *wahrzunehmen und zu messen*, so dass sie als Sensoren für das Ausmaß des inneren Bedürfnisses fungieren können" (2013, 60; Hervorh. i. O.).

Was Damasio auf der zellulären Ebene als *Reaktionsregeln* bezeichnet, korrespondiert mit bewussten und unbewussten Strategien der Bedürfnisbefriedigung. Auf einer bewussten Verarbeitungsebene entsprechen die mit dem Homöostasebereich verbundenen Parameter emotionalen Erlebnissen, die „in einem Gehirn, das Sprachfähigkeit besitzt, mit bestimmten linguistischen Etiketten versehen und mit Namen benannt werden: Freude, Wohlbefinden, Unwohlsein, Schmerz" (2013, 61–63). Auch in der sozialen und kulturellen Entwicklung manifestiert sich das Ziel, Ungleichgewichte im Lebensprozess auszugleichen und zu korrigieren. In diesem Zusammenhang spricht Damasio von „soziokultureller Homöostase" (2013, 306–7), die dazu dient, Funktionsstörungen im sozialen Umfeld auszugleichen, um die Lebenssteuerung der Individuen, aus denen die Gruppe besteht, nicht zu stören. Die soziokulturelle Homöostase dient der Strukturkoppelung und bringt neue Möglichkeiten für die Regulation des Lebens mit sich und erweitert die automatische Homöostase durch bewusste Reflexion und die Planung von Handlungen. Die soziokulturelle Homöostase als neues Funktionsniveau ergänzt die menschlichen Möglichkeiten des Lebensmanagements, indem durch das „in der Fantasie ausgemalte, erträumte, erwartete Wohlbefinden" (Damasio 2013, 307) zusätzlichen Handlungsmotive aktiviert werden. Für die Erreichung eines homöostatischen Gleichgewichts ist aber nach wie vor die Erfüllung einer Vielzahl an bewussten und unbewussten Bedürfnissen erforderlich (Damasio 2013, 305–7). Das gilt auch für Lebewesen, die mit bewusster Reflexion ausgestattet sind, und sich dennoch bei Weitem nicht aller ihrer Bedürfnisse bewusst sind.

Exkurs: Kritiker-Stimmen zum Konstruktivismus im Bildungskontext

Stellvertretend für eine kritische Position gegenüber dem von Maturana und Varela entwickelten Erkenntnisbegriff nehme ich hier auf die von Gerhard de Haan und Tobias Rülcker (2009) vorgebrachten Kritikpunkte Bezug. De Haan und Rülcker verwehren sich dagegen, den Wahrheitsbegriff durch den der Viabilität zu ersetzen, weil dies die „Begründung von Normen und Werten als handlungsleitendes Denken im Denken und Fühlen der Menschen" (2009, 23) aus der Pädagogik drängen würde. Wenn de Haan und Rülcker schreiben, Ernst von Glasersfeld wolle den Begriff der Wahrheit durch den der Viabilität *ersetzen* (2009, 32) wird ein grundlegendes Missverständnis deutlich. Wie ich ausführlich dargestellt habe, stehen die Begriffe „Erkenntnis" und „Viabilität" im konstruktivistischen Diskurs für unterschiedliche Arten der Bewertung von Verhalten. Deshalb ist es irreführend, einen dieser Begriffe mit der Idee von Wahrheit gleichsetzen zu wollen. Wahrheit ist keine Kategorie des konstruktivistischen Denkens. Die Begriffe „Erkenntnis" und „Viabilität" können und sollen entsprechend auch nicht deren Platz einnehmen. De Haan und Rülcker bauen ihre Kritik auf einer Lesart des Konstruktivismus auf, die Kognition und Emotion als getrennte Bereiche interpretiert und behauptet, der radikale Konstruktivismus würde die Emotion vernachlässigen (2009).

> Im Gegensatz zur Kognition spielt die Emotionalität für die Generierung von Erkenntnis bei den Überlegungen der Vertreter des Konstruktivismus nur eine geringe Rolle. Wir sind jedoch der Überzeugung, dass Emotionen bei der Entstehung von Erkenntnis eine wichtige Funktion besitzen und deshalb auch für die Pädagogik von Bedeutung sind. (de Haan und Rülcker 2009, 23)

In der Trennung von Kognition und Emotion liegt m. E. die Wurzel des Missverständnisses, welchem de Haan und Rülcker aufsitzen. Ihnen zufolge reduzieren Maturana und Varela „Kognition auf einen ‚Tanz der Neuronen' […]. Das Ich als Subjekt des Denkens mit seinen Leistungen wie Zwecksetzung und Wille geht in diesem Wirbel unter" (de Haan und Rülcker 2009, 39). Sie gehen sogar so weit, die konstruktivistische Theorie mit dieser Behauptung entkräften zu wollen. In diesem Zusammenhang zitieren sie Ronald Kurts Werk von 1993: „Aus der Neurophysiologie führt kein Weg zu einer Subjekttheorie. Das Gehirn erkennt nichts, und eine neurologische Affizierungskonfiguration ist keine Erkenntnis" (zitiert in de Haan und Rülcker 2009, 40).

Wie bereits ausgeführt, umfasst der Begriff der Erkenntnis nach Maturana und Varela (1987) sämtliche effektive Verhaltensweisen, die dem Organismus dazu dienen, seine biologische und soziokulturelle Homöostase aufrechtzuerhalten. Ob viables Verhalten willentlich gesteuert ist, also bewusst oder unbewusst erfolgt, ist dabei nicht von Belang. Wer sich verbrennt und aufgrund von

Schmerzen die Hand zurückzieht, hat demzufolge eine kognitive Leistung vollbracht, die durch eine Emotion ausgelöst wurde, noch bevor der Beobachter dazu in der Lage ist, dieses Verhalten semantisch als lebensdienliche Handlung zu beschreiben (Maturana und Varela 1987, 176). Ein Beobachter, der über diese Erfahrung spricht, muss möglicherweise erst darüber nachdenken, wie er diese Handlung einordnet und ob er sie als „Erkenntnis" bewertet, nicht aber das lebende System, das sie ausführt.

De Haan und Rülcker (2009, 32) kritisieren darüber hinaus, dass im Konstruktivismus der „Begriff der Kognition so ausgeweitet wird, dass er nicht mehr dazu taugt, zwischen menschlicher und tierischer Kognition zu differenzieren". Gleichzeitig monieren sie, dass mit dem Kriterium der Viabilität typisch menschliche Kognitionsleistungen nicht zu erfassen seien, wie beispielsweise das Hören und Komponieren von Musik oder das Sinnieren über das Universum (2009, 38–39). Dem halte ich Damasios Ausführungen über Verhaltensweisen entgegen, die der Aufrechterhaltung der Strukturkoppelung und damit der „soziokulturellen Homöostase" (Damasio 2013, 307) dienen. Wer will dem Beobachter vorschreiben, welche Strategien er – bewusst oder unbewusst – wählt, wenn er darum bemüht ist, seine biologischen und soziokulturellen Bedürfnisse – die aus Erfahrungen, Emotionen und Gefühlen erwachsen – zu befriedigen?

Reprise: Studienziel Erkenntnisgewinn – Bildung als Ver(haltensver)änderung?

In pädagogischen Kontexten, in denen es um Erziehung und um die Einübung von (als angemessen oder viabel geltenden) Verhaltensweisen geht, ist eine normierende Einwirkung auf das Verhalten des Individuums ein offensichtliches Bildungsziel. Wenn die Förderung der Erkenntnisfähigkeit Studierender zum Handlungsziel von Bildungsinstitution erklärt wird, muss geklärt werden, wessen und welche Erwartungen und Werte der Beurteilung des Verhaltens von Studierenden und Absolventen als Maßstab für Erkenntnis zugrunde gelegt werden.

Traditionellerweise herrscht im universitären Kontext Zurückhaltung im Hinblick auf die Festschreibung von Verhaltensvorgaben, da diese zum Ideal des selbstständig denkenden und handelnden Menschen in einem Spannungsverhältnis stehen. Ist wissenschaftliche Bildung ohne verhaltensnormierende Praktiken denkbar? Worin bestünde dann das Entwicklungsziel, das über die bloße Wissensaneignung hinausgeht? Woran – wenn nicht am Verhalten von Absolvent*innen – wäre festzumachen, ob im Laufe des Studiums eine Transformation erfolgt ist? Haben Lehrende nicht auch die Aufgabe, Studierenden Orientierung zu geben hinsichtlich der Erwartungen, welche an sie gestellt werden? Wozu gäbe es universitäre Ethikbeiräte und wissenschaftliche Richtlinien[11], ginge es nicht darum aufzuzeigen, welche Erwartungen die wissenschaftliche Community an das Verhalten ihrer Mitglieder stellt und wo die Grenzen tolerablen Verhaltens liegen? Offenbar soll auch das wissenschaftliche Selbst eine Haltung entwickeln, die für einen Repräsentant der wissenschaftlichen Community als angemessen gilt.

Wissenschaftliche Bildung kommt nicht ohne die Formulierung von Entwicklungszielen aus. Diese zielen – so vage sie auch formuliert sein mögen – auf die Einübung spezifischer Praktiken und Selbst-Techniken ab, welche die mit einem Studium angestrebten Ver(haltens)änderungen bewirken sollen. Dies nicht einzugestehen, trägt zur sprachlichen Verschleierung von avisierten Ver(haltens)änderungen *als Erkenntnisgewinn* bei – nicht aber zu einer vermeintlich wertfreien Bildung.

Seit der Bologna-Reform wird auch an Universitäten zunehmend die Formulierung von Lern- und Kompetenzzielen eingefordert, und in so genannten Modulbeschreibungen wird ausformuliert, was von einem erfolgreichen Absolventen des Moduls zu erwarten ist. Bezüglich inhaltlicher, methodischer und sozialer Kompetenzen wird damit ein Maßstab definiert, anhand dessen bewertet wird, ob die Entwicklungsziele erreicht wurden oder nicht. Der

---

11 Auf der Website der Leuphana (Leuphana 2021c) heißt es: „Gute wissenschaftliche Praxis muss durch geeignete Vorbilder und Rahmenbedingungen gelebt, gelehrt und eingeübt werden. Dadurch kann Fehlverhalten in der wissenschaftlichen Arbeit zwar nicht grundsätzlich verhindert, aber doch eingeschränkt werden."

am Leuphana College seit Jahren immer wieder erklingende Ruf nach einem klaren, verständlichen Konzept für das Komplementärstudium steht im Spannungsfeld zwischen einem (je nach Beobachter mehr oder weniger stark ausgeprägtem) Bedürfnis nach Handlungsorientierung durch konzeptionelle Vorgaben und einer im Kontext der Hochschulbildung tendenziell tabuisierten Verhaltensnormierung.

Wie durch die detaillierte Darstellung der Analyseergebnisse im nächsten Kapitel ersichtlich wird, gibt es vier zentrale Positionen zu der Frage: *Welche Praktiken bewertet ein Beobachter im Studienkontext als angemessen/effektiv und was empfindet er als störend/ineffizient?*

Durch die Untersuchung semantischer Beschreibungen des Komplementärstudiums kann der verdeckt geführte Widerstreit über angemessenes Verhalten im Studium offengelegt werden. Vor dem Hintergrund der vorangegangenen Ausführungen über die Funktion von Bedürfnissen konnte der Zusammenhang zwischen *Wert*en auf der systemischen Ebene und Be*wert*ungen auf der semantischen Ebene verdeutlicht werden. Das Urprinzip des biologischen Wertes kann entsprechend als das Verbindungsglied zwischen den vorangegangenen theoretischen Ausführungen und der nun folgenden Datenanalyse betrachtet werden sowie als Antwort auf die einleitend gestellte Frage danach, was semantischen Bewertungen eines Phänomens zugrunde liegt.

Kapitel 3: Gegenstandsbilder des Komplementärstudiums – eine Analyse

Auf der Basis der vorausgegangenen theoretischen Ausführungen folgt nun die Analyse des Diskurses um das Komplementärstudium am Leuphana College. Vor der detaillierten Darstellung der empirischen Daten wird erläutert, wie im Zuge des Analyseprozesses anhand der Daten ein eigenes Kodiersystem entwickelt wurde und auf welchen methodischen Grounded-Theory-Ansätzen es beruht. Die Daten wurden unter Zuhilfenahme der speziell für die Grounded Theory entwickelte Computersoftware ATLAS.ti (Version 8.4.5 Mac) analysiert. In diesem Programm sind alle hier verwendeten Datensätze unter dem Projektnamen *Datenbank zum Projekt Komplementärstudium* gespeichert, weshalb alle Zitate auf diese Datenbank verweisen.

Der untersuchte Textkorpus umfasst insgesamt 81 Dokumente, darunter 10 narrative Interviews, zwei Artikel, 58 Kurzkommentare von Studierenden auf der Internetplattform StudyCheck, sieben Texte von der Leuphana Website sowie die FAQs für Lehrende im Komplementärstudium, eine Präsentation zum Komplementärstudium, die Dokumentation eines als „Qualitätszirkel" bezeichneten Feedbackformates sowie den aggregierten Bericht zu einer Befragung von Bachelorstudierenden im 4. Semester („Zwischenbefragung").

3.1 Mannigfaltige Beobachtungen einer komplexen Situation

Wie eingangs erläutert, liegt das Forschungsinteresse auf der Mannigfaltigkeit der Wahrnehmung(en), also auf unterschiedlichen Beobachtungen des gleichen empirischen Phänomens. Genau genommen ist also nicht das Komplementärstudium der Untersuchungsgegenstand, sondern die von „Beobachtern erster Ordnung" hervorgebrachten *semantischen Beschreibungen* dessen, was sie beobachten.[1] Damit grenze ich mich von einer eingeschränkten Verwendung des Begriffs der Beobachtung ab, wie er z.B. von Jo Reichertz und Sylvia Wilz (2016, 57) gebraucht wird, wenn sie davon sprechen, dass die Grounded Theory ein Verfahren der „Verdichtung von Beobachtungen" sei, und entsprechend „im Wesentlichen auf (teilnehmender) Beobachtung" beruhe, und „das zentrale Vorgehen der Datenerhebung [...] also nicht die Befragung" sei. Die semantischen Beschreibungen sind Aussagen von Beobachtern über das Komplementärstudium, die entweder bereits in schriftlicher Form vorlagen oder aus einer auditiven Quelle transkribiert wurden. Sie werden allesamt als Beobachtungen im Sinne einer durch das Subjekt der Beobachtung hervorgebrachten Wirklichkeit bzw. als zeichenförmig strukturierte Figuren des Welt- und Selbstverhältnisses im Sinne Kollers (2018, 16) definiert. Da im Zentrum der untersuchten semantischen Beschreibungen ein spezifisches Erkenntnisobjekt steht, welches nicht als vom erkennenden Subjekt getrennt aufgefasst werden kann, ist der im Kontext der Grounded Theory von Franz Breuer (2010, 121) geprägte Begriff „Gegenstandsbild" als Bezeichnung für ein spezifisches Objekt-Verhältnis geeignet. *Bild* soll dabei im Sinne des mit C. G. Jung eingeführten Terminus *Imago* als ein „Bild der subjektiven Beziehung zum Objekt" (1995, 507) verstanden werden.

Den Diskurs um das Komplementärstudium betrachte ich als die Summe semantischer Beschreibungen, die auf der Basis von Beobachtungen hervorgebracht werden. Wie bereits erwähnt, lassen sich diese Beschreibungen anhand des jeweils verfolgten Zweckes in vier unterschiedliche Diskursarten unterteilen. Im Kontext der Analyse spreche ich auch von *Diskurspositionen*, wodurch betont wird, dass die Beobachter aus unterschiedlichen Perspektiven auf eine *komplexe Situation* schauen. Die Formulierung „komplexe Situation" stammt von Adele Clarke (2012), die sich mit dem von ihr

---

[1] Die Studie basiert auf der Analyse schriftlich dokumentierter Äußerungen zum Komplementärstudium, die als Fragmente einer komplexen, dynamischen Situation betrachtet werden. Indem solche Fragmente systematisch in einen methodisch begründeten Zusammenhang gestellt werden, wird ein umfassenderes Gesamtbild erzeugt, das auch als „Beobachtung zweiter Ordnung" bezeichnet werden kann.

entwickelten methodischen Ansatz der „Situationsanalyse" darum bemüht, die Grounded Theory „durch den *postmodern turn* zu steuern" (2012, 30; Hervorh. i. O.). Clarke zielt darauf ab, „die Forschungssituation in Gänze" in den Blick zu nehmen und so der – seit dem *postmodern turn* in der qualitativen Sozialforschung weit verbreiteten – Konzentration auf individuumszentriertes Datenmaterial und das soziale Handeln um einen Fokus auf das Soziale zu ergänzen (2012, 30).

> Handeln allein [ist] *nicht genug*. Unser analytischer Fokus muss über ‚das wissende Subjekt' hinausgehen und sich ganz auf die Forschungssituation im weitesten Sinne richten, die Hinwendung zum Diskurs eingeschlossen. (Clarke 2012, 30; Hervorh. i. O.)

Clarke betont die „theoretische Verankerung der Grounded Theory in der Soziologie der Chicago School des frühen 20. Jahrhunderts, in der Philosophie des Pragmatismus und im Symbolischen Interaktionismus der Nachkriegszeit" (2012, 35) und bedient sich des „Theorie- und Begriffsapparates der Sozialen Welten/Arenen/Aushandlungen/Diskurse" (2012, 31). Wenn Clarke schreibt, sie habe sich „[w]ie Denzin (1989:66-82, 2001c) dem ‚Situieren von Interpretation' verschrieben" (2012, 30), bezieht sie sich als Konsequenz aus der „Dezentrierung des ‚erkennend-wissenden Subjekts'" auf die verstärkte Ausrichtung der „methodische[n] Aufmerksamkeit […] auf Objekte in Situationen" (2012, 32). Die „Situiertheit" betrifft das Rollenverständnis aller Wissensproduzenten (Forscher*in und „Erforschte"), die sich nicht länger auf die von Schapin und Schafer im Jahre 1985 erklärte Rolle des „bescheidenen Zeugen" (zitiert in Clarke 2012, 63) zurückziehen können, welcher sich selbst als bloßen Spiegel objektiver Gegebenheiten empfindet. Dieser bescheidene Zeuge, so Clarke, entstamme „einem Raum der Selbstunsicherheit, jenem essentiellen hegemonialen Ort, der von der modernen westlichen Wissenschaft beansprucht und dominiert wird" (2012, 63).

Was hier als „Selbstunsicherheit" bezeichnet wird, stellt auch die Schnittstelle zu dem in Kapitel 1.3 herausgearbeiteten Zusammenspiel zwischen der epistemischen Tugend der Objektivität als einer normierenden Strategie zur Unterdrückung des „als

Subjektivität vorgestellten Selbst" (Daston und Galison 2007, 46) dar. Eine auf die Unterdrückung von Subjektivität ausgerichtete Selbst-Technik führt zu einer Schwächung der Selbstwahrnehmung, welche in „Selbstunsicherheit" oder vielleicht noch treffender „Selbst-Vergessenheit" münden kann. Mit dem Ziel der Befähigung zur Welterkenntnis übt das objektive wissenschaftliche Selbst eine auf das äußere Milieu gerichtete Beobachtungshaltung und gleichzeitig eine habitualisierte Selbst-Zurücknahme ein. Die Unterdrückung innerer Impulse erfordert eine gewisse „Entkörperlichung". Unter Bezugnahme auf Hayles „How We Became Posthuman" von 1999 und Haraways „Situiertes Wissen" von 1995 betont Clarke, dass der „bescheidene Zeuge von den Lasten der Körperlichkeit frei" (2012, 63) sei. Diese Bemerkung zielt einerseits auf die vermeintliche Standortlosigkeit des objektiven Beobachters ab, der das Weltgeschehen überschauen und neutral darüber berichten kann. Andererseits verweist der Aspekt der „Verkörperung (Embodiment)" (2012, 63) auf Vorgänge, die systemisch gesprochen im inneren Milieu des Systems ablaufen, also innere Prozesse, Emotionen und Gefühle. Der bescheidene Zeuge schwebt sozusagen schwerelos über der Situation ohne als physisches und damit emotionales Wesen involviert zu sein.

Anknüpfend an die daraus abzuleitende Notwendigkeit der Selbstreflexion im Forschungsprozess, habe ich mir im Kontext meiner Forschung Methoden zunutze gemacht, welche insbesondere von Kathy Charmaz (2006) und von Franz Breuer (2010) als Dezentrierungsstrategien vorgeschlagen werden. Der Aspekt der Verkörperung spielt dabei ausdrücklich eine Rolle. Vor dem Erfahrungshintergrund ethnographischer und psychologischer Forschung verweist Breuer (2010) auf Devereux, der die in der qualitativen Sozialforschung notwendige Selbstreflexion der Forschenden betont.

> Der Verhaltensforscher muß lernen zuzugeben, daß er *niemals* ein Verhaltensereignis beobachtet, wie es in seiner Abwesenheit ‚stattgefunden haben könnte', und daß ein Bericht, den er zu hören bekommt, niemals mit dem identisch sein kann, den derselbe Berichterstatter einer anderen Person gibt. Glücklicherweise werden die sogenannten ‚Störungen', die durch die Existenz und das Agieren des Beobachters entstehen, wenn sie entsprechend

ausgewertet werden, zu Ecksteinen einer wissenschaftlichen Erforschung des Verhaltens und bleiben nicht – wie man gemeinhin glaubt – bedauerliche Malheurs, die man am besten eilends unter den Teppich kehrt. (Devereux 1976, 29; Hervorh. i. O.)

Dazu ist eine gezielte Bewusstmachung und Auseinandersetzung mit im Forschungsprozess auftretenden Emotionen und Gefühlen erforderlich.

> Die Forscherin kann ihren Blick in der Feldinteraktion nicht nur ‚nach draußen' (auf das intendierte Objekt und dessen Handeln), sondern auch *auf sich selbst* richten und sich fragen: Welche Effekte werden im Kontakt, in der Interaktion mit dem Untersuchungsgegenstand (Personen, Kontexte, Themen) bei mir selber evoziert? (Breuer 2010, 214; Hervorh. i. O.)

Sowohl Clarkes (2012) situationsanalytischer Ansatz als auch Breuers (2010) Reflexive Grounded-Theory eröffnen neue Perspektiven für Forschungsvorhaben, in denen Forschende nicht nur in ihrer Rolle als Forschende, sondern auch als Akteure Teil der komplexen Situation sind. Eine solche – mit dem wissenschaftlichen Selbstverständnis des bescheidenen Zeugen inkompatiblen – Doppelrolle nehme ich im Kontext der von mir untersuchten komplexen Situation „Komplementärstudium" ein, in welcher ich gleichzeitig als Forscherin und als Koordinatorin des Komplementärstudiums agiere. Der damit verbundenen Gefahr, aufgrund der eigenen Standortgebundenheit andere Betrachtungsweisen nicht als gleichberechtigt wahrnehmen zu können, begegne ich mit einer expliziten Reflexion meiner unterschiedlichen Positionen als Beobachterin erster und zweiter Ordnung im Forschungsumfeld.[2]

Als Akteurin im Feld stelle ich Beobachtungen erster Ordnung über das Phänomen Komplementärstudium oder andere Akteure im Feld an. Davon klar zu unterscheiden sind forschungsrelevante Thesen, welche ich als Beobachterin zweiter Ordnung im Hinblick auf die von mir untersuchten semantischen Beschreibungen anderer Beobachter erster Ordnung aufstelle.

---

2   Konsequenterweise mache ich mich als Forschende nicht unsichtbar. Die Verwendung des Personalpronomens *ich* im vorliegenden Text ist als stilistisches Bekenntnis und bewusste Markierung meiner Position als Beobachterin zu verstehen.

Vor diesem Hintergrund spielte für mich auch Clarkes Forderung nach einer expliziten Positionierung im Forschungsfeld und der hinreichenden Reflexion „über Forschungsprozesse und -produkte per se und deren Beziehungen zu verschiedenen Zusammenhängen von Macht und Autorität, insbesondere vis-a-vis der Generierung von offiziellen und inoffiziellen Wissen" (2012, 54) eine zentrale Rolle. Durch meine Doppelrolle als Forschende und Mitarbeiterin der Leuphana Universität pflege ich vielfältige Beziehungen im universitären Kontext. Diese Einbindung ist ambivalent, da sie einerseits einen privilegierten Zugang zu internen Informationen ermöglicht, andererseits aber auch zu Loyalitätskonflikten zwischen Forscherin und Forschungsumfeld führen kann, die Einfluss darauf nehmen, was gesagt wird und was nicht.[3]

Der insbesondere von Charmaz (2006) und Breuer (2010) erhobenen Forderung nach Selbstreflexion komme ich durch den gezielten Einsatz spezifischer Reflexionsmethoden nach. Sie dienen dazu, die im Forschungsprozess angestellten Beobachtungen kritisch danach zu befragen, ob sich persönliche Erfahrungen (in der Rolle als Akteurin oder als Forscherin) möglicherweise als „Störungen" auf die Beobachtungen auswirken.[4] Im Zuge dieser Analyse kamen unterschiedliche Memotechniken zur Anwendung, um für den erforderlichen analytischen Abstand zu sorgen.[5] Zudem diente

---

[3] Aus diesem Grund habe ich nur narrative Interviews geführt und die Reflexionsmethoden angewandt, die Breuer (2010) im Rahmen der Reflexiven Grounded Theory zur Anwendung empfiehlt. Trotz allem wird sich meine Präsenz auf die eine oder andere Weise auf das Verhalten meiner Gegenüber ausgewirkt haben.

[4] „Die Fokussierung der Aufmerksamkeit auf die Eigenresonanzen an ‚Leib und Seele', die bei Berührungen mit dem (Untersuchungs-)Objekt zustande kommen, ist eine Erkenntnispraxis, die für psychoanalytische Denk- und Behandlungsweisen (als Arbeit über die ‚Gegenübertragung') charakteristisch ist und dort besonders elaboriert und gepflegt wird" (Breuer 2010, 125).

[5] Im Rahmen von zwei unterschiedlichen Kodiergruppen habe ich mich regelmäßig über die von mir erarbeiteten Interpretationsansätze sowie methodische Fragen ausgetauscht. Um der unreflektierten Einschreibung von Beziehungsfrequenzen in den Forschungsprozess entgegenzusteuern, habe ich mich bei der intensiven Auseinandersetzung mit Betrachtungsweisen einzelner Personen dahingehend reflektiert, ob bestimmte Ansichten bei mir Gefühle auslösen. Entsprechende Wahrnehmungen habe ich als Kommentare zu den Aussagen notiert und mit zeitlichem Abstand nach „Störungen" befragt. In den Kodiergruppen wurden solche Beobachtungen thematisiert und mit alternativen

der Austausch mit Forschungskolleg*innen in so genannten Kodiergruppen der Erweiterung und Relativierung eigener Wahrnehmungsweisen. Im Mittelpunkt des situationsanalytischen wie des reflexiven Grounded-Theory-Ansatzes stehen die Anerkennung der Pluralität von Wahrnehmungsweisen. Die Öffnung für die Komplexität der sozialen Welt und die Vermeidung einer universalen Logik der Vereinheitlichung sind typisch für einen von *postmodernen*[6] Theorien geprägten Ansatz, welcher der Einseitigkeit der Moderne die Vielfalt von Sichtweisen bzw. Sprachspielen gegenüberstellt und zudem mit Adornos (1990) Kritik am Drang zur Vereinheitlichung durch das begriffliche Denken korrespondiert. Durch die Nebeneinanderstellung unterschiedlicher Gegenstandsbilder wird Breuer (2010) zufolge eine andere Wahrnehmungsqualität erzeugt, durch die Informationen eines neuen *logischen* Typs hervorgebracht werden. Unter Verweis auf Gregory Batesons „Welt und Natur" (1982) bezeichnet Breuer diese neue Wahrnehmungsqualität als *Tiefensehen*:

> Im Prinzip ist zusätzliche ‚Tiefe' in einem metaphorischen Sinne immer dann zu erwarten, wenn die Informationen für die beiden Beschreibungen unterschiedlich zusammengestellt oder unterschiedlich codiert werden. (Bateson 1982, zitiert in Breuer 2010, 121)

Vor dem Hintergrund der Theorie Jean Gebsers (vgl. Kapitel 1.4) über unterschiedliche Bewusstseinsstrukturen interpretiere ich die Metapher vom Tiefensehen im Kontext der Grounded Theory als das Durchsichtigwerden der „semantischen Schicht" des Diskurses. Durch eine vergleichende Betrachtung semantischer Beschreibungen werden einerseits Unterschiede sichtbar, die eine Unterteilung des Diskurses in Diskursarten anhand verschiedener Zwecke ermöglicht. Andererseits werden durch die Nebeneinanderstellung unterschiedlicher Gegenstandsbilder Strukturierungsregeln (Satzverkettungsregeln) sichtbar, die unabhängig von der jeweiligen inhaltlichen Position diskursübergreifend angewandt werden. Das

---

Sichtweisen abgeglichen. Derlei Notizen haben aber eine reine Korrekturfunktion, weshalb sie nicht in die Darstellung der Forschungsergebnisse einfließen.
[6] Der Begriff „postmodern" wird hier im Sinne Clarkes (2012) verwendet.

Bilden von Kodes und Kategorien stellt eine Denkbewegung dar, die zwischen Unterschieden in der Ausprägung (empirischen Variationen) und verbindender Gemeinsamkeit hinsichtlich der zugrundeliegenden strukturellen Logik (Abstraktion) hin und her changiert.

> Das Wesen der Abstraktion besteht [...] im Vorgang des ‚Ausziehens einer Invarianz', das heißt im lustvoll-spannungslösenden Finden einer versteckten Gemeinsamkeit in einem zunächst heterogenen Durcheinander. (Ciompi 2016, 327)

Die im Kontext der Grounded Theory häufig genutzte und viel kritisierte Formulierung des *Emergierens* ist m. E. hervorragend dazu geeignet, das „Durchscheinen" einer invarianten Strukturierungslogik des Diskurses zu beschreiben. Auch wenn die inhaltlichen Vorstellungen über den Zweck (z.B. eines Studiums) auseinandergehen, wird ein gemeinsamer Bezugsrahmen des Diskurses sichtbar. Die Anerkennung von Wahrnehmungsdifferenzen und der daraus hervorgehenden „Mannigfaltigkeit der Erfahrung" muss nicht in die Negation eines übergeordneten Bezugsrahmens münden, der als geteilte Praxis der sprachlichen Aushandlung die Grundlage zur gemeinsamen Hervorbringung sozialer Wirklichkeit bietet. Im Sinne Gebsers kann *Tiefensehen* als das Sichtbarmachen der vorherrschenden Bewusstseinsstruktur verstanden werden.

3.2 Grounded Theory: Datenbasierte Theorie- und Methodenentwicklung

Um meine Hypothese vom Widerstreit zwischen vier Diskursarten skizzieren zu können, habe ich in Kapitel 1 bereits die vier Diskurspositionen mit ihren Schlüsselkategorien genannt. Die Schlüsselkategorien bilden die Schnittstelle zum theoretischen Erklärungsansatz, der über die empirischen Befunde hinausweist. Sie stellen damit die höchste Abstraktionsebene im Rahmen der Datenanalyse dar. Um meine datenbasierten Hypothesen empirisch zu belegen, vollziehe ich eine der Abstraktion entgegengesetzte Bewegung, indem ich nun tiefer in die Daten einsteige und die auf einer weniger abstrakten Ebene gebildeten Kategorien und Kodes beschreibe.

Zum besseren Verständnis dieser analytischen Vorgehensweise sind der ausführlichen Beschreibung der Diskurspositionen Q1 bis Q4 einige grundsätzliche Anmerkungen zum Umgang mit dem Datenmaterial vorangestellt. Eine jedem Diskursfeld vorangestellte Kode-Tabelle soll zudem die Möglichkeit zum Vergleich zwischen den vier Diskurspositionen und die Darstellung der diskursfeldübergreifenden Dynamik erleichtern. Dafür habe ich die in ATLAS.ti erstellten kleinteiligen Kodierungen, welche die empirische Ausgangsbasis boten, in etwa jeweils zehn Kodes pro Diskursposition überführt. Den Terminus „Kode" verwende ich im Rahmen meiner Analyse zur Bezeichnung eines Bündels an Einzelaussagen, die ich in als möglichst textnahe Kurzformulierung auf niedrigster Abstraktionsstufe zusammengefasst habe. Anhand des Datenmaterials wurde ein eigens für diese Analyse entwickeltes Kodiersystem erarbeitet. Die den Kodes übergeordneten Kategorien bezeichne ich als Sub- und Schlüsseldichotomien, da sie ein Verhältnis sich ergänzender Polarität beschreiben. Das Verhältnis, in dem die Kodes zu den ihnen übergeordneten Kategorien stehen, wird mithilfe einer mit Beispielen unterfütterten Legende (Abb. 5 im Abschnitt *Legende zum Kodiersystem*) dargestellt.

Zur Auswertung des Datenmaterials habe ich mich unterschiedlicher methodischer Ansätze der Grounded Theory bedient. Wie in Kapitel 1 bereits ausgeführt, spielen begriffliche Ordnungssysteme bei der Bildung von Kodes und Kategorien und damit hinsichtlich der Hervorbringung sozialer Wirklichkeit(en) eine zentrale Rolle. Neben dem Ansatz der *Reflexiven Grounded Theory* nach Breuer (2010) und dem situationsanalytischen Ansatz von Adele Clarke (2012) haben sich die bei Saldaña (2009) erwähnte Kodiertechnik des Versus-Coding sowie der konstruktivistische Ansatz von Charmaz (2006) für die methodische Orientierung als wegweisend erwiesen.

Obwohl sich die von Charmaz (2006) entwickelte Kodiertechnik des *Action-coding* zur Anwendung auf vorliegende Daten nicht übertragen ließ, trug die dahinterstehende Idee zu einem vertieften methodischen Verständnis bei. Der Fokus der Forschenden wird auf Praktiken und Handlungen gelenkt, welche die Beobachter erster Ordnung beschreiben. Beschreibt ein Beobachter sein eigenes

Verhalten oder das anderer, enthält diese Beschreibung zumeist Hinweise darauf, mit welcher Intention eine Handlung ausgeführt wurde (Erwartungshaltung), und ob das damit angestrebte Handlungsziel erreicht werden konnte oder nicht (also ob es als *effektiv* angesehen wird). Auf diese Weise kann durch *Action-coding* sichtbar gemacht werden, wie effektive von nicht effektiven Handlungen unterschieden werden. Spricht ein Beobachter beispielsweise über Regeln oder Institutionen (als Elemente eines Dispositivs), bezieht er sich strenggenommen auf (kollektive) Vorstellungen darüber, wie mit einer Situation umzugehen ist, also wer sich idealerweise wie zu verhalten hat bzw. welchem Zweck bestimmte diskursive Elemente dienen sollten. Dieser analytische Ansatz ist folglich mit dem Erkenntnisbegriff bei Maturana und Varela (1987) vereinbar.

Die Mapping-Techniken nach Clarke boten insbesondere im Prozess des *open coding* eine wertvolle erste Orientierungshilfe. Clarkes Konzeption der Situationsanalyse (2012) zielt darauf ab, zunächst möglichst alle – sowohl menschliche als auch nichtmenschliche – Elemente, die eine komplexe Situation ausmachen, in den Blick zu bekommen, um diese dann nach ihrer Bedeutung für die Situation und ihre Relationen zu anderen Elementen zu befragen. In einer so genannten Situations-Map werden alle in der untersuchten Situation als relevant erachteten Elemente visualisiert (Clarke 2012, 124–29). Zur Visualisierung der Vielfalt an unterschiedlichen Positionen, die in einer komplexen Situation eingenommen werden können, werden ergänzend so genannte Positions-Maps erstellt, welche die unterschiedliche Positionen markieren (Clarke 2012, 165–69). Positions-Maps bilden bestimmte Sichtweisen auf das Phänomen ab und können zur Typenbildung genutzt werden. Hier setzt dann die auf abstraktere Ideen abzielende Analysearbeit ein, in der nach den Beziehungen gefragt wird, die Beobachter durch ihre Beschreibungen zwischen bestimmten Elementen der Situation herstellen. Im Zuge der Erstellung der Positions-Maps wurde mir bewusst, dass verschiedene Beobachter zur Bezeichnung des gleichen Aspekts unterschiedliche Begriffe wählen, je nachdem, wie sie ihn bewerten. Anfänglich versuchte ich, pro Aspekt einen textnahen Sammelbegriff zu finden. So gruppierte ich beispielsweise Aussagen, in denen vom „Masterproblem" die Rede war, zu einem Kode und Aussagen, in denen davon die Rede war, dass das Komplementärstudium auch Vorteile bei der Bewerbung auf einen Masterstudienplatz bringen konnte, zu einem anderen Kode („Masterchance"). Eine solche Kodierung erwies sich jedoch als zu kleinteilig, weshalb ich dazu überging, diese Kodes als „Masteranschlussfähigkeit" zusammenzufassen. Doch auf diesem Weg gelangte ich zu keinen neuen Erkenntnissen. Das widersprüchliche Verhältnis, in welchem Aussagen wie z.b. „Masterproblem" und „Masterchance" zueinander stehen, veranlasste mich dazu, die bei Saldaña (2009, 136–38) erwähnte Technik des Versus-coding auszuprobieren. Das schärfte meinen Blick für die auffällige Tendenz der Gegenüberstellung von Konzepten wie Fakultäten vs. College, Wissenschaft vs. Verwaltung, Professor*innen vs. Lehrbeauftragte etc. Die Bildung binärer Kodes eröffnete eine neue Sichtweise auf die Daten und erlaubte mir, auch dort dualistische Argumentationsstrategien zu erkennen, wo der Gegenpol nicht explizit benannt wird, aber implizit mitschwingt.

Um nicht in die Falle der begrifflichen „Vereinheitlichung" zu tappen, wählte ich für die übergeordneten Kategorien Bezeichnungen, in denen das begriffliche Spannungsverhältnis sichtbar bleibt. So begann ich dichotome[7] Kategorien zu bilden, wie z.B. Problem – Chance, Freiheit – Zwang, disziplinär – interdisziplinär. Auf diese Weise wurde es möglich, auch weniger explizite Aussagen als Positionen innerhalb eines bipolaren Spektrums zu betrachten. Die Zuordnung scheinbar konträrer Aussagen zur gleichen Kategorie hat sich rückblickend als Schlüssel zur Interpretation erwiesen. Auf diese Weise konnte ich meinen Blick von den Polen lösen und die gegensätzlichen Positionen nach ihrem gemeinsamen Referenzpunkt befragen. Dadurch gerieten Erwartungshaltungen an ein Studium in den Blick, z.B. Masteranschlussfähigkeit, die durch das Komplementärstudium aus der subjektiven Perspektive eines

---

[7] Durch die Verwendung des Begriffs „dichotom" soll darauf hingewiesen werden, dass der auf der semantischen Ebene sichtbare binäre Gegensatz zwischen zwei Begriffen eigentlich aus einer gemeinsamen Wurzel erwächst. Ich nutze dichotom also analog zu seiner Verwendung in der Botanik, wo damit die Gabelung (Zweiteilung) eines Pflanzensprosses bezeichnet wird.

Beobachters eher befriedigt („Masterchance") oder tendenziell enttäuscht („Masterproblem", „Masterlüge") werden.

Das Muster der Polarität und das Beziehungsdreieck der Bewertung

Da zur Darstellung von Analyseergebnissen immer Begriffe notwendig sind, muss ich der späteren Interpretation an dieser Stelle insofern vorgreifen, als dass ich das Spektrum zwischen den Polen – vor dem Hintergrund der Ausführungen in Kapitel 2 – bereits als Wertspektrum charakterisiere. Die in Kapitel 1 bereits als Zwecke der Diskursarten Q1 bis Q4 eingeführten Begriffe – Sicherheit, Bindung, Autonomie und Transformation – stehen jeweils für den positiven Bereich eines bipolaren Wertspektrums, der *Sättigung* anzeigt, während der negative Bereich auf einen *Mangel* verweist. Die Funktion einer jeden Diskursart liegt im Bedürfnisausgleich. Auf der semantischen Ebene markieren die Zwecke jeweils nur den positiven Zustand der Bedürfnisbefriedigung (Wertsättigung). Als Schlüsselkategorien repräsentieren sie folglich nur den positiven Bereich des Wertspektrums, der zwischen dem Pluspol (einem theoretischen Maximum) und dem Mittelpunkt (dem theoretischen Nullpunkt zwischen Plus- und Minuspol) des gesamten Spektrums liegt. Um das gesamte Wertspektrum in den Blick zu bekommen, muss auch der negative Bereich zwischen dem Nullpunkt und dem Minuspol mitgedacht werden. Aus diesem Grund überführe ich die Schlüsselkategorien in Schlüsseldichotomien, wie z.B. Sicherheit – Unsicherheit.[8]

Um die Implikationen dieser veränderten analytischen Betrachtungsweise zu verdeutlichen, eignet sich das Bild einer Pendelbewegung zwischen zwei Polen. Ein Beobachter kann nur darüber sprechen, wie er sich selbst und sein Umfeld *wahrnimmt*. Bewertet er ein Objekt seiner Wahrnehmung, erfolgt dies anhand *seiner* Wertvorstellungen. Entsprechend betrachte ich alle Aussagen, die ein Beobachter über ein von ihm hervorgebrachtes Gegenstandsbild trifft, als

---

[8] Eine in der Literatur zur Grounded Theory in dieser Form m. E. noch nicht beschriebene Besonderheit besteht darin, dass die von mir gebildeten Kategorien als begriffliches Gegensatzpaar für das Spannungsverhältnis selbst stehen und entsprechend ein Spektrum zwischen zwei Polen markieren.

Beziehungsaussagen, d.h. als semantische Beschreibung der Beziehung zwischen dem Beobachter und seinem Objekt. In welche Richtung das Pendel des Werturteils ausschlägt, hängt also nicht allein vom Objekt der Beobachtung ab, sondern ebenso von der Bedürfnislage des Beobachters, die als ein von vielen Faktoren abhängiger und ständig im Wandel begriffener Zustand beschrieben werden kann. Zu einem bestimmten Zeitpunkt und in einem spezifischen Kontext empfindet ein Beobachter bestimmte Bedürfnisse dringlicher als andere. Die Bedürfnislage ändert sich in Abhängigkeit der Situation, in welcher sich der Beobachter gerade befindet, und steht darüber hinaus im Zusammenhang mit dem persönlichen und kollektiven Erfahrungshintergrund des Individuums. Der Beobachter wird folglich *selbst* zu einem Faktor in dem Beziehungsdreieck, das sich zwischen ihm als „Erfahrungstier" (Foucault 1996), einem aktuell fokussierten Bedürfnis und einem Objekt aufspannt.

Die von Erfahrungen beeinflusste momentane Bedürfnislage wirkt sich darauf aus, worauf ein Beobachter seine Aufmerksamkeit richtet und welches Verhalten ihm in einer Situation als angemessene bzw. viable Verhaltensoption erscheint. Beispielsweise nimmt jemand, der vor dem Hintergrund kollektiv geteilten Wissens über Karrierechancen auf dem Arbeitsmarkt seinen Bedürfnisfokus im Kontext des Studiums auf Bindung ausgerichtet hat, das Objekt Komplementärstudium tendenziell als Störfaktor wahr, weil es ihm in Hinblick auf den angestrebten Masterstudienplatzes nicht dienlich (viabel) erscheint. Dieser Akt der Bewertung lässt sich als Pendelausschlag imaginieren, wenn man den Aufhängungspunkt des Pendels mit dem Beobachter gleichsetzt, den Ruhepunkt der Pendelbewegung als den Nullpunkt des Wertspektrums Bindung – Ungebundenheit imaginiert und das Ende des schwingenden Pendels mit dem hervorgebrachten Gegenstandsbild des Objekts Komplementärstudium assoziiert. Wird das Komplementärstudium im Hinblick auf das Bedürfnis nach beruflicher Bindung als Störfaktor gewertet („Masterproblem"), schlägt das Pendel in den Minusbereich des Wertspektrums aus. Betrachtet der Beobachter das Komplementärstudium hingegen als eine Möglichkeit, seine Aussichten auf einen Masterstudienplatz zu verbessern

(„Masterchance"), schwingt das Pendel der Beobachtung in den positiven Bereich aus.

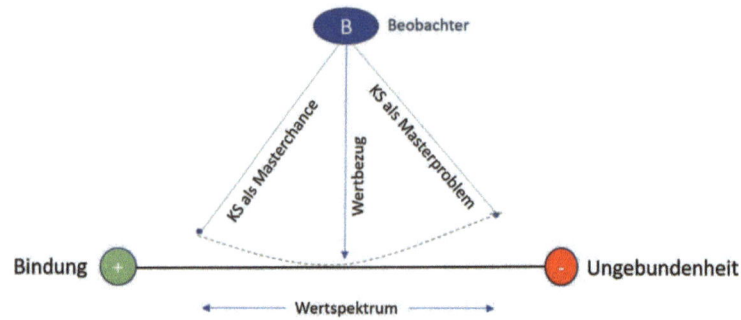

Abbildung 4: Beziehungsdreieck als Pendelbewegung im Wertspektrum Bindung

Bewertungen als Ausdruck des Welt- und Selbstverhältnisses

Die Feststellung, dass den widersprüchlichen Bewertungen des Komplementärstudium Bedürfnisse – und daran gekoppelt erfüllte und enttäuschte Erwartungen – zugrunde liegen, veranlasste mich dazu, Beobachteraussagen als Ausdruck grundlegender (Erwartungs-)Haltungen zu betrachten, mit denen das Subjekt *seinen* Objekten begegnet. Auf dieser Abstraktionsebene kann eine solche (Erwartungs-)Haltung als *Prämisse* bezeichnet werden, im Sinne einer nicht weiter hinterfragten Voraussetzung des Beobachters darüber, wie die Welt beschaffen ist und wie er sich in ihr *verhalten* muss, will er *effektiv* sein, d.h. in letzter Konsequenz *überleben*. Solche Prämissen beziehen sich nicht nur auf die vermeintliche Beschaffenheit dessen, was wir Welt nennen, sondern betreffen ebenso das Selbstverständnis des Subjektes, d.h. seine Vorstellungen darüber, was ihm in dieser Welt möglich ist und was nicht.

Die Gegenstandsbilder, welche die am Diskurs beteiligten Beobachter hervorbringen, befrage ich danach, welche (Erwartungs-)Haltung gegenüber dem Studium (als einem Ausschnitt der Welt) ein Beobachter damit zum Ausdruck bringt. Beim Kodieren interessiert mich in erster Linie das Verhältnis, das ein Beobachter zu den von ihm hervorgebrachten Gegenstandsbildern – durch die er sich zur Welt, zu anderen und zu sich selbst in Beziehung setzt –

etabliert. Auch wenn solche Beziehungen nicht explizit benannt werden, schwingen sie in der Art, wie sich der Beobachter zu den Objekten seiner Wahrnehmung positioniert, mit. Zudem enthalten sie oftmals Hinweise darauf, welche Verhaltensweisen ihm als angemessene (effektive) Optionen erscheinen. Das betrifft auch Aussagen, in denen der Beobachter selbst vermeintlich gar nicht vorkommt, weil er über andere spricht und nur deren Ansichten wiedergibt. Aber auch in der Art, wie ein Beobachter Aussagen und Verhaltensweisen anderer kommentiert, können Hinweise darauf enthalten sein, wie er sich selbst innerhalb eines Beziehungsgeflechts positioniert und dadurch selbst imaginiert.[9] Durch die Selbstpositionierung zu den Objekten seines äußeren oder inneren Milieus nimmt der Beobachter oft auch eine Zuschreibung aktiver und *re*aktiver Rollen vor. Bringt eine solche Positionierung Nähe, Verbundenheit oder eine ähnliche Gesinnung zum Ausdruck, interpretiere ich dies als (graduelle) Identifikation mit dem Objekt bzw. seiner Haltung gegenüber der Welt. Stellt der Beobachter durch seine Äußerungen eher Distanz zu den beobachteten Objekten, Verhaltensweisen oder Meinungen anderer her, deute ich dies als Abgrenzung bzw. „Fremdeln". In den Objekten der Identifikation und Abgrenzung spiegelt sich zudem die Einschätzung des Beobachters bezüglich dessen, was er als angemessenes Verhalten beurteilt und was nicht. Wie sich diese Überlegungen auf die Kodierung auswirken, sei anhand einiger Aussagen von Beobachtern über andere verdeutlicht:

> Ja, ich glaube, Bildung geht nur mit Studierenden, die sich, die an sich selbst den Anspruch richten, mündige Bürgerinnen und Bürger zu sein. [...] Wenn der Anspruch noch nicht da ist, dann wird es schwierig mit der Bildung. [...] Dann ist das nämlich erstmal eine Aufgabe einer Vorstufe, das herzustellen, also, netterweise ist, ist es ja so, dass würde ich sagen die meisten Studierenden genau diesen Anspruch auch haben und lautstark einfordern, auf der anderen Seite gibt es dann auch immer noch die, die aus der Schule kommen

---

[9] Dennoch nutze ich Paraphrasierungen auch um Diskurspositionen zu charakterisieren. Das heißt, ich führe Aussagen, die ein Beobachter nur wiedergibt, aber nicht selbst vertritt (z.B. wenn er über die Studierende spricht, die eine Q1-Haltung einnehmen), trotzdem als Beispiel für die paraphrasierte Q1-Haltung an.

und erstmal sagen ‚Bitte sagt uns doch, was wir lernen sollen', und das ist natürlich ein ganz schwieriges Verhältnis. (C. Strunz 2021, Interview 09)

Der Beobachter spricht über Studierende und unterteilt diese in zwei Gruppen: Studierendentyp A wird als aktiv und (selbst-)wirksam charakterisiert (*Anspruch an sich selbst richten*), Typ B als passiver Empfänger von Vorgaben (*sagt uns, was wir lernen sollen*). Aus den Wertungen des Beobachters (*Bildung geht nur mit…; schwieriges Verhältnis*) kann entsprechend abgeleitet werden, dass der Beobachter das mündige, aktive Verhalten von Typ A als erstrebenswert ansieht und sich tendenziell damit identifiziert. Der Studierendentyp B ist weiter entfernt vom Ideal des Beobachters; er muss die *Vorstufe* erst erreichen, indem er an sich selbst den Anspruch der Mündigkeit entwickelt. Aus der zitierten Aussage lese ich die Wertschätzung eines Verhaltens bzw. einer Haltung heraus, die als selbstbestimmt und selbstwirksam charakterisiert ist, insbesondere vor der angebotenen Kontrastfolie der sich den Vorgaben fügenden – darum bittenden – Studierenden von Typ B. Diese Aussage ordne ich dem Diskursfeld Q3 zu, da durch sie eine positive Bewertung des Strebens nach Autonomie erfolgt. Das gilt auch für die folgende Aussage, obwohl mit ihr – auf eine distanzierende Weise – nur der negative Bereich innerhalb des gleichen Wertspektrums beleuchtet wird:

> Es trat zumindest Ernüchterung ein: Das Bachelor-Master-System ist stark verschult im Vergleich zu den vorherigen Diplomstudiengängen. Die mit diesem System erhofften Verbesserungen sind allerdings nicht eingetreten (stringenteres Studieren, mehr Auslandsaufenthalte, leichterer Wechsel zwischen den Universitäten). Ein Vorteil lässt sich allerdings erkennen: Unsichere Studierende werden eng bei der Hand genommen und durch das Studium geführt. (C. Strunz 2021, Artikel 02)

Im vorangehenden Zitat verweist der Beobachter auf nicht eingetretene Verbesserungen, die *man* sich durch das neue „verschulte" Studiensystem erhofft habe. Dem negativen Resultat („Ernüchterung") wird – etwas ironisch – ein Vorteil des „verschulten" Systems gegenübergestellt: „Unsichere Studierende" würden „eng bei der Hand genommen" und „geführt", d.h. sie müssen den Weg durchs Studium *nicht selbständig* bewältigen. Mit dieser Aussage knüpft der Beobachter eine enge Beziehung zwischen den Begriffen „verschult", „unsicher" und „unselbständig", die meinem Empfinden nach allesamt negativ konnotiert sind und auch als „abhängig" (von anderen und/oder deren Vorgaben) umschrieben werden können. Diese Aussage ordne ich ebenfalls dem Diskursfeld Q3 zu, weil ich es als eine Positionierung in Bezug auf das Spannungsverhältnis zwischen Selbstbestimmung und Fremdbestimmung interpretiere. Auch wenn die Position des Sprechers nicht eindeutig daraus hervorgeht, handelt es sich um eine Bewertung des Master-Bachelor-Systems als „verschult" (zu Vorgaben tendierend). Damit trägt die Aussage dazu bei, das Spannungsfeld des Diskursfeldes Q3 zu verdeutlichen. Zudem bot sie mir einen weiteren Anhaltspunkt für die Analyse: Ich befragte die Daten danach, wie eine positive Bewertung des „verschulten" Systems ausfallen könnte; also wie jemand, der sich tatsächlich unsicher und unselbstständig fühlt, die Vorteile enger Vorgaben formulieren würde. Das folgende Zitat nimmt die Idee des „Geführtwerdens" in positiver Weise auf:

> Da muss man ja vorher schon ordentlich was machen, damit man das auch hinkriegt und da hab' ich immer ein bisschen die Lehrämter beneidet, die da doch durchs Studium quasi geführt werden. (C. Strunz 2021, Interview 10)

Aus dieser Aussage spricht das Bedürfnis nach mehr Führung durch klare Vorgaben im Studium. Klare curriculare Vorgaben, wie sie im Lehramtsstudium üblich sind, werden positiv bewertet. In Bezug auf das Komplementärstudium äußert sich dieses Bedürfnis vor allem als Klage über die unklare Konzeption, die als Orientierungsdefizit interpretiert wird.

Das Spannungsverhältnis zwischen Selbstbestimmung und Fremdbestimmung wird im letzten Zitat im Vergleich zu den obigen Beispielen „spiegelverkehrt" wahrgenommen, d.h. die Pole Selbstbestimmung und Fremdbestimmung wechseln ihre Vorzeichen. Der negativ konnotierte Begriff der Fremdbestimmung kann aber nicht zur Bezeichnung des positiven Pols dienen, weshalb sich die Terminologie ändern muss. An seine Stelle tritt der Begriff der Führung. Das dadurch in den Blick geratende Spannungsverhältnis zwischen Führung und Führungslosigkeit verweist auf das Bedürfnis nach Orientierung, Halt und Struktur, welches ich dem Diskursfeld Q1 zuordne. Der Q1-Beobachter orientiert sich – wie noch ausführlich zu zeigen sein wird – an Gegenstandsbildern[10], die der unbelebten, materiellen Umwelt zuzurechnen sind, wohingegen der Q2-Beobachter auf seine lebendige soziale Umwelt fokussiert.

Legende zum Kodiersystem

Die im Zuge der Analyse von mir (re-)produzierte begriffliche Ordnung basiert auf Dichotomien. Die vier Diskursfelder Q1 bis Q4 stehen in einem Spannungsverhältnis zueinander, das bereits als Widerstreit zwischen Diskursarten charakterisiert wurde. Das Spannungsverhältnis der Diskursarten resultiert aus dem Verhältnis ihrer Zwecke zueinander, welche analytisch gesprochen die Schlüsselkategorien darstellen bzw. den positiven Pol der Dichotomie repräsentieren. Die Schlüsseldichotomie einer jeden Diskursposition bündelt mehrere Subdichotomien, die das Spannungsverhältnis der Schlüsseldichotomie auf einer niedrigeren Abstraktionsstufe als deren begriffliche Variationen spiegeln. Die Subdichotomien ergeben sich aus gegensätzlichen Kodes, die auf niedrigster Abstraktionsstufe Aussagen bündeln.

Stellt man sich die Verbindungslinie zwischen den Polen eines Wertspektrums als eine Pendelbewegung vor, dann lassen sich einzelne Aussagen als Punkte auf dieser Linie imaginieren. Jeder Kode markiert nur einen mehr oder weniger großen Ausschnitt im positiven oder negativen Bereich des Wertspektrums. In jedem Kode (nicht aber in jeder einzelnen ihm zugeordneten empirischen Aussage) schwingt der Gegenpol als impliziter Gegensatz mit. In manchen Fällen kann der implizite Gegenpol als eigenständiger Kode

---

[10] Mit Foucault gesprochen um *unbelebte* „Elemente eines Dispositivs", das er beschreibt als „ein entschieden heterogenes Ensemble, das Diskurse, Institutionen, architekturale Einrichtungen, reglementierende Entscheidungen, Gesetze, administrative Maßnahmen, wissenschaftliche Aussagen, philosophische, moralische oder philanthropische Lehrsätze, kurz: Gesagtes ebensowohl wie Ungesagtes umfasst. Soweit die Elemente des Dispositivs. Das Dispositiv selbst ist das Netz, das zwischen diesen Elementen geknüpft werden kann" (Foucault 1978, 119–20).

auf Basis von Aussagen gebildet werden. In anderen Fällen ist die Rekonstruktion des Gegenpols nur theoretisch möglich, z.B. wenn entsprechende Aussagen aufgrund eines Tabus im Diskurs nicht getroffen werden. Mit den von mir erzeugten Kodes versuche ich stets den expliziten Pol zu erfassen, weshalb die Kodes sowohl positive als auch negative Konnotation transportieren bzw. als Anwesenheit oder Abwesenheit formuliert sein können.

Bei der Zuordnung einer Aussage zu einem Kode orientiere ich mich an dem Pol, den der Beobachter in den Vordergrund rückt. Aufgrund der Tendenz zur kontrastierenden Kombination der beiden Pole eines Wertspektrums kommt es gelegentlich auch zu diskursfeldübergreifenden Doppelkodierungen von Zitaten. Wenn Zitate als Belege für mehr als eine Diskursposition angeführt werden, kann dies u.a. darauf zurückzuführen sein, dass ein Begriff nicht trennscharf verwendet wird. Beispielsweise werden die Adjektive „fachlich" und „beruflich" mehr oder weniger synonym verwendet und dienen im Diskursfeld Q1 als Gegenbegriff zu „persönlich" und im Diskursfeld Q2 als Gegensatz zu „privat". Die meisten Doppelkodierungen verweisen aber auf ein analoges Verhältnis zwischen Subdichotomien innerhalb der gleichen Diskursposition, also auf die Zugehörigkeit zu mehreren Versionen der übergeordneten Schlüsseldichotomie des Diskursfeldes. Als Variationen der Q2-Thematik der (Ein-)Bindung bzw. Zugehörigkeit zu sozialen Gruppen lese ich u.a. die Entgegensetzungen von innen – außen, Fakultäten – College und Wissenschaft – Verwaltung.

Es kommt auch vor, dass eine Aussage zitiert wird, ohne dass diese als Diskursposition gekennzeichnet wird (dann ist sie entsprechend auch nicht als Q_{Nummer} markiert). Dies ist dann der Fall, wenn die Aussage nur als Beleg dafür dient, dass meine Lesart auch von anderen Beobachtern geteilt wird, ohne dass diese anderen Beobachter anhand ihres Kommentars einer spezifischen Position zugeordnet werden können.

Diskurs-Dynamik Spannungsverhältnis zwischen den vier Schlüsseldichotomien	Das **Verhältnis der vier Diskursfelder untereinander** beschreibt das Spannungsverhältnis zwischen den vier Diskursarten und ihren Zwecken (bzw. Bedürfnissen) nach Sicherheit, Bindung, Autonomie und Transformation.
Schlüsseldichotomie (Schlüsselkategorie)	**Zentrales Spannungsverhältnis eines einzelnen Diskursfeldes** Die Pole der Schlüsseldichotomie stehen für die Befriedigung (positiver Pol) oder ein Mangelempfinden (negativer Pol) in Hinblick auf das zugrundeliegenden Kernbedürfnis.
Q1	Sicherheit – Unsicherheit
Q2	Bindung – Ungebundenheit
Q3	Autonomie – Heteronomie
Q4	Transformation – Gleichförmigkeit
Subdichotomien (Subkategorie)	**Begriffliche Variationen der jeweiligen Schlüsseldichotomie** Eine Subdichotomie beschreibt ein der Schlüsseldichotomie analoges Spannungsverhältnis, welche das übergeordnete Spannungsverhältnis durch weitere Gegensätze (Variationen der Schlüsseldichotomie) ausbuchstabiert; beispielsweise kann sich das Q1-Bedürfnis nach Sicherheit auch als Forderung nach einem *klaren* Konzept und der Klage über ein strukturelles Defizit (*unklar*) ausdrücken oder im Spannungsverhältnis zwischen *traditionell* versus *neu(-modisch)* mit dem z.B. das Studienmodel oder institutionellen Einheiten (Fakultäten/College) assoziiert werden.
Kodes	Sie bündeln empirische Aussagen, die einen Pol einer Subdichotomie textnah beschreiben, z.B. den positiv konnotierten Pol „klar" der Subdichotomie *klar – schleierhaft*, der in den Daten u.a. als *klares Konzept, eindeutiges Profil, konkret, griffig, übersichtlich* auftaucht.

Abbildung 5: Legende zum Kodiersystem

3.3 Typische Einstellungen gegenüber dem Komplementärstudium

Um die Leser*innen mit den vier Diskurspositionen bekannt zu machen, habe ich anhand ausgewählter Zitate ein fiktives Gespräch konstruiert.[11] Auf diese Weise gebe ich einen ersten Einblick in die Dynamik des Gesamtdiskurses und zeige einige Hauptargumente der Diskursfelder auf. In Verbindung damit wird auch folgendes Schaubild etabliert, welches den Gesamtdiskurs als einen Tisch symbolisiert, der in vier Quadranten unterteilt ist (Q1 bis Q4):

Abbildung 6: Die vier Positionen im Gesamtdiskurs

Diese Einführung dient zudem dazu, die Leser*innen von vornherein für *nicht* intendierte Lesarten zu sensibilisieren, um diesbezügliche Erwartungshaltungen oder Missverständnisse gar nicht erst aufkommen zu lassen, im Wesentlichen:

- Mit dem Terminus *Beobachter*[12] beziehe ich mich auf konkrete Personen (z.B. Interviewpartner*innen), die Beobachtungen zum Komplementärstudium am Leuphana College äußern. Beobachter können vorübergehend eine bestimmte Beobachtungshaltung einnehmen, an die sie nicht dauerhaft gebunden sind, d.h. sie können diese wechseln.

---

[11] Die fiktiven Gesprächspartner*innen sind keine Stellvertreter*innen für reale Personen und auch keine abstrahierenden Beschreibungen bestimmter Menschentypen, sondern sie stehen für analytisch separierte Diskursarten. Das Individuum ist immer komplexer und die Spannungen und Konflikte, die hier modellhaft zwischen den Positionen angesiedelt sind, trägt jedes Individuum in unterschiedlichem Ausmaß in sich selbst aus. Um zu verdeutlichen, dass ich Diskurspositionen analysiere und nicht Menschen, bezeichne ich die Gesprächspartner*innen genau wie die Diskurspositionen als Q1 bis Q4.

[12] Der Begriff des Beobachters verweist auf meine erkenntnistheoretische Position, wie in den ersten beiden Kapiteln ausführlich dargestellt.

- Im Gegensatz zur Beobachtungshaltung, die ein konkreter Beobachter zu einem bestimmten Zeitpunkt einnimmt, ist die Beobachtungseinstellung als ein fester Standpunkt zu verstehen. Diese Differenz lässt sich anhand des Bildes vom Tisch folgendermaßen visualisieren: Für den untersuchten Gesamtdiskurs steht der Tisch. Der Tisch lässt sich in die vier Quadranten (die Diskurspositionen Q1 bis Q4) unterteilen. Zu jedem der vier Quadranten gehört ein Stuhl, auf dem ein Beobachter vorübergehend Platz nehmen kann und für die Zeit seines Verweilens eine entsprechende Beobachtungshaltung einnimmt. Beobachter können die Stühle und damit ihre Beobachtungshaltung wechseln. Die Stühle aber bleiben an ihrem Platz stehen und markieren einen Standort im Diskurs. Die Stühle haben eine (Ein-)Stellung, die eine bestimmte Perspektive auf den Gesamtdiskurs eröffnet. Setzt sich ein konkreter Beobachter immer wieder auf den gleichen Stuhl, kann man sagen, er hat eine bestimmte Einstellung. Jede Diskursposition versammelt Aussagen, die einer typischen Einstellung gegenüber dem Komplementärstudium entsprechen.[13]
- Ein Beobachter ist in der Regel auf mehreren Diskurspositionen anzutreffen.[14] Beobachter tendieren jedoch dazu, manche Diskurspositionen häufiger einzunehmen als andere und manche Beobachtungseinstellungen gar nicht in Erwägung zu ziehen – in etwa so, wie jemand in der Universitätsmensa nicht immer am selben Platz sitzt, aber Präferenzen pflegt (z.B. mit dem Rücken zur Wand, Blick nach draußen) und andere Positionen (mittig, Blick in den Raum) meidet.

---

[13] So wie der Stuhl eine spezifische Perspektive auf den Tisch eröffnet, bedingt auch die Beobachtungseinstellung die Diskursposition. Aufgrund dieser engen Beziehung, die auf die gleichen inhaltlichen Aussagen verweisen, werden die Begriffe „Diskursposition" und „Beobachtungseinstellung" synonym verwendet. „Einstellung" entspricht der nach Jung (1995) in Kapitel 4 vorgenommenen Definition, wobei ich mich damit immer auf die in den Aussagen zum Ausdruck kommende *bewusste Einstellung* beziehe.

[14] Die Aussagen einzelner Interviewpartner*innen erstrecken sich zumeist über zwei bis drei Diskursfelder. Zudem lassen sich manche Aussagen nicht nur einem Kode zuordnen, sondern erhalten eine Doppelkodierung.

- Die Daten ergaben keinen Hinweis darauf, dass es eine Korrelation gibt zwischen der universitären Statusgruppe, der ein Beobachter angehört (beispielsweise Studierende, Professor*innen oder Verwaltungsmitarbeiter*innen) und einer spezifischen Diskursposition. Um im Bild zu bleiben: Es ist nicht so, dass Studierende vor allem im südwestlichen Teil der Mensa sitzen und Professor*innen vor allem im nordöstlichen Teil des Gebäudes anzutreffen sind.
- Auch im Hinblick auf die Diskurspositionen und die Fächerzugehörigkeit (Disziplin bzw. Fakultät) wurde keine Korrelation beobachtet, was nicht heißt, dass es hier nicht doch statistische Häufungen geben mag. Der Forschungsfokus war jedoch nicht darauf gerichtet, weshalb auch der untersuchte Datensatz nicht unter diesem Gesichtspunkt zusammengestellt wurde.
- Auch ich bin ein Beobachter, dem vor dem Hintergrund der eigenen Erfahrungen bestimmte Diskurspositionen näherliegen als andere. Als Forscherin beobachte ich aber nicht das Komplementärstudium, sondern die von anderen Beobachtern hervorgebrachten Gegenstandsbilder des Komplementärstudiums. Das analytische Interesse gilt der Frage, woher die Unterschiedlichkeit der Gegenstandsbilder des gleichen Phänomens rührt. Das bedeutet, dass ich mich *nicht* mit der Frage befasse, welche Betrachtungsweise des Komplementärstudiums die „richtige" ist.

Ein fiktives Setting zur Einführung

Um einen ersten datenbasiert Einblick in den Diskurs zu geben, zeichne ich das Bild von vier Beobachtern, die sich in der Mensa um einen Tisch versammelt haben und über das Leuphana-Studienmodell austauschen. Im Intro zu diesem fiktiven Gespräch skizziere ich kurz meinen Erfahrungshintergrund als Koordinatorin fächerübergreifender Studienprogramme, um den Leser*innen die Möglichkeit zu geben, mich als Beobachterin einordnen und mitdenken zu können.

„Für mich ist das Komplementärstudium..." (ein fiktives Gespräch)
Intro: Ich bin zum Mittagessen in der Mensa der Leuphana Universität. Ich habe mir in einer möglichst ruhigen Ecke einen Tisch gesucht, weil ich über ein neues Konzept für das Komplementärstudium nachdenken will.

Seit Jahren herrscht intern Unzufriedenheit bezüglich dieses fächerübergreifenden Studienbestandteils, der seit der Einführung des Leuphana-Bachelor im Jahr 2007 gemeinsam mit dem Leuphana-Semester ein Aushängeschild der Universität ist. 2011 habe ich meine derzeitige Stelle als wissenschaftliche Mitarbeiterin und Koordinatorin des Komplementärstudiums mit dem Auftrag der Qualitätsentwicklung angetreten. Seither habe ich zahlreiche Qualitätssicherungsmaßnahmen durchgeführt oder begleitet, u.a. Qualitätszirkel, Jahrgangsdokumentationsgruppen, Akkreditierungsgespräche etc. Auf der Basis der Rückmeldungen verschiedener Statusgruppen der universitären Gemeinschaft entwickelten wir im Team ein neues Konzept für das Komplementärstudium, das zum Wintersemester 2015/16 implementiert wurde. Der Ruf nach einem besseren und vor allem verständlicheren Konzept ist trotz all dieser Maßnahmen nicht verstummt und so haben wir erneut den Auftrag erhalten, ein Konzept zu entwickeln, welches den Mehrwert dieses überfachlichen Studienanteils klarer herausstellen soll und dadurch – so die Hoffnung – auf höhere Akzeptanz stößt. Weil ich die Vorstellung teile, dass fächerübergreifende Bildung ein Studium bereichert, beschäftigt mich die Frage, was ein Konzept berücksichtigen muss, damit Beteiligte eine positive Beziehung zu einem fächerübergreifenden Studienprogramm eingehen können. Besonders bemerkenswert erschient mir das widersprüchliche Spannungsverhältnis zwischen den von unterschiedlichsten Seiten an mich herangetragenen Wünschen, Kritikpunkten und Forderungen. Der Versuch der Berücksichtigung all dieser Vorstellungen ist vergleichbar mit einem kräftezehrenden Tauziehen, bei dem jeder Erfolg auf der einen Seite zu noch mehr Unzufriedenheit auf der gegenüberliegenden Seite führt. Denn beim Tauziehen können nicht alle gewinnen ...

Plötzlich lässt mich eine Bemerkung am Nebentisch aufhorchen und ich registriere, dass sich am Nebentisch eine Gruppe von vier Personen niedergelassen hat. Eine von ihnen hat gerade eine Bemerkung zum Komplementärstudium fallen lassen, auf welche die neben ihr sitzende Person zustimmend reagiert:

Q1: „Das Komplementärstudium [...] nimmt einen zu großen Stellenwert im gesamten Verlauf des Bachelors ein. Also, weniger Komplementärstudium, mehr Major & Minor..." (C. Strunz 2021, Zwischenbefragung College)

Q2: „Mir fehlen durch das 1. „Tri Tra Tralala"-Semester [Leuphana Semester, Anm. CS] und das Komplementär wichtige CPs, um an einer anderen Hochschule einen Master zu bekommen. Daher muss ich jedes Semester zusätzliche Module belegen und auch noch ein 7. Semester absolvieren, damit ich zumindest die nötigsten Module zusammen bekomme." (2021, Zwischenbefragung College)

Q3: „...warum werd' ich gezwungen irgendwas Fachfremdes zu machen?" (2021, Interview 07)

Q4: „Also ich glaube, mhm, also dass man, also ich nicht speziell auf irgendeinen Beruf hier vorbereitet werde" (2021, Interview 04). „Das Leuphana College bietet ein Studienmodell, das bewusst über die Grenzen eines reinen Fachstudiums hinausgeht." (2021, Leuphana Website 01)

Q3: „Das besondere Studienmodell ist Geschmackssache. Es hat Vorteile im Komplementärstudium Seminare belegen zu können, die „den Horizont erweitern" (2021, StudyCheck 25). „...damit man nicht so zum Fachidioten wird quasi." (2021, Interview 10)

Q1: „... also ich weiß nicht, was es hier noch für Angebote gibt im Komplementärstudium, aber wenn das dann irgendwas ist, was mit dem Fach gar nichts zu tun hat, was ich eigentlich studiere, dann passt das quasi nicht, ähm, dann kann ich das ja auch was weiß ich im Sportverein oder an der Volkshochschule machen, dann hat das ja nichts mit dem Fach zu tun, was ich studiere, sozusagen ..." (2021, Interview 08)

Q3: „... So kannst du eben auch machen, worauf du wirklich Bock hast" (2021, StudyCheck 19). „Im Komplementärstudium kann man machen, was man will" (2021, StudyCheck 24). „Es ist sehr frei in jeder Hinsicht. Man kann interessante Module belegen und bekommt, dank des Komplementärstudiums Credits dafür." (2021, StudyCheck 40)

Q1: „Also ich fänd' es schön, wenn [man] hier ein [bisschen] mehr geleitet würde, weil ich das gerade als Studienanfänger, da war das super mit dem ersten Semester. Zweites Semester war dann schon so, ja, du hast die freie Wahl. Aus dem und dem und dem. Das war glaub ich ein bisschen zu viel Freiheit." (2021, Interview 10)

Q2: „Man sollte die Studieninhalte so anpassen, dass man keine Extrakurse belegen muss, um letztlich allen Anforderungen für einen Masterstudiengang an einer anderen Uni zu entsprechen." (2021, StudyCheck 25)

Q4: Vielleicht ist „ein Studium nicht als vorgezeichneten sozusagen, wie sagt man, vorgezeichneten Pfad, äh, welche Kompetenzen vordefiniert so zu bilden sind, zu verstehen, sondern als einen Pfad der eigenen Entdeckungen ..." (2021, Interview 09)

Die Abkürzungen Q1 bis Q4 bezeichnen vier typische Diskurspositionen im Diskurs um das Komplementärstudium. In den nun folgenden Beschreibungen der einzelnen Diskursfelder spreche ich vom „Q_n-Beobachtungstyp" (manchmal auch nur von Q_n), womit ich mich *nicht* auf einzelne Individuen beziehe, sondern auf die für die auf dieser Diskursposition charakteristische Beobachtungseinstellung. Unter dem „Q1-Beobachtungstyp" ist also eine typische

Haltung zu verstehen und nicht ein Menschentyp. Individuen sind komplex und lassen sich nicht auf einen Typ reduzieren. Als Beobachter können sie aber gegenüber einem Objekt ihrer Wahrnehmung eine Haltung einnehmen, die einer typischen Einstellungen entspricht. Wie es Jung (1995) formuliert hat, ist „[i]n dem engeren Sinne der vorliegenden Arbeit [...] der Typus ein charakteristisches Musterbild einer in vielen individuellen Formen vorkommenden allgemeinen Einstellung..." (Jung 1995, 516). Während Jung seine vier Typen anhand der psychologischen Grundfunktionen Denken, Fühlen, Intuieren und Empfinden (1995, 552–53) bildet, liegen dem hier verwendeten Typenmodell die vier bereits eingeführten Grundbedürfnisse *Sicherheit, Bindung, Autonomie* und *Transformation* zugrunde. Diese vier Typen werden unter Bezugnahme auf Jungs Theorie in Kapitel 4 auf die zwei Grundhaltungen reduziert, die Jung (1995) als die „extravertierte" und die „introvertierte Einstellung" bezeichnet. Eine habituelle Einstellung, die „dem Charakter des Individuums ein bestimmtes Gepräge verleiht" (1995, 516) bezeichnet Jung als einen *psychologischen Typus*. Im Rahmen dieser Arbeit geht es nicht darum, einzelne Beobachter einem bestimmten psychologischen Typus zuzuordnen, sondern darum, die von ihnen getroffenen Aussagen so zu gruppieren, dass sie als Ausdrucksformen typischer Beobachtungseinstellungen erkennbar werden.

Zusätzlich zu dem Begriff *Diskursposition* wird der Begriff *Diskursfeld* genutzt. Von Diskursfeld ist immer dann die Rede, wenn es um die Summe der von einer bestimmten Diskursposition aus getroffenen Aussagen geht sowie um deren Beziehungsgeflecht untereinander, welches ein Feld ergibt. Der im ersten Kapitel unter Bezugnahme auf Lyotard eingeführte Begriff *Diskursart* wird synonym zu Diskursfeld verwendet. Ein Diskursfeld versammelt Aussagen, die nach spezifischen Verkettungsregeln gebildet wurden. Die strukturelle Ordnung, die den Verkettungsregeln eingeschrieben ist, konstituiert eine auf die Durchsetzung eines bestimmten Zweckes abzielende Diskursart.

Diskursfeld Q1: Kodes und Subdichotomien

Kode	positiv besetzter Pol	negativ besetzter Gegenpol	Dichotomie
Q1_kein klares Konzept	klares Bild/Konzept, übersichtlich/Übersicht, eindeutiges Profil, wirklich, konkret, griffig (simple) Beispiele, wiederkehrend (beständig)	verschleiert, schleierhaft Unschärfe, kein klares Konzept bzw. eindeutiges Profil (konzeptioneller Mangel), Unübersichtlichkeit, Informationsdefizit	klar – schleierhaft
Q1_inhaltliche Beliebigkeit	eindeutige Unterscheidung, klare Trennlinien, nachvollziehbare Modulzuordnung, Aufteilung	Vermischung verschiedener Bereiche, Parallelstruktur (Akademisierung des Colleges verwischt die Grenzen), aufgeweichte Konturen (Kompromiss), Gefahr von Verfall der Fachlichkeit (verschwimmende Grenzen)	eindeutig – unscharf
Q1_Studienmodell kein tradierter Weg	Ausrichtung an Bestehendem (Wissenschaftsinitiativen, Uni-Profil, gefundener Weg) damals, bekannt, bewährt, erprobt, verpflichtet, traditionell, Tradition	anders (Andersartigkeit), unbekannt, abweichend, neu(-modisch), ungewiss, flexibilisiert Veränderung, Neuerung	bewährt – ungewiss
Q1_KS als fremdes Territorium	Wissenschaft, wissenschaftliche Institutionen, Institute und Fakultäten, natürliche Heimat, territorial	Verwaltung(-seinheit), Verwaltungshülle, Schools, College, zusätzlicher Bereich, außerhalb, frei flottierende Satelliten, exterritorial	innen – außen

Q1_ fehlende Qualitätsmaßstäbe	fachliche Maßstäbe, reguliert, regulär, fest, hauptamtliche Lehrende (Deputat), Qualitätslehre, Beteiligung, Verantwortungsübernahme	keine fachspezifischen Anforderungen, Wissenschaftler*innen zweiter Klasse, Lehraufträge, Lehrbeauftragte, Resterampe	normiert – unreguliert
Q1_KS als Ressourcen-Räuber	Eigenanteil der Fakultäten (durch College verringert), Loyalität gegenüber dem eigenen Institut im Konkurrenzkampf um (Arbeits-) Zeiten, Termine und Aufmerksamkeit	ins College abfließende Gelder als Verschwendung (administrativer Wasserkopf), falsche Gewichtung, für die Fakultäten nachteilige Reduktion, KS als Zeitfresser und finanzielle Belastung, Beschränkung und Kondensierung im Hauptfach	Eigenbedarf – Verschwendung
Q1_gestörte Studieneffizienz	Störung der Konzentration auf das eigentliche Studienfach (Ablenkung durch Horizonterweiterung),	negative Kosten-Nutzen-Bilanz, Zeitvergeudung (Regelstudienzeit kann nicht eingehalten werden), Benachteiligung aufgrund finanzieller Zusatzbelastung	effizient – ineffizient
Q1_Studium als Baukastensystem	Arbeitspensum (Workload als Richtwert), Module, Credit-Points, Lernstoff, Leistungsbelege, passende Seminare, Verwertbarkeit im Berufsfeld	das Unklare, Unkonkrete, Undefinierte, Unberechenbare, Formlose	kalkulierbar – unberechenbar
Q1_ Kanalisierung zur Berufspersönlichkeit	Kanalisierung (Orientierung auf berufliches Ziel), persönliche Prägung durch berufliche Spezialisierung	Orientierungslosigkeit, Unreife, Freizeitbeschäftigung, Generalist, breite Bildung	fachlich – persönlich
Q1_ Angst vor Orientierungsverlust	Orientierung durch Struktur, vorgegebener Weg	Desorientierung, Fehlleitung, mangelnde Passung	orientiert – fehlgeleitet

Abbildung 7: Kode-Tabelle Q1

Eine im Diskursfeld Q1 häufig auftretende Äußerung lässt sich umschreiben als die Klage über mangelnde Klarheit darüber, was das Komplementärstudium ist bzw. (wozu es gut) sein soll. In zahlreichen Aussagen des Q1-Beobachtungstyps wird über die Herausforderung berichtet, in Worte zu fassen, was man unter dem Komplementärstudium verstehen kann, z.B. um es anderen verständlich zu erklären. Dies betrifft insbesondere Personen, die Ansprechpartner*innen für Studierende und Studieninteressierte sind und die Idee des Komplementärstudiums möglichst leicht verständlich vermitteln möchten.

> Q1: „Das heißt, das wäre vielleicht ganz schön, wenn wir auch 'ne Übersicht über die Veranstaltungen irgendwie, zu irgendeinem Zeitpunkt, zumindest exemplarisch mal, äh, zur Hand hätten, um einfach so ein paar Titel zu nennen, damit die sich vorstellen können, was ungefähr denn wirklich, also von wo bis wo das geht in diesem Komplementärstudium. Weil das so, so ein bisschen, ähm meistens, so ein bisschen verschleiert, also ein bisschen schleierhaft ist einfach für, für viele, was sie sich konkret darunter vorstellen können." (C. Strunz 2021, Interview 01)

> Q1: „Ich find's immer ganz, oder fänd' es ganz schön, wenn man für, gerade für Studieninteressierte, so ein paar Beispielveranstaltungen parat hätte. So, was denn da konkret wirklich stattfindet. Ich beschränk' mich dann meistens darauf, dass sie können das Lunatic organisieren und 'ne Fremdsprache und dann hört's aber bei mir tatsächlich auch schon auf." (2021, Interview 01)

> Q1: „Ja, zum einen, weil das total griffig ist, ein Festival organisieren, mega cool. Und zum andern, weil, weil uns halt andere Beispiele auch einfach fehlen. [...] Die auch immer wiederkehrend sind, ne, wo man weiß, okay, das wird's auch weitergeben, so dieses Angebot." (2021, Interview 01)

Neben den zitierten Begriffen „verschleiert" und „schleierhaft" werden weitere Formulierungen wie „ungeklärt" und „kein ganz klares Bild" (C. Strunz 2021, Interview 02) verwendet, um die Problematik der Nicht-Ab*bild*barkeit bzw. Unschärfe zu benennen. Demgegenüber stehen die positiv konnotierten Begriffe „konkret", „wirklich", „griffig" und „wiederkehrend" (beständig).

In diesen Zusammenhang können auch Aussagen eingeordnet werden, welche die empfundene Unschärfe auf eine mangelhafte Bereitstellung von Informationen zurückführen.[15] Darüber hinaus wird häufiger die Nachvollziehbarkeit der Zuordnung einzelner Lehrveranstaltungen zu den Modulen des Komplementärstudiums kritisch hinterfragt bzw. eine diesbezügliche Irritation geäußert.

> Q1: „… ist tatsächlich die Frage, warum findet sich ein Seminar in bestimmten Modulen? Da bin ich jetzt irgendwie auch deformiert, weil das natürlich bei uns auch immer 'ne Frage ist, wie schafft man's eigentlich, ähm, die Lehrenden wirklich auch auf die Modulziele zu verpflichten. Ähm, und, weil, weil ich selber diese Unterscheidung so unglaublich schwierig finde und so wenig trennscharf, ist mir das dann auch schon passiert, dass ich vielfach gedacht hab', okay, warum findet sich jetzt ein Philosophie-Angebot in den Sozialwissenschaften, ähm, das war so ein Komplex, der dann zu Irritationen vielleicht bei mir geführt hat, als ich's durchgeschaut hab' …" (C. Strunz 2021, Interview 02)

Hier wird Verständnis dafür geäußert, dass es herausfordernd ist, eine „trennscharfe Unterscheidung" zu treffen. Gleichzeitig bleibt der implizite Anspruch, diesbezüglich für mehr Klarheit zu sorgen, erhalten. Die beklagte Unschärfe geht einher mit der folgenden Beobachtung:

> Q1: „… da lässt sich jetzt von außen, finde ich, so auf Anhieb weder so 'n ganz eindeutiges Profil erkennen noch bekommt man da nach der Modulstruktur 'ne gute Idee dafür, was für Inhalte aus was für Gründen ins Komplementärstudium wandern und nicht in die jeweiligen Major und Minor." (C. Strunz 2021, Interview 02)

---

15 Im Online-Vorlesungsverzeichnis „myStudy" werden alle Veranstaltungen im Komplementärstudium mit Titel und einer ausführlichen Inhalts- und Zielbeschreibung aufgeführt.

Der Q1-Beobachtungstyp nimmt kritisch wahr, dass das Komplementärstudium nicht die erwarteten scharfen Konturen hat und es auf inhaltlicher Ebene keine klaren Kriterien dafür gibt, was eine Lehrveranstaltung zu einer Lehrveranstaltung des Komplementärstudiums macht. Dies wird vom Q1-Beobachtungstyp in unterschiedlichen Varianten als konzeptioneller Mangel interpretiert und u.a. damit zu erklären versucht, dass aufgrund der Genese des Komplementärstudiums ein Kompromiss stattgefunden hat, der die wünschenswerten Konturen verwischt.

> Q1: „So wie ich das damals, ähm, die, die ersten Diskussionen verfolgt habe, war ja am Anfang der Gedanke sehr stark, das wirklich komplementär auszurichten. Ähm, so hab' ich das zumindest in Erinnerung, ähm, und das ist dann aber auch 'n bisschen durch die internen Widerstände aufgeweicht worden und seitdem, glaub' ich, hat man da kein ganz klares Bild mehr." (C. Strunz 2021, Interview 02)

> Q1: „Das war aber dann ja, glaub' ich, der Kompromiss, dass man am Ende dann gesagt hat, okay, man, man lässt das, man flexibilisiert das eben so, dass man zwar schon auch andere Bereiche anwählen kann, und am Anfang war's ja so, dass man 'ne bestimmte Anzahl von Perspektiven auch angewählt haben musste, ne, oder?" (2021, Interview 02)

Komplementarität wird hier offenbar als ein Merkmal gedacht, das einem konkreten Objekt (einer Lehrveranstaltung, einem Studienprogramm) als Träger dieser Eigenschaft zu eigen ist, und unabhängig von den Beziehungen besteht, in welche dieses komplementäre Etwas eingebunden ist. Q1 betrachtet das beklagte Problem der Nicht-Abbildbarkeit bzw. Unschärfe als durch ein besseres Konzept grundsätzlich lösbar.[16] Daraus leitet Q1 die Forderung ab, auf der Ebene der Inhalte konzeptionell für mehr Klarheit,

---

[16] Die Relevanz konzeptioneller Arbeit soll nicht bestritten werden. Hier soll aber die Q1-Logik herausgestellt werden, wonach die Problematik der „Unschärfe" des Komplementärstudiums allein auf der Ebene der Programmgestaltung (also nur objektbezogen) gelöst werden könnte. Der von Q1 hergestellte monokausale Zusammenhang steht in Beziehung zu der Idee, Komplementarität als Eigenschaft eines Objektes denken zu können.

Eindeutigkeit und Profilschärfe zu sorgen, etwas, was Q1 auch in Hinblick auf institutionelle Strukturen einfordert (siehe weiter unten). Q1 geht davon aus, dass das konzeptionelle Defizit des Komplementärstudiums durch eine Orientierung am bestehenden (inhaltlichen) Profil der Universität behoben werden könnte.

> Q1: „Ähm, ja naheliegend wäre es, glaub' ich, tatsächlich, das entlang der vier Wissenschaftsinitiativen zu denken, die wir haben. Das ist ja das, womit wir als Uni nach außen sichtbar werden wollen und es ist auch das, der Weg, den wir als Uni letztlich gefunden haben in dem bisherigen Profilbildungsprozess, so versteh' ich das zumindest, das wofür wir als Uni stehen wollen, […] irgendwie thematisch zu übersetzen. […] dass das irgendwie so schon aus diesem Set von so zehn Superfragen, die man vielleicht immer stellt, welche sind, die dort [im KS, Anm. C. S.] zu behandeln sind, das, glaube ich, ist ja wahrscheinlich nicht von der, ganz von der Hand zu weisen. Und ja daran, also entlang dieser Wissenschaftsinitiativen vielleicht auch zu so 'nem inhaltlichen Profil des Komplementärstudiums zu kommen, fänd' ich schon toll." (C. Strunz 2021, Interview 02)

Die dominante Idee hier ist, dass Komplementarität inhaltlich zu denken und entsprechend auch zu erklären (sichtbar zu machen, abzubilden) ist. Diese Idee basiert auf der Prämisse von Inhalten, die an und für sich (und damit für alle) komplementär sind, und das Komplementärstudium – als Gefäß dieser Inhalte – zu einem komplementären Studienbestandteil für alle Major und Minor macht. Bemerkenswert erscheint mir der wiederholte Verweis auf etwas Konkretes bzw. bereits Existierendes (gefundener Weg), an dem das Komplementärstudium „ausgerichtet" [17] werden kann (bzw. „entlang zu denken" sei, siehe vorangegangenes Zitat). Meiner Ansicht nach wird hier eine Grundüberzeugung bzw. Grundorientierung sichtbar, die ich zunächst vorsichtig als Fokus auf „Greifbares" bezeichnen möchte. Damit verbunden scheint die Tendenz, sich an dem zu orientieren, was bereits vorhanden ist.

---

[17] Q1: „... dass man eben tatsächlich vielleicht, ähm, das Komplementärstudium entlang der Wissenschaftsinitiativen ausrichten würde mit prägenden Themen ..." (C. Strunz 2021, Interview 02)

Q1: „… mich wundert schon n bisschen, wo wir doch, finde ich ja, uns eigentlich dadurch auszeichnen, dass wir ein relativ klares Profil haben …" (C. Strunz 2021, Interview 02)

Q1: „… ich habe [das] Studium damals jedenfalls, äh, also ich habe, äh, Ende der achtziger Jahre angefangen zu studieren, schon so verstanden, dass man sich jetzt auf ein Fach konzentriert. Und das ist natürlich ein anderes Verständnis davon sozusagen, […] habe das bei allen Optionen so verstanden, dass man da quasi sich für ein äh, dass man quasi eine vertiefte wissenschaftliche Kenntnis in einem, äh, speziellen Fach erwirbt, und so ist es damals auch verstanden worden, und hatte diese Option, dass […] man sich so breit, äh, aufstellt, das, äh, gab es aus meiner Sicht in Deutschland damals jedenfalls, war auch gar nicht im Angebot." (C. Strunz 2021, Interview 08)

Darüber hinaus ist der Q1-Beobachtungstyp um die Wahrung von Traditionen und entsprechend um die Anerkennung von (institutionalisierten) Strukturen sowie die Befolgung von Vorgaben und Regeln bemüht.[18] Strukturellen Veränderungen oder Neuerungen steht er kritisch gegenüber, wenn er sie nicht sogar als „falsch" oder irrelevant ablehnt oder als „Gefahr" versteht.

Q1: „Zudem wird die Gefahr eines Verfalls von Fachlichkeit in traditionell schon interdisziplinären Studiengängen wie Kultur- und Umweltwissenschaften als weitere Schwäche des Studienmodells des Leuphana-Bachelors eingebracht …" (C. Strunz 2021, Artikel 01)

Q1: „… wir müssen unseren Studenten immer sagen, wenn sie aus dem Leuphana-Semester kommen, das, was ihr da gemacht habt, das könnt ihr erstmal alles vergessen, weil ihr jetzt ja die juristischen Methoden erlernen müsst, die ja ganz andere sind, da gibt es keine Forschungsfragen und da gibt es keine empirischen, keine Interviews oder sowas, ne, das wird eben das Recht ausgelegt, äh, nun

---

[18] Während sich der Q1-Beobachtungstyp auf Traditionen beruft, verweisen Q3 und Q4 darauf, dass das KS nicht auf die Wahrung von Traditionen zielt: „Die Leuphana ist eine junge Universität. Sie setzt auf Innovation statt Tradition" (C. Strunz 2021, Leuphana Website 01) und „[d]as anschließende Fachstudium wird von einem interdisziplinären Komplementärstudium begleitet, das nicht in den bekannten Traditionen eines quasi zusätzlichen ‚Studium Generale' verläuft" (2021, Interview 03).

kann man sagen, das ist unwissenschaftlich oder sowas, das mag es auch sein, aber es ist einfach eine in diesem Fach seit zweitausend Jahren erprobte Methode und wenn man die nicht beherrscht, wird man eben in der Fachzunft auch nicht sozusagen, äh, ernst genommen ..." (2021, Artikel 01)

Hier wird eine Strategie der Verteidigung von bestehenden Strukturen bzw. des Bekannten und Bewährten offenkundig (Fachdisziplin, Fakultäten, fachliche Tradition) gepaart mit der Ablehnung strukturverändernder Neuerungen und einer abwertenden Haltung gegenüber dem Neuen und Unbekannten bzw. noch nicht Tradierten.[19] Begriffe wie „Verfall", „Akademisierung" und „Parallelstruktur" transportieren einen missbilligenden, wenn nicht gar verunglimpfenden Unterton.

Q1: „Das find ich ganz falsch, weil warum sollen wir jetzt sozusagen noch ne, also das liegt ja an der Akademisierung des Colleges, aber wir haben akademische Institutionen und das sind die Fakultäten. Ähm, wir, das macht jetzt keinen Sinn diese Parallelstruktur, die wir haben, noch mal weiter aufzubauen, indem man jetzt auch noch sozusagen wissenschaftliches Personal in die -, im College und Graduate School einstellt." (C. Strunz 2021, Interview 02)

Charakteristisch für Q1 ist auch der Verweis auf die Frage nach Wissenschaftlichkeit und die differenzierende Formulierung „wissenschaftliches Personal", die unterstreicht, dass diese Personengruppe offenbar nicht – bzw. bisher nicht – in die als „Schools" bezeichneten Institutionen gehört. Das zusätzliche Strukturelement der Schools wird als reines Verwaltungsinstrument betrachtet und so wird das College zum Ort der Verwaltung und damit zum Gegenüber der Wissenschaft.

Die polarisierende Gegenüberstellung von Wissenschaft einerseits und Verwaltung andererseits kennt zwei Spielarten, die sich überlappen, analytisch aber unterschieden werden können: Die eine argumentiert räumlich (innen/außen) und die andere über

---

[19] Im Kontrast dazu steht die für Q3 typische Formulierung: „...Ansatz moderner humanistischer Bildung" (anstelle von humanistischer Tradition!) (C. Strunz 2021, Leuphana Website 01).

soziale Zugehörigkeit (zugehörig/nicht zugehörig). Letztere gehört in das Diskursfeld Q2, in dessen Zentrum das Thema soziale Bindung steht.[20] Die räumliche Variante in Q1 zielt auf die Hervorbringung einer klaren Trennung zwischen Wissenschaft und Verwaltung durch die Unterscheidung von Bereichen bzw. Territorien.

> Q1: „Ähm, aber irgendwie ja, glaube ich trotzdem, dass das ein, ein Kardinalproblem des, ähm äh, Komplementärstudiums ist, dass das etwas ist, was ähm, eben als ja so ein bisschen exterritorialisiert wird letztlich. Ähm, das ist irgendwie ein zusätzlicher Bereich, ähm, für den aber keine Verantwortung besteht, deren – dessen Gestalt man nicht mitbestimmt, ähm, und wo sozusagen die eigene Rolle auch viel unklarer ist als in den Studiengängen, in denen man als Lehrender wirklich fest und regulär tätig ist." (C. Strunz 2021, Interview 02)

Das Komplementärstudium als „zusätzlicher, exterritorialer Bereich" liegt außerhalb der eigenen Verantwortung und Mitbestimmung (vgl. Diskursfeld Q2). Dort ist die eigene Rolle „unklarer" im Vergleich zum eigenen Territorium (Studiengang), wo man „fest" und „regulär" tätig ist. Ein weiterer Unterschied zwischen dem klar strukturierten inneren Bereich und dem außerhalb liegenden Komplementärstudium ist das dortige Defizit an Vorgaben.

> Q1: „… es gibt ja da auch keine, da es keine fachlichen Maßstäbe gibt, kann man da quasi machen, was will, nicht, äh, weil sozusagen, äh, es keine fachspezifischen Anforderungen gibt." (C. Strunz 2021, Interview 08)

Die Differenz zwischen Komplementärstudium und einem Studiengang wird zudem auf die „strukturelle Anlage" des außerhalb der Fakultäten angesiedelten Komplementärstudiums zurückgeführt.

> Q1: „Äh, ich glaube, das liegt an der strukturellen Anlage des Komplementärstudiums, ne. Das wird vom College verantwortet, das ist

---

[20] Im Diskursfeld Q2 findet sich die Strategie der Grenzziehung zwischen innen und außen wieder als (Wunsch nach) soziale(r) Einbindung und (Angst vor) Ausgrenzung bzw. als Merkmal des sozialen Status einer Person.

außerhalb der Fakultäten, es gibt keine unmittelbare Verantwortung für, für Module von Lehrenden, es gibt keine Beteiligung an den Planungen unmittelbarer Art. Das funktioniert, das ganze Komplementärstudium funktioniert naturgemäß ganz anders, als das ein Studiengang tut ..." (C. Strunz 2021, Interview 02)

In der folgenden Aussage wird der Widerstand gegen den Aufbau einer „akademischen Parallelstruktur" nun auf der Ebene einer tradierten und als „natürlich" bezeichneten räumlichen Zuordnung begründet. Insbesondere der Begriff der „natürlichen Heimat" stützt die Vorstellung einer sozialen Verwurzelung mit Geschichte und Tradition. Diesem „Heimatgemälde" werden „frei flottierende Satelliten" gegenübergestellt, ein vergleichsweise modernes Bild, welches hervorragend zum Komplementärstudium als einem exterritorialen Bereich passt.

Q1: „Ja, also, aber das ist, glaub' ich, also da ist der räumliche Punkt, da ist der Punkt der inhaltlichen Überschneidung und die anderen Wissenschaftlerinnen und Wissenschaftler sind ja alle in Instituten. Und sozusagen Institute sind irgendwie die natürliche Heimat von WissenschaftlerInnen. Und die gehörten zu keinem, also irgendwie doch assoziiert, manchmal ja, manchmal nicht, aber sozusagen die haben nicht das, was aus den Fakultäten, auch ich, als so ich sag' das jetzt mit diesem Wort, das ist nicht, nicht explizit, das hat, das macht man sich nicht explizit, aber ich glaube so ist die Wahrnehmung, dass die sozusagen nicht diese natürliche Heimat von WissenschaftlerInnen sonst haben, die eben in, in Instituten wohnen sozusagen hier in der Uni. Und, äh, die hätten diese [unverständlich], deswegen sind die auch so ein bisschen misstrauisch angeguckt worden, also sind die jetzt Wissenschaftler, sind die keine, so frei flottierende Satelliten hier und, äh, das ist, glaube ich, ein Problem gewesen." (C. Strunz 2021, Interview 06)

Man könnte auch sagen, die gefühlte Entfernung zum College ist „exorbitant". Diese Wahrnehmung deckt sich auch mit der folgenden Beobachtung, die bestätigt, dass im College angesiedelte Wissenschaftler*innen nicht nur deplatziert wären, sondern zudem Gefahr laufen, aufgrund der räumlichen Zuordnung zu einer der Schools von den wissenschaftlichen Kolleg*innen nicht als gleichwertig anerkannt, sondern als Wissenschaftler*innen zweiter Klasse abgestempelt zu werden.

> Q1: „... und welcher Wissenschaftler möchte, wenn man, und auch Fakultäten und Institute und nen regulären akademischen Betrieb hat, welche Wissenschaftlerin möchte dann fürs College berufen sein? [...] Das ist ein ganz, ganz komischer Status, den man da hat. Ähm, und das ist, glaub ich, fast nicht zu kitten, dass man das als, ja also da muss man sich, glaub ich, ein sehr gutes Profil überlegen, was dann vielleicht sehr stark lehrorientiert ist oder so, ähm damit man, ähm, nicht Gefahr läuft, dass man das irgendwie als als Wissenschaftlern zweiter Klasse oder so wahrnimmt, wenn es noch ne akademische Struktur parallel gibt. Mein, ich, mir schiene es viel naheliegender, das College stärker in die akademische Verantwortung zurückzuholen." (C. Strunz 2021, Interview 02)

Die hier angesprochene Klassifizierung verweist auf die Qualitätsfrage als eine Frage der Verortung. Q1 scheint Qualität aus der institutionellen Zugehörigkeit abzuleiten. Es verwundert deshalb nicht, dass in diesem Diskursfeld auch die Ansicht vertreten wird, der hohe Anteil an Lehrveranstaltungen externer Lehrbeauftragter im Komplementärstudium führe zu Qualitätsproblemen in der Lehre.

> Q1: „Immer wieder in der Diskussion ist auch der hohe Anteil an Lehraufträgen im Komplementärstudium. Darunter leidet oft die Betreuung und zuweilen auch die Qualität des Lehrangebots." (C. Strunz 2021, Artikel 01)

Gleichzeitig wird das vermeintliche Qualitätsgefälle zwischen den Studiengängen und den überfachlichen Studienanteilen offenbar bewusst erzeugt, indem „minderwertige" Lehre aus dem eigenen Bereich „aussortiert" und über die territoriale Grenze abgeschoben wird, wie ein Beobachter berichtet:

> Q1: „... das ist nichts Neues, dass, äh, das lange so war, dass die, äh, Fakultäten gesagt haben: ‚Ach den müssen wir noch unterbringen, den schieben wir ins KS. Der hat bei uns Deputat, der muss Titellehre machen, aber den finden wir doof. Komm, den lassen wir im KS unterrichten, da sind wir ihn los. [...] Also in der Fakultät

behalten wir die Qualitätslehre und, ähm, Resterampe ist, ist das Komplementärstudium.' ..." (C. Strunz 2021, Interview 06)

Die räumliche Opposition zwischen Fakultäten und Schools spiegelt sich zudem in Aussagen, welche ein Konkurrenzverhältnis in Hinblick auf die Ressourcenverteilung ansprechen. Das College erscheint darin nicht wie ein gleichwertiger Teil der übergeordneten Einheit (der Leuphana Universität), sondern als eine Art Appendix. Dieser wird auch mit einem „Wasserkopf" verglichen, was verdeutlich, dass der Eindruck besteht, hier fließe zu viel ein, wodurch das Gesamtsystem geschwächt wird:

> Q1: „Oder, äh, ist das College ein Ort, ist es ein Platz, ist es, ähm, ein Wasserkopf, sind es nur akademische, äh, administrative Stellen, also geht da jede Menge Geld rein, das den Fakultäten fehlt? Also mit dieser Eifersucht ist das ganze College am Anfang von sehr vielen Menschen in den Fakultäten wahrgenommen worden." (C. Strunz 2021, Interview 06)

Der Verteilungskampf bezieht sich aber nicht nur auf knappe finanzielle Mittel, sondern ebenso auf immaterielle Güter wie Zeit und Aufmerksamkeit.

> Q1: „… jedenfalls gibt's da ne Konkurrenz auch um Zeiten und Termine. Also wir haben auch in der Fakultät Kulturwissenschaften immer auch durch die ganzen Forschungsprojekte, die es da gibt und so, da waren immer irgendwelche Abendveranstaltungen und es war dauernd irgendwas und dann durch den Inkubator ja überall ja noch viel, also Inkubator-Projekte hatten wir auch in der Fakultät, vom, vom Kunstraum und dies und das und, es waren einfach immer jeden Abend vier oder fünf Sachen gleichzeitig. Und dann, hm, bin ich eher zu den Sachen, äh, gegangen, die ich als meinem Institut näher wahrgenommen hab' und nicht zu den College-Veranstaltungen." (C. Strunz 2021, Interview 06)

Die Idee, dass das College und die fächerübergreifenden Studienanteile den eigenen Anteil kleiner machen, findet sich in der Diskussion um die Gewichtung der Studienanteile wieder. Auch diesbezüglich argumentiert Q1 – anders als Q2 – auf der strukturellen Ebene des Studienmodells, wobei ein Bachelor-Studium mit 180 CP den Richtwert darstellt. Das Studium wird aus dieser Perspektive zu einer Art Tortendiagramm, welches sich in Stücke (Module) á 5 CP unterteilen lässt, für die jeweils 150 Stunden (Workload) vorgesehen sind. Auch in den offiziellen visuellen Darstellungen des Studienmodells erscheint der Leuphana Bachelor als eine Komposition aus vier Bausteinen: Leuphana Semester (30 CP), Major (90 CP) Minor (30 CP) und Komplementärstudium (30 CP).[21] Auf diese Weise wird das Studium als ein aus Bauteilen zusammengesetztes (quantifizierbares) Objekt imaginiert, dessen Gestalt im Voraus feststeht (Baukastensystem).

> Q1: „Würde man das Leuphana-Semester entfernen und die Dauer des Komplementär halbieren und nur Major und Minor anbieten, dann ist es Studierenden viel besser möglich, sich auf ihr eigentliches Studienfach zu konzentrieren und sich darin auch zu vertiefen." (C. Strunz 2021, Zwischenbefragung College)

> Q1: „Klar, man muss auch Leistungen erbringen, sind ja auch 5 Credits, aber dass es dann in einigen Kursen so hart wird, obwohl es eigentlich nicht das ist, was man, was heißt hauptberuflich, im Hauptstudiengang macht, dann fand ich es schon ein bisschen viel. Ist ja nur Komplementär." (2021, Interview 10)

> Q1: „Da ist natürlich das Problem, dass das Komplementärstudium natürlich den Nachteil hat, dass es eben, ja, die Fachlichkeit einschränkt, weil wenn wir eben sozusagen von einem bestimmten Pensum, äh, was die Studierenden ableisten können, ausgehen, dann eben so und so viel für den Minor ja schon weggeht und eben dann noch mal so und so viel für das, äh, Komplementärstudium und das führt natürlich zwingender zwingend zu sozusagen einer Beschränkung und Kondensierung im Hauptfach." (2021, Interview 08)

---

[21] Das reguläre Bachelorstudium umfasst 180 CP. Diese lassen sich nun – wie bereits aufgeführt – auf die unterschiedlichen Studienbestandteile des Leuphana Bachelor aufteilen. Demgemäß wird dem Komplementärstudium der gleiche Stellenwert eingeräumt wie dem Minor, also dem Nebenfach. Der Stellenwert des Hauptfaches (Major) liegt mit 90 CP bei 50 % des gesamten Studiums.

Das von den Studierenden abzuleistende Pensum erscheint als feststehende Größe. Der Workload wird hier offenbar als oberer Grenzwert verstanden, der nicht überschritten werden darf. Aus dieser Perspektive haben die persönlichen Fähigkeiten der einzelnen Studierenden bzw. deren individueller Wissensstand zu Beginn des Studiums keinen Einfluss auf die Berechnung. Das mögliche Arbeitspensum erscheint als unabhängiger und für alle Studierenden gleichermaßen gültiger Richtwert. Vor diesem Hintergrund kritisiert Q1 in erster Linie den Umfang, welchen das Komplementärstudiums im Verhältnis zum Gesamtstudium einnimmt. Dieser Kritik liegt die Verinnerlichung der Idee zugrunde, dass 180 CP 100 Prozent der möglichen Leistung entsprechen (mehr geht nicht) und das Komplementärstudium dem Fachstudium davon zu viel „wegnimmt". Auf dieser Basis stellt Q1 einen vermeintlich zwingenden Zusammenhang her zwischen den Stücken der „Pensum-Torte", die an die überfachlichen Studienanteile verteilt werden, und einer „Beschränkung und Kondensierung im Hauptfach". Aus dieser Logik heraus muss der überfachliche Anteil reduziert werden, damit der Fachanteil größer werden kann, weil es eben nur 100 Prozent zu verteilen gibt. Die Pensum-Torten-Logik entspricht der Vorstellung von einem Verteilungskampf um endliche Ressourcen und impliziert die Idee eines Verlustes, der auf Seiten der Fachlichkeit durch die „räuberischen" überfachlichen Studienanteile entsteht. Vor diesem Hintergrund fühlt sich der Q1-Beobachtungstyp durch das Studienmodell häufig um etwas betrogen oder doch zumindest beraubt. Dieser Gedanke wird noch deutlicher anhand von Aussagen, in denen eine Gegenüberstellung der Nachteile und Vorteile des Studienmodells mithilfe eines buchhalterischen Vokabulars erfolgt.

> Q1: „... mir geht es hier so ein bisschen zu stark eben zu Lasten der Fachlichkeit, also ich würde dann, glaube ich, doch eher die Fachlichkeit ausbauen und würde das, äh, Komplementärstudium, äh, also es vom Umfang her verringern ..." (C. Strunz 2021, Interview 08)

> Q1: „Die Kosten sind dann halt wirklich sozusagen, dass man einfach weniger Zeit hat, äh, das Fachliche auszuarbeiten und sich das

Fachliche zu erarbeiten und dadurch gerät man dann einfach gegenüber anderen Leuten in Nachteil, die das, die sich auf das Fachliche konzentriert haben [...] das sind die Kosten halt einer, eines solches Ansatzes und die sind wahrscheinlich oder, meine Vermutung ist, dass die Kosten höher sind als der Nutzen." (2021, Interview 08)

Das Kosten-Nutzen-Argument zielt vorrangig auf einen Vergleich mit Mitbewerber*innen auf dem Arbeitsmarkt und ist entsprechend eng mit dem im Diskursfeld Q2 sehr präsenten Konzept vom Wettbewerbsnachteil verbunden. Aus der Perspektive von Q1 bezieht sich die Vorstellung der Benachteiligung und einem durch die überfachlichen Anteile erlittenen Verlust aber vor allem auf die unwillentliche Verlängerung der Regelstudienzeit, vielfach in Verbindung mit dem Argument der Finanzierung des Studiums. Studierende sind i.d.R. auf eine Fremdfinanzierung (Eltern oder BaföG) angewiesen. Viele müssen zudem durch Studentenjobs selbst dazuverdienen. Der Q1-Beobachtungstyp visualisiert ein Studium als ein begrenztes Zeitfenster, das nicht zuletzt aufgrund der entstehenden Kosten (Schuldenrückzahlung) effizient genutzt werden muss. Das Argument der Finanzierung wird auch mit dem Thema Bildungsgerechtigkeit in Verbindung gebracht, welches im Diskursfeld Q2 unter dem Gesichtspunkt der Karrierechancen eine Rolle spielt. Von Q1 werden die Zeit- und Geld-raubenden überfachlichen Studienanteile aber vor allem als persönliches Ärgernis wahrgenommen, als eine Art Bremsklotz auf dem eigenen – fachspezifischen – Weg.

Q1: „Die meiste Kritik, die ich bis jetzt zum KS gehört hab ist, äh, ähm, ..., dass es Zeit vom richtigen Studium sozusagen nimmt. Also dass, äh, gerade auch, also noch mal nebenher noch mal zum Leuphana-Semester, dass es eben diese Zeit fürs richtige Studium frisst und man möchte ja eigentlich das Eigene studieren." (C. Strunz 2021, Interview 05)

Q1: „Die Problematik des Leuphana-Semesters sehe ich im möglichen Wechsel zu anderen Hochschulen, da diese nur bedingt Inhalte des Leuphana-Semesters anerkennen. Dadurch würde es zu einer Verlängerung des Studiums kommen, welche weitere finanzielle Belastungen mit sich bringt." (2021, Zwischenbefragung College)

Anhand der Finanzierungsfrage lässt sich auch zeigen, wie die Bedürfnislagen mehrerer Beobachtungstypen ineinandergreifen können, und dass der Fokus wechseln kann, sobald ein vordringliches Bedürfnis befriedigt werden konnte.

> Q1: „… die Erwartungshaltung von meinem Vater war, such dir einen Nebenjob und in sechs Semestern machst du das Ding zu Ende. Also eigentlich rein finanzieller Aspekt. War relativ schwer, weil ich hab mich mal fast exmatrikuliert, weil die Finanzierung nicht klar war. Also das ist allerdings die einzige Erwartungshaltung, die damit einhergeht, ist eben, wir finanzieren dir zum Teil dein Studium. Deswegen bitte Regelstudienzeit und, äh, ja, wie gesagt, wir finanzieren dich nur zum Teil, du brauchst einen Job. Und jetzt hab ich einen sehr guten Job und dann ist es, wenn ich da gut Geld verdiene, dann ist es sowohl mir als auch meinem Vater egal, wie lange ich studiere." (C. Strunz 2021, Interview 05)

Der starke Fokus des Q1-Beobachtungstyps auf materielle Wertvorstellungen spiegelt sich auch in Aussagen, die einen Studienabschluss als Besitz interpretieren und Qualifikationsnachweise („Scheine") wie Wertpapiere behandeln.

> Q1: „Ähm, es ist aber trotzdem natürlich für viele Studierende […] schwierig das wirklich zu kapieren, weil natürlich kommt in der ersten Sitzung normalerweise die Frage, was muss ich tun, um [den] Schein, also Schein gibt's ja nicht mehr, nur was muss ich tun, um die Prüfung zu bestehen." (C. Strunz 2021, Interview 07)

> Q1: „Ja, ja, eben, das Ziel sozusagen, äh, dass Leute, dass die Absolventen quasi eine Qualifikation erwerben, äh, die auch in der Gesellschaft sozusagen wirklich nachgefragt ist, das ist, glaube ich, der, äh, Punkt." (2021, Interview 08)

Eine Tendenz zur „Materialisierung" von Aspekten des Studiums spiegelt sich auch in der Rede vom „Lernstoff". Gemäß einer Zwischenbefragung am College (C. Strunz 2021) sehen „29,4 % der Studierenden […] einen Grund für die Überschreitung der

Regelstudienzeit in zu viel Lernstoff" und auf die Frage „Warum machen Sie sich Sorgen, ob Sie Ihr Studium schaffen?" wurde im Freitextfeld u.a. geantwortet: „[z]u viel Druck, Lernstoff und Stress in der vorgegebenen Zeit". Die Idee vom Lernstoff fügt sich ein in das Bild vom Studium als einem Paket mit vorgefertigten Bauteilen (Modulen), deren Gewichtung aufgrund der überfachlichen „Ressourcen-Räuber" nicht stimmig ist.

> Q1: „Auf dem Blog »LeuphaNO!« wurde schon 2007 die Befürchtung geäußert, nur exzellente Student*innen könnten exzellente Ergebnisse erbringen, wenn durch das Leuphana-Semester der Stoff des Majors von 6 auf 5 Semester gekürzt wird (vgl. LeuphaNO! 2007)." (C. Strunz 2021, Artikel 01)

Der Anspruch der Passfähigkeit bezieht sich aber nicht nur auf Module in dafür vorgesehene Zeitfenster (Baukastensystem), sondern ebenso auf die Frage der inhaltlichen Passung von Studieninhalten zur angestrebten Karriere. Dies spiegelt sich insbesondere in der Erwartungshaltung, Studieninhalte direkt auf ein Berufsfeld übertragen zu können, so als würde man einen Einkaufswagen mit lang haltbaren Produkten füllen, den man von der Universität direkt ins Berufsleben schiebt.

> Q1: „Ein Teil des Studiums ist das Komplementärstudium. Hier können Seminare aus vier Perspektiven unabhängig vom Studiengang gewählt werden. Leider bin ich in den letzten Jahren immer vom Angebot enttäuscht worden. Dieses ist leider gar nicht an das Lehramtsstudium angepasst. Mit ‚Einführung in die VWL' u.ä. kann ich in der Grundschule leider recht wenig anfangen. In einem passenden Seminar einen Platz zu bekommen, war ebenfalls fast unmöglich." (C. Strunz 2021, StudyCheck 44)

> Q1: „Während des Leuphana-Semesters waren es für mich persönlich zu wenig Veranstaltungen, die mit meinem Studium der BWL zu tun hatten. Besonders das Modul ‚Wissenschaft lehrt Verstehen' fand ich sehr unpassend, da ich dort ein Seminar hatte, was absolut nichts mit meiner späteren fachlichen Ausrichtung zu tun hatte und nur Qual für mich war, da es mich gar nicht interessiert hat und ich keinen Sinn darin sehen konnte." (2021, Zwischenbefragung College)

Das Studium als Baukastensystem symbolisiert die Q1-Idealvorstellung: konkret, griffig, kompakt und real („wirklich"). Diese Betrachtungsweise kann im wahrsten Sinne des Wortes als materialistisch bezeichnet werden, denn hier scheint ein tiefer Glaube an den Wert der Dinge, des Handfesten, des Greifbaren, an Materie durch. Der Q1-Beobachtungstyp scheint seine Umwelt im wahrsten Sinne des Wortes nach Anhaltspunkten zu scannen und bringt Gegenstandsbilder hervor, die Halt versprechen. Die Kehrseite davon ist ein großes Unbehagen gegenüber dem Unklaren, dem Unkonkreten und Unbeständigen. Der Q1-Beobachtungstyp ist um feste Strukturen mit klaren Konturen bemüht, und meidet formlose, un(be)greifbare Phänomene. Seine Suche nach Halt, Überblick und Berechenbarkeit (Planbarkeit) spiegelt seine Angst vor Orientierungsverlust, die er selbst als Zeichen von Unreife interpretiert.

> Q1: „Ja, genau, die Persönlichkeit wird quasi [durch das Studium] umgebildet, sozusagen wird von so einer, äh, so ein bisschen frei flottierenden, ähm, wird, man ist ja so als junger Mensch, denkt an alles Mögliche, ist relativ frei und so und dann wird das aber, äh, jedenfalls klassischerweise, dass scheint ja nun hier anders gewollt zu sein, aber klassischerweise wird das dann schon sozusagen kanalisiert sozusagen in eine bestimmte, äh, Richtung, ja." (C. Strunz 2021, Interview 08)

So wie der Q1-Beobachtungstyp an die Objekte in seinem Umfeld den Anspruch stellt, klar abgrenzbar und greifbar zu sein, will er auch sich selbst eine möglichst konkrete Gestalt verleihen. Wie schon in Bezug auf die nicht an eine akademische Institution angebundenen Wissenschaftler*innen wird hier erneut die Formulierung „frei flottierend" verwendet. Als Gegenpol zu dieser „relativ freien", aber irgendwie orientierungslosen Art der Bewegung wird hier davon ausgegangen, dass man so als junger Mensch klassischerweise (ergo bewährt, traditionell) in eine bestimmte Richtung „kanalisiert" werden soll. Beide Formulierungen lassen an die Vorstellung von Wasser anknüpfen. Der Begriff „flottieren" steht für „frei beweglich in einer Flüssigkeit schwimmen"[22] und findet in der

---

[22] Hier dängt sich auch das Bild des ungeborenen Kindes im Fruchtwasser auf.

bildungssprachlichen Fachsprache auch im Sinne von „schwanken" und „schweben" Verwendung – Begriffe also, mit denen wir das Gegenteil von Festigkeit und Halt assoziieren. Durch einen Kanal schwimmen, der die Richtung klar vorgibt, oder frei beweglich in einer Flüssigkeit flottieren, sind zwei sehr unterschiedliche Arten der Bewegung. Der junge Mensch, der gemäß dieser Aussage „kanalisiert" wird, erfährt eine „Transformation zu einer anderen Person".

> Q1: „... also das kann man sagen, Lernen ist eben auch Transformation in, zu einer anderen Person sozusagen. Ja. [Pause] Würde ich auch bei, also da, ich kann es jetzt für die anderen Wissenschaften nicht so sagen, aber, äh, ich glaube, beim Arzt ist es auch so, dass der dann sozusagen, indem er halt zum Arzt wird, sozusagen in diese Rolle des Arztes sich reinarbeitet, äh, eben auch lernt, als Arzt zu agieren oder so, oder professionell zu agieren sozusagen, nicht?" (C. Strunz 2021, Interview 08)

Lernen im hier vorliegenden Verständnis führt zu einer Veränderung der Person.[23] Dadurch, dass er sich lernend in seine berufliche Rolle „reinarbeitet" wird er zu dem, was er beruflich macht – also zum Arzt oder zum Juristen. Dieser Transformationsprozess zu einer „Berufspersönlichkeit" wird als irreversibel beschrieben und führt dazu, dass man die Welt nur noch durch die entsprechende Brille sieht.

> Q1: „... wenn man einmal sozusagen Rechtswissenschaft studiert hat und dann auch noch sozusagen jetzt so wie ich sein ganzes Berufsleben bis hin zur Wissenschaft macht, dann ist man sowieso so verbildet, dass man sowieso Schwierigkeiten hat, glaube ich, andere, ähm, äh, Positionen wahrzunehmen sozusagen oder andere Weltsichten aufzunehmen, weil man lernt ja durch das Jurastudium, äh, sozusagen, die ganze Welt durch die juristische Brille zu sehen sozusagen und da wird man dann sehr [Lachen], das wieder abzulegen ist eher schwierig, also das ist nahezu unmöglich. [...] [O]b das erstrebenswert wäre, also erstrebenswert – warum? Das

---

23 In Kapitel 4.3 wird unter Bezugnahme auf C. G. Jungs Unterscheidung zwischen *Persona* und *Anima* herausgearbeitet, welches Selbstkonzept mit einem solchen Bildungsverständnis korrespondiert.

> könnte höchstens erstrebenswert sein so aufgrund der persönlichen, das ist quasi, man könnte das quasi bedauerlich, dass man quasi das so, äh, in so einem Fach so drin ist oder sowas, kann man sagen, dass man dann andere Positionen nicht mehr gut nachvollziehen kann, aber andere Herangehensweisen, aber jetzt aus fachlicher Sicht ist es nicht erstrebenswert, weil, ähm, ich muss ja aus fachlicher Sicht sozusagen in dem Rechtssystem arbeiten und das andere, das sind dann quasi nur irgendwelche Irritationen, wenn jetzt einer sagt, ja, mmh, das war alles ganz anders, oder ich sehe das alles ganz anders, das muss für das, das ist dann okay, das nimmt man irgendwie wahr als Irritation, aber das wird dann irgendwie wieder im Recht wieder verarbeitet, ne." (C. Strunz 2021, Interview 08)

Dass man aufgrund dieser Transformation durch ein Studium Schwierigkeiten haben kann, später auch noch andere Positionen oder Weltsichten wahrzunehmen, könne man aus der Sicht von Q1 auf persönlicher Ebene bedauerlich finden, aus fachlicher Sicht sei es aber erforderlich, um professionell zu agieren. Irritation der fachlichen Sicht gilt es irgendwie wieder zu verarbeiten, sprich in das fachliche Wahrnehmungsschema so zu integrieren, dass dieses weiterhin Bestand haben kann. Eine Skepsis gegenüber der für Q1 so typischen Haltung wird auch in folgenden – anderen Diskurspositionen zugehörigen – Aussagen über diese Baukasten-Logik formuliert.

> „Die lernen, es geht so, und, ähm, die Regel ist diese, und wenn dir Fälle begegnen, unterwirfst du sie dieser Regel und dann machst du das so. Und es hat wirklich kein, nirgendwo, nirgendwo in diesem ganzen Jura-Studium irgendwie Platz gefunden, darüber nachzudenken, ähm, ist dieser Gutachten-Stil sozusagen, deckt der alle Fälle ab oder was ist mit Fällen, die neu sind? Also dann, dann wird überhaupt nicht grundsätzlich infrage gestellt, sondern das wird immer sozusagen in dem System, also das [...] Regelsystem so, wird nicht infrage gestellt, sondern es wird in diesem Regelsystem nach nem Platz für diesen neuen Fall gesucht." (C. Strunz 2021, Interview 06)

Wie ausgeführt tendiert Q1 dazu, Irritationen seiner fachlichen Sicht innerhalb der Logik seines (Rechts-)Systems zu „verarbeiten". Gelingt ihm dies nicht, steht Q1 vor einem Dilemma: Denn lässt sich der neue Fall nicht ins Regelsystem einpassen (oder ignorieren), muss das Regelsystem selbst kritisch hinterfragt, sprich Grundprämissen des eigenen Denkens müssen reflektiert werden. Doch genau das steht dem Q1-Wunsch nach klaren Vorgaben durch ein festes Regelsystem entgegen. Von anderen Diskurspositionen wird hinterfragt, ob diese Haltung in den wissenschaftlichen Kontext passt.

> „Wir merken auch in höheren Semestern immer wieder, dass eine Einführung in das wissenschaftliche Denken und Arbeiten gar nicht hoch genug gewertet werden kann – aber natürlich darf diese Initiation nicht mit der Vermittlung von irgendwelchen formalen Handbuchregeln verwechselt werden." (C. Strunz 2021, Interview 03)

In einer bereits im Kontext der Traditionswahrung ausführlich zitierten Aussage wird eingeräumt, dass die juristische Methode möglicherweise „unwissenschaftlich sei", woraus aber geschlussfolgert wird, dass im Komplementärstudium angebotene juristische Veranstaltungen dann auch nicht als wissenschaftlich gelten können und die Auseinandersetzung mit anderen wissenschaftlichen Herangehensweisen im Komplementärstudium Jura-Studierende erst recht nicht weiterbringt.

> Q1: „... scheint mir das mit dieser Annahme, dass das dann auch wissenschaftlich ist, was ich im Komplementärstudium mache, weiß ich nicht, nicht, also wenn dann quasi da irgendwas gemacht wird, ähm, wenn die Rechtsstudenten da irgendwas in den Kulturwissenschaften machen sollen, das ist dann eine ganz andere Herangehensweise, ähm, die sie sozusagen im Recht nicht unbedingt weiterbringt." (C. Strunz 2021, Interview 08)

Neben der Frage danach, was als wissenschaftlich gelten kann, klingt hier erneut die Debatte um Nützlichkeit und Verwertbarkeit von Komplementärkursen an, die ebenfalls eine Schnittstelle zum Diskursfeld Q2 bildet. Wird die Beschäftigung mit Fachfremdem als irrelevant für die berufliche Entwicklung betrachtet, wird sie als eine störende, ineffiziente Ablenkung empfunden und in den Bereich des Privaten verbannt.

> Q1: „... nicht, also ich weiß nicht, was es hier noch für Angebote gibt im Komplementärstudium, aber wenn das dann irgendwas ist,

was mit dem Fach gar nichts zu tun hat, was ich eigentlich studiere, dann passt das quasi nicht, ähm, dann kann ich das ja auch, was weiß ich, im Sportverein oder an der Volkshochschule machen, dann hat das ja nichts mit dem Fach zu tun, was ich studiere, sozusagen ..." (C. Strunz 2021, Interview 08)

Q1: „... also, wenn ich zu irgendeinem Arzt gehe, da ist mir doch völlig egal, ob der auch noch, wie gesagt, Kant und Hegel gelesen hat, ja, das ist mir völlig wurscht, das kann er in seiner Freizeit machen, Hauptsache, er kann vernünftig operieren. Nicht, also, das, ähm, ist glaube ich für diese speziellen Fächer nochmal anders als jetzt so für Geisteswissenschaft und allge-, allgemeinere Studien." (C. Strunz 2021, Interview 08)

Die bereits thematisierte räumliche Aufteilung in ‚innen' und ‚außen' findet hier ihre zeit-räumliche Fortsetzung durch die Unterscheidung in Arbeitszeit (Studium und Beruf) und Freizeit. Im Diskursfeld Q2 wird die oben herausgearbeitete Q1-Unterscheidung in *fachlich* und *persönlich* als Entgegensetzung von *beruflich* versus *privat* formuliert. Zur Erinnerung: Der zitierte Beobachter geht davon aus, dass er mit seiner beruflichen Sichtweise verschmilzt und die Welt nur noch durch seine fachliche Brille sehen kann, was fachlich erforderlich ist, persönlich bedauerlich sein mag. Aus Sicht von Q1 dient das Studium der Transformation zu einer Berufspersönlichkeit. Die persönlichen Interessen werden deshalb aus diesem Erfahrungsraum ausgegrenzt, sowohl räumlich (Sportverein) als auch zeit-räumlich (Freizeit). Seine Neigung zur Aufsplittung in trennscharfe Bauteile wendet Q1 sogar auf sich selbst an, wobei der persönliche Anteil der Berufspersönlichkeit untergeordnet – wenn nicht gar gänzlich geopfert – wird. Die Aufgabe des Studiums liegt für Q1 vorrangig darin, durch die Konzentration auf ein Fach für eine klare Ausrichtung (Kanalisierung) auf die Heraus*bildung* der Berufspersönlichkeit zu sorgen. Entsprechend plädiert der Q1-Beobachtungstyp für eine stringente fachliche Ausbildung, möglichst zum Spezialisten, und erteilt der Idee einer breiten Bildung im Studium eine Absage.

Q1: „Ähm, also ich glaube, dass das, ähm, ein falscher Ansatz ist, ich glaube, [...] diese Annahme, dass man quasi so eine ganz breit ausgebildete Person irgendwie bräuchte, nicht bestätigen, im Gegenteil. […] Also, ähm, die Sachen, gerade weil die Sachen so komplex sind, äh brauchen sie echte Spezialisten, da brauchen sie echte Spezialisten, äh, die sich wirklich reinknien können, äh, in, in eine komplexe Sache, ähm, ich nehme jetzt als Beispiel, ich habe jetzt, ist ja ein großes Thema in der Juristerei, dieser, äh, VW-Abgasskandal, […] da brauchen Sie auch Ingenieure, die Ihnen sagen, wie das alles funktioniert und so weiter in so einem Dieselmotor, ähm, aber das müssen alles echte Spezialisten sein, nicht, also dieser Ingenieur, den Sie da quasi als Gutachter heranziehen, wie jetzt diese Abgas-, äh, Abschalteinrichtungen funktionieren, der muss nicht etwa noch, was weiß ich, Kant oder Hegel gelesen haben oder sowas, das ist völlig irrelevant, sondern der muss eben wirklich sozusagen ein vernünftiges spezialisiertes Ingenieurgutachten liefern, genauso der Anwalt, äh der jetzt eben die Sache vor Gericht betreibt …" (C. Strunz 2021, Interview 08)

Aufschlussreich in diesem Zusammenhang ist auch die offizielle Kurzbeschreibung zum Komplementärstudium auf der Leuphana Website. Zum einen, weil dort betont wird, dass es bereits im Leuphana-Semester um den Zugang zu Lösungswegen für fachliche, gesellschaftliche und berufspraktische Probleme geht – also um eine klare Ausrichtung des Individuums auf seine Rolle in Beruf und Gesellschaft. Zum anderen, wird hier eine Verbreiterung dieses Zugangs in Aussicht gestellt durch die Verbindung der „herkömmlichen" (Tradition) wissenschaftlichen Ausbildung mit „moderner, humanistischer Bildung" (C. Strunz 2021, Leuphana-Website 03).

„Das Komplementärstudium ist eine Besonderheit der Leuphana Universität Lüneburg: Neben Ihren disziplinären Schwerpunkten bilden Sie sich mit einem Blick in andere Fächer, deren Methoden und Denkweisen, aber auch durch vertiefende Akzentuierungen im Umfeld Ihrer eigenen Fachdisziplinen weiter. Damit verbreitern Sie den bereits im Leuphana Semester beschrittenen Zugang zu alternativen Lösungswegen für fachliche, gesellschaftliche und berufspraktische Probleme. So wird die herkömmliche wissenschaftliche Ausbildung mit einem Ansatz moderner humanistischer Bildung verbunden, der sich durch das Verstehen anderer Methoden und Denkweisen sowie fächerübergreifende Kooperationsfähigkeit auszeichnet." (C. Strunz 2021, Leuphana Website 01)

Der Anspruch des Q1-Beobachtungstyps auf eine *traditionelle* wissenschaftliche Ausbildung bleibt also durch die disziplinäre Schwerpunktsetzung (auf das Eigene) gewahrt. In Ergänzung dazu wird der Zugang zu alternativen Lösungswegen verbreitert, d.h. die Entwicklung der Studierenden, ihre Transformation zu einer Berufspersönlichkeit, erfolgt nicht mehr nur im engen Kanal des traditionellen Fachstudiums. Vielmehr wird dieser *Kanal* durch die Auseinandersetzung mit anderen Methoden und Denkweisen und die Förderung der Kooperationsfähigkeit verbreitert. Auch an anderer Stelle auf der Website wird deutlich, dass es um einen „breiten Einstieg in die Wissenschaft" geht (C. Strunz 2021, Leuphana Website 01).[24] Dem Q1-Verständnis von „traditioneller Ausbildung" wird „moderne humanistische Bildung" zur Seite gestellt. Dagegen ist nichts einzuwenden, doch stellt sich die Frage, was hier unter „moderner humanistischer Bildung" verstanden wird. Es geht um die Erweiterung des Spektrums an Strategien zur Lösung von Problemen, also um die Erweiterung des Erkenntnisweges (Kanals) durch andere Methoden und Denkweisen. Die angesprochene Kooperationsfähigkeit, die dadurch befördert werden soll, bezieht sich auf fächerübergreifende (interdisziplinäre) Kooperationen, eventuell auch auf domänenübergreifende (transdisziplinäre) Kooperationen. Da dieser Argumentationsstrang ins Diskursfeld Q3 führt, möchte ich ihn erst dort wieder aufnehmen. Dieser Vorgriff dient dazu, das Spannungsverhältnis zwischen Q1 und Q3 anzumoderieren, welches sich u.a. in der diskursfeldübergreifenden Dichotomie *traditionell – modern* äußert, stärker aber noch in den unterschiedlichen Studienmotiven ‚Passfähigkeit' und ‚Gestaltungsfähigkeit'. Auf dieser Basis lässt sich später leichter eine vergleichende Darstellung der verschiedenen Studienmotive anschließen.

Das Bild des Kanals spiegelt den Wunsch nach einer richtungsgebenden Struktur, die einen sozusagen in der Spur hält. Der Kanal entspricht in vielerlei Hinsicht der Metapher vom Studium als einem „vorgegebenen Pfad", der einen – sofern man ihm folgt –

---

[24] „Das deutschlandweit erste öffentliche College bietet für das Bachelorstudium einen breiten Einstieg in die Wissenschaft" (C. Strunz 2021, Leuphana Website 01).

garantiert und sicher ans Ziel führt. Diese Vorstellung von einem Studium wird in den Daten aber nicht positiv als Idealvorstellung von Q1 ausformuliert, sondern nur in ihrer Negation aus einer anderen Beobachtungshaltung.

> „[A]lso sozusagen ein Studium nicht als vorgezeichneten sozusagen, wie sagt man, vorgezeichneten Pfad, äh, welche Kompetenzen vordefiniert so zu bilden sind, zu verstehen ..." (C. Strunz 2021, Interview 09)

Ein Kanal ist ein massives Bauwerk, durch welches das Wasser und alles, was sich im sicheren Fahrwasser bewegt, in eine feste Bahn gelenkt wird. Der Kanal verhindert auf physische Weise ein Ausscheren, und damit auch Um- und Irrwege. Eine Verbreiterung dieser Struktur, die Halt und Orientierung gibt, stößt bei Q1 entsprechend auf wenig positive Resonanz. Eine Kanalverbreiterung durch das Komplementärstudium wird stattdessen als störend und teilweise als beängstigend wahrgenommen. Die Angst des Q1-Beobachtungstyps vor Orientierungsverlust äußert sich als Zukunftsangst oder gelegentlich auch als Frust und Ärger darüber, dass die eigene Zukunftsplanung aufgrund der mangelnden Passfähigkeit des Leuphana Bachelors in die übergeordnete Struktur des deutschen Universitätssystems erschwert oder gefährdet wird.

> Q1: „Aus dem Modell ergeben sich jedoch einige Schwierigkeiten, die zu Frust und Zukunftsangst beitragen und dem Ausschöpfen dieser Potentiale im Wege stehen können." (C. Strunz 2021, Artikel 01)

> Q1: „Ja ich finde es halt dann schwierig, wenn jemand gerade im Erstsemester gestartet ist und von höheren, frustrierteren Personen, also höherer Semester, dann hören, man kann niemals einen Master machen. Und das ist hier das, was so während der Startwoche und in den ersten Vorlesungswochen Dauerthema ist." (2021, Interview 01)

> Q1: „Es fehlte völlig an Informationen dazu, dass durch das Leuphana-Semester derart viele CPs für einen weiterführenden Master an einer anderen Uni fehlen. Da die Leuphana selbst jedoch nicht unbegrenzt Masterplätze für eigene Studenten anbietet, herrscht unter den Studenten allgemein sehr großer Frust (im

Bereich BWL). Vorherige, explizite (!) Hinweise wären von Nöten und ‚ehrlicher'." (2021, Zwischenbefragung College)

Der Q1-Beobachtungstyp hat das diffuse Gefühl, durch das Leuphana-Studienmodell fehlgeleitet oder gar betrogen zu werden. Er fühlt sich den strukturellen Bedingungen ausgeliefert. Über den Vorwurf des Informationsmangels (oder gar Informationsvorenthaltung) wird die eigene Zukunftsangst ausagiert. Diese Verhaltensstrategie macht einmal mehr deutlich, dass die Q1-Haltung von der Erwartung geprägt ist, ein Studium müsse so konzipiert sein, dass es zum übergeordneten System passt und dadurch die eigene Passfähigkeit garantiert.

Diskursfeld Q2: Kodes und Subdichotomien

Kode	positiv besetzter Pol	negativ besetzter Gegenpol	Dichotomie
Q2_KS als Anschlussstörung	Anschluss kriegen (z.B. an ein Masterstudium oder an den Arbeitsmarkt)	fehlende fachliche CP, zusätzliche Kurse, Verlängerung der Studienzeit, geringe Anschlussmöglichkeiten, Zusatzbelastung, Gefühl durch das Studienmodell um seine Chancen gebracht zu werden	Anschluss – Verhinderung
Q2_KS als Wettbewerbsnachteil	Chancengleichheit	Anschluss verpassen (abgehängt werden), benachteiligt, schwieriger, weniger leicht, Konkurrenz der Mitbewerber*innen, soziale Ungleichheit, Verlust	Vorteil – Nachteil
Q2_Orientierung am gesellschaftlichen Bedarf	bedarfsgerechter Marktfaktor, anpassungsfähig, positive Distinktion gegenüber Mitbewerber*innen, gesellschaftlich nachgefragt, am gesellschaftlichen Bedarf orientiert, nützlich, zweckmäßig, zielführend, an Anforderungen des Marktes angepasst (z.B. Praxiserfahrung)	Privatvergnügen (persönliche Interessen ohne Relevanz für das Gemeinwesen)	zweckmäßig – unnütz
Q2_dem Fahrplan der Vorgänger folgen	Führung durch Vorgänger (Autoritäten), an den Fahrplan halten (dann erreiche ich mein Ziel, Kausalität), Studium als Mittel zum Zweck bzw. Transportmittel	Irreführung durch das Studienmodell (Schuldzuweisung an andere: Konzeptlosigkeit), Umleitung, Umweg, Ablenkung	Führung – Irreführung

Q2_Idealbild des Spezialisten	fachliche (Aus-)Bildung, Spezialistentum, Experten, spezifische Qualifikation, Leistung (kann sich richtig reinknien), Identifikation mit beruflicher Rolle, Reputation, Kontakte, Persönlichkeit	breite Bildung, Generalist mit (unspezifischer) Allgemeinbildung	beruflich – privat
Q2_Anforderungen entsprechen	Selbstdisziplinierung, alle Anforderungen erfüllen (u.a. auch noch Praxiserfahrung neben dem Studium), Anerkennung, Beförderung, Berücksichtigung bei der Studienplatzvergabe	Sorgen, Angst, Pensum oder Abschluss nicht schaffen, eigenen Ansprüchen oder denen des Arbeitsmarktes nicht genügen (fehlender Praxisbezug), versagen, ausgeschlossen werden	genügen – scheitern
Q2_Peergroup-Loyalität	Studienprogramm-Gemeinschaft, enger Zusammenhalt, Loyalität gegenüber der Peergroup, zuverlässige Verantwortungsübernahme und Beteiligung als soziales Bindemittel	mangelhafte soziale Sogwirkung der überfachlichen Studienanteile	verbunden – ungebunden
Q2_natürliche Statusgruppe	Qualifikationsniveau als Basis von Zugehörigkeit, Wissenschaftler*innen brauchen einander (Allianzen), Identifikation mit eigener Statusgruppe	Verwaltungskräfte gehören nicht dazu, soziale Vereinzelung im College	zugehörig – nicht zugehörig

Abbildung 8: Kode-Tabelle Q2

Im Diskursfeld Q2 geht es vor allem um das Bedürfnis nach sozialer (An-)Bindung[25] und um Anerkennung. Im Zentrum dieses Diskursfeldes steht das Thema Masteranschlussfähigkeit. Durch die fächerübergreifenden Studienbestandteile wird – im Vergleich zu anderen Bachelor-Studiengängen – ein geringerer Anteil an fachspezifischen CP erworben, was bei der Bewerbung um einen Masterstudienplatz zu Problemen führen kann. Dem begegnen viele Studierende, indem sie zusätzliche Kurse in ihrem Major oder Minor belegen, um weitere fachspezifische CP zu sammeln. Dies führt unter Umständen zu einer Verlängerung der Studienzeit. Vom Q2-Beobachtungstyp werden die fächerübergreifenden Studienanteile deshalb überwiegend als Bürde und als zeitraubender Umweg empfunden.

> Q2: „Mir fehlen durch das 1. ‚Tri Tra Tralala'-Semester [Leuphana Semester] und das Komplementär wichtige CPs, um an einer anderen Hochschule einen Master zu bekommen. Daher muss ich jedes Semester zusätzliche Module belegen und auch noch ein 7. Semester absolvieren, damit ich zumindest die nötigsten Module zusammenbekomme." (C. Strunz 2021, Zwischenbefragung College)

> Q1/Q2: „Das Studium gestaltet die Aussichten auf einen Masterplatz an einer anderen Universität problematisch, da die erforderlichen CP nur über zusätzliche CP erreicht werden können. Mit diesen würde jedoch das Erreichen des Abschlusses innerhalb der Regelstudienzeit für mein Empfinden unrealistisch bzw. unmöglich werden." (2021, Zwischenbefragung College)

Vor dem Hintergrund seiner Erwartungshaltung, innerhalb der Regelstudienzeit einen Bachelor-Abschluss zu erhalten, mit dem die Anforderungen für den Erhalt eines Masterstudienplatzes an anderen Universitäten erfüllt sind, empfindet Q2 das Leuphana Studienmodell als enttäuschend. Dies geht teilweise mit dem Gefühl einher, durch den Leuphana-Bachelor um seine Zukunftschancen betrogen zu werden.

---

[25] Das Bindungsbedürfnis ist im Kontext der Thematik „strukturelle Koppelung" (Maturana und Varela 1987, 85) zu sehen.

Q2: „Mit dem Abschluss des [spezifischen Leuphana-, Anm. CS] Bachelor kann man deswegen und auch wegen des besonderen Studiensystems nur sehr wenige Masterstudiengänge absolvieren." (C. Strunz 2021, StudyCheck 17)

Q1/Q2: „In den letzten Semestern habe ich viele Erfahrungen mit dem Studienangebot an der Leuphana gemacht. Ein Teil des Studiums ist das Komplementärstudium. [...] Leider bin ich in den letzten Jahren immer vom Angebot enttäuscht worden. Dieses ist leider gar nicht an das Lehramtsstudium angepasst." (2021, StudyCheck 44)

Die Argumentation weist viele Schnittstellen mit dem Q1-Kode *KS als Ressourcen-Räuber* auf. Doch im Unterschied zum Q1-Beobachtungstyp, für den es in dieser Hinsicht vor allem um die Sicherstellung seines Eigenanteils und um Effizienz geht, fokussiert Q2 auf die erlittenen Nachteile im Vergleich zu potentiellen Mitbewerber*innen. Während sich Q1 mit dem Gedanken, möglichst viel von der Pensum-Torte für das Eigene zu sichern, in den Verteilungskampf stürzt, verknüpft Q2 die Beobachtung der knappen Ressourcen stärker mit dem Gedanken eines Wettbewerbsnachteils und dadurch getrübte Zukunftsaussichten. Die Zukunftsangst von Q1 ist eine Angst davor, zu kurz zu kommen (zu geringer Eigenanteil) und sich zu verlaufen (Orientierungsverlust), Q2 hingegen hat Angst davor, den Anschluss zu verpassen und im Wettbewerb um Master- und Arbeitsplätze abgehängt zu werden.

Q2: „Die Angst, dass der Bachelor in Psychologie nicht konsekutiv genug ist, um ein Masterstudium zu absolvieren, überschattet leider andere Qualitäten des Studienganges (Major Psychologie)" (C. Strunz 2021, Zwischenbefragung College)

Q1/Q2: „Ein viel kritisierter Punkt am Leuphana-Bachelor ist der Verlust von fachspezifischen Kursen durch fachübergreifende Pflichtkurse [...] Das führt bei Bewerbungen auf und Zulassung zu Masterplätzen an anderen Universitäten häufig zu Schwierigkeiten. [...] Viele Student*innen sehen sich gezwungen, zusätzliche Kurse zu belegen, um auf eine ausreichende Anzahl fachspezifischer Credit-Points zu kommen. Damit fördert das Leuphana-Modell indirekt auch, dass diejenigen Student*innen, die genug Zeit und

> Ressourcen haben, Zusatzmodule zu belegen, im Wettbewerb um knapp bemessene Masterplätze bevorteilt werden. Wer neben dem Studium Lohnarbeit nachgehen muss oder andere Verpflichtungen übernimmt, kann diese Schwäche schwieriger ausgleichen, indem sie*er einige Seminare mehr belegt. Auch wer das Studium über BAföG finanziert und dadurch an die Regelstudienzeit gebunden ist, kann weniger leicht zusätzliche Credit Points im eng getakteten Bachelor-Lehrplan unterbringen." (2021, Artikel 01)

In diesen Aussagen schwingt der Vergleich zu den Mitbewerber*innen mit (*bevorteilt, schwieriger, weniger leicht*), die vorrangig als Konkurrenz um die knappen Masterstudienplätze wahrgenommen werden. Q2 baut auf das Q1-Argument des Verteilungskampfes um knappe Ressourcen auf. Doch ruht der Q2-Blick nicht auf dem Vergleich von Anteilen (Quantifizierung des Eigen- und Fremdanteils), sondern richtet sich sorgenvoll auf den Abstand zu den Mitbewerber*innen auf dem Studienplatz- und Arbeitsmarkt. Die Sorge benachteiligt und abgehängt zu werden, spiegelt sich auch in der Verknüpfung der Thematik der Zusatzbelastung mit dem Thema der Chancengleichheit und der Bildungsgerechtigkeit, womit die Frage nach der sozialen Stellung im gesellschaftlichen Gesamtsystem berührt wird.

> Q2: „Das Leuphana-Modell erfordert beispielsweise durch Zusatzkurse mitunter mehr Zeit als »herkömmliche« Bachelor. Darüber hinaus erfordert das Modell ein hohes Maß an eigener Reflexion, um die oftmals versteckten Verbindungen zwischen den verschiedenen Studieninhalten zu sehen und im Studienverlauf zu nutzen. Ein Studium, welches explizit eher auf Allgemeinbildung als auf berufliche Qualifikation setzt, ist für Akademiker*innenkinder attraktiver und gegenüber dem Elternhaus leichter zu rechtfertigen als für Arbeiter*innenkinder. Somit kann dem Leuphana-Bachelor eine gewisse Tendenz zur sozialen Selektion nicht abgesprochen werden." (C. Strunz 2021, Artikel 01)

Dabei geht es Q2 weniger um eine statische Momentaufnahme von Besitzverhältnissen. Er stellt vielmehr eine dynamische Betrachtung im Hinblick darauf an, wer sich effizienter ans nächste Etappenziel bewegt, um von dort aus bessere Startchancen für den nächsten Wegabschnitt zu haben. In der Q2-Logik werden die fächerübergreifenden Studienanteile und die dadurch erlittenen Nachteile (mehr und länger studieren zu müssen) vor allem als eine Behinderung im Lebens(*wett*)lauf wahrgenommen. Durch die Beschäftigung mit überfachlichen Themen wird die Erreichung der avisierten Ziele – z.b. Masterstudium oder Berufseinstieg – verzögert, was wiederum zu einer schlechteren Startposition in Hinblick auf das nächste Etappenziel führt.[26]

Doch das Komplementärstudium kann in Hinblick auf die Anschlussfähigkeit auch als Chance interpretiert werden.

> Q2: „Man wird also häufiger mal die Position und das Aufgabenfeld wechseln. Man wird auch stärker, als das früher der Fall war, sicherlich im internationalen Kontext arbeiten, wo dann natürlich auch kulturelle Unterschiede noch mit zum Tragen kommen, die es zu beachten gilt. Und auf all das die Studierenden gewissermaßen vorzubereiten, wollen wir zumindest einen Beitrag leisten. Wir werden nicht allein die Studierenden damit sozusagen geländegängig machen, aber wir wollen zumindest auch versuchen, das [...] Komplementärstudium [zu] nutzen, um da wirklich genau diese Ziele zu erreichen." (C. Strunz 2021, Präsentation)

> Q2: „... man muss eben auch sehen, damit hängt eben zusammen, dass man eben dann auch etwas kann, was andere nicht können, das ist ja auch ein entscheidender Faktor sozusagen auf dem Markt, würde ich mal sagen, ähm und das kann eben auch ein Studienziel sein, dass man quasi eine Fähigkeit erwirbt, in einem bestimmten Kontext zu agieren, was andere so nicht können, nicht?" (2021, Interview 08)

> Q2: „... Man wählt zusätzlich ein Nebenfach und ein wechselndes Komplementärfach, um Einblicke in andere Bereiche zu

---

[26] Interessanterweise ist es gleichzeitig der Wunsch nach mehr Praxisbezug, der Studierende studienzeitverlängernde Praktika absolvieren lässt. In dem Fall nehmen die Studierenden die Verzögerung in Kauf, weil sie ihnen als zielführend erscheint (C. Strunz 2021, Zwischenbefragung College), kodiert als: *Q2_Praxis durch Praktika_berufliches Arbeitsumfeld außerhalb der Uni_für den Berufseinstieg Erfahrung sammeln.*

bekommen, was gut ist auch in Hinblick auf eine spätere Spezialisierung." (2021, StudyCheck 19)

In diesen Aussagen wird das Komplementärstudium als „Marktfaktor" betrachtet und ihm die Aufgabe zugewiesen, Studierende für einen Arbeitsmarkt im Wandel anschlussfähig zu machen. Anhand des folgenden Zitats wird deutlich, dass die Bewertung des Komplementärstudiums davon abhängt, ob es dazu beiträgt, die eigenen Ziele zu erreichen oder nicht:

> Q2: „Das Komplementärstudium ist blöd, wenn man nicht seinen Wunschplatz kriegt, kann aber auch extrem toll sein, wenn man diesen kriegt. Ich habe dadurch einige Credits zusätzlich sammeln können, die mir jetzt helfen, einen Masterplatz zu kriegen." (C. Strunz 2021, StudyCheck 29)

Aufschlussreich ist der Umstand, dass die Bewertung des Komplementärstudiums von Nachteil zu Vorteil wechselt, wenn es die Erreichung der eigenen Ziele unterstützt. Daran wird deutlich, dass die Bewertung des Objektes in Abhängigkeit zu der Funktion steht, die es für den Beobachtungstyp erfüllt. Kann das Komplementärstudium als Wettbewerbsvorteil genutzt werden, z. B. weil es als Mittel zur positiven Distinktion gegenüber der Konkurrenz eingesetzt wird, fällt die Bewertung des Q2-Beobachtungstyps positiv aus. Aus dieser instrumentalisierenden Perspektive wird das Studium ein Mittel zum Zweck. Das spiegelt sich auch in der folgenden Aussage über die Einstellung zum Lernen:

> Q2: „Ja, genau, nicht, äh, aber das ging mir genauso, ich habe auch in meinem Studium überwiegend dafür gelernt, dass ich dann nachher eine gute Note bekomme, um halt bessere Berufschancen …" (C. Strunz 2021, Interview 08)

Ein Beobachter, der diese für Q2 typische Haltung kritisch kommentiert, bringt die dem Studium zugewiesene Funktion folgendermaßen auf den Punkt:

> „Ähm, man kann es einmal verstehen im Sinne des Transports. Also Transport heißt, ich möchte von A nach B gelangen, so wie bei der Post, und ich verstehe dann den Weg dazwischen, ähm, nur als Mittel zum Ziel. Ähm, das

ist etwas, was ich häufig bei meinen Studierenden erleb', ähm, wenn sie sagen, wir haben Abschluss gemacht, jetzt ist es endlich vorbei, nicht mehr müssen, jetzt müssen wir nicht mehr dies und jenes tun und dergleichen. Also man versteht dann die entsprechende Bildungsphase, die man durchläuft, ähm wie die Universität, als Mittel zum Ziel. Also, um einen Schein zu kriegen, um arbeiten zu können." (C. Strunz 2021, Interview 07)

Der „Schein" als Beleg für eine erbrachte Leistung erinnert an einen Fahrschein, der erworben wurde und bestätigt, dass man die für die Beförderung notwendige Voraussetzung erfüllt hat, d.h. das Recht auf einen (Masterstudien- oder Arbeits-)Platz erworben hat. Der Q2-Beobachtungstyp vertraut darauf, dass seine Vor*fahren* einen tragfähigen *Fahr*plan (Curriculum) ausgearbeitet haben und er sich nur an diesen halten muss, um sein nächstes Etappenziel zu erreichen. Die Bedeutung, die tradierte Regeln und Strukturen für Q1 haben (Tradition), kommt der Funktion gleich, die Vorbilder (Autoritäten) für Q2 haben.

Für den Q2-Beobachtungstyp haben Menschen eine Vorbildfunktion, die es „zu etwas gebracht" haben und in dem Sinne eine Persönlichkeit sind, dass sie von anderen für ihre Leistungen anerkannt werden. Er ist deshalb an der Position interessiert, die jemand begleitet bzw. am sozialen oder beruflichen Status, den jemand genießt. So wird als Kriterium für die Seminarwahl u.a. die beeindruckende Vita der Lehrperson und deren Kontakte zu bekannten Persönlichkeiten benannt.

Q2: „... weil ich, ähm, sehr viel Respekt vor Herrn XY [anonymisiert durch C. S.] hab', auch aufgrund seiner Vita. Ähm, und weil ein paar Kommilitonen bei ihm im Seminar waren und die Geschichten. Unter anderem hat ihn Herrn XY [anonymisiert durch C. S.] mal angerufen im Seminar, der damals noch Vorstandschef in der Deutschen Bank war. Also lauter so Sachen. Ich hab so Respekt vor dem Typen und muss da unbedingt mal in sein Seminar [lacht]." (C. Strunz 2021, Interview 05)

Der Q2-Beobachtungstyp orientiert sich zudem am Idealbild der Experten oder Spezialisten.

Q2: „... ich habe auch viele Praxiskontakte auch mit Rechtsanwälten und Richtern und, und Leuten aus der Wirtschaft, und da kann

> ich eigentlich das, diese Annahme, dass man quasi so eine ganz breit ausgebildete Person irgendwie bräuchte, nicht bestätigen, im Gegenteil. Also ähm, die Sachen, gerade weil die Sachen so komplex sind, äh, brauchen sie echte Spezialisten, da brauchen sie echte Spezialisten, äh, die sich wirklich reinknien können …" (C. Strunz 2021, Interview 08)

Die Gegenüberstellung Spezialisten versus Generalisten erfolgt hier in einer für die Daten typischen binären Weise, die sich in der Dichotomisierung zwischen fachlicher (Aus-)Bildung und breiter Bildung bzw. Allgemeinbildung ihre Fortsetzung findet. Dabei wird breite Bildung nur als eine Art Vorstufe bzw. Orientierungsphase für Unentschlossene betrachtet bzw. eine der Spezialisierung im Studium vorgelagerte (schulische) Bildungsphase.

> Q2: „Ja, und deswegen also, ich würde das niemandem empfehlen, äh, so ein ganz breites, äh, Studium zu machen, es sei denn, man ist eben einfach unentschlossen und weiß nicht, was man machen möchte, ähm." (C. Strunz 2021, Interview 08)

> Q2: Sozusagen so, ich will jetzt einfach mal hier drei Jahre quasi irgendwas machen, alles Mögliche ist interessant und ich schnupper mal überall rein sozusagen und dann erst im nächsten Schritt, äh, vielleicht, wenn überhaupt [Lachen], äh, gehe ich eher so ins Fachliche, ja." (2021, Interview 08)

> Q2: Etwas polemisch wird das Leuphana-Semester zuweilen auch als »Sekundarstufe III« kritisiert. Diese Kritik schließt an die Frage an, inwiefern fachübergreifende Lehre, die einen eher allgemeinbildenden Charakter hat, im ersten Semester – also zumeist unmittelbar nach Abschluss einer allgemeinbildenden Schullaufbahn – nötig und sinnvoll ist." (2021, Artikel 01)

Als Gegenpol zu Allgemeinbildung bzw. „breite Bildung" wird – sozusagen als Synonym für fachliche (Aus-)Bildung – auch berufliche Qualifikation angeführt.

> Q2: „Ein Studium, welches explizit eher auf Allgemeinbildung als auf berufliche Qualifikation setzt …" (C. Strunz 2021, Artikel 01)

Wie bereits im Diskursfeld Q1 gesehen, werden die Begriffe *fachlich* und *beruflich* oft gleichgesetzt und als Gegensätze zu *persönlich* und *privat* verwendet. Dadurch wird „breite Bildung" in die Nähe des Privatvergnügens gerückt oder doch zumindest in Opposition zu einem auf die fachliche und berufliche (Aus-)Bildung gerichtetes Studium.

> Q2: „Ja, ja, eben, das Ziel sozusagen, äh, dass Leute, dass die Absolventen quasi eine Qualifikation erwerben, äh, die auch in der Gesellschaft sozusagen wirklich nachgefragt ist, das ist, glaube ich, der, äh, Punkt. Jetzt kann man sagen, natürlich wenn die individuell, ähm, sich als Persönlichkeit, äh, erweitern wollen ohne Rücksicht darauf, was in der Gesellschaft nachgefragt ist, klar, das ist auch schön, aber das ist ja quasi dann, äh, Privatsache, nicht, also das ist sozusagen äh, das meine ich, das können die auch zuhause machen, nicht, äh. Also ich habe auch, weiß ich, Marx und Hegel gelesen, aber das hat nichts mit meinem Studium zu tun gehabt, das habe ich einfach so gemacht." (C. Strunz 2021, Interview 08)

Die im Diskursfeld Q1 getroffene Unterscheidung zwischen *persönlich* und *fachlich* wird von Q2 als Unterscheidung zwischen *Privatsache* und gesellschaftlich relevanter Qualifikation durch ein Studium variiert. Die Unterscheidung in Berufliches und Privates geht einher mit der Forderung, ein Studium an gesellschaftlichen Bedarfen zu orientieren und Privates in die Freizeit auszulagern.[27]

Der Anspruch, das Studium müsse an gesellschaftliche Bedarfe und folglich an die Anforderungen des Arbeitsmarktes angepasst sein, ist auch in die Forderung nach mehr Praxisbezug im Studium eingeschrieben. Dem liegt die Vorstellung zugrunde, dass parallel zum Studium gesammelte Praxiserfahrungen eine wichtige Voraussetzung für die spätere Anbindung an den Arbeitsmarkt sind. Dabei ist zu berücksichtigen, dass ein Praxisbegriff zugrunde gelegt wird, der auf eine Einbindung in künftige berufliche Praxisfelder abzielt, im Sinne von Berufspraktika. Es handelt sich also um ein Praxisverständnis, das eher im Sinne von *Poiesis* zu verstehen ist, da es auf die Erreichung eines konkreten Zweckes abzielt.

---

[27] Auf der Q1-Sachebene entspricht diese der Frage nach Verwertbarkeit von Studieninhalten.

Dieser Zweck wird mit der Erreichung beruflicher Ziele in Verbindung gebracht.

> Q2: „… dass die Berufschancen als Kultur-/Bildungswissenschaftler*in von praktischen Erfahrungen abhängt, der aktuelle Studienplan jedoch keine Praktika vorsieht und so Studierende verpflichtet sind, ihr Studium zum Teil zu unterbrechen, um Praxiserfahrung neben dem Studium zu erlangen. Dies kostet viel Zeit und meiner Erfahrung nach vielen ein-zwei Semester …" (C. Strunz 2021, Zwischenbefragung College)

Die mit dem Ziel der Anschlussfähigkeit verbundene Haltung führt dazu, dass der Q2-Beobachtungstyp an sich selbst den Anspruch erhebt, den an ihn gestellten Anforderungen gerecht zu werden. Die Sorge, aufgrund des Studienmodells die Anforderungen anderer Universitäten oder von Arbeitgeber*innen nicht erfüllen zu können, wird verstärkt durch die Angst, den eigenen Ansprüchen nicht zu genügen.

> Q2: „-Ich habe Angst, meinen Ansprüchen nicht zu genügen
>
> -Ich mache mir Sorgen zu lange zu brauchen oder durch eine Formalie wie die 3-Versuche-Regel exmatrikuliert zu werden
>
> -Ich weiß manchmal nicht wie ich das Pensum schaffen soll und dabei trotzdem noch einigermaßen gute Noten schreiben kann
>
> - Ich mache mir keine Sorgen, ob ich den Bachelor schaffe. Aber ich mache mir große Sorgen, ob ich einen guten Abschluss schaffe, der mir die Möglichkeit geben wird, ein Masterstudium anzuschließen." (C. Strunz 2021, Zwischenbefragung College)

Die Vorstellung, durch eigenes Versagen keinen (guten) Studienabschluss zu erlangen, verweist auf eine Dimension, welche die Selbstbeziehung des Q2-Beobachtungstyps betrifft. Denn der an sich selbst erhobene Anspruch besteht darin, den Anforderungen der sozialen Umwelt gerecht zu werden, also das (von anderen) festgelegte Pensum zu schaffen, die (formalen) Kriterien für den Erhalt eines Masterstudienplatzes zu erfüllen und Praxiserfahrung vorweisen zu können. Diese „eigenen" Ansprüche, in Verbindung mit der Sorge, es nicht zu schaffen (zu scheitern), zeugen wiederum von der Angst, „abgehängt zu werden", „auf der Strecke" bzw. „außen vor zu bleiben". Die angeführten Redewendungen beziehen sich auf Vorstellungen von einem Voranschreiten auf dem Lebensweg innerhalb einer Gemeinschaft: Wer abgehängt auf der Strecke bleibt, muss allein weitergehen. Das Selbst-Verhältnis des Q2-Beobachtungstyps erwächst aus dem Vergleich mit den anderen und ist von der Angst geprägt, nicht gut genug, nicht schnell genug zu sein. Die an sich selbst gerichtete Erwartung, den „eigenen Ansprüchen zu genügen", bezieht sich auf den Anspruch, mit den anderen mithalten zu können und führt zu einem erheblichen Druck.

Hinter der im Diskursfeld Q2 dominanten Erwartungshaltung, das Studium möge doch an die Anforderungen anderer Universitäten und potentieller Arbeitgeber*innen angepasst werden, verbirgt sich eine generelle Haltung der Instrumentalisierung, die sich nicht nur auf die Bewertung des Studienmodells, sondern auf die Selbstbeziehung des Beobachters auswirkt. Dem Q2-Beobachtungstyp scheint es schwerzufallen, zwischen Anforderungen zu unterscheiden, die er als Grundvoraussetzungen für Zugehörigkeit internalisiert hat, und die er deshalb unbedingt erfüllen will, und Ansprüchen, die aus seiner Beziehung zu sich selbst, d.h. aus inneren Impulsen erwachsen. Für die Gruppenzugehörigkeit ist die Kenntnis von Regeln erforderlich, das Befolgen der expliziten und impliziten Verhaltensnormen, die in der Gruppe anerkannt sind. Die starke Verinnerlichung äußerer Anforderungen und die große Bereitschaft, sich anzupassen, stehen in Verbindung zu seinem ausgeprägten Bedürfnis nach Bindung und Zugehörigkeit. Dieses scheint im Diskursfeld Q2 so dominant zu sein, dass es den hier verorteten Beobachter dazu veranlasst, „persönliche" Bedürfnisse, die diesen Anpassungsprozess stören könnten, zu unterdrücken – also aus dem Bewusstsein unter die Bewusstseinsschwelle zu drücken. Das führt zu einer Beobachtungshaltung, die auf die Erfüllung von Erwartungen der sozialen Umwelt ausgerichtet ist, u.a. auf die „Anpassung an Berufsanforderungen".

Q2: „Es [das Leuphana Studienmodell] ermöglicht ein breit angelegtes sowie akademisch anspruchsvolles Bachelor-Studium, das sowohl die Grundlage für eine wissenschaftlich geleitete berufliche Praxis legt als auch Möglichkeiten zur Anpassung an vielfältige, sich fortwährend ändernde Berufsanforderungen schafft." (C. Strunz 2021, Leuphana Website 01)

Wie hinsichtlich der Entgegensetzung von Beruflichem vs. Privatem bereits ausgeführt, wird dadurch ein Bewertungsschema aktiviert, das den Q2-Beobachtungstyp zwischen sich als einem Funktionsträger (Beruf) und einer Privatperson unterscheiden lässt. Die Dichotomie *beruflich* vs. *privat* ergänzt das Q1-Motiv der Kanalisierung zur Berufspersönlichkeit, das sich in dem Gegensatz *fachlich* vs. *persönlich* spiegelt: Der Q1-Beobachtungstyp nutzt die berufliche Rolle und die damit verbundenen Verhaltensvorgaben vor allem zur *Orientierung in einer unübersichtlichen Welt*, in der ihm die Einhaltung von Regeln und die Beachtung bewährter Strukturen Sicherheit zu bieten scheint. Der Fokus von Q2 ist auf sein soziales Umfeld gerichtet, was dazu führt, dass seine Währung *Anerkennung durch Bezugspersonen* ist, die ihn u.a. in Form guter Noten, einer Beförderung oder einem Masterstudienplatz erreicht.

Verantwortungsübernahme und Engagement sind der Tauschwert für die von Q2 angestrebte soziale Einbindung und Anerkennung durch die Gruppe. Der Q2-Beobachtungstyp fühlt sich vor allem wohl, wenn er durch seine gesellschaftliche Rolle eingebunden ist und gebraucht wird. Idealerweise hat er einen Status als Spezialist, der ihn unersetzbar macht. Der Q2-Beobachtungstyp bemisst seinen Wert aus der Perspektive der Gruppe, was dazu führt, dass er den Nutzen für die Gesellschaft über den persönlichen Nutzen stellt. Vor diesem Hintergrund spielt die Frage der Loyalität eine wichtige Rolle, die in den Daten u.a. im Hinblick darauf verhandelt wird, wo ein Fakultätsmitglied seine Kapazitäten einbringt und Verantwortung übernimmt.

Q2: „[G]anz oft war mein Deputat einfach schnell ausgebucht, verbucht und dann hieß es, ‚Ach hier brauchen wir noch Pflicht und kannst du nicht hier …', und ein oder zwei Mal hatte ich mich fürs KS angemeldet und hab dann sogar wieder zurückgezogen, einfach weil wir es in der Fakultät, also weil ich da meine Loyalität in der Fakultät stärker gesehen hab. [...] ‚Okay', hab ich dann gesagt, also da war dann immer meine, meine Loyalität am Ende der Fakultät gegenüber größer, wenn es so auf der Kippe stand." (C. Strunz 2021, Interview 06)

Wenn sich der Q2-Beobachtungstyp also entscheiden muss, wo er sich engagiert, dann fällt die Entscheidung für die eigene Peergroup aus, weil Bindung sein vordringliches Bedürfnis ist. Die überfachlichen Studienanteile ermangeln der sozialen Sogwirkung.

Q2: „... das ganze Komplementärstudium funktioniert naturgemäß ganz anders, als das ein Studiengang tut, wo man eben tatsächlich wie ne Studienprogrammgemeinschaft hat, die sehr groß sein kann oder sehr klein sein kann [...]. Da holt man dann seine sechs, sieben hauptamtlich Lehrenden zusammen, die planen zusammen, diskutieren und überlegen, wer welche Module übernimmt [...]. Da ist, da gibt's 'n viel engeren Zusammenhang zwischen Lehrenden einerseits und Studienprogramm andererseits. Und diesen Zusammenhang herzustellen, das ist fürs Komplementärstudium natürlich wahnsinnig schwierig." (C. Strunz 2021, Interview 02)

Das Bedürfnis nach Bindung und Zugehörigkeit geht einher mit Identifikationsbekundungen zu bestimmten Gruppen einerseits und einer Distanzierung oder gar Abwertung anderer. Anders als der territorial denkende Q1-Beobachtungstyp zieht Q2 eine imaginäre Trennlinie zwischen Innen und Außen im Sinne von zugehörig – nicht zugehörig. Die markanteste Trennlinie in diesem Diskursfeld ist die Differenzierung zwischen Wissenschaftler*innen und administrativen Kräften.

Q2: „... wir haben als Uni sozusagen Einheiten geschaffen, wo wir die Wissenschaftler haben. Und wir haben andere Bereiche wie das KS und die Graduate School, die eher so 'ne Verwaltungshülle in gewisser Hinsicht ja sind, ähm, und die bestimmte Bereiche, die dafür da sind, bestimmte Bereiche unseres integrierten Studienmodells zu orientieren, zu organisieren. Und natürlich sind das genau die beiden Alternativen, die man hat." (C. Strunz 2021, Interview 02)

> Q2: „Also die Information zum neuen Studienmodell [...] hab' ich auch, glaub' ich, und das ist wahrscheinlich symptomatisch, ähm, die hat's ja auch gegeben, das ist genau wie mit den Studierenden, da gibt's ja Veranstaltungen und Erklärungen und Einführungen und dann geht man gar nicht zu allem hin oder hört nicht so genau hin und denkt ‚Ach ja, das ...', also das wird, glaub' ich, gerne so wahrgenommen als nur, nur was Administratives. Und da die Lehrenden in den Fakultäten sich als Wissenschaftler*innen begreifen, und natürlich auch wahnsinnig volle Terminkalender haben ..." (2021, Interview 06)

> Q2: „Jetzt erzählen uns, ähm, junge, [...] Nichtwissenschaftler*innen, also junge, administrative Leute, was wir alten, also, ähm, seniorigen, äh, Wissschaftler*innen, was wir in der Lehre machen sollen. Das kann doch nicht sein." (2021, Interview 06)

Die Vorstellung, dass Wissenschaftler*innen in der „Verwaltungshülle" College regulär angesiedelt ist, ist für Q2 undenkbar. Q1 hat diese Vorstellung als Verlust der „natürlichen Heimat" der Wissenschaftler*innen ausgedeutet, Q2 interpretiert es als soziale Isolation (Vereinzelung).

> Q2: „Ähm, und inhaltlich spricht einfach dagegen, dass man immer so 'ne Vereinzelung von Wissenschaftlern ..., das kann glaub ich aus meiner Sicht nicht funktionieren. Also daran glaub' ich einfach nicht. Ich hab' das Gefühl, dass die sich immer ihre –, die sind natürlich immer auf der Suche nach Kooperationspartnern, nach Allianzen und welcher Wissenschaftler möchte, wenn man, und auch Fakultäten und Institute und nen regulären akademischen Betrieb hat, welche Wissenschaftlerin möchte dann fürs College berufen sein?" (C. Strunz 2021, Interview 02)

> Q2: „... Strukturen spielen schon auch 'ne große Rolle und dass es [das College] dieses Maß an Eigenständigkeit hat und diese Abgeschlossenheit, das ist, glaub' ich, die Quadratur des Kreises. Einerseits 'ne eigene ständige Institution dieser Uni sein zu wollen, die ohne Wissenschaftler Lehre organisiert. Ähm, das da, glaub' ich auch, also da bin ich im Prinzip ganz bei dir, dass ich nicht glaube, dass das gut funktionieren kann. Aber ob der Weg jetzt ist, okay, dann muss ich eben Wissenschaftler kriegen, ähm, und zu so 'ner

Art fünften oder sechsten Fakultät werden, das find' ich, also da bin ich mir, da bin ich nicht sicher." (2021, Interview 02)

Q2 knüpft hier an das Q1-Argument an, wonach Parallelstrukturen zu vermeiden sind und klare Trennlinien zwischen Wissenschaft und Verwaltung aufrechterhalten werden sollten. Da ihm jedoch weder die Lehrorganisation ohne Wissenschaftler*innen als wünschenswert erscheint, noch die Abordnung von Wissenschaftler*innen in die Verwaltungshülle College, entsteht hier ein Problem in der Größe der „Quadratur des Kreises", ein Dilemma. Wie wenig dieses Problem von diesem Standpunkt aus zu lösen ist, spiegelt sich in folgendem sprachlichen Fauxpas:

Q2: „Ja, also im Prinzip sind sozusagen die, die Fakultäten da bei ihrer Verantwortung zu packen und ihnen die Möglichkeit zu geben, ähm, Bereiche dort zu gestalten, für die sie dann – [...], ich glaub' , trotzdem, dass das der richtige Weg wäre. Die Fakultäten und die Wissenschaftler da einfach stärker mit ins College *hineinzuwollen*." (C. Strunz 2021, Interview 02; Hervorh. C. S.)

Die hiermit angesprochenen Versuche, die in den Fakultäten angesiedelten Wissenschaftler*innen in die inhaltliche Gestaltung der fächerübergreifenden Studienanteile stärker einzubinden, haben bisher kaum Erfolge erzielt. Die vorangegangenen Ausführungen über Verantwortungsübernahme als „soziales Bindemittel", das aufgrund knapper Ressourcen gezielt eingesetzt wird, sollten verdeutlicht haben, warum dies in Hinsicht auf die in der Verwaltungshülle College angesiedelten überfachlichen Studienbereiche nicht gut funktionieren kann.

Diskursfeld Q3: Kodes und Subdichotomien

Kode	positiv besetzter Pol	negativ besetzter Gegenpol	Dichotomie
Q3_Auswahlfreiheit	Auswahl, Vielfalt an Möglichkeiten, Kombinationsmöglichkeiten, Abwechslung, Blick über den Tellerrand, Horizonterweiterung	Tunnelblick (vgl. Q1 Kanalisierung) Fachidiot (vgl. Q2 Spezialist)	Verbreiterung – Engführung
Q3_Bereicherung durch Ergänzung	Erweiterung, Verbreiterung, Offenheit, Ergänzung, (Selbst-)Bereicherung, Begegnung mit Angehörigen anderer Disziplinen, Kennenlernen anderer Perspektiven, fächerübergreifender (interdisziplinärer) Austausch und Zusammenarbeit, fördert Kooperationsfähigkeit	Einschränkung, Konfliktpotential aufgrund der Unterschiedlichkeit (erfordert Selbstbeschränkung), erfordert Kooperationsfähigkeit	Bereicherung – Einschränkung
Q3_Interessengesteuerte Navigation	eigene Interessen (Wille, Lust) verfolgen, interessengeleitet studieren, sich engagieren, intrinsisch motiviert, kein vorgegebener Weg	strategisch, zweckorientiert studieren, extrinsisch motiviert durch äußere Anforderungen	intrinsisch – extrinsisch
Q3_Freiwilligkeit	Freiwilligkeit, Freiheit, Entscheidungsfreiheit, Interessenverfolgung, Selbstbestimmung (als hochqualifizierte*r Wissenschaftler*in), Freiheit der Lehre	Nötigung, Zwang, Bevormundung, Reglementierung, Unterwerfung unter äußere Anforderungen, Regeln und Vorschriften	freiwillig – gezwungenermaßen
Q3_KS als Gestaltungsfreiraum	Freiraum („Ort der Freiheit"), Handlungs- und Gestaltungsfreiheit („Manövriermasse", „Nebenbei-Ding", „Moment der Flexibilität"), eigene Möglichkeiten zur Steuerung des Studienverlaufs, Entspannung (Nebenbei-Ding), Entlastung durch organisato-	durchstrukturiert, administrative Vorgaben, Losverfahren, Belegungsregeln, Formalisierung, (Über-)Bürokratisierung,	unreguliert – durchstrukturiert

Q3_KS als Büffet	rische Flexibilität (bzw. wegen fehlender Vorgaben, vgl. Q1 fehlende Maßstäbe), kein vorgegebener Weg vielfältige Einblicke gewinnen, in alle Studiengänge hineinschnuppern, das Andere kennenlernen, Optionen offenhalten, sich ausprobieren	Einengung, Verschulung (Bologna) Festlegung, Entscheidung (Angst vor Verendlichung), Bindung an Entscheidungen, Verantwortungsübernahme	unverbindlich - gebunden
Q3_Fundus für Selbstfindung	passende, d.h. den eigenen Interessen und Wille entsprechende Wahl; Lebensleistungen (Lebenslauf/Zeugnis) als äußerlicher Ausdruck des inneren Wollens, Selbstverwirklichung, Identität mit Selbstbild	falsche Gestalt, erzwungenes Verlassen der Komfortzone, Nötigung zur Überschreitung der eigenen Grenze	passend - unpassend
Q3_selbstbestimmte Grenzkontrolle	selbstbestimmt Grenzen der Horizonterweiterung, d.h. über den Tellerrand des eigenen Fachs, aber nah am Eigenen bleiben, Abgrenzung	Tendenz zur Abwertung bei Nichtanerkennung des Fremden als gleichwertig (so ein Bild vor Augen von Menschen, die...)	eigen - fremd

Abbildung 9: Kode-Tabelle Q3

Im Mittelpunkt des Diskursfeldes Q3 stehen die Wertschätzung der (Aus-)Wahl-Möglichkeiten und der thematischen Vielfalt, die das Komplementärstudium bzw. das Studienmodell als Ganzes bietet. Q3 spricht – im Gegensatz zu Q2 – in einem positiven Sinne von einem *breiten* Spektrum, von *breiter* Bildung und von Allgemeinbildung. Von Q3 häufig verwendete Metaphern sind der „Blick über den Tellerrand" und die „Horizonterweiterung".

> Q3: „An der Leuphana lernt man generell nicht nur etwas zu seinem gewählten Studienfach, sondern schaut auch über den Tellerrand." (C. Strunz 2021, StudyCheck 20)

> Q3: „Das Studium an der Leuphana beinhaltet ein Komplementärstudium und ein Leuphana-Semester in den ersten drei Monaten. Es ist eine tolle Möglichkeit, um seinen Horizont zu erweitern ..." (2021, StudyCheck 39)

Als Gegenbegriff zum „Tellerrand" wird „Tunnelblick" verwendet.

> Q3: „Das Studium an der Leuphana (egal welcher Studiengang) ist enorm breit angelegt und als großen Pluspunkt sehe ich persönlich, dass man sich nicht mit Tunnelblick auf das eigene Studienfach beschränkt, sondern immer wieder zum Blick über den Tellerrand animiert wird." (C. Strunz 2021, StudyCheck 23)

Die durch die konstruktive Enge eines Tunnels vorgegebene Sichtweise erinnert an die „Kanalisierung", von der Q1 im positiven Sinne als einer fachlichen Ausrichtung oder gar „Transformation zu einer anderen Person" (Berufspersönlichkeit) sprach, was der Q3-Beobachtungstyp hingegen als „Transformation zum Fachidioten" bezeichnen würde.

> Q3: „Auch der Studienaufbau ist an der Leuphana so gestaltet, dass man sich nicht in seinem Studienzweig verkriechen, kein Fachidiot werden kann." (C. Strunz 2021, StudyCheck 19)

> Q3: „Dass es halt zu der Uni gehört und dass man halt auch in fremde Fächer, Bereiche reinschauen sollte, damit man nicht so zum Fachidioten wird, quasi. Also das ist so meine Ansicht zum Komplementärstudium." (2021, Interview 10)

Neben der Vielfalt und Auswahl werden von Q3 die zahlreichen Kombinationsmöglichkeiten positiv betont.

> Q3: „Fand es da schon sehr ansprechend, dass es halt bei diesem Leuphana-Bachelor dieses Leuphana-Semester gab und auch das Komplementärstudium, weil man dann einfach mehr Wahlmöglichkeiten hatte, gerade im speziellen Komplementärstudium, und das fand ich auf jeden Fall sehr ansprechend. Und da gibt's ja auch echt eine sehr diverse Auswahl so an allen möglichen Modulen und da konnte ich mir eigentlich auch so im Nachhaltigkeitsbereich schöne Sachen rauspicken." (C. Strunz 2021, Interview 04)

> Q3: „Das individuelle System, bestehend aus Major, Minor und Komplementärfach, bietet sowohl interessante Kombinationsmöglichkeiten als auch Einblicke über den Rand des eigenen Fachs hinaus." (2021, StudyCheck 22)

> Q3: „Durch Vertiefungsfächer, das Komplementärstudium und den Minor (das Nebenfach), lassen sich Interessen in viele verschiedene Richtungen verfolgen und diese kombinieren." (2021, StudyCheck 57)

Alle diese Formulierungen bringen eine positive Haltung gegenüber einer Erweiterung des eigenen Wissensgebietes bzw. eine Offenheit gegenüber zusätzlichen Inhalten zum Ausdruck.

> Q3: „... man kann jedoch im Minor oder im Komplementärstudium sich die Inhalte zusätzlich einholen." (C. Strunz 2021, StudyCheck 34)

> Q3: „Man lernt an der Leuphana einfach mehr als nur BWL und kann über den Tellerrand hinüberschauen, auch wenn es einige Modulgestaltungen verbesserungswürdig sind." (2021, StudyCheck 18)

Die Tendenz zur Öffnung bzw. Verbreiterung der eigenen Position stellt die Gegenbewegung zu der im Diskursfeld Q1 als Kanalisierung und im Diskursfeld Q2 als Spezialisierung beschriebenen

Konzentrationstendenz dar.[28] Für den Q3-Beobachtungstyp ist die Verbreiterung der Wissensbasis positiv konnotiert.

> Q3: „Damit verbreitern Sie den bereits im Leuphana Semester beschrittenen Zugang zu alternativen Lösungswegen für fachliche, gesellschaftliche und berufspraktische Probleme." (C. Strunz 2021, Leuphana-Website 01)

> Q3: „Das deutschlandweit erste öffentliche College bietet für das Bachelorstudium einen breiten Einstieg in die Wissenschaft." (2021, Leuphana-Website 01)

Der Vertiefung in einem Fach wird die (fachnahe und fachfremde) Ergänzung zur Seite gestellt.

> Q3: „Der Major bildet den Rahmen für die Vertiefung in einem Studiengebiet, das Ihren Interessen und Talenten besonders entspricht. Der Minor ergänzt diesen Schwerpunkt um ein zweites Wissensgebiet. Durch den Minor können Sie sich gezielt spezialisieren oder Ihren Major um ein fachübergreifendes Anwendungsfeld erweitern. […] Im Komplementärstudium lernen Sie ab dem zweiten Semester verschiedene disziplinäre und methodische Herangehensweisen kennen. Dadurch können Sie parallel zu Ihrem Fachstudium weitere Schwerpunkte setzen. Auf diese Weise erhalten Sie die Möglichkeit, Ihr individuelles Kompetenzprofil zu schärfen – fachnah, fachfremd oder fachübergreifend." (C. Strunz 2021, Leuphana-Website 01)

> Q3: „Ein Studienmodell mit Blick über den Tellerrand […] Das BWL-Studium an der Leuphana ist mit dem Studienmodell von Major, Minor, Komplementär und Schwerpunkt optimal, um die eigenen Interessen gezielt verfolgen zu können. Die Grundlagen-Fächer der BWL können durch ein Nebenfach (Minor) ergänzt werden. Hier stehen studienverwandte Fächer wie VWL oder Recht, aber auch Fächer wie Nachhaltigkeitswissenschaften und E-Business zur Verfügung. Neben dem Minor kann ein fachspezifischer Schwerpunkt gewählt werden (HR, Marketing, Recht, Controlling,

---

[28] Vgl. vor allem den Absatz zum Thema „Kanalverbreiterung" in der Beschreibung des Diskursfeldes Q1 sowie die Kritik von Q2 an breiter Bildung bzw. Allgemeinbildung im Studium.

Finanzierung, Steuern und Rechnungswesen, Logistik und Produktion). Das Komplementärstudium ergänzt mit Modulen aus unterschiedlichsten Bereichen (Nachhaltigkeit, Philosophie, Umweltwissenschaften, IT, Psychologie u.v.m)." (2021, StudyCheck 52)

Q3: „Also ja, gewisse Themen, die dann einfach vom Major nicht abgedeckt werden, kann man dann aber trotzdem zu diesem Fachbereich der Umweltwissenschaften gehören, die konnte man dann durch dieses Komplementär noch mit ergänzen. Das war schon gut." (2021, Interview 04)

Diese Aussagen verfolgen eine additive Logik, d.h. zum einen wird betont, dass zusätzliche Themen bzw. Inhalte erarbeitet werden können („man lernt mehr"), zum anderen werden Vertiefung und Ergänzung nicht als Alternativen gegeneinander ausgespielt, sondern als sich ergänzende Studienziele beschrieben. Vom Q3-Beobachtungstyp wird dieses „mehr" nicht als zusätzliche Belastung erlebt (vgl. Q1 und Q2), sondern als Bereicherung. Das gilt in der Regel auch für den Austausch mit Studierenden anderer Fächer. Die Gelegenheiten zum fachlichen Austausch und zur persönlichen Begegnung werden von Q3 geschätzt und als positives Merkmal des Komplementärstudiums hervorgehoben.

Q3: „Einen Standpunkt zu haben, ist gut. Doch manche Sachverhalte und Probleme sind so verwickelt, dass es lohnt, sich mit einem anderen Standpunkt auseinanderzusetzen, um eine mögliche Lösung zu erkennen. Und im besten Fall ist dies ein ganz anderer als der gewohnte. Daher können Sie im Komplementärstudium selbst auswählen, welcher neue Standpunkt Ihre bisherige Sichtweise bereichern soll. Je ungewöhnlicher er sein wird, umso besser." (C. Strunz 2021, Leuphana-Website 06)

Q3: „Vor allem der Austausch zwischen den Studierenden aus unterschiedlichen Fachrichtungen wird durch das Leuphana-Semester und das andauernde Komplementärstudium gefördert." (2021, StudyCheck 08)

Q3: „Durch das Komplementärstudium, in dem man pro Semester ein Fach aus einem frei wählbaren Bereich belegt, kommt man viel mit Studenten aus anderen Fachrichtungen zusammen, wovon besonders die Diskussionen profitieren." (2021, StudyCheck 23)

Q3/Q4: „Im Komplementärstudium lernen Studierende aller Fachrichtungen gemeinsam, was eine super interdisziplinäre Möglichkeit ist, etwas aus einem anderen Blickwinkel zu betrachten!" (2021, StudyCheck 10)

Die Andersartigkeit der anderen kann aber auch negativ als eine Belastung und damit eine Beschränkung der eigenen Freiheit erlebt werden.

> Q3: „Allerdings kann das auch negativ sein, wenn man jetzt irgendwie so Gruppenarbeiten hat und dann irgendwie überhaupt nicht mit den anderen Leuten zurechtkommt, weil sie halt so unterschiedlich sind, ne. Dass es dann auch viele Konflikte produzieren kann." (C. Strunz 2021, Interview 04)

Q3 vertritt die Vorstellung, dass durch interdisziplinären Austausch und fächerübergreifende Kooperation ein Mehrwert für den Einzelnen entsteht und dies als Charakteristikum des Studienmodells positiv hervorzuheben ist, weil es integrative Erklärungskraft hat.

> Q3: „So wird die herkömmliche wissenschaftliche Ausbildung mit einem Ansatz moderner humanistischer Bildung verbunden, der sich durch das Verstehen anderer Methoden und Denkweisen sowie fächerübergreifende Kooperationsfähigkeit auszeichnet." (C. Strunz 2021, Leuphana-Website 02)

> Q3: „So, dass das, was wir so erzählen immer ist, das ist ganz toll, da kommen sie mit allen Studierenden zusammen und arbeiten an übergreifenden Fragestellungen. Und das hat, finde ich, also diese Erzählung hat noch ganz gut funktioniert für das ältere Komplementärstudium, nach der Reform bin ich mir immer nicht mehr so ganz sicher ..." (2021, Interview 02)

> Q3: „... in den Kontext gehört auch das Ko-, das Komplementärstudium, weil es nämlich genau die Vielfalt dieser Kontexte deutlich macht und noch einmal einen Hinweis gibt, ähm, aus welchen verschiedenen Perspektiven man eigentlich Informationen an-,

anzusch-, anzusehen in der Lage ist und dass die Sichtweise eines Mediziners für einen Kulturwissenschaftler vielleicht in der einen oder anderen Kont-, äh, Sichtweise wichtig ist oder andersrum." (2021, Interview 09)

Neben der Bedeutung der anderen für die eigene Entwicklung wird wiederholt betont, dass im Komplementärstudium die Verfolgung der eigenen Interessen besonders gut möglich ist und das ist offenbar besonders wichtig für Personen, die vielfältige Interessen haben.

> Q3: „Weil wir schon relativ vielfältig interessiert sind. Das ganze Studium ist sehr breit aufgebaut und da passt es einfach für uns sehr gut, dann noch mal einfach alle möglichen anderen Sachen dazu zu wählen, zu lernen, zu lernen, weil viele von uns oder einige von uns auch nicht ganz so strategisch denken, dass wir unbedingt jetzt so und so viele Module jetzt brauchen, um dann den und den Master zu machen. [...] ich will hier was lernen, ich will mich da für die Nachhaltigkeit engagieren und dann, ja, nimmt man gerne alle möglichen, einfach interessanten Sachen wahr, die dann einen nicht unbedingt strategisch jetzt weiterbringen." (C. Strunz 2021, Interview 04)

Q3 nimmt zusätzliche „Sachen" aus Interesse wahr, er lernt aus intrinsischer Motivation, nicht aufgrund strategischer Überlegungen. Anhand dieser Gegenüberstellung wird gut deutlich, dass sich Q3 explizit von einer Q2-Position abgrenzt und seine eigene Haltung sowohl von ihm als auch von anderen als interessengeleitet oder intrinsisch bzw. inhaltlich motiviert beschrieben wird.

> Q3: „Das ist halt, ich möchte halt wenn, dann auch das machen, was mich interessiert und mein Gott, wenn ich dann halt mir halt noch mal ein schweres Seminar reinkloppe, dann ist das halt so. Aber ich möchte ja das studieren, was mich interessiert. Bin ja nicht hier, um einfach eine gute Note zu bekommen." (C. Strunz 2021, Interview 05)

> Q3: „Eben im Basisprogramm Praxisphase müssen die sich ja auch selber ein' Praktikumsort suchen und ich sag mal, da bringen die schon immer so viel Motivation mit, da hab' ich diese Probleme

nicht. Das Gleiche gilt für das Tandemsprachlernprogramm. Sind meistens Leute, die ein Auslandssemester planen und machen wollen und die bringen so viel intrinsische Motivation dafür mit, dass es dann nicht wirklich um die 5 CPs geht, sondern um den Inhalt. Ja [lacht]." (2021, Qualitätszirkel)

Die interessengeleitete Haltung hat aber auch eine Kehrseite. Denn sobald Q3 an bestimmten Inhalten kein Interesse hat, sinkt seine Motivation rapide.

> Q3: „Also ich, letztes Semester beispielsweise hab' ich gar kein Komplementär gemacht, weil ich hauptberuflich jetzt arbeite und die drei Dinge, die mir gefallen haben, haben sich alle mit meiner Arbeit überschnitten. Also hab' ich keins gemacht. Hab' mich dann allerdings drüber aufgeregt, dass ich dreißigtausend andere Sachen studieren könnte, die mich überhaupt nicht interessieren." (C. Strunz 2021, Interview 05)

Auch wenn der Q3-Beobachtungstyp dem Komplementärstudium größtenteils positiv zugewandt ist und viele Aspekte zu schätzen weiß, kann er nicht grundsätzlich als Befürworter des Studienmodells angesehen werden. Denn zum Teil fühlt er sich gegen seinen Willen zur fächerübergreifenden Auseinandersetzung genötigt.

> Q3: „Der Wille, über den Tellerrand zu schauen, wird an der Leuphana allerdings weniger gefördert, sondern vielmehr als Aufnahmebedingung vorausgesetzt." (C. Strunz 2021, Artikel 01)

> Q3: „Ist das vielleicht in der Wahrnehmung eher so gezwungen interdisziplinär, […], dieser Blick über die eigene Disziplin hinaus." (2021, Interview 01)

> Q3: „Aber dadurch, dass man eben dieses KS hat, wird man auch mal genötigt dazu, sich vielleicht mit anderen Disziplinen zu beschäftigen." (2021, Interview 05)

> Q3: „Und ähm, ich hab' das so so verstanden, dass man damals eben sehr stark diesen Gedanken hatte, dass man eigentlich die Studierenden zwingt, eigentlich etwas ganz anderes zu studieren. Das war so, glaub' ich, so eine, eine Eingangsüberlegung, wenn ich das richtig erinnere." (2021, Interview 02)

An dieser Interpretation des Studienmodells als Zwang und Nötigung zur Beschäftigung mit anderen Disziplinen lässt sich ein für den Q3-Beobachtungstyp zentrales Kriterium ableiten: Freiwilligkeit. An und für sich ist Q3 vielfältig interessiert und für neue Themen offen – sofern sie ihm interessant erscheinen und er sich aus freiem Willen dafür entscheidet. Wie seine Bewertung des Komplementärstudiums ausfällt, hängt davon ab, ob er (momentan) stärker an einer Verbreiterung oder einer Vertiefung seiner Kenntnisse interessiert ist, und ob das Angebot auf inhaltlicher Ebene seinen persönlichen Interessen entspricht. Findet er die angebotenen Seminare uninteressant oder will er (gerade) vorrangig seine Fachkenntnisse vertiefen, empfindet er das Komplementärstudium als Störfaktor. Wenn die Inhalte nicht mit dem eigenen (eingeschränkten) Interessenspektrum korrespondieren, wird aus einer als Bereicherung erlebten Angebotsvielfalt eine gefühlte Einschränkung.

> Q3: „Und da hatte ich mich sehr, tatsächlich dann sehr eingeschränkt gefühlt. Weil ich das Gefühl hab', für die Sachen, die ich eigentlich mitnehmen möchte, wird mir sehr wenig geboten. Ich hab' dann eigentlich jedes Semesters eigentlich so ein oder zwei Sachen gefunden, die mich wirklich angesprochen haben." (C. Strunz 2021, Interview 05)

> Q3: „... und meistens bin ich bis zu dem Punkt dann auch gekommen. Also, dass ich wirklich nie von Anfang an das bekommen habe, was ich wollte. Und dann zum Schluss bleibt ja halt echt nur noch, na, das kann man jetzt so nicht sagen, aber bleiben ja nicht mehr die guten Sachen über." (2021, Interview 10)

Dass die augenblicklich eingenommene Beobachtungshaltung (und weniger die „Qualität" des Programms) darüber entscheiden, wie das Komplementärstudium bewertet wird, zeigt sich besonders deutlich, wenn die Bewertung in Abhängigkeit von der imaginierten Rolle variiert. Im folgenden Zitat beschreibt ein Beobachter das Komplementärstudium aus der Dozentenperspektive als „große Freiheit" und macht gleichzeitig deutlich, dass er es aus einer studentischen Perspektive sehr „skeptisch" betrachtet:

> Q3: „… für einen Dozenten ist der Vorteil, wie gesagt, in dieser großen Freiheit, die damit verbunden ist, und auch, äh, es gibt ja da auch keine, da es keine fachlichen Maßstäbe gibt, kann man da quasi machen, was man will, nicht, äh, weil sozusagen, äh, es keine fachspezifischen Anforderungen gibt […] man ist nicht eingeschränkt […]. Für die Studenten, ich kann das jetzt nicht beurteilen, da müssen Sie die Studenten fragen, ob die daraus einen Vorteil ziehen, äh, pff, ich persönlich glaube eher nicht, oder ich sehe das eher skeptisch aus Sicht der Studierenden, oder, sagen wir mal so, ich hätte das nicht unbedingt gemacht, so ein Studium, wenn ich jetzt die Wahl, wenn ich davor stände, wenn ich jetzt Abiturient wäre oder sowas, weil, ähm, mir wäre es eben doch wichtiger gewesen, diese Fachlichkeit zu erwerben sozusagen und also diese fachliche Ausbildung …" (C. Strunz 2021, Interview 08)

Die vermeintliche Widersprüchlichkeit ergibt sich daraus, dass der Beobachter zwei unterschiedliche Beziehungen in den Blick nimmt. Als Beobachter der Beziehung zwischen Studierenden und dem Komplementärstudium priorisiert er eine auf Fachlichkeit orientierte Ausbildung, was dem Q1-Bedürfnis nach Sicherheit entspricht. Als Dozent (mit festem Anstellungsverhältnis) ist sein Sicherheitsbedürfnis offensichtlich so weit gestillt, dass er seinen Fokus ändern und eine Q3-Perspektive einnimmt, aus der er die „Freiheit" würdigt, zu „machen, was man will" und „nicht eingeschränkt" zu sein.

Der Begriff „Freiheit" sowie unterschiedliche verwandte Formen davon wie „frei" oder „Freiraum" spielen im Diskursfeld Q3 eine zentrale Rolle.

> Q3: „Im Komplementärstudium hat man viel Freiraum sich Seminare zu wählen zu Themen die einen interessieren. […] + viel Freiraum bei der Auswahl." (C. Strunz 2021, StudyCheck 16)

> Q3: „Im Komplementärstudium kann man machen, was man will, Spanischlernen, Tanzkurse, Fotografiekurse usw. […] + Freiheit bei der Gestaltung." (2021, StudyCheck 24)

Die Begriffsvariante „Freiraum" tritt hier in Kombination mit den Konzepten *interessengeleitet* und *Auswahl* sowie mit *Handlungs- und*

Gestaltungsfreiheit („machen, was man will", „Freiheit bei der Gestaltung") auf.

> Q3: „Man kann sein Studium zu einem großen Teil selbst gestalten und aus verschiedenen Modulen passende wählen (Komplementärstudium)." (C. Strunz 2021, StudyCheck 04)

Die hier adressierte Form von Freiheit ist in erster Linie die Freiheit, im Einklang mit dem eigenen Willen Entscheidungen zu treffen und entsprechend zu handeln. Freiheit wird in erster Linie als Freiheit von Regeln und Vorgaben verstanden. Wie wichtig es für Q3 ist, sich nicht dem Willen anderer beugen zu müssen, wird u.a. an der starken Abneigung gegenüber Anforderungen sichtbar, die als *Bevormundung* erlebt werden.

> Q3: „… da ist eben ein Aspekt, ich glaube, dass auch viele Leute das, das Studienmodell sich gar nicht genau angeguckt haben oder gesagt haben 'Ach, da wird uns jetzt von oben so ein Modell verordnet und, ähm, ich als, äh, fachdisziplinär Lehrende, äh, ähm, hmpf, hab' ich mir nicht ausgesucht dies Modell, hab' ich jetzt übergestülpt bekommen, aber es gibt doch so was wie die Freiheit der Lehre und jetzt will uns da irgendwer reinreden. Jetzt erzählen uns, ähm, junge, [..] NichtwissenschaftlerInnen, also junge, administrative Leute, was wir alten, also, ähm, seniorigen, äh, WisschaftlerInnen, was wir in der Lehre machen sollen. Das kann doch nicht sein.' Also ist wahrgenommen worden, also, ich, das sind alles Teilaspekte, ne? Ähm, ich überspitz' das jetzt, um's zu erklären: Ist wahrgenommen worden als Eingriff in die Freiheit der Lehre." (C. Strunz 2021, Interview 06)

Im hier zitierten Kontext wird eine Beziehung zwischen Wissenschaftler*innen und Verwaltungskräften imaginiert, die auf Seiten der Wissenschaftler*innen auf Widerstand stößt, weil sich diese in ihrem Recht auf *Selbstbestimmung* verletzt fühlen.[29] Gegen die empfundene Bevormundung wird die „Freiheit der Lehre" ins Feld geführt und der Widerstand mit mangelhafter Kompetenz auf der Gegenseite („junge, administrative Leute") begründet.

---

[29] Zudem spiegelt sich darin das Q2-Thema der Zugehörigkeit zur Statusgruppe.

Die grundsätzliche Abneigung gegen Bevormundung zeigt sich auch da, wo das Konzept fächerübergreifenden Studierens als solches infrage gestellt wird.

> Q3: „Ja und die Frage des Zwangs kann man, glaub' ich, auch gar nicht unterschätzen an der Stelle. Das hat ja Gründe, warum Leute keine Naturwissenschaften studieren." (C. Strunz 2021, Interview 02)

> Q3: „… also es gab keinen Konsens, dass man, ähm, dass es sinnvoll ist, Studierende in dieser Weise letztlich zu zwingen, etwas anderes [zu] studieren als das, was sie aus gutem Grund gewählt haben." (2021, Interview 02)

> Q3: „Das Studium an sich ist sehr gut organisier[t], allerdings fehlen uns einige Module im Bereich VWL und Recht, da wir das Komplementär und Leuphana-Semester machen müssen." (2021, Study-Check 02)

Darüber hinaus stoßen auch Vorgaben wie Belegungsregeln sowie organisatorische Abläufe wie das Losverfahren auf Unwillen.

> Q3: „Die gegebene Wahlfreiheit wird durch die Containermodule, in denen die Lehrveranstaltungen des Komplementärstudiums eingeteilt werden, allerdings wieder eingeschränkt." (C. Strunz 2021, Artikel 01)

> Q3: „Und dann musste man sich ja drauf bewerben. Man kann sich ja auch nur für eins bewerben. Und wenn das dann voll war, hatte man noch die zweite Losphase, in der man sich dann bewerben konnte und wenn man dann immer noch nicht irgendwie was Passendes bekommen hat, weil es einfach zu viele Studenten gibt, die sich auf das Komplementär bewerben, was man selber haben wollte, bleibt einem dann ja nur noch die dritte, das ist ja dann keine Losphase mehr, sondern die dritte Phase, in der man sich dann in den Rest quasi einschreiben kann …" (2021, Interview 10)

Auch im Major und Minor ist die Seminarplatzvergabe im Rahmen des zweistufigen Losverfahrens und eines daran anschließenden Listenverfahrens geregelt, doch im Hinblick auf das Komplementärstudium wird dies offenbar als besonders störend empfunden, gerade weil Q3 mit diesem Studienbestandteil ganz besonders die Idee von Freiheit als Wahlfreiheit und als Gestaltungsfreiheit verbindet.

> Q3: „Also die Hälfte von dem, ungefähr die Hälfte, oder ein Drittel, ist wirklich sehr gut. Und der Rest ist so, ja, naja. Und wenn man dann wirklich die freie Wahl hätte, was man machen wollen würde, dann fänd ich es schon eine schöne Sache." (C. Strunz 2021, Interview 10)

Doch Wahl- und Gestaltungfreiheit spielt für Q3 nicht nur auf der Ebene der Inhalte eine wichtige Rolle, sondern auch in organisatorischer Hinsicht. Deshalb kann der Q3-Beobachtungstyp selbst wenn er den Zwang zur Belegung fachfremder Module ablehnt, dem Komplementärstudium zumindest in dieser Hinsicht Positives abgewinnen.

> Q3: „Und das Komplementär wird gerne aufgehoben für Phasen, in denen man auch andere Dinge tun möchte, wie Praktika oder, oder die Bachelor-Arbeit, weil's, äh, oft auch in Blockseminaren ist. [...] Genau, das Flexible mögen die gerne." (C. Strunz 2021, Interview 01)

> Q3: „Und dadurch, dass das häufig so Manövriermasse quasi ist, äh, gerade zu späteren Zeiten im Studium, ist das dann, nicht so, hat das nicht diesen, ist, steht tatsächlich eher das Verfahren des Studiums auch im, im Vordergrund und nicht so sehr der Inhalt gelegentlich." (2021, Interview 01)

> Q3: „Besonders gut gefällt mir der frei wählbare Studienverlauf – man entscheidet vollkommen frei, in welchem Semester man was belegen möchte und hat, vor allem in Kuwi, unglaublich viele Möglichkeiten, sich auszutoben in Musik, Kunst, Literatur, Sprachen u.v.m." (2021, StudyCheck 10)

Das Komplementärstudium als strategisch-pragmatische „Manövriermasse" bietet vor allem zeitliche Flexibilität bei der Gestaltung des Studienverlaufs. Aber auch in Bezug auf die Studiendauer oder die Arbeitsbelastung kann das Komplementärstudium als

Instrument zur Steuerung, z.B. mit dem Ziel der Entlastung, genutzt werden.

> Q3: „Oder dann auch der Zeitpunkt. Ich komm' aus dem Ausland wieder und will danach noch ein Komplementär machen, egal was. Hauptsache ich krieg' meine Credits. Und 'ne gute Note. [...] Oder ich heb' mir noch 'n Komplementär auf, damit ich in dem Semester noch eingeschrieben bin. [...] Stimmt, das machen viele. Das ist besonders bei den Kulturwissenschaftlern, die ihr Studium künstlich durch das Komplementärstudium verlängern. [...] Weil man das eben auch in, in Sommer- und Wintersemester flexibel belegen kann." (C. Strunz 2021, Interview 01)

> Q3: „Und ansonsten, pf, joa, fand ich es halt wie gesagt, ich hab' nicht in jedem Semester ein Komplementär gemacht, sondern eher so mal ja in einem Semester, wenn ich dann irgendwie, wenn die anderen Module dann irgendwie so viel Arbeit verlangt haben, dass ich dann gut ausgelastet war, dann hab ich es eher verschoben." (2021, Interview 04)

> Q3: „Viele sehen das Komplementär, ich eigentlich auch, so ein bisschen als Entspannung. Neben dem Hauptstudium. Also so hatten wir uns das halt gedacht. Ein bisschen, dass das so läuft. Aber wenn man dann im Komplementär noch mehr machen müsste als in seinem Hauptstudium, obwohl das ja nur so ein Nebenbei-Ding ist, was man halt vollkriegen muss, ist halt so eine Sache." (2021, Interview 10)

Als „Moment der Flexibilität" wird das Komplementärstudium auch als Antwort auf den Bologna-Prozess und eine damit einhergehende „Verschulung" des Studiums gefeiert.

> Q3: „Ich weiß auch nicht, ob das mit der Umsetzung zu tun hat, als einfach mit dem Studierenden-, Studierendenleben. Das – im Leuphana-Modell ist sehr viel durchstrukturiert und, äh, dann ist das Komplementärstudium halt ein Moment der Flexibilität und vielleicht wird das dann tatsächlich eher pragmatisch gesehen und das hat, glaube ich, wenig mit dem Inhalt zu tun, sondern mit den Rahmenbedingungen der Studierenden in der Leuphana." (C. Strunz 2021, Interview 01)

Q3: „… mir macht es auch Spaß, weil es sozusagen, ähm, im Bachelorstudium ja sonst durch diese ganze Verschulung, ähm, dann schwierig ist, quasi sowas wie freie Seminare durchzuführen, nicht, dass man einfach mal sagt, ich habe jetzt Interesse an dem und dem Thema und das kann ich quasi im Komplementärstudium ja weitgehend unreguliert machen, weil es ja, äh, faktisch keine inhaltlichen Vorgaben gibt …" (2021, Interview 08)

Q3: „Und das ist ja ein ganz wesentlicher Kritikpunkt an, ähm, an diesen Bologna-Reformen, dass wir eigentlich zurückgefallen sind mit Teilen der Bologna-Reform auf ein Ausbildungsverständnis statt ein echtes, freiheitliches oder Bildungsverständnis und dafür, oder dagegen, war und ist glaube ich das Komplementärstudium ein Signal, ein Zeichen, ein Konzept, ähm, was [Räuspern], ja, was eigentlich einen Ort der Freiheit schaffen soll und der, der ungewöhnlich ist, in Zeichen von durchstrukturierten Studienplänen. Ich glaube, das ist das eine." (2021, Interview 09)

An das Themenfeld der „durchstrukturierten Studienpläne" wird unter dem Schlagwort der Bürokratisierung auch eine umfassendere Systemkritik insbesondere mit Fokus auf die Arbeitsbedingungen wissenschaftlichen Personals an den Universitäten geknüpft.

Q3: „Die Formalisierung und Bürokratisierung führte auch zu einer Einengung der professoralen Arbeitswelt. Regeln wie ‚Ein Professor pro Modul' waren für Studiengänge mit vielen Studierenden die Rückkehr zu Massenvorlesungen und Seminaren, geleitet durch unterbezahlte Angehörige des Mittelbaus." (C. Strunz 2021, Artikel 02)

Q3: „Das neue System hat z. B. zu einer massiven Überbürokratisierung des Studiums geführt. Es gibt auf der einen Seite immer weniger voll bezahlte wissenschaftliche Mitarbeiterinnen und Mitarbeiter (zumindest im Bereich der Bildung), auf der anderen Seite mit viel Personal ausgestattete Studiendekanate sowie Qualitätsbeauftragte und sonstige neue Instanzen." (2021, Artikel 02)

Hier scheint das im Diskursfeld Q2 herausgearbeitete Konkurrenzverhältnis zwischen Wissenschaftler*innen und administrativen Verwaltungskräften wieder auf. Auch aus der Q3-Perspektive wird den Wissenschaftler*innen etwas genommen. Allerdings wird das Komplementärstudium hier nicht zum „Ressourcen-Räuber" abgestempelt, sondern hochschulpolitische Entscheidungen als Gründe für den Verlust auf Seiten der Wissenschaftler*innen angeführt („Einengung der professoralen Arbeitswelt"). Trotzdem werden die Statusgruppen in ihrem Anspruch auf vertragliche Bindung gegeneinander ausgespielt, indem die Wissenschaftler*innen als Verlierer*innen einer Politik dargestellt werden, auf deren Kosten das Personal im Qualitätsmanagement und den Studiendekanaten aufgestockt wird.

Am Verhältnis zwischen Wissenschaftler*innen und Verwaltungskräften wird deutlich, wie in jedem Diskursfeld im Hinblick auf das eigene zentrale Bedürfnis argumentiert wird: Aus der Q1-Perspektive geht es um eine klare (räumliche) Trennung der beiden Gruppen zur Wahrung bewährter Strukturen, die Orientierung und damit Sicherheit bieten. Aus Q2-Perspektive rückt das Bedürfnis nach Bindung an die eigene Peergroup in den Fokus. Im Diskursfeld Q3 wird das Bedürfnis nach Autonomie gegen einen als „Überbürokratisierung" empfundenen Übergriff der anderen verteidigt. Die Verwaltungsebene wird von Q3 als der Inbegriff eines Formalisierungsstrebens imaginiert, durch welche seine ihm so wichtige Gestaltungsfreiheit beschnitten wird.

> Q3: „… dass viele von uns, sage ich jetzt extra, gesagt haben ,Das mach' ich extra nicht. Also, so, so, so, auf so einen Blödsinn lass' ich mich doch nicht ein.' Also da sind diese jungen, also manchen, diese jungen, administrativen Damen, die mir altem, männlichem Professor, ähm, erzählen wollen, was ich machen soll und die genehmigen mir meine Lehre oder nicht? Also, ne, aus Prinzip nicht, nie wieder, da mach ich nix." (C. Strunz 2021, Interview 06)

Die für Q3-typische Auflehnung gegen Regeln und Strukturen enthält einen weiteren Aspekt: Der Q3-Beobachtungstyp möchte sich nicht festlegen (lassen). Er will das *breite* Spektrum an Möglichkeiten, das sich ihm bietet, auskosten und sich möglichst viele Optionen offenhalten. Während *breite* Bildung im Diskursfeld Q2 als bloße Vorstufe einer Spezialisierung negativ konnotiert ist, steht das breite Seminarangebot im Diskursfeld Q3 für Vielfalt auf der inhaltlichen Ebene:

> Q3: „Die Leuphana Universität Lüneburg bietet ein breites Angebot an Studieninhalten." (C. Strunz 2021, StudyCheck 04)

> Q3: „Durch die Kombination BWL, Wirtschaftspsychologie und dem Komplementärstudium konnte man viele Einblicke in unterschiedliche Gebiete erlangen." (2021, StudyCheck 53)

> Q3: „Das Komplementärstudium bietet die Möglichkeit in alle möglichen Bereiche rein zu schnuppern und mit Studenten aus allen Studiengängen und Semestern zusammen zu kommen." (2021, StudyCheck 31)

„Einblicke erlangen" und in andere Bereiche „reinschnuppern" entspricht dem Q3-Bedürfnis interessengeleitet und selbstbestimmt eine Auswahl zu treffen. Doch ein Beobachter, der in etwas hineinschnuppert bzw. einen Einblick nimmt, kann nicht als wirklich involviert gelten. Er reckt vielleicht die Nase nach vorn, verbleibt dabei aber auf seinem bisherigen Standort. Auch der sprichwörtliche „Blick über den Tellerrand" setzt keine Standortveränderung voraus. Wörtlich genommen könnte man sich den Beobachter in der Mitte eines Tellers vorstellen – sich um die eigene Achse drehend – und „über den Rand" hinausschauend:

> Q3: „Das individuelle System bestehend aus Major, Minor und Komplementärfach bietet sowohl interessante Kombinationsmöglichkeiten als auch Einblicke über den Rand des eigenen Fachs hinaus." (C. Strunz 2021, StudyCheck 22)

Mit dem Blick über den „Rand des eigenen Faches" ist offenbar nicht die Erarbeitung neuer Sichtweisen auf bekannte Themen gemeint, denn dafür müsste man sich bewegen und den Standort wechseln. Der „Blick über den Tellerrand" legt die Assoziation der Einverleibung nahe, also eine Verbreiterung des eigenen (Nahrungs-)Spektrums durch die Integration neuer Inhalte (respektive Speisen). Q3 erweitert sein Spektrum, indem er – wie an einem Büffet – Neues ausprobiert und daraufhin prüft, ob es seinem Interesse

(Geschmack) entspricht. In diesen Kontext gehört die Metapher von der Horizonterweiterung, im Sinne einer Vergrößerung des Wahrnehmungsradius um den eigenen Standpunkt herum. Wie weit sich der Q3-Beobachtungstyp dabei aus seiner bisherigen Komfortzone herauswagt, will er selbst entscheiden.

> Q3: „Und da sitzen dann halt auch viele andere Menschen drin als die, die du so aus deinen eigenen Vorlesungen gewöhnt bist. Das war, das fand ich beispielsweise, ein sehr weiter, aber sehr, sehr guten Rand über –, Blick über den Tellerrand. Das war so bei mir so Grenzen setzen, was ich, worauf ich Bock hab'. Wirtschaftsnah, aber trotzdem mich auszuprobieren." (C. Strunz 2021, Interview 05)

Q3 scheint sich dem (Fach-)Fremdem gegenüber nur bedingt zu öffnen, nämlich nur so weit, wie er es will („Bock hat"). Die Bereitschaft, den eigenen Standpunkt zu verlassen, ist im Diskursfeld Q3 also nicht unbedingt gegeben – doch unter der Voraussetzung der Frei*willig*keit wäre der Q3-Beobachtungstyp sogar dazu bereit, sich zumindest probeweise zu bewegen.

> Q3: „Ich kann mir auch vorstellen, mich einfach aus Jux und Dollerei gerade mal in ein Seminar reinzusetzen, auf das ich überhaupt keine Lust hab', was mich inhaltlich rein gar nicht interessiert […] Das könnte ich mir beispielsweise schon vorstellen aus Spaß einfach mitzumachen und zu gucken: Ist es wirklich so scheiße, wie ich mir das jetzt die letzten paar Semester überlegt habe, oder macht es vielleicht Spaß? (lacht)" (C. Strunz 2021, Interview 05)

Eine solche interessenorientierte Haltung lässt sich jedoch nur schwerlich mit „in Stein gemeißelten" Regeln vereinbaren, da sich die Interessenlage jederzeit ändern kann. Bereits artikulierte Entscheidungen drängen aber dazu, ihnen auf der Handlungsebene eine Form zu verleihen, wodurch sie sich weniger leicht revidieren lassen. Sein ausgeprägtes Freiheitsbedürfnis erschwert es dem Q3-Beobachtungstyp, sich zu entscheiden und auf eine Option festzulegen.

> Q3: „… Da gab es halt super, super viele Angebote, die mich auch total interessiert haben. Wo ich dann auch gedacht habe ‚Oh, cool,

soll ich das jetzt nehmen oder das oder das?'. Das Schlimmste war dann, sich für eins zu entscheiden und sich zu bewerben." (C. Strunz 2021, Interview 10)

Die Freiheit der Wahl geht einher mit der Verantwortung für die getroffene Entscheidung. Deshalb ist die Kehrseite der von Q3 so geschätzten Selbstbestimmung die Angst, sich falsch zu entscheiden und den falschen Weg einzuschlagen. Diese Ver*antwort*ung lastet auf Q3.

> Q3: „Ich weiß nicht wie wichtig nachher das Bachelor-Zeugnis ist beim Arbeitgeber. Aber wenn dann jemand fragt: ‚Mhm, was haben Sie denn da gemacht?' Oder ‚Warum machen Sie denn das?' ‚Ja, pff, ‚weil mir da keine andere Wahl blieb' ist dann halt eher die Antwort, als ‚Weil es mich interessiert'. Ist halt so." (C. Strunz 2021, Interview 10)

Der Q3-Beobachtungstyp ist davon überzeugt, dass Interessenverfolgung die richtige Art und Weise (sprich: angemessenes Verhalten) ist, durch das Studium bzw. das Leben zu navigieren. Diese Überzeugung lässt sich auch darin wiedererkennen, wie Q3 seine Vorbilder wählt. Im Gegensatz zum Q2-Beobachtungstyp, der den sozialen Status seiner (beruflichen) Vorbilder an deren beruflicher Position und Reputation festmacht, sind für den Q3-Beobachtungstyp Menschen ein Vorbild, die sich mit dem beschäftigen, was sie eigentlich interessiert und worauf sie Lust haben – und das sogar zu ihrem Beruf machen konnten.

> Q3: „Also gerade bei Herrn XY, der ja, [...] Attorney at Law, Anwalt, ist. Der einen dann einfach mal ein Semester lang in den Anwaltsjob mit rein nimmt und zeigt, ‚Okay, so und so und so machen wir das. Hier haben Sie Ihren Fall, hier haben Sie Ihre Beschreibung. Probieren Sie sich.' Ähm. Dann hier Frau XX, die ja, ich glaub', die ist sogar Professorin für Social Entrepreneurship. [...] also die macht dann das, worauf sie Lust hat. Die sagt, ‚Hier, wir machen Brainstorming drei Veranstaltungen lang. Dann finden Sie sich in Gruppen zusammen, wenn Sie was gefunden haben, was Sie interessiert und dann, äh, schreiben Sie mir einen Businessplan'. Und aus dem Businessplan, den wir gemacht haben, ist dann tatsächlich eine Unternehmensgründung geworden. [...]

[Eine weitere Lehrveranstaltung] war so ein bisschen die Mischung zwischen dem VWL-Professor, der [zu] Wettbewerb forscht, und dann auch wieder dem Anwalt, […] aber da hat man dann halt auch gemerkt, der eine hat Ahnung von dem, bringt die Sachen ein, die ihn eigentlich interessieren und nicht das, was er in seiner Vorlesung macht und der nächste bringt auch das ein, was ihn eigentlich interessiert und auch weniger das, was er in den Vorlesungen macht." (C. Strunz 2021, Interview 05)

Vorbilder sind hier also Personen, die im Einklang mit ihren eigenen Interessen handeln und deren berufliche Identität nicht im Widerspruch zu ihren privaten Interessenlagen steht. Anders als im Diskursfeld Q2, in dem das Berufliche und das Private strikt getrennt werden, bietet aus einer Q3-Perspektive auch der Beruf dem privaten Ich einen Raum, in dem es sich bzw. seinen Willen ausleben kann. Q3-Vorbilder müssen ihre *eigen*(tlich)*en* Interessen nicht zugunsten beruflicher Anforderungen unterdrücken. Ein gemäß der *eigenen* Interessen gestaltetes (Berufs-)Leben entspricht dem Q3-Ideal. Erstrebenswert erscheint ein von strukturellen Erfordernissen („Sachzwängen") und/oder Anforderungen der sozialen Umwelt befreites und von intrinsischer Motivation getragenes Berufsleben.

Der Q3-Beobachtungstyp empfindet einen Lebensentwurf als gelungen, in dem keine unfreiwillige Unterordnung stattfindet. Sein Widerwille, sich unterzuordnen, ist Ausdruck eines Selbstkonzeptes, das den inneren Regungen (Wille, Lust, Interesse, Motivation) den Vorrang einräumt. Die Rebellion gegen Regeln und Vorschriften, erscheint als Kampf um die Vorherrschaft zwischen inneren Motiven (Beweggründen) und äußeren Anforderungen. Aus der Perspektive von Q3 verliert diesen Kampf, wer seinen Willen im alltäglichen (beruflichen) Handeln den äußeren Anforderungen opfert. Entsprechend bemüht sich Q3 um die Durchsetzung seines Willens und eine auch im Außen *sichtbare* Realisierung seiner Interessen. An seinem Tun und Lassen soll ablesbar sein, dass er seinen Interessen und Idealen gemäß lebt.

Q3: „Das heißt, ich musste mir dann immer irgendwas aussuchen, was mich gar nicht interessiert hat. Was irgendwie gar nicht zu mir und meinem Studiengang passte. Das find ich halt so schade, dass es jetzt im Zeugnis drin steht, was ich gemacht hab', was ich eigentlich gar nicht machen wollte. Also das sind ja 30 Credits und dann steht da jetzt ... was habe ich da gemacht? [...] Englisch Theaterspielen, Kram. Das wollte ich eigentlich gar nicht machen [Lachen]. Also das passt nicht zu mir." (C. Strunz 2021, Interview 10)

Q3 ist darum bemüht, das zu finden, was sein Inneres widerspiegelt. Die Kehrseite dieses Anspruches auf Übereinstimmung zwischen *innerem* Wollen und *äußerem* Tun ist die Angst, ein Leben zu führen, das dem eigenen Selbstbild nicht gerecht wird. Das bedeutet für Q3 vor allem, sich nicht in seinen Möglichkeiten einengen zu lassen, sich nicht durch Entscheidungen um weitere Optionen zu berauben.

> Q3: „Naja. Und dann hab' ich halt im Internet mal geschaut. So, ja, was sind deine Interessen und was passt eigentlich zu dir. Irgendwann kam Kulturwissenschaften halt raus, weil ich so eher breit gefächert bin. So, wie, keine Ahnung ... Religion, Gesellschaft und Stadt. Raumforschung und irgendwie passte das alles genau hierher, weil man gerade hier ja auch so viele Möglichkeiten hat und ja. Dann hab ich mir überlegt, ja. Ein Studium wär schon ganz schön." (C. Strunz 2021, Interview 10)

Die hier beschrieben Studienwahl ist keine Entscheidung, sondern ein Offenhalten von Optionen. Der Q3-Beobachtungstyp fürchtet, sich durch seine Entscheidungen selbst zu begrenzen bzw. sein Selbst zu begrenzen. Für Q3 sind sein Wille und sein Selbst eins; Selbstverwirklichung bedeutet ein Leben zu leben, das dem eigenen Willen entspricht. Vor diesem Hintergrund wird nachvollziehbar, warum für andere sichtbare Resultate seines Handelns eine solche Bedeutung für Q3 haben. Die Scheu vor irreversiblen Entscheidungen zeugt von der Angst, nicht der oder das zu werden, woraufhin er sich kraft seiner Selbstimaginationen angelegt hat. Es ist die Angst vor der Verendlichung in einem nicht gewollten, nicht selbstbestimmten Sinne.

Auf Peter L. Bergers „Der Zwang zur Häresie" (1980) bezugnehmend, spricht ein Interviewpartner diese Angst als theoretische

Beobachtung an, die er mit der Wahlfreiheit als Kennzeichen unserer (post-)modernen Gesellschaft in Verbindung bringt:

> „Ähm, also das ist schon 'ne, das ist schon 'ne interessante…s Phänomen, dass wir in 'ner Gesellschaft leben, wo man erstmal jungen und älteren Menschen die ganze Breite von Möglichkeiten, äh, auf der ganzen Welt irgendwie vor Augen stellt, ökonomisch ist es natürlich auch gewollt, weil es natürlich ja auch 'ne Möglichkeit ist, zu 'nem Verkaufsschlager werden zu können. Ähm, und dann aber gleichzeitig, ähm, sozusagen erwachsene Menschenbilder in mehrerer Hinsicht produziert. Ähm, weil jede Wahl halt auch 'ne Verendlichung ist. […] Ähm, also Beruf, ähm, müssen wir wählen, den Partner müssen wir wählen und so weiter und so fort. Vielleicht auch die sexuelle Orientierung heutzutage. Also lauter Sachen, die man in vormodernen Gesellschaften nicht wählen muss, musste, aber es gibt eine Sache, die man nicht, ähm, wählen kann und das ist die Wahl selbst." (C. Strunz 2021, Interview 07)

Aus der Perspektive dieses Beobachters ist Q3 einem Missverständnis aufgesessen, indem er sein Ideal vom freien Willen mit der Vorstellung von einem unfreien Willen kontrastiert, der als aufgezwungener Wille interpretiert wird. So wird ein Gegensatz zwischen einem *eigenen* (wahren) Willen und einem *fremden* (falschen) Willen erzeugt. Einen Ausblick ins Diskursfeld Q4 gibt der zitierte Beobachter, wenn er den unfreien als den gebundenen Willen interpretiert:

> Q4: „Der Witz ist aber gar nicht, dass es um einen unfreien Willen geht, sondern lateinisch ‚servus' ist ja der Gebundene, der also, äh, gebunden ist, also der gebundene Wille. Der Wille, der an etwas anderes, anderes gebunden ist, um Wille sein zu können. Also die Idee, die dahintersteckt, ist, Wille ist eigentlich nur dann Wille, wenn er an, äh, Emotionen, Affekte und auch kognitive Gründe gebunden ist, ansonsten ist es kein Wille. Ähm, und daraus folgt natürlich dann für den Freiheitsbegriff, dass Freiheit immer als Freiheit zu etwas verstanden werden muss und vor allen Dingen als Freiheit zu 'ner Verendlichung. Ähm, also wir alle sind endlich und wenn ich mich für etwas entscheide, äh, dann heißt das natürlich, oder entschieden habe, sei es zufällig, ähm, oder sei es, weil, weil Affekte mich dazu drängen, dann heißt das, dass bestimmte andere Sachen ausgeschlossen sind." (C. Strunz 2021, Interview 07)

Der von diesem Q4-Beobachter vorgeschlagene Gegenbegriff zum freien Willen ist der gebundene Wille. Paradoxerweise wird aber gerade der gebundene Wille als der eigene Wille bzw. als Wille überhaupt interpretiert. Es wird also kein Gegensatz zwischen *unfrei/gebunden* und *eigen* erzeugt. Die Bindung, die hier positiv benannt wird, ist die an eigene „Emotionen, Affekte und auch kognitive Gründe", also eine Verbindung an innere Motive. Daraus wird ein anderer Freiheitsbegriff abgeleitet: Freiheit erscheint nicht als *Freiheit von äußeren* Regeln und Zwängen, sondern als Freiheit, sich für etwas zu entscheiden und sich dabei an eigenen, inneren Beweggründen zu orientieren. Menschliche Freiheit nicht nur mit kognitiven Gründen, sondern auch mit Emotionen und Affekten positiv in Verbindung zu bringen, wirkt im Kontext einer sich auf Objektivität berufenden Wissenschaft irritierend.

Die Suche nach Angeboten, die zu den eigenen Interessen passen, geht implizit davon aus, dass das Richtige bereits existiert und nur gefunden werden muss; ein wenig so, als wäre das Leben ein Theaterfundus und die Suche nach der passenden Rolle eine Kostümanprobe. Der Anspruch von Q3 liegt weniger darin, sich selbst zu *er*finden, als die zu ihm passende Rolle zu finden. Treffender noch als die oben verwendete Formulierung „Selbstverwirklichung" erscheint mir im Fall von Q3 deshalb die Selbst*findung*.

> Q3: „In diesem Studium habe ich die Möglichkeit bekommen mich selbst und meine Interessen zu entdecken. Die Universität gibt den Studenten durch das Komplementärstudium sowie die Wahl eines Minors die Chance in viele verschiedene Bereiche hineinzuschnuppern. Das gefällt mir außerordentlich gut und ich konnte mich dadurch selber finden." (C. Strunz 2021, StudyCheck 05)

> Q3: „In meinem Studiengang hat man viele Auswahlmöglichkeiten und wird in der Selbstfindung sehr gut unterstützt. Es ist für jeden Geschmack etwas dabei und die Studierenden werden dazu ermutigt immer wieder neue Erfahrungen zu sammeln." (2021, StudyCheck 08)

Selbsterkenntnis in dem von Q3 gelebten Sinne bedeutet, etwas zu finden, in dem er sich selbst (wieder-)erkennen kann. So kann die von Q3 eingenommene Haltung gegenüber der Welt als die eines Konsumenten beschrieben werden, der das Warenspektrum auf der Suche nach dem am besten zu ihm passenden Angebot durchforstet. Sofern er nicht dazu gezwungen wird, ist Q3 dazu bereit, sich in sehr unterschiedlichen Rollen auszuprobieren.

> Q3: „Meiner Wahrnehmung nach ist das, also gerade an dieser Uni sehr stark so, dass man sich, ähm, ausprobieren kann. In ganz vielen unterschiedlichen Bereichen. […] Und ich hab' das Gefühl, im KS, ähm, wird aus dem ‚Sich-ausprobieren' aus Jux und Dollerei vielleicht auch noch mal so ein wissenschaftliches, so ein wissenschaftlicher Rahmen drum gegeben ... [längere Denkpause] Oder ... nicht nur wissenschaftlicher Rahmen, sondern, dass man auch mal –, äh, rein grundsätzlich könnte ich mich ja eigentlich in jede Bachelor-Veranstaltung reinsetzen." (C. Strunz 2021, Interview 05)

In der Regel geht Q3 aber davon aus, dass das Passende am Eigenen anschlussfähig sein muss, weshalb er nicht dazu bereit ist, sich für alle Erfahrungen zu öffnen. Q3 tendiert dazu, Optionen, die von vornherein als zu fremd oder zu weit weg vom Eigenen empfunden werden, gar nicht erst auszuprobieren.

> Q3: „… ich bin grundsätzlich ein Mensch, der sehr, sehr viele Interessen hat. Also ich kann mich für viele Dinge begeistern. Möchte aber halt im KS schon zumindest den linkesten oder rechtesten Rand von dem, was ich studiere schon mitnehmen." (C. Strunz 2021, Interview 05)

Um das Passende zu finden, muss Unpassendes aussortiert werden. Der Tendenz, sich mit Objekten zu identifizieren, welche das eigene Innere widerspiegeln, steht eine Neigung zur Abgrenzung von allem gegenüber, was als unpassend empfunden wird.

> Q3: „Besonders das Modul ‚Wissenschaft lehrt Verstehen' fand ich sehr unpassend, da ich dort ein Seminar hatte, was absolut nichts mit meiner späteren fachlichen Ausrichtung zu tun hatte und nur Qual für mich war, da es mich gar nicht interessiert hat und ich keinen Sinn darin sehen konnte." (C. Strunz 2021, Zwischenbefragung College)

Die Idee der Selbstverwirklichung als Selbst*findung* ist an eine mehr oder weniger konkrete Vorstellung davon gekoppelt, wer man sein kann oder will. Dieses Selbstkonzept gibt Grenzen des Annehmbaren vor, und das sind die Grenzen des noch als das Eigene wiedererkennbaren. Zudem muss es willentlich angenommen werden, was die Möglichkeit einer positiv gearteten Identifikation erfordert. Das Nicht-Annehmbare wird als das Fremde aus dem bewussten Selbstkonzept ausgegrenzt und teilweise auch abgewertet.

> Q3: „Ich kann mir auch vorstellen, mich […] mal in ein Seminar reinzusetzen, auf das ich überhaupt keine Lust hab', was mich inhaltlich rein gar nicht interessiert und wo ich mir, wenn ich mir die Beschreibung schon durchlese, schon ein Bild vor Augen hab', von Menschen, die das jetzt […]einfach mitzumachen und zu gucken: Ist es wirklich so scheiße, wie ich mir das jetzt die letzten paar Semester überlegt habe …" (C. Strunz 2021, Interview 05)

> Q3: „Ne, also das sind zwei SHK-Jobs. Und einer der ist so, auf Gewerbeschein. Ab und zu mal unterwegs. Also sowas könnte noch nach dem Studium weiterlaufen. Ich glaube, hätte ich in die Richtung was studiert, würde ich dann auch in dem Unternehmen einen Platz finden, aber es ist halt in der Foodbranche. Und das ist halt so komplett fremd von dem, was ich eigentlich machen will. […] Zum Beispiel Studentische Hilfskräfte an der Bibliothek und die arbeiten da ja wirklich. Und das ist dann für mich so: Ich geb' Bücher aus. Ich hol' neue Bücher rein. Ich mach' da neue Aufkleber drauf. Das ist so, was ich überhaupt nicht in meinem Leben machen würde. Jetzt seh' ich immer nur, was ich nicht machen will." (C. Strunz 2021, Interview 10)

Dies zieht eine starke Konzentration auf genau diese Grenze nach sich, die sich vor allem als Priorisierung des Eigenen gegenüber dem Fremden äußert.

> Q3: „Also ich hätte mir, glaub ich, gewünscht, dass ich einfach dadurch verschiedene Einblicke irgendwo in fremde Branchen auch gewinnen konnte … Das find' ich eigentlich ganz schön, wenn man einfach danach sagt: ‚Ja, das gehört jetzt zwar nicht zu meinem Studium, aber daraus hab ich super viel mitgenommen für mich selbst und das find ich ganz schön." (C. Strunz 2021, Interview 10)

Q3: „Ganz oft steht das Komplementär wirklich auch hinten an. Das ist nicht nur bei mir so. Das hab' ich bei vielen schon gehört. Also ich hab jetzt zwei Klausuren, zwei Hausarbeiten und Komplementär. Dann macht man erst die zwei Klausuren, die zwei Hausarbeiten und wenn dann noch die Zeit bleibt, das Komplementär. Oder das macht man dann halbherzig. Weil das ist irgendwie nicht Teil des Studiums. […] Weil es so fremd ist. Also diese Inhalte, die man da behandelt, sind ja so fremd vom Studium. Und irgendwie ist jeder so konzentriert auf sein Studium an sich und das andere ist so das, was man nebenbei machen muss und dann ist es das, was hintenansteht." (2021, Interview 10)

Die Grenzziehung zwischen dem Eigenen und dem Fremden hat bereits im Diskursfeld Q1 (hier in territorialer Variante) und in Q2 (in Form sozialer Zugehörigkeit) eine wichtige Rolle gespielt. Während Q1 die Grenze zwischen Heimat und fremdem Territorium zieht, und Q2 die anderen in nützliche Kontakte und Konkurrenten auf dem Arbeitsmarkt unterteilt, benutzt der Q3-Beobachtungstyp die anderen einerseits, um seine persönlichen Grenzen zu erweitern (Bereicherung), und andererseits, um sie abzustecken und sich dadurch *seiner selbst* zu vergewissern. Letzteres ist erforderlich, weil Q3 dazu neigt, sich mit seinen Interessen und den zu diesen *passenden* Identifikationsobjekten gleichzusetzen. Q3 versucht sich in *seinen* Objekten *selbst* zu finden, woraus das bereits angesprochene Bedürfnis resultiert, das eigene Wollen für andere an Objekten und Handlungen ablesbar zu machen.

Q3: „Und, naja, ich war jetzt für meine Bachelor-Arbeit zweimal auf Sansibar. […] Und da sieht man halt schon, was ich dann später einmal machen wollen würde. So in den Entwicklungshilfebereich so ein bisschen, und wenn ich dann vor Ort bin, denke ich mir auch jedes Mal, ja, ich muss jetzt endlich fertig werden, damit ich dann auch endlich mal irgendwie was bewegen kann. Das würde ich eigentlich gerne nach dem Studium machen. Irgendwie nicht so einen Job haben, der halt, wo man gar nichts sieht quasi, was die Person im Leben macht. Weiß nicht, würde gerne so einen Output sehen, was dabei rumkommt." (C. Strunz 2021, Interview 10)

Die Unterscheidung zwischen *eigen* und *fremd* kann – wie auch die zwischen *innen* und *außen* (Q1) oder *zugehörig* und *nicht zugehörig* (Q2) – als Ich versus Nicht-Ich gedacht werden. Während sich Q1 und Q2 also in Form von Konzepten wie Institutions- oder Gruppenzugehörigkeit räumliche oder soziale Anknüpfungspunkte in ihrem äußeren Milieu suchen, äußert sich die Grenzziehung im Diskursfeld Q3 in der Fokussierung auf das *eigen*(tlich)e Studienfach, das *eigene* Interesse, den *eigenen* Willen und *eigene* Entscheidungen.

Diskursfeld Q4: Kodes und Subdichotomien

Kode	positiv besetzter Pol	negativ besetzter Gegenpol	Dichotomie
Q4_Weg in ungewisse Zukunft	Unbeständigkeit, Vergänglichkeit, Anerkennung der Ungewissheit (offene Zukunft, vage), rausgehen, ausgestoßen werden, Ausführung, Standpunkte verlassen	Vertrauen auf Handfestes, und Beständigkeit (materiales Wissen, 1:1 transferierbare Inhalte), orientierungsgebende Strukturen, Einführung, Standpunkte einnehmen	vergänglich – beständig
Q4_einzigartige Erfahrung	Unvergleichbarkeit, Einzigartigkeit, Einmaligkeit, Singularität, Lernen als zutiefst persönliches Ereignis, in keine Kategorie passend (Unikat)	Verallgemeinerung, Kategorie, festgelegter Bildungskanon (Studium Generale), kanonisch definierte Information	einmalig – allgemein
Q4_erfahrungsbasierte Sinngebung	Beziehung zwischen Inhalten und eigener Erfahrung, Bezug zur eigenen Lebenswelt, phänomenale Rückbindung, erfahrungsbasierte eigene Wahrnehmung, Lernen als entdecken, Menschlichkeit	für pädagogischen Zweck präparierte Text (vorgegebene Interpretation), festgeschriebene Lernziele, Lernstoff (Bildungsgüter), Lernen als „Information aufnehmen, abspeichern, verfügbar machen" (Sprech-)Roboter	menschlich – humanoid
Q4_Expedition	Pfad der eigenen Entdeckungen, offene Suchbewegung, eigenen (Lösungs-) Weg bahnen, stetiges voranschreiten, offene Ziele, spielerisch, Kind, Flaneur	bewährter, vorgezeichneter Pfad; Vorbildern folgen, vorbestimmte Ziele ansteuern, Plan (Wille) verfolgen, Erwachsene	offen – festgelegt
Q4_Gegenwärtigkeit	Erlebnisse, (positive) Emotionen, Spaß, Leidenschaft, involviert sein, im Moment sein (Gegenwart), Zustand, At-	Selbstdisziplinierung, (Aus-)Bildung einer beruflichen, sozialen Rolle, Ziel, Intention (intentionale Zielfindung,	spontan – geplant

	tention (attentionale Zielfindung Praxis, Selbstzweck)	poiesis, Produktivität, Gewinnsteigerung)	
Q4_Energieübertragung	Energieübertragung, für etwas brennen, Begeisterung verbreiten, Energieaustausch zwischen Personen	Erreichung der Ziele, Erfüllung von Anforderungen, Output-orientiert	beziehungsorientiert – zweckorientiert
Q4_Glück der Selbst-Überschreitung	Leistung, Höchstleistung, Intensität, Energiedichte, Hingabe, Commitment, Engagement, Glück	Erfolge, erzielte Leistungen (Vergangenheit), geschafft	Prozess – Ergebnis
Q4_Eigenwert des Gegenübers	Wertschätzung des anderen, den anderen ernst nehmen, Nicht-Ich als Teil eines übergeordneten Wir	Andersartigkeit als Zumutung	Einheit – Trennung
Q4_Unvollkommenheit	Potentialverwirklichung, Tugend der Bescheidenheit, die eigene Unvollkommenheit anerkennen	Vollkommenheit, Arroganz	unfertig – fertig

Abbildung 10: Kode-Tabelle Q4

Das Diskursfeld Q4 stellte eine besondere Herausforderung dar, da es sich erst in der Differenz zu den übrigen Diskursfeldern abzeichnet. Die Q4-Haltung wird vor allem als die Negation dessen greifbar, was in den anderen Diskursfeldern als Anhaltspunkt der Orientierung dient. So bezweifelt Q4, dass das „Handfeste", an dem sich Q1 festzuhalten versucht, dauerhaft Halt und Orientierung zu bieten vermag.

> Q4: „... ich erleb' diese Haltung natürlich auch bei meinen Studierenden, die dann häufig erwarten, ich sollte irgendwas machen, was sie 1:1 in der Schule anbieten können. Aber ich kann ihnen in der Ethik nichts bieten, ähm, was 1:1 in der Schule funktioniert. Und natürlich mach' ich manchmal auch gern, ähm, mach' ich vielleicht mal gern auch materiale Ethik, also, was weiß ich, [...] Schwangerschaftsabbruch oder so. Nur tut man denen eigentlich keinen Gefallen damit, den Studierenden, ähm, denn das wäre vielleicht was, was sie, wenn sie schnell studieren, anwenden können in den nächsten zwei Jahren, aber die müssen ja noch unterrichten in der Schule, also wenn ich schon pensioniert oder unter der Erde bin. Also 2060 oder so. Und ich bin da auch nicht in der Lage, oder keiner von uns ist, glaub' ich, in der Lage zu sagen, was gibt's dann für Probleme. Und dann müsste man sich ja überlegen, wie kann unser Studium so aussehen, ähm, dass es selbst noch 'ne Bedeutung für die Zeit dann hat. Und das sind, glaub' ich, nicht so diese fachspezifischen Sachen." (C. Strunz 2021, Interview 07)

Diese Aussage verweist auf eine Art der Orientierung, die sich – im Gegensatz zu Q1 – nicht (allein) auf das stützen mag, was „gegeben ist", und entsprechend auch nicht wie Q2 auf überlieferte Traditionen und Autoritäten vertraut. Q4 ist sich der Vergänglichkeit und Unbeständigkeit bewusst, und zwar nicht nur der Vergänglichkeit in Bezug auf „materiale", „fachspezifische Sachen" und daraus abgeleiteten Überzeugungen, sondern auch seiner selbst („wenn ich [...] unter der Erde bin."). Dennoch ist der Blick in die Zukunft im Diskursfeld Q4 von zuversichtlicher Offenheit bestimmt, statt von der in Q2 so präsenten Zukunftsangst. In den folgenden Aussagen finden sich beide Sichtweisen wieder, wobei die momentane Beobachtung von einer optimistischen und vertrauensvollen Haltung geprägt ist:

Q4: „Ja, wobei. Ich mach' ja jetzt auch noch den Master. Auch zum Teil, weil ich nicht genau weiß, was ich machen soll. Und dann hab' ich mir jedenfalls fest vorgenommen, auch halt während des Masters halt mir konkrete Gedanken zu machen, was danach geschehen soll. Und dann ist ja erstmal Bachelor, okay, studieren. Aber dann hat man den Master und danach wird's erst so richtig ernst. Arbeitsmarkttechnisch und dann ist auch jetzt gerade ein sehr entspanntes Gefühl." (C. Strunz 2021, Interview 04)

Q4: „Also ich kann mir so vorstellen, so Projektmanagement, was dann auch relativ vielfältig wäre. Oder, puh, auch für irgendeine staatliche Organisation zu arbeiten. In irgendeinem Bereich. Irgendwie so nachhaltige Stadtplanung. Aber auch alles Mögliche, was so Richtung Nachhaltigkeit, Umwelt geht. Oder auch für Nichtregierungsorganisation, irgendwie so eine NGO könnte ich mir auch vorstellen zu arbeiten. Joa." (2021, Interview 04)

Q4: „Aber ich denke, wenn man sich da viel mit beschäftigt und sich halt auch ab und zu mal Gedanken darüber macht und dann irgendwie ja halt das so ein bisschen mit in die Lebensplanung mit einbezieht, dann, dass man da schon was Vernünftiges findet." (2021, Interview 04)

Statt sorgenvoll in die Zukunft zu schauen, beschreibt Q4 hier eine noch vage und offene Zukunft voller Optionen, die im Moment auch nicht weiter konkretisiert werden müssen. Wie im Diskursfeld Q3 wird Studieren vor allem als eine Möglichkeit gesehen, „sich auszuprobieren". Im Gegensatz zu Q3 steht hier aber nicht ein Ausprobieren im Vordergrund, das konkrete Angebote und Optionen austestet und für gut oder schlecht befindet. Vielmehr anerkennt der Q4-Beobachtungstyp die Ungewissheit und begibt sich vertrauensvoll auf eine Reise, die sich beschreiben lässt als eine offene Suchbewegung, bei der sich Q4 auf noch unbekanntes Terrain wagt.

Q4: „... ein Studium nicht als vorgezeichneten sozusagen, wie sagt man, vorgezeichneten Pfad, äh, welche Kompetenzen vordefiniert so zu bilden sind, zu verstehen, sondern als einen Pfad der eigenen Entdeckungen ..." (C. Strunz 2021, Interview 09)

Q4: „[Lachen] Was ist für mich Lernen? Na, Lernen ist gebildet werden, ausgestoßen zu werden auf dem Weg. Nicht eingeführt werden in etwas, ähm, sondern, ähm, rauszugehen in etwas. Lernen ist nicht 'ne Einführung, sondern ne Ausführung, ähm, Lernen bedeutet einen Weg zu gehen und einen Weg zu gehen bedeutet ja, dass man keine Standpunkte hat, sondern jeden Standpunkt verlässt. Also ich bin äußerst skeptisch gegenüber der Idee, dass man Standpunkte hätte oder dass man Standpunkte probeweise einnehmen müsste, andere – ich glaube, das stimmt alles nicht." (C. Strunz 2021, Interview 07)

Hier taucht ein Bild des Weges auf, das als Gegenentwurf zum vorgezeichneten Pfad verstanden werden kann. Die Vorstellung „ausgestoßen zu werden" ist eine klare Absage an den Q1-Wunsch, an die Hand genommen und geführt zu werden, wie auch an den Q2-Wunsch, auf bewährten und tradierten Wegen seinen Vorbildern zu folgen. Für Q4 bedeutet Lernen, sich selbst einen Weg zu bahnen. Ins Unbekannte „rauszugehen" und dabei die bekannten Wege und Standpunkte zu verlassen, statt sie nur probeweise einzunehmen – so wie Q3 in mögliche Rollen (Kostüme) schlüpft. Durch den kontrastierenden Vergleich mit der Q3-Haltung des Ausprobierens von (bereits bestehenden) Optionen lässt sich auch die hier vorgenommene Abgrenzung von dem als „Studium Generale" bekannten Studienkonzept besser nachvollziehen.

Q4: „Das anschließende Fachstudium wird von einem interdisziplinären Komplementärstudium begleitet, das nicht in den bekannten Traditionen eines quasi zusätzlichen ‚Studium Generale' verläuft. Vielmehr werden die im Leuphana-Semester aufgerufenen Fragen nach den Möglichkeiten eines übergreifenden wissenschaftlichen wie gesellschaftlichen Denkens konsequent weiterentwickelt und erste Lösungswege beschritten." (C. Strunz 2021, Interview 03)

Q4: „... was deutlich mehr ist, als ein Studium Generale, wie es seit langem hier in Deutschland üblich ist, deshalb würde ich auch immer sagen, das, was wir hier mit dem Komplementärstudium machen, hat nichts mit'm Studium Generale zu tun, das ist ein völlig anderes Konzept, nämlich das ist kein, nicht irgendwie mal beliebig sich irgendwelchen Themen nähern, sondern das muss deutlich, deutlich, ähm, es ist deutlich ideeller gedacht und es ist auch deutlich konzeptioneller gedacht, als einfach nur mal eine Ringvorlesung zu organisieren, sondern es ist aus einem spezifischen Zusammenhang gedacht." (2021, Interview 09)

Q4: „... wenn ich davon erzähle an anderen Orten, finden Kollegen das immer sehr spannend, häufig sagen sie aber auch, ‚Na, ist das nicht das, was wir früher Studium Generale genannt hatten?' Und dann sag' ich immer, nein das ist es eigentlich nicht, denn die Idee des Studiums Generale ist ja eigentlich 'ne andere, die ist ja doch eigentlich, dass man 'ne bestimmte Basis schafft von bestimmten akademischen Bildungsgütern, die irgendwie einen bestimmten gesellschaftlichen Kanon erworben haben. Also, was weiß ich, dass man mal Kant gelesen hat oder so was. Ähm, und da sag' ich, 'ne so ist es eigentlich nicht gedacht, sondern einmal begleitet das sozusagen die Studierenden, es ist nicht festgelegt, es ist nicht an 'nen Eingang festgelegt, obwohl viele das eingangs machen gleich. Sondern es begleitet sie eigentlich. Ähm – und, äh, und es ist eben nicht die Idee es gibt jetzt einen Bildungskanon, der festgelegt sein muss, ähm, der irgendwie allgemein ist, äh, gibt's zwar auch, aber nicht im KS, also nicht, äh, irgendwie so ne, äh, Wissenschaftstheorie oder Wissenschaftsgeschichte, ähm, sondern wirklich, dass da 'ne Komplementarität aus nem anderen Fach, ähm, in deren jeweiligen Arbeit, auch Forschungsarbeit, ähm, wahrgenommen werden kann."
(2021, Interview 07)

Wieder wird deutlich, dass durch die Negation bekannter Kategorien versucht wird, eine Vorstellung vom Gemeinten zu vermitteln. Dem Studium Generale als einem festgelegten „Bildungskanon" wird das Komplementärstudium als etwas gegenübergestellt, das „ideeller" und „konzeptioneller" sei und u.a. „Fragen nach Möglichkeiten des Denkens weiterentwickelt" und Studierende „begleitet" beim Beschreiten „erster Lösungswege" und dazu beiträgt, dass „Komplementarität [...] wahrgenommen werden kann". Diese Formulierungen mögen unkonkret und von daher teilweise hilflos anmuten, eventuell sogar den Eindruck erwecken, der Beobachter habe selbst nicht „wirklich" erfasst, „was genau" oder „konkret" (vgl. dazu *Q1_kein klares Konzept*) das Komplementärstudium sei.

Was der Q4-Beobachtungstyp zum Ausdruck bringen möchte, wird erst im Kontrast zu den anderen Diskurspositionen sichtbar.

Die besondere Herausforderung des Diskursfeldes Q4 besteht in der Schwierigkeit, den positiv besetzten Pol der Dichotomie in Worte zu fassen. Deshalb erwies es sich als hilfreich, sich über die negativ besetzten Pole der anderen Diskursfelder anzunähern, beispielsweise über den von Q1 monierten Mangel an Klarheit. Der Q4-Beobachtungstyp bleibt in seinen Formulierungen oft unkonkret, als ob er eine Festschreibung dessen, was er auszudrücken wünscht, vermeiden will.

Durch die Strategie der Annäherung über Negationen bestätigte sich meine Vermutung, dass Q4 etwas vor Augen hat, was tatsächlich schwer greifbar, schleierhaft und kaum in Worte zu fassen ist, da es sich quasi um eine dialektische Positionierung handelt. Etwas, für das es keine begrifflichen Kategorien gibt, es sei denn, über den Umweg der Negation einer begrifflichen Kategorie – und deren Transzendierung. Weil das Bilden von Kategorien gewöhnlich in der Benennung von Ähnlichkeitsbeziehungen besteht, erscheint das Kodieren von Negationen zunächst paradox.

Statt zu behaupten, dass ich das Diskursfeld Q4 kodiert habe, würde ich deshalb eher sagen, dass ich es als metaphorische Landschaft erschlossen habe.[30] In Ermangelung begrifflicher Kategorien, mit denen der positive Pol *definiert* werden könnte, greift Q4 auf Metaphern zurück. Mithilfe einer bildlichen Analogie kann eine Ähnlichkeitsbeziehung angezeigt werden, ohne dabei den Anspruch auf Identität zu erheben. Im Vergleich zu einem isolierten Begriff bietet die Metapher mehr Raum für Assoziationen und ist anschlussfähiger für eigene Erfahrungen. Das ist entscheidend, weil der Q4-Beobachtungstyp von Ereignissen berichtet, die aufgrund ihrer Singularität keiner Kategorie zugeordnet werden können.

> Q4: „Ich glaube, so würde ich Lernen definieren, also als ein zutiefst persönliches Ereignis, was, ähm, was nicht sozusagen durch Bücher oder aufgeschriebene Informationen oder, oder kanonisch

---

30 In den Augen derer, die diese Landschaft mit konkreten Erwartungen betreten, scheint sie durch Abwesenheiten gekennzeichnet, was zumeist Irritation und Enttäuschung hervorruft. Wer diesen Fokus abzulegen vermag, kann jedoch eine Entdeckungsreise machen.

definierte Informationen, ähm, geklärt werden kann, sondern in der Ebene dahinter erst passiert." (C. Strunz 2021, Interview 09)

Wenn der Q4-Beobachtungstyp *Lernen* zu umschreiben versucht, zielt er auf etwas ab, das scheinbar nicht verallgemeinerbar ist, da es sich um ein „zutiefst persönliches Ereignis" handelt, welches sich gerade durch seine Einzigartigkeit auszeichnet. Zudem ist der hier mit dem Begriff des Lernens adressierte Prozess zufolge etwas, das nicht durch schriftlich fixierte „kanonisch definierte Informationen [...] geklärt" werden kann (oder erklärbar ist), sondern „in der Ebene dahinter erst passiert" bzw. sich ereignet.

> Q4: „Lernen als zutiefst, als Erfahrungs- und Urteilsbildung. [...] Also als Erfahrungen machen, um aus, und um aus der Reflexion von Erfahrungen Urteilsfähigkeit zu, zu bilden, ich glaube, das ist, da würde, das würde ich sagen, ist im Kern Bildung. Wozu dann die verschiedenen Vorstufen wie Informationen aufnehmen, abspeichern, verfügbar machen, natürlich auch gehört, aber das alleine ist nicht Bildung. Da werden wir zu Sprechrobotern." (C. Strunz 2021, Interview 09)

Bildung erscheint hier als ein Prozess, der sich in verschiedene Komponenten (Stufen) bzw. Aktivitäten gliedern lässt, wobei die hier benannten „Vorstufen" eben nicht ausreichen, um das Phänomen Bildung abschließend zu erklären. Was die „Ebene dahinter" ist und welche zusätzlichen Komponenten noch fehlen, um den Bildungsprozess zu vervollständigen, wird nicht weiter ausgeführt. Dieses Zusätzliche bleibt unausgesprochen in der Schwebe, jedoch wird eine mögliche Konsequenz seiner Abwesenheit benannt: „Da werden wir zu Sprechrobotern". Das „wir" in diesem Satz steht für ein kollektives „wir Menschen", dem der Roboter als eine nichtmenschliche Wesenheit gegenübergestellt wird. Das Unaussprechliche, was den Bildungsprozess ausmacht, wird als Distinktionsmerkmal zwischen Menschen und humanoiden Robotern verwendet.

Mit dem Bild des Sprechroboters wird auf ein durch Q4 negiertes Verständnis vom Lernen angespielt, das dieses auf die Zufuhr von Informationen beschränkt, die möglichst genau so, wie sie eingegeben werden, auch wieder abrufbar sein sollen. Ein solches Lernverständnis sieht keinen einzigartigen Prozess auf einer anderen Ebene vor, der verhindert, dass Studierende wie Sprechroboter Wissen abrufen. Durch diese Kontrastierung wird betont, dass der Bildungsprozess eines Menschen von außen nicht steuerbar ist oder zumindest nicht in dem Maße, dass sein Ergebnis berechenbar oder vorhersagbar wäre. Ohne an dieser Stelle tiefer in die Diskussion über die wesentlichen Unterschiede zwischen Menschen und humanoiden Robotern einsteigen zu wollen, möchte ich die mit dieser Gegenüberstellung erzeugte Dichotomie *menschlich – humanoid* hervorheben. Denn der Begriff der „Menschlichkeit" wird in diesem Diskursfeld noch einmal aufgerufen, um das Q4-Verständnis von Bildung zu umschreiben.

Q4 spricht sich gegen das Festschreiben von Lernzielen und von Lehrenden vorgegebene Interpretationen aus, weil er bezweifelt, dass Lernen so funktionieren kann.

> Q4: „… meines Erachtens ist es auch ein großer Nachteil, dass wir sehr zu viel in die Richtung gehen, dass wir sagen, also mit dem Text will ich das zeigen und mit dem Text will ich das zeigen und dann die akademischen Lehrer präparieren dann Texte, geben die rein, um bestimmte Sachen zu veranschaulichen, aber damit kann man eigentlich als Studierender nichts lernen […] und es wirkt natürlich s,o als hätte jeder Text einen ganz eindeutigen Zweck, ähm, wenn der nur noch dazu dient, ähm, um sozusagen die Lernsequenz, die sich der, ähm, akademische Lehrer ausgedacht hat, äh, zu veranschaulichen." (C. Strunz 2021, Interview 07)

> Q4: „Ähm, aber tatsächlich is', glaub' ich, hat -, ähm, dieses verzwickte Lernen, was man mit bestimmten Zielen festschreiben kann, das heißt mit Lernen von Inhalten, oder […] mit Lernen von, ähm, so genannten jetzigen Kompetenzen, dass das nicht funktioniert. Das, das kann ein, ein, ein Beiprodukt sein." (2021, Interview 07)

Die Zurückweisung eines Bildungsverständnisses, das sich an inhaltlich festgeschriebenen Lernzielen orientiert, geht einher mit der Vorstellung von einem Lernprozess, der seine Wirkung dadurch entfaltet, dass er die Verbindung zur eigenen Lebenswelt herstellt.

Q4: „Ähm, wenn jemand begeistert, ähm, ein Buch [...] liest, weil er feststellt, die Fragestellung hat was mit seinem Leben zu tun, dann lernt er damit natürlich auch Inhalte. Ähm, aber wenn er versucht, die Inhalte zu lernen, funktioniert es nicht. Ähm, so vielleicht." (C. Strunz 2021, Interview 07)

Q4: „Und deswegen nutz' ich jetzt das KS so, dass ich da wirklich, äh, Texte, mehr oder weniger klassische, nehme oder auch neue, die gerade erscheinen, [...] wo im Mittelpunkt denn wirklich steht, das gemeinsam, ähm, zu lesen, das zu diskutieren, ähm, Dinge zu entdecken, ähm, und was mir auch immer wichtiger ist, was auch im meines Erachtens im KS sehr viel leichter geht als, ähm, sonst, ähm, ist so 'ne phänomenale Rückbindung. Also das, die Frage, wie entspricht das der eigenen Wahrnehmung, der Lebenswelt." (2021, Interview 07)

In dieser Vorstellung funktioniert Lernen (zumindest besser) durch die Anbindung an die eigene Lebenswelt, weil die Lernenden dadurch einen persönlichen Bezug zu den Inhalten herstellen können. Diese Betrachtungsweise denkt die Lernenden als spezifisch geprägte Individuen mit, welche zu den ihnen angebotenen Texten und Themen eine ganz eigene Beziehung herstellen. Im harten Kontrast zu dieser beziehungsorientierten Betrachtungsweise steht die Q1-Formulierung vom Lernstoff, den es in einem vorgegebenen Zeitrahmen zu bewältigen gilt (vgl. *Q1_Studium als Baukastensystem*).

Daran, dass Q4 das Lernen von (fachlichen) Inhalten und Kompetenzen als sekundär bzw. als „Beiprodukt" beschreibt, der Q2-Beobachtungstyp hingegen gezielte Versuche der Persönlichkeitsbildung im Studium zum „nicht intendierten Nebeneffekt" erklärt, wird gut deutlich, dass sich beim Streit um den (eigentlichen, den wahren) Zweck des Studiums, um eine Frage der Priorisierung handelt.

Q2: „Ja, ja klar, aber das ist ja dann, äh, eher so ein Nebeneffekt, glaube ich, das ist eher so ein, wie gesagt, nicht intendierter Nebeneffekt, das ist, man spricht ja vom heimlichen Lehrplan sozusagen, nicht, also, äh, das ist bei Juristen sehr ausgeprägt vor allem, nicht, also man lernt sozusagen etwas für das Fach und für die Noten und so weiter und dadurch, äh, wird man dann auch zu einer anderen Person sozusagen, also ich kann jetzt nur sagen, zum Beispiel, das juristische Staatsexamen mit allen, wenn Sie mit, mit denen darüber sprechen, die das quasi durchgemacht haben, das hat eine ganz erhebliche Disziplinierungswirkung auf die Personen ..." (C. Strunz 2021, Interview 08)

Obwohl Q2 der gezielten Persönlichkeitsbildung im Studium (als Privatvergnügen) keinen Raum zugestehen will, betont er gleichzeitig die prägende Wirkung, die von einer stark disziplinierenden Lernerfahrung ausgeht. Trotz allem will Q2 „den heimlichen Lehrplan", der sich als Selbst-Technik der Selbstdisziplinierung im Bildungsprozess auswirkt, ohne weitere Beachtung einfach mitlaufen lassen. Der Q4-Beobachtungstyp hingegen weist Versuche einer gezielten Steuerung durch die Festschreibung von Lernzielen zurück, weil in seinem Fokus nicht der Erwerb von *Bildungsgütern* steht, sondern die *Beziehung* des Lernenden zu den Inhalten. Q4 setzt seine Beobachtung beim Individuum an, dessen Wahrnehmung durch einen spezifischen Erfahrungshintergrund geprägt ist, weshalb neue Informationen auf unvorhersehbare Weise aufgenommen und verarbeitet werden. Weil für den Q4-Beobachtungstyp der Inhalt nicht unabhängig vom Lernenden zu denken ist, funktioniert die Vorgabe von Lernzielen bzw. das textbasierte Aufzeigen von Bedeutung durch eine Lehrperson aus seiner Perspektive nicht. Genauso wenig, wie der Inhalt (als Objekt) unabhängig vom Lernenden (als Subjekt) gedacht werden kann, kann sich der Q4-Beobachtungstyp einen idealen Absolventen vorstellen.

Q4: „Ich kann mir ja Absolventen nicht vorstellen, also das einzige, was ich mir vorstelle, ist, dass die jeweils persönlich ihren Weg gehen. Und für sich definieren, also mit Leidenschaft definieren, was sie da eigentlich wollen und das rausfinden. Also, und dass – da sehr unterschiedliche Wege gehen, deshalb ist es, glaube ich, irrelevant, was ich mir da vorstelle, ähm, außer das." (C. Strunz 2021, Interview 09)

Mit „jeweils persönlich ihren Weg gehen" wird einerseits die Verschiedenheit der individuellen Erfahrung betont, andererseits die Prozesshaftigkeit. Q4 geht es nicht um ein Absolvieren (Q1:

Abschluss haben), sondern um das Gehen, um die Hervorbringung eines persönlichen Weges, den es ohne den, der ihn geht, gar nicht gäbe. Q4 will weder den Weg vorzeichnen, noch den Absolventen als Resultat der Be*Weg*ung gedanklich vorwegnehmen. Festgelegte Lernziele entsprechen vorgegebenen Schritten auf einem vorgezeichneten Pfad, den Studierende gehen können, wenn sie auf die Erfüllung von Anforderungen oder die Erreichung von Etappenzielen auf einem Karriereweg fokussiert sind. Q4 hingegen betrachtet den Bildungsprozess als eine Suchbewegung, die nicht auf das Finden eines konkreten Objekts ausgerichtet ist, sondern auf das Finden eines (Lösungs-)Weges, auf dem sich das Individuum stetig voranbewegt.

> Q4: „Das stetige Aushandeln offener Ziele gehört zur elementaren Praxis des Studierens wie der Wissenschaft." (C. Strunz 2021, Interview 03)

> Q4: „Es ist unser fortlaufender Anspruch, einen Ort zu schaffen, der belebt wird durch die gemeinschaftliche Suche nach Erkenntnis und tragfähigen Lösungen. Dies gilt bereits für das Studium." (2021, Leuphana Website 02)

Doch woran orientiert der Q4-Beobachtungstyp seine Suche? Wie entscheidet er, welche Richtung er einschlägt? Während sich der Q3-Beobachtungstyp auf die Verfolgung seiner Interessen und die Durchsetzung seines Willens konzentriert und nach passenden Identifikationsobjekten Ausschau hält, verspürt der Q4-Beobachtungstyp einen Drang nach Erlebnissen, die in ihm Emotionen auslösen. Um die Q4-Haltung zu erfassen, ist es notwendig, sie von der lustorientierten Einverleibung von Objekten zu unterscheiden, welche die Q3-Haltung prägt.[31] Q4 motiviert nicht der Gedanke an die Erreichung eines konkreten Ziels, sondern die Vorstellung etwas zu durchleben, eine Erfahrung zu machen.

---

[31] Auf der Suche nach Aussagen, welche das Q4-Studienmotiv positiv – also nicht über den Umweg der Negation – beschreiben, wurde ich zunehmend auf Aussagen aufmerksam, in denen es um Freude, Spaß, Leidenschaft und Glück geht. Ich begann diese stärker von den Q3-Kodes Interesse, Lust (Bock), Motivation oder Wille (wollen, gerne machen) zu differenzieren, auch wenn sie in vielen Zitaten gemeinsam auftreten (vgl. Thema Doppelkodierung).

> Q4: „Ähm, ich hab angefangen zu studieren, weil [...] ich halt auch ein sehr wissbegieriger Mensch bin und mir Lernen in vielen Fällen Spaß macht, nicht in allen [lacht]. Und hab dann, genau, tatsächlich überlegt, die Kombination aus coolem Studentenleben oder cooles Leben während des Studentendaseins ..." (C. Strunz 2021, Interview 05)

Q4 ist auf der Suche nach Er*leb*nissen oder nach (Zeit-)Räumen, die es ihm ermöglichen, Erfahrungen zu machen. Nicht das Ankommen an einem Ziel oder der Abschluss einer Lebensphase wie der Studienphase stehen im Vordergrund, sondern ein *Sich-darin-Befinden* und dabei möglichst positive Emotionen wie Freude, Spaß und Glück zu empfinden bzw. sich (wohl) zu fühlen. Auch aus den folgenden Aussagen spricht die Idee, *emotional* involviert zu sein, im Sinne von *leidenschaftlich* „in etwas eintauchen" oder „in etwas versunken sein":

> Q4: „... ein Wunsch an das Komplementärstudium, dass das genau zu diesem Ort, das es genauso ein Ort sein kann, an dem man Leidenschaft entwickelt. [Pause] Also, an dem, in dem Leidenschaft spürbar ist von allen, die sich daran beteiligen und diese Leidenschaft sich überträgt auf, auf Studierende, die jeweils ihre Wege gehen mit, mit, mit Kraft, also kraftvoll. Ähm, und eine Faszination entwickeln für das, was man eigentlich entdecken kann in dieser Welt." (C. Strunz 2021, Interview 09)

> Q4: „... ein Studium nicht [...] als vorgezeichneten Pfad [...] zu verstehen, sondern als einen Pfad der eigenen Entdeckungen aufgrund der pers- des persönlichen Interesses, der persönlichen Leidenschaften, der persönlichen Motivation der Studierenden." (2021, Interview 09)

> Q4: „Also, [Pause] wie soll ich sagen, im, im besten Sinne, also ein Ort, der nicht, der nicht da-, der nicht dadurch funktioniert, dass Studierende vorgezeichnete Pfade, die sich irgendwelche Profs oder Erwachsene oder sonstwer ausgedacht haben, sondern, ich sage jetzt ganz bewusst Erwachsene, weil ich das kontrastieren will mit, mit Kindern oder spielerischem Lernen, wie Kinder es machen, nach dem Motto, die einfach durch die Welt stolpern und sagen ‚Moment, was ist das denn?' Ne, das ist jetzt vielleicht ein bisschen

zu naiv das Bild, aber [...] ähm, dieses spielerische, entdeckerische Element, was aber zu Leidenschaften führt, weil man plötzlich denkt, so, also wenn man Kinder anguckt, mit welcher Begeisterung die sich keine Ahnung, fünf Stunden lang einen Staudamm bauen, um zu fragen ‚Wie geht das eigentlich, Wasser aufhalten?', äh, mal so als simples Beispiel." (2021, Interview 09)

Durch den Vergleich zwischen Erwachsenen und Kindern wird ein Gegensatz erzeugt, der einer an Zielen und Zwecken orientierten Haltung eine ziellose Bewegung (Weg ohne Ziel) gegenüberstellt. Das Kind – hier charakterisiert als „spielerisch" und „entdeckerisch" – verfolgt keinen Plan, sondern es probiert aus. Sein Projekt entsteht im Prozess, es gibt keinen Zeitplan und auch keine Qualitätskriterien, an denen es gemessen wird. Das einzige Ziel, welches das Kind in dieser Metapher zu verfolgen scheint, ist die Befriedigung seiner Wissbegier. Dieses Idealbild des spielenden Kindes, welches sich einem spontanen Impuls folgend stundenlang von einer Entdeckung in den Bann ziehen lässt, steht im Kontrast zu den ausgedachten und vorgezeichneten Pfaden, welche Erwachsene verfolgen, um ihre Ziele zu erreichen. Hier klingt ein Zustand an, den man als selbstvergessen, „Im Hier und Jetzt"- oder „Im-Fluss"-Sein (Flow) bezeichnen könnte. Ist dieser Zustand der Gegenwärtigkeit möglicherweise das Ergebnis einer Abwesenheit dessen, was die Erwachsenen antreibt?

An den oben zitierten Aussagen ebenfalls bemerkenswert erscheint, dass Leidenschaft als etwas beschrieben wird, das „spürbar ist von allen, die sich daran beteiligen", inklusive der Beobachter einer solchen Situation. Auch die explizit geäußerte Idee, dass „Leidenschaft sich überträgt", sowie die folgenden Aussagen transportieren die Vorstellung von einem ansteckenden und anregendem Energieaustausch zwischen Personen:

Q4: „Wenn ich auf die Inhalte Lust hab' und der Lehrende dann da vorne steht und für dieses Feld brennt und dann ist die Wahrscheinlichkeit hoch, dass er es schafft, mich dafür zu begeistern." (C. Strunz 2021, Interview 05)

Q4: „Es gibt super Dozenten, die für ihr Fach brennen und das auch vermitteln können, es gibt natürlich aber auch andere, die dies eher weniger können." (2021, StudyCheck 01)

Das hochenergetische Bild einer Lehrperson, die für ihr Thema „brennt" und dadurch auch Studierende, die sich dafür öffnen, begeistern (entzünden) kann, habe ich als „Energieübertragung" kodiert.[32] Im folgenden Zitat wird der Begriff im Zusammenhang mit dem Ideal der Höchstleistung im Kontext von Wissenschaft verwendet. Dabei wird Leistung von Produktivität unterschieden, die als Output-orientierte Erwartungshaltung in Hinblick auf Wissenschaft als destruktiv empfunden wird.[33] Durch die explizite Abgrenzung von einer Gewinnsteigerung wird der Begriff der Leistung von dominanten Assoziationen befreit.

Q4: „Nur wenn Leistung nicht mit Produktivität im Sinne funktionaler, reibungsloser Gewinnsteigerung verwechselt wird, kann sie als eine ganz elementare ‚Qualität', also Beschaffenheit von Wissenschaft verstanden werden. In solchen Fällen halte ich mich immer gern an die klaren, logischen Begriffsdefinitionen der Mathematik oder Physik: Leistung ist bekanntlich Arbeit im Verhältnis zur Zeit. Und Arbeit ist sich übertragende Energie. Das Ideal der Höchstleistung besteht also in einer möglichst hoch verdichteten Energieübertragung." (C. Strunz 2021, Interview 03)

Durch die Bezugnahme auf die naturwissenschaftlich-mathematische Begriffsdefinition wird der Zusammenhang hergestellt zwischen dem Q4-Wissenschaftverständnis und dem Begriff der Energie bzw. der Idee einer Energieübertragung: (Wissenschaftliche) Leistung wird als Arbeit, d.h. sich übertragende Energie, im Verhältnis zu Zeit verstanden. Die Metapher vom spielenden Kind enthielt bereits einen impliziten Verweis auf den Aspekt der Zeit, wobei dort aber gerade ihre Bedeutungslosigkeit im Sinne einer scheinbar unbegrenzten Verfügbarkeit im Fokus stand. Zeit wird

---

[32] Dabei handelt es sich um einen so genannten In-vivo-Kode, da dieser Begriff direkt aus den Daten stammt.
[33] „Die mit diesen Zielen verbundene Produkt- und ‚Output-Orientierung' wirken jedoch, als Erwartungshaltung an die Wissenschaft formuliert, sehr destruktiv" (C. Strunz 2021, Interview 03).

also nicht als knappe Ressource betrachtet, die es einzuteilen und effizient zu nutzen gilt. In der eben zitierten Aussage wird Leistung als ein Verhältnis zwischen Arbeit und Zeit definiert und Höchstleistung als hoch verdichtete Energieübertragung. Offenbar geht es um die Energiedichte des Momentes, um Intensität – eine Vermutung, die im direkten Anschluss an die obige Aussage am Beispiel der Kunstform Oper weiter ausformuliert wird:

> Q4: „Jeder guten Wissenschaftspraxis[34] ist eine besondere Leistungsfähigkeit eingeschrieben, d.h. es geht nicht um irgendeinen Anspruch, den man für sie formulieren oder an sie herantragen müsste, sondern sie selbst ist durch außergewöhnliche Leistung, eine besondere Energieübertragung definiert. Ich möchte das an einem schönen Vergleich mit dem merkwürdigen Phänomen ‚Oper' konkretisieren. […] Denn, wie es eine der weltbesten Sängerinnen, Joyce DiDonato, in einem ihrer Seminare auf den Punkt bringt: 'If it's not REALLY REALLY REAL, if it's not COMMITTED, if it's not ABSOLUTELY PERFECT, OPERA – – is one of the MOST STUPID THINGS in the world!' Genauso verhält es sich auch mit der Wissenschaft." (C. Strunz 2021, Interview 03)

„Außergewöhnliche Leistung" (wissenschaftliche oder künstlerische) definiert sich über eine besondere (besonders intensive) Energieübertragung, woraus sich die Intensität des Moments ergibt. Wenn die Energiedichte nicht ausreicht, wirkt Kunst wie Kitsch. Ihre Ausübung muss mit absoluter Hingabe („Commitment") und innerer Überzeugung erfolgen, will sie sich nicht der Lächerlichkeit preisgeben. Der Q4-Beobachtungstyp spürt den schmalen Grat zwischen Kunst und Kitsch, der sich auftut, wenn die Situation von Künstler*innen nicht wirklich durchlebt und entsprechend nicht von Emotionen getragen wird; wenn Künstler*innen nur so tun ‚als ob' und nicht empfinden, wovon sie ihr Publikum überzeugen wollen.[35] Vergleichbares wird hier in Bezug auf Wissenschaft (und

---

[34] Interessant erscheint mir zudem, dass Wissenschaft hier explizit als *Wissenschaftspraxis* bezeichnet wird. Vgl. dazu die späteren Ausführungen zum Gegensatz zwischen Praxis und Poiesis.

[35] Wenn der Handelnde seine Aufmerksamkeit nicht auf sein Tun richtet, sondern auf ein angestrebtes Ziel, wenn er in Gedanken bereits beim Ergebnis ist statt im Moment, dann ist es schwer, Höchstleistung zu erbringen, weil

Bildung) behauptet, nämlich dass etwas Wesentliches fehlt, wenn sie ohne Leidenschaft bzw. emotionales Engagement betrieben wird. Hier wird also wieder auf eine Metapher zurückgegriffen, um auszudrücken, was sich in Hinblick auf Bildung und Wissenschaft offenbar nur schwerlich in Worte fassen lässt.

Aus der Perspektive des Q4-Beobachtungstyps bleibt Bildung ohne eine solche leidenschaftliche Intensität auf das beschränkt, was zuvor als die „Vorstufen" von Lernen aufgezählt wurde: Informationen aufnehmen, abspeichern, verfügbar machen. Der Verweis auf die Rolle der Emotionen im künstlerischen wie im wissenschaftlichen Bereich erinnert an die Gegenüberstellung von Roboter und Mensch (C. Strunz 2021, Interview 09), nicht zuletzt da Emotionalität und Kreativität als wesentliche menschliche Eigenschaften gelten und ein Sprech- oder Singroboter auf einer Opernbühne deshalb wohl wenig „committet" erlebt würde. Nicht zufällig wird der Begriff der „Menschlichkeit" im Kontext von Glück, als einem emotional aufgeladenen Zustand („kein Ziel"), aufgerufen.

Q4: „Glück ist ein realer, aber nicht zu verifizierender Zustand, kein Ziel." (C. Strunz 2021, Interview 03)

Q4: „Perfektion, wie aber auch die sogenannte Menschlichkeit, sind immer ideologieanfällige Begriffe, wenn sie als Ziele von Lehren oder Belehrungen formuliert werden. Ich setze in meiner Hoffnung auf das zu Erreichende nicht auf Vollkommenheit, sondern auf die Ermöglichung von Höchstleistung, die, wenn sie denn wirklich gelingt, als nicht zu verifizierender Zustand des Glücks erfahren werden kann – wir sprachen ja schon vom Glück. Die Studierenden realisieren in diesem Moment ihre eigenen, individuellen, im wahrsten Sinne des Wortes unvergleichlichen und damit vielleicht auch menschlich zu nennenden Möglichkeiten und Fähigkeiten, also – ein bisschen dick aufgetragen – ihr Potential zur Vollkommenheit. Allerdings muss diese Erfahrung flankiert sein vom Bewusstsein für die Fiktionalität jeden Glücks." (2021, Interview 03)

Informationen dann vor allem auf der Verstandesebene gesendet oder empfangen werden und die Ebene des vegetativen Nervensystems nicht ausreichend einbezogen wird.

Im Gegensatz zur Vollkommenheit, die hinter jeden wünschenswerten Entwicklungsprozess den theoretischen Schlusspunkt setzt, stellt die Ermöglichung von Höchstleistung eine Momentaufnahme dar, die zwar die bisherige Leistungsspitze, nicht aber das Ende eines Entwicklungsprozesses markiert. Höchstleistung kann nur als solche bezeichnet werden, weil sie die Spitze der Leistungskurve ist, ohne die es keinen Vergleichsmaßstab gäbe und die per Definition kein Dauerzustand ist. Die hier mit der Realisierung des „Potentials zur Vollkommenheit" gleichgesetzte Realisierung der „eigenen, individuellen" Möglichkeiten und Fähigkeiten kann als die potentiell mögliche Leistungsspitze eines jeden „unvergleichlichen und damit vielleicht auch menschlich zu nennenden" Lebensweges gelesen werden. Daraus ließe sich eine Haltung ableiten, die einen Vergleich zwischen verschiedenen Lebenswegen ablehnt und als Bewertungsmaßstab dafür, ob jemand sein Potential verwirklicht hat oder nicht, nur das eigene Leben gelten lässt.

Darüber hinaus wird betont, dass der Moment, in dem das „Potential zur Vollkommenheit" aufscheint als „nicht zu verifizierender Zustand des Glücks" nicht von Dauer ist. Beständiges Glück, Glück als erreichbares Ziel, wird als Fiktion negiert. Die hier vorgenommene Unterscheidung zwischen Glück als Zustand und Glück als Ziel spiegelt die Dichotomie von *Vergänglichkeit – Beständigkeit* wider. Es handelt sich um ein Spannungsverhältnis, das sich aus dem Verhältnis des Beobachters zur Zeit ergibt. Der Q4-Beobachtungstyp, der der Zeit und damit der Vergänglichkeit genauso unterworfen ist wie alle anderen auch, verleiht ihr durch seine Betrachtungsweise jedoch eine andere Bedeutung. Diese Differenz lässt sich pointiert mithilfe zweier Sinnbilder für die Zeit verdeutlichen, die aus der griechischen Mythologie stammen:

> Chronos, Vater des Zeus, steht für den tickenden Sekundenzeiger, die fallenden Körner der Sanduhr. [...] Kairos hingegen, der jüngste Sohn des Zeus, ist der Gott des rechten Augenblicks und der günstigen Gelegenheit. [...] Chronos ist quantitatives Zeitempfinden, Kairos ein qualitatives. Chronos steht für Erfahrungen, Kairos für Möglichkeiten. Chronos ist die Vergangenheit und die Zukunft, Kairos ist die Gegenwart. (Valsangiacomo 2017)

Der Zustand des Glücks scheint durch eine völlige Hingabe an den Moment charakterisiert zu sein, ein (kindlicher) Zustand, in dem Zeit keine Rolle spielt, weil es keine Gedanken an die Vergangenheit oder an die Zukunft gibt. Da kein Ziel anvisiert wird, orientiert sich das Individuum in seinem Handeln weder an vergangenen Erfahrungen noch an zukunftsbezogenen Erwartungen, sprich, es nutzt keinen Vergleichsmaßstab. Entsprechend sieht das Individuum auch keinen Bedarf, der durch die Verfolgung von Bedürfnissen befriedigt werden müsste. Seiner Handlung geht keine Vorstellung davon voraus, wie etwas zu sein hat. Durch die Abwesenheit begrenzender Vorstellungsbilder entsteht eine größtmögliche Offenheit bzw. Unvoreingenommenheit für die in diesem Moment mögliche Erfahrung. Auf diese Weise können bisherige Grenzen im Hinblick darauf überschritten werden, was der Beobachter für möglich hält. Das betrifft auch die eigene Leistungsfähigkeit.

Q4 strebt nach der Realisierung seiner „unvergleichlichen Möglichkeiten und Fähigkeiten", nach der Entfaltung seines Potentials. Doch da dieser Weg individuell verschieden ist, kann er nicht verallgemeinert beschrieben werden. Das Dilemma des Diskursfeldes Q4 liegt darin, dass es für das Einmalige, das Unvergleichliche keine begrifflichen Kategorien gibt. Deshalb versucht der Q4-Beobachtungstyp immer wieder, sich über den Umweg der Negation auszudrücken, durch die Benennung dessen, was die Suchbewegung stört, die es zu vollziehen gilt. Der im Kontext der Metapher vom spielenden Kind imaginierte Zustand der Gegenwärtigkeit symbolisiert die Abwesenheit jeglicher Ziel- oder Zweckbestimmung, die den Erwachsenen antreibt. Ein stark theoretisierender Beobachter hat für die spielerisch-entdeckerische Bewegung des Kindes durch seine Welt das Bild des Flaneurs verwendet und sie als „Weglinienorientierung mit attentionaler Wahrnehmung" bezeichnet:

> Q4: „Äh, das Umgekehrte wäre der Fall bei der Weglinienorientierung oder bei dem Flanieren, ähm, da wäre keine atten-, äh, intentionale, sondern 'ne attentionale Zielfindung durch Aufmerksamkeit gegeben. Dass ich also während des Weges durch Wahrnehmung, ähm, der Umwelt und deren Werte, äh, meine Ziele finde,

äh, sie revidiere und, und dergleichen. Und auch da würde ich sagen, das letztere ist menschlichem Leben angemessen." (C. Strunz 2021, Interview 07)

Eine gegenteilige Art der Be*Weg*ung beschreibt er als intentional und verknüpft diese Art der Zielfindung mit der begrifflichen Unterscheidung zwischen Praxis und Poiesis.

Q4: „Man kann Ziele intentional erreichen, dass ich, bevor ich den Weg gehe, auf die Idee komme, das ist das Ziel, und dann ist alles andere ein Mittel." (C. Strunz 2021, Interview 07)

Q4: „Ähm, man kann das Ganze noch mal mit 'ner bestimmten Umwertung der Werte, ähm, deuten, die stattgefunden hat. Wenn man sich anschaut bei Aristoteles und im Mittelalter, was Praxis gemeint hat, dann ist Praxis 'ne Tätigkeit, die zu nichts anderes da ist als für sich selbst. Also die also Selbstzweck ist. Während etwas, was für etwas anderes da ist, keine Praxis, sondern Poiesis ist, Tun oder Machen. Wenn wir heute sagen, das was praktisch ist, dann heißt das, es muss 'nen Zweck für was anderes haben." (2021, Interview 07)

Praxis im hier adressierten Sinne des Selbstzwecks lässt sich am ehesten als Abwesenheit eines anderen Zweckes definieren, also wiederum ex negativo. Die Opposition Poiesis vs. Praxis weist ein ähnliches Spannungsverhältnis auf wie das Gegensatzpaar *Ziel*(-erreichung) vs. (Entwicklungs-)*Zustand*. Dieser Spannungsbogen könnte auch als Ergebnisorientierung vs. Prozessorientierung beschrieben werden, wobei Poiesis als die auf ein Ergebnis gerichtete Handlungsweise einer intentionalen Zielbestimmung folgt, d.h. ihr eine Objektimagination vorausgeht. Die Autopoiesis, verstanden als Selbstorganisation, ist folglich eine auf den Selbstzweck gerichtete Handlung (im obigen Sinne also eine Praxis), die einer Selbstimagination folgt. Der elementare Selbstzweck eines Lebewesens besteht darin, zu leben. Je nachdem, welche Selbstimagination zugrunde liegt, muss dabei aber nicht das Leben des Individuums im Vordergrund stehen. Das Leben einer konkreten Person kann als zeitlich begrenzter Ausschnitt in einer – familiär, kulturell oder biologisch gedachten – Abstammungslinie gedacht werden. Entsprechend kann die personale Konzeption von Selbstorganisation in einem weiteren Sinne als transpersonale Autopoiesis gedacht werden. Es besteht also kein dualistisches Verhältnis zwischen Poiesis und Praxis (Autopoiesis), sondern ein komplementäres zwischen einer personalen und einer transpersonalen Selbstorganisation.

Der Kode der Energieübertragung tauchte im Zusammenhang mit Personen auf, die für ihr Thema brennen und ihre Begeisterung auf andere übertragen können. Wenn zwischen Menschen viel Energie fließt und der „Funken überspringt" entsteht eine positive Beziehung. Der Kode kann folglich als eine Art Beziehungskode interpretiert werden, der eine hohe Beziehungsqualität anzeigt. Q4 schätzt den Austausch mit anderen in den überfachlichen Studienanteilen als kollektiven Denkraum.

> Q4: „Das Studium am College zeichnet sich durch partizipative Lehrveranstaltungen und eine enge Betreuung aus. So entsteht eine Gemeinschaft der Lehrenden und Lernenden, die auf intensiven Kontakten, Vertrauen und Verantwortung aufbaut. Das besondere Studienmodell am College verwandelt das Bachelor-Studium in einen kooperativen Denkraum." (C. Strunz 2021, Leuphana-Website 02)

> Q4: „Die Zusammenarbeit mit den anderen Erstsemester-Studierenden ist daher nicht nur ein wichtiges soziales Motiv, sondern eine wichtige praktische Übung für gemeinsamen Erkenntnisgewinn ..." (2021, Leuphana-Website 01)

Der fächerübergreifende Austausch wird hier nicht nur für das eigene Wachstum (vgl. Q3: persönliche Bereicherung) genutzt, sondern für den *gemeinsamen* Erkenntnisgewinn in einer *Gemeinschaft*. Die gemeinsamen Erfahrungen im geteilten Denkraum ermöglichen es zudem, Vorurteile gegenüber anderen abzulegen und eine übergeordnete Zusammengehörigkeit zu empfinden.

> Q4: „Um dann zu merken, okay, pass mal auf, [...] der kommt im Hemd in die Uni und der kommt vielleicht in, weiß der Herr, was, Indianercape an die Uni. Und so auf den ersten Blick sind die sehr unterschiedliche Menschen, aber grundsätzlich interessieren wir uns dann doch irgendwo für das Gleiche und haben alle so das

Beste für diese Uni und jetzt auch mal Blick für diese Welt, sagen wir mal, so einen Blick und dann sich zusammen an den Tisch zu setzen und, äh, sich mal auszuprobieren, ist etwas, was mir immer sehr gut gefallen hat in der Uni." (C. Strunz 2021, Interview 05)

Die Erfahrung, gemeinsam am Tisch zu sitzen und die anderen trotz ihrer Andersartigkeit zu verstehen und sich ihnen irgendwie verbunden zu fühlen, führt zur Wertschätzung der anderen, auch vermeintlich sehr Fremder („Indianer"). Der Q4-Beobachtungstyp anerkennt sein Gegenüber als ernstzunehmende*n Gesprächspartner*in, das einen wertvollen Beitrag im „kollektiven Denkraum" leistet, weshalb es seinem Ideal entspricht, den anderen zuzuhören und sie ernst zu nehmen.

Q4: „… ist meines Erachtens das Wichtigste, dass wir die Studierenden ernstnehmen und es also ernst meinen. If it's really, really real …, nur dann ist Ernst mit Spiel zu verbinden, und nur so kann Wissenschaft auch Spaß machen." (C. Strunz 2021, Interview 03)

Q4: „… Das Studienmodell macht die Frage nach ‚Wissenschaftlichkeit' ab dem ersten Semester zum Thema. Dazu gehören Geschichte und Gegenwart der einzelnen Disziplinen genauso wie das ihnen eigene fachliche und methodische Verständnis. Das ist ein sehr hoher Anspruch, der den Studierenden die Gewissheit geben soll, dass sie als neue Mitglieder einer Universität ernstgenommen werden. In diesem Sich-gegenseitig-ernst-Nehmen steckt ein historisches wie gegenwärtiges, leider aber oft vergessenes Bildungsideal." (2021, Interview 03)

Im Gegensatz zu Q3, der die anderen in ihrer Andersartigkeit zur Selbstbereicherung nutzt und als Kontrast braucht, um sich selbst erkennen zu können, hat der Q4-Beobachtungstyp Interesse an anderen Sichtweisen und deren „eigene[m] fachliche[n] und methodische[n] Verständnis". Dass es Q4 im Austausch mit den anderen nicht um die Sicherung und Ausweitung des eigenen Standpunktes geht, sondern um Synergieeffekte, die in der Beziehung entstehen, verdeutlicht auch folgende Sicht auf Interdisziplinarität:

Q4: „Die Frage ist: Was ist Interdisziplinarität? Ganz sicher keine eigene, neue Wissenschaftsdisziplin. Auch die Metapher der

Schnittmengenbildung von Unterschiedlichem klingt vielleicht gut, ist aber falsch. Wissenschaft muss den Anspruch stellen, etwas Neues, also etwas Drittes zu schaffen, das sich nicht mehr auf die Summe einzelner Teile zurückführen lässt. Daher ist die Formulierung des Germanisten Richard M. Meyer genial, der schrieb, dass jede Disziplin auch eine Hilfswissenschaft der anderen sei." (C. Strunz 2021, Interview 03)

Im Gegensatz zum Beobachtungstyp Q3 ist Q4 nicht mit der Grenzziehung zwischen dem *Eigenen* und dem *Fremden* – zwischen Ich und Nicht-Ich – beschäftigt. Q4 versucht nicht, sich den anderen einzuverleiben, weshalb es ihm möglich ist, den anderen anders sein zu lassen. Dies eröffnet ihm die Möglichkeit des wertschätzenden Umgangs mit Sichtweisen, mit denen er sich nicht identifizieren kann. Der Q4-Beobachtungstyp muss das Fremde nicht als *falsch* abwerten und aus seinem Welt- und Selbstkonzept ausgrenzen. Die wissenschaftliche Haltung zeichnet sich für Q4 durch Bescheidenheit aus, die aus einer Reflexion der eigenen Begrenztheit und Unvollkommenheit resultiert.

Q4: Eine „… mit dem wissenschaftlichen Selbstverständnis ebenfalls unabdingbar verbundene […] Tugend: […] Bescheidenheit, […] Erkenntnis der eigenen Unvollkommenheit. Leider wird dieser Aspekt in der ganzen Exzellenz-Erzeugungsmaschinerie häufig vernachlässigt. Das generiert einen Habitus, der eher von einer uns allen leider sehr bekannten Arroganz als vom Besonderen, Unerwarteten und den Energieübertragungen einer Hochleistungswissenschaft durchdrungen ist." (C. Strunz 2021, Interview 03)

Das von Q4 als ideal beschriebene wissenschaftliche Selbstverständnis wird hier mit einem Habitus konfrontiert, der als Arroganz einer „Exzellenz-Erzeugungsmaschinerie" den Gegenpol zu Bescheidenheit bildet. Wissenschaftliche Bildung im Sinne der Bildung des idealen wissenschaftlichen Selbst wird dadurch als eine Haltung gegenüber der Welt erkennbar, welche die eigene Begrenztheit im Blick behält. Die Anerkennung der eigenen Unvollkommenheit erleichtert dem Q4-Beobachtungstyp Beziehung zu anderen zu knüpfen, die auch dann von einer wertschätzenden Haltung geprägt sind, wenn die eigene Beobachtung nicht mit der des Gegenübers übereinstimmt.

3.4 Schlüsseldichotomien und Studienmotive der vier Diskursfelder

Einmal mehr sei betont, dass die vier Beobachtungstypen für typische Beobachtungseinstellungen stehen und *nicht* als Typisierung konkreter Personen verstanden werden dürfen. Die vorangegangenen Beschreibungen der Diskursfelder charakterisieren also keine Menschentypen, sondern typische Beobachtungsbeziehungen, die Beobachter gegenüber dem Komplementärstudium einnehmen können. Das bedeutet im Umkehrschluss, dass ein individueller Beobachter in aller Regel mehr als nur eine dieser Beobachtungshaltungen einnimmt und dadurch auf seine ganz individuelle Art in Beziehung zum Komplementärstudium steht. Wie ein Beobachter das Komplementärstudium in der Summe bewertet, ergibt sich aus der spezifischen Mischung der von ihm eingenommenen Beobachtungshaltungen. Für keinen der analytisch erarbeiteten Typen gibt es eine lebende Entsprechung, was auch erklärt, weshalb der Q4-Beobachtungstyp so idealisiert erscheint.

Die vier Beobachtungstypen Q1 bis Q4 kommen zu unterschiedlichen Einschätzungen des Komplementärstudiums, weil dieses in unterschiedlichem Maß dazu beiträgt, die Zwecke (Bedürfnisse) der vier Diskursarten zu erfüllen. Wie das Komplementärstudium aus einer dieser Positionen bewertet wird, hängt davon ab, ob dem Beobachter die mit dem Komplementärstudium in Verbindung gebrachten Studienpraktiken geeignet erscheinen, sein prioritäres Bedürfnis zu befriedigen. Alle Beobachtungstypen antworten auf die implizite Frage, was ein Studium ihrer Ansicht nach gut macht, was sie als *effektiv* bzw. *viabel* empfinden und was nicht. Im Kontext des Studiums wird die Angemessenheit von Praktiken daran bemessen, ob sie dazu beitragen, die mit einem Studium verbundenen Erwartungen zu erfüllen.

So wie jede Person komplexer ist als eine der Diskurspositionen, so ist auch jede Diskursposition sehr viel komplexer als die gebildeten Kodes, die nur stellvertretend für die facettenreiche Vielfalt an gebündelten Erfahrungen stehen. Um die – trotz der reduzierenden Typisierung – noch immer vorhandene Komplexität der vier Diskursfelder artikulierbar zu machen, muss jede

Diskursposition auf charakteristische Merkmale reduziert und „verschlagwortet" werden. Zu diesem Zweck werden die Subdichotomien in einem weiteren Abstraktionsschritt pro Diskursfeld zu einer so genannten Schlüsseldichotomie kondensiert.[36] Bezogen auf das zentrale Bedürfnis eines Diskursfeldes (seinem Zweck), repräsentiert die Schlüsseldichotomie die Pole eines Wertspektrums, die für Sättigung und Mangel stehen (z.b. Sicherheit–Unsicherheit). Alle Subdichotomien eines Diskursfeldes beziehen sich auf dieses übergeordnete Spannungsverhältnis, das mehr als eine Facette hat. Deshalb sind die Subdichotomien als Facetten oder Variationen dieses Spannungsbogens anzusehen. Erst durch diesen Abstraktionsschritt wird es möglich, in Kapitel 4 über die Dynamik zwischen den Positionen, den Widerstreit der Diskursarten, zu sprechen. Auf dem Abstraktionsniveau der Schlüsseldichotomien besteht jedoch die Gefahr, dass der Bezug zu den Daten verloren geht und der Zusammenhang zu den empirischen Aussagen nicht mehr nachvollziehbar ist. Um das Sprechen über die Analyseergebnisse zu erleichtern, habe ich zusätzlich zu den Schlüsseldichotomien pro Diskursfeld ein *Studienmotiv* benannt.[37]

Ein Studienmotiv zeichnet sich durch eine größere Nähe zu den empirischen Aussagen aus, weil es das Grundbedürfnis eines jeden Diskursfeldes in ein Handlungsmotiv übersetzt. Das Studienmotiv kann als eine Art übergeordnete Verhaltensstrategie verstanden werden, die der Beobachtungstyp verfolgt, um in der von ihm imaginierten Welt (gut) zu (über-)leben. Insofern spiegeln sie nicht nur seine Vorstellungen über die Welt wider, sondern ebenso sein Selbstverständnis, also seine Vorstellungen darüber, welche

---

[36] Die vier Diskursfelder können als eine Art „Wortwolke" imaginiert werden. Welche Begriffe aus der Schlagwortwolke letztlich zur Bildung der Schlüsseldichotomie genutzt werden, ist das Ergebnis einer Entscheidung.

[37] Ich spreche nicht von Bildungszielen, sondern von Studienzielen bzw. Studienmotiven, da ich Bildung als Klammerbegriff für jegliche auf Erkenntnis bzw. Viabilität zielende Handlung verwende. Auch die Studienmotive können den Daten nicht als explizit formulierte Anliegen entnommen werden. Sie stellen ebenso wie die ihnen zugrunde liegenden Bedürfnisse begriffliche Abstraktionen dar. Der für das Studienmotiv gewählte Begriff repräsentiert ebenso wie das Grundbedürfnis den positiven Pol eines bipolaren Spannungsverhältnisses.

Möglichkeiten ihm in einer solchen Welt offenstehen und wie er sich in eben dieser Wirklichkeit angemessen verhält. Das Verhältnis des Beobachters zum Studium betrachte ich als exemplarisches Welt-Selbst-Verhältnis. Um die Interdependenz von Welt- und Selbstbild zu verdeutlichen, formuliere ich für jeden Beobachtungstyp ein metaphorisches Idealbild des Studiums, das als gut einprägsames Sinnbild aufzeigen soll, mit welcher Haltung der Beobachter dem Studium gegenübertritt.

Q1-Schlüsseldichotomie: Sicherheit – Unsicherheit

Das Diskursfeld Q1 ist geprägt von einem Spannungsverhältnis, welches auf höchster Abstraktionsstufe das Spektrum zwischen den Polen *Sicherheit – Unsicherheit* bezeichnet. Die Subdichotomien des Diskursfeldes beschreiben Varianten dieses Spannungsbogens, der sich u.a. auch als *Festlegung – Unbestimmtheit* beschreiben lässt, was mit Blick auf den Studienkontext besser verdeutlicht, was der Q1-Beobachtungstyp im Studium als förderlich empfindet und was er kritisiert.

Der Q1-Beobachtungstyp erwartet von einem Studium klare Regeln und strukturelle Vorgaben, weil er darin Stabilität und Halt findet, was ihm wiederum ein Gefühl von Sicherheit gibt. Sein Fokus ist auf Anhaltspunkte gerichtet, die ihm Orientierung in seinem Umfeld ermöglichen. Werden solche Objekte (z.B. Angaben zum Workload, Belegungsregeln, Regelstudienzeit) nicht vorgefunden, wird dies als ein Mangel (Informations- oder Strukturdefizit) interpretiert, den es zu beheben gilt. Dies kann sich als Klage über eine mangelhafte Konzeption des Komplementärstudiums äußern, oder als Vorwurf, Umwege gehen zu müssen oder gar in die Irre geleitet zu werden. Darin kommt eine Erwartungshaltung gegenüber den Verantwortlichen zum Ausdruck, das Studium so zu konzeptionieren, dass der Weg eindeutig vorgegeben ist.

Den Wert seiner Objekte macht Q1 an klaren Konturen, an ihrer Greifbarkeit, Festigkeit und Beständigkeit fest, die ihm in dieser Form als der gewünschte An*halt*spunkt und als Garant für Sicherheit erscheinen. Ihre Materialität schützt ihn wie die Leitplanke den Autofahrer, weshalb er sich in diese Strukturen bereitwillig einfügt und das Abweichen vom vorgegebenen Weg als ineffizient und gefährlich ablehnt. Die Metapher von der Kanalisierung, mit welcher in den Daten die Entwicklung zu einer Berufspersönlichkeit im Studium umschrieben wird, versinnbildlicht, was für den Q1-Beobachtungstyp effizientes Verhalten im Studium bedeutet: Möglichst ohne Reibungsverluste (d.h. ohne Ablenkung und Umwege) will er durch einen engen Kanal ins Ziel gleiten. Der Kanal hat auch den Vorteil, dass – ähnlich wie in einem Tunnel – der Blick auf das vor ihm liegende Ziel eingeengt ist (Tunnelblick). Eine Horizonterweiterung (vgl. Q3) erscheint dem Q1-Typ als störende und ineffiziente Ablenkung.

Vor diesem Hintergrund bewertet der Q1-Beobachtungstyp das Komplementärstudium insgesamt sehr kritisch. Es stellt für ihn in mehrfacher Hinsicht einen Störfaktor dar, da es ihm Ressourcen raubt, ihn von seinem eigentlichen Ziel ablenkt, indem es ihn dazu zwingt, den berechenbaren Weg zu verlassen und seine Idealvorstellungen über die Eindeutigkeit von Grenzen und die Konturen der Objekte infrage stellt.

Q1-Studienmotiv: Passfähigkeit

Der Beobachtungstyp Q1 ist darauf fokussiert, garantierte *Passfähigkeit* für die angestrebte berufliche Position zu erlangen. Das aus dieser Perspektive ideale Studium ist mit einem Baukastensystem vergleichbar, das mit Bauanleitung ausgeliefert wird und bei dem alle Teile garantiert zusammenpassen. Die strukturellen Vorgaben – wie z.B. Module, Credit-Points, Workload-Vorgaben und Regelstudienzeit – werden als klar konturierte Bauteile imaginiert, in denen alle Teile ihren vorbestimmten Platz haben. Der Q1-Beobachtungstyp hat auch an sich selbst den Anspruch, ins System zu passen, weshalb er versucht, sich den objektiven Gegebenheiten anzugleichen und einzufügen. Dankbar lässt sich Q1 von den gegebenen Strukturen und Regeln leiten, die ihm Halt bieten und ein Gefühl von Sicherheit vermitteln.

Q2-Schlüsseldichotomie: Bindung – Ungebundenheit

Bindung, als dem positiven Pol der Q2-Schlüsseldichotomie, steht am anderen Ende des Wertspektrums Ungebundenheit gegenüber.

Den Subdichotomien des Diskursfeldes Q2 ist in verschiedenen Variationen der Spannungsbogen *Zugehörigkeit – Bindungslosigkeit* eingeschrieben, der widerspiegelt, worauf die Handlungen von Q2 gerichtet sind und was er zu vermeiden versucht.

Der Q2-Beobachtungstyp strebt nach sozialem Anschluss und der Integration in eine Gemeinschaft, z.B. als Angehöriger einer Disziplin, einer Institution oder einer aufgrund von Privilegien oder Status distinguierbaren Gruppe (Expert*in, Spezialist*in). Seine Wahrnehmung ist auf sein soziales Umfeld und deren Anforderungen ausgerichtet, die er zu erfüllen versucht. Davon verspricht er sich Vorteile, Anerkennung und sozialen Status. Der Q2-Beobachtungstyp orientiert sich daran, wie seine Vorbilder ihren Weg bewältig haben und versucht, es ihnen gleich zu tun. Abweichungen vom tradierten Weg einer fachlichen Ausbildung interpretiert er als ineffizienten Umweg, jede Verzögerung als unliebsame Störung des bewährten Fahrplans. Die durch das Komplementärstudium repräsentierte Aufforderung zur Beschäftigung mit fachfremdem Wissen (breite Bildung) wird als unnütz (ineffizient in Hinblick auf das eigentliche Ziel eines Studiums) wahrgenommen.

Ebenso wie der Q1-Beobachtungstyp bevorzugt Q2 einen schmalen Weg. Er hat aber nicht wie Q1 Angst davor, vom Weg abzukommen und sich zu verirren. Q2 fürchtet sich vielmehr davor, von anderen überholt und im Wettlauf des Lebens abgehängt zu werden. Er vergleicht sich ständig mit potentiellen Mitbewerber*innen, weil er seinen Selbstwert aus der Perspektive der Gruppe bemisst, der er angehören möchte. Sein Selbstbewertungsmaßstab ist der kollektive Nutzen, weshalb die (als egoistisch interpretierte) Verfolgung persönlicher Interessen seiner Ansicht nach nicht ins Studium gehört, sondern in den Bereich des Privaten auszulagern ist. Für seine Zugehörigkeit nimmt Q2 in Kauf, dass eigene Interessen auf der Strecke bleiben. Die Effizienz von Verhalten bemisst er daran, ob es sein Wert für die Gruppe steigert und seine Bindung an diese festigt, z.B. indem er sich als Spezialist unersetzbar macht. Deshalb ist der Q2_Beobachtungstyp stets darum bemüht, seine Kompetenz und Loyalität unter Beweis zu stellen.

Das Komplementärstudium mit seinen heterogenen Inhalten und Akteuren bietet Q2 so gut wie keine

Orientierungsmöglichkeiten in Hinsicht darauf, was von ihm erwartet wird und wodurch er seinen Wert aus kollektiver Perspektive steigern könnte. Es bietet dem Q2-Beobachtungstyp, der sich an den Anforderungen anderer orientiert, kaum verhaltensorientierenden Anhaltspunkte. Als fächerübergreifender Studienanteil hat das Komplementärstudium so gut wie keine soziale Sogwirkung. Da es nicht zur Sättigung seines Bindungsbedürfnisses beiträgt und darüber hinaus Kapazitäten beansprucht, die der Q2-Beobachtungstyp in die Pflege zweckmäßiger Kontakte investieren will, wird es aus dieser Perspektive ebenfalls überwiegend negativ bewertet. Als positiv bewertet wird die Möglichkeit, dass soziale Netz über die Grenzen der eigenen Disziplin zu erweitern und sich kommunikative Kompetenzen anzueignen, die für die Kommunikation in heterogenen Gruppen hilfreich sind.

Q2-Studienmotiv: Anschlussfähigkeit

Der Q2-Beobachtungstyp strebt in erster Linie nach sozialer und beruflicher Integration, weshalb sein Studienmotiv unter dem Motto *Anschlussfähigkeit* zusammengefasst werden kann. Das aus dieser Perspektive ideale Studium ist mit einem *Transportmittel* vergleichbar, das den Q2-Beobachtungstyp schnellstmöglich an sein nächstes Etappenziel (Masterstudium, Berufseinstieg) befördert. Um den (beruflichen) Anschluss nicht zu verpassen, ist Q2 bemüht, sich an den bewährten Fahrplan (traditionelles Curriculum) seiner beruflichen Vorgänger (*Vorfahr*en) zu halten und sich nach deren Vorbild zu formen. Um diesem Idealbild zu entsprechen ist Q2 dazu bereit zu unterdrücken, was nicht zur imaginierten Rolle der Berufspersönlichkeit passt. Der Q2-Beobachtungstyp versucht möglichst alle Anforderungen zu erfüllen, die sein Umfeld an ihn stellt. Da sich Q2 so stark mit den Bedarfen der Gruppe identifiziert, kann es passieren, dass ihm die Ansprüche des übergeordneten Systems (bspw. des Arbeitsmarktes) als die eigenen erscheinen. Seine Angst vor Desintegration drückt sich in seiner großen Sorge aus, aufgrund des Leuphana-Studienmodells gegenüber Mitbewerber*innen benachteiligt zu sein, woraus große Unzufriedenheit und der Vorwurf erwächst, das Studium sei falsch konzipiert

(„systeminkompatibel") und trüge zur beruflichen und sozialen Segregation bei.

Q3-Schlüsseldichotomie: Autonomie – Heteronomie

Das zentrale Bedürfnis des Q3-Beobachtungstyps ist Autonomie, deren Gegenpol auf der Abstraktionsstufe der Schlüsseldichotomie als Heteronomie (im Sinne von Abhängigkeit und Fremdbestimmung) bezeichnet werden kann. Die Subdichotomien des Diskursfeldes Q3 stellen Variationen des Spannungsbogens *Selbstbestimmung – Fremdbestimmung* dar.

Der Q3-Beobachtungstyp zeichnet sich durch seinen ausgeprägten Willen aus, gemäß seiner Interessenlage aus einem Spektrum an Möglichkeiten auszuwählen und sein Studium selbstbestimmt zu gestalten. Er ist vielseitig interessiert und darum bemüht, ein möglichst breites Spektrum kennenzulernen. Doch geht es ihm nicht wie Q2 darum, durch die Verbreiterung seines Wissensspektrums seinen Wert für die Gruppe zu steigern. Vielmehr ist er auf der Suche nach Objekten, in denen er sich selbst wiedererkennen kann. Q3 bewertet seine Objekte daran, ob sie geeignet sind, sein inneres Befinden angemessen auszudrücken. Der Q3-Beobachtungstyp integriert nur neue Erfahrungen, die vom bisherigen Standpunkt aus als zum Eigenen passend erachtet werden. Er bewegt sich also nicht aus seinem Zentrum heraus, sondern erweitert dessen Radius, was die Metaphern von der *Horizonterweiterung* sowie vom *Blick über den Tellerrand* versinnbildlichen.

Der im Autonomiegedanken enthaltene Aspekt der Freiheit wird im Diskursfeld Q3 vor allem als (Entscheidungs-)Freiheit im Sinne der Abwesenheit von beschränkenden Faktoren und einengenden Vorgaben verstanden. Regeln und Anforderungen des sozialen Umfeldes werden als störende bis empörende Einmischung (in innere Angelegenheiten) wahrgenommen und zurückgewiesen. Hieran kann man gut erkennen, wie unterschiedlich die Einschätzung der Beobachtungstypen ausfallen kann: Was von Q3 als Fremdbestimmung zurückgewiesen wird, formuliert der Q1-Beobachtungstyp positiv als Wunsch nach Strukturvorgabe. Während Q1 und Q2 einen klar vorgegebenen, schmalen Weg durch das

Studium bevorzugen, ist Q3 an einer Verbreiterung des Möglichkeitsspektrums (an breiter Bildung) interessiert. Dies spiegelt die Ängste der benannten Diskurspositionen: Q1 hat Angst davor, abgelenkt zu sein und sich zu verirren. Q2 fürchtet, abgehängt und von anderen überholt zu werden. Die Angst des Q3-Beobachtungstyps kann als die Angst vor Verendlichung bezeichnet werden. Daraus resultiert die für Q3 typische Verhaltensstrategie, sich möglichst alle Optionen offenzuhalten, sich also nicht an Entscheidungen zu binden. Effizientes Verhalten besteht für Q3 vorrangig darin, das zu tun, was seinem Willen entspricht. Auf diese Weise hofft er herauszufinden, wer er eigentlich ist (Selbstfindung) und wie seine Vorbilder auch beruflich machen zu können, was den eigenen Interessen entspricht. Doch weil jede Entscheidung eine Festlegung darstellt und die innere Vielfalt nicht ausreichend spiegeln kann, bleibt Q3 unentschieden und unverbindlich.

Das Komplementärstudium mit seinen Wahloptionen und Freiheitsgraden hinsichtlich der Studienorganisation wird vom Q3-Beobachtungstyp überwiegend positiv wahrgenommen. Doch dort, wo Q3 auf Grenzen der Selbstbestimmung stößt, z.B. die Seminarplatzvergabe per Losverfahren oder Belegungsregeln, wird sein Widerstand geweckt. Dies kann so weit gehen, dass sich Q3 der durch das Komplementärstudium repräsentierten Aufforderung zur fächerübergreifenden Bildung ganz verweigert mit dem Argument, er habe sich mit der Wahl von Major und Minor ja schließlich für eine fachliche Ausrichtung entschieden und nur diese entspräche seinen Interessen.

Q3-Studienmotiv: Horizonterweiterung

Das Q3-Studienmotiv der *Horizonterweiterung* zielt auf das intrinsisch motivierte Ausprobieren von Optionen und Perspektiven. Für den Q3-Beobachtungstyp ist das Studium vergleichbar mit einem *Büffet*, an dem er ganz nach seinem Geschmack auszuprobieren kann, was ihn anspricht. Er genießt den „Blick über den Tellerrand", weil er Abwechslung und Vielfalt grundsätzlich schätzt. Allerdings nur, sofern er nicht dazu gezwungen wird, die Grenzen seiner Komfortzone zu überschreiten. Er allein entscheidet, was er sich „einverleiben" möchte, also was die Grenze zwischen Innen und Außen passieren darf. Doch Q3 wählt nicht nur anhand seiner eigenen Interessen aus, sondern er bewertet das Angebotsspektrum auch daran: Was ihm zu weit weg vom Eigenen erscheint, gilt ihm als ungenießbar. Das Q3-Studienmotiv der Horizonterweiterung korrespondiert insofern mit dem Bedürfnis nach Autonomie, als dass dieses im Kontext des Studiums im Sinne von Freiwilligkeit und Wahlfreiheit als selbstbestimmtes Ausprobieren von Optionen ausgelebt wird.

Q4-Schlüsseldichotomie: Transformation – Gleichförmigkeit

Die Schlüsseldichotomien des Diskursfeldes Q4 bilden *Transformation* als der positive Pol, dem *Gleichförmigkeit* als negativer Pol gegenübersteht. Was die Subdichotomien des Diskursfeldes über die einzelnen Facetten dieses Spektrums erzählen, kann auch auf dem Spannungsbogen zwischen *Potentialität* und *Faktizität* eingeordnet werden, der unter Bezug auf die Dimension der Zeit eine Unterscheidung ermöglicht zwischen dem, was potenziell möglich ist und dem, was in Vergangenheit oder Zukunft tatsächlich realisiert werden konnte bzw. könnte.

Weil der positive Bereich des Q4-Wertspektrums Vorstellungen versammelt, die allesamt etwas Flüchtiges und Einmaliges beschreiben, lässt sich das Spannungsverhältnis besser über den negativen Gegenpol greifen. Dieser steht für das Beständige, das geplante Ergebnis oder das festgelegte Ziel. Während der negative Pol also sehr konkret ist und dadurch auch sprachlich konkretisiert werden kann, ist der positive Pol kaum artikulierbar. Eine begriffliche Festlegung widerspricht der durch ihn repräsentierten Idee der Einzigartigkeit und Unvergleichbarkeit, die sich ja gerade der Verallgemeinerung bzw. Kategorisierung widersetzt. Auch Singularität wäre nicht geeignet, um die Idee zu erfassen, denn darin schwingt das Konzept des Unikats mit, das über eine Materialität verfügt, die der Suchbewegung von Q4 nicht entspricht.

Im Diskursfeld Q4 werden Vergänglichkeit genauso wie die Unabgeschlossenheit eines Prozesses und die Flüchtigkeit des Moments anerkannt. Der Idee der Beständigkeit im Sinne eines „Mitsich-selbst-identisch-Bleiben" wird hingegen eine Absage erteilt. Der Q4-Beobachtungstyp richtet seine Aufmerksamkeit auf das, was jetzt wahrgenommen werden kann, ohne es an vorgefertigten Erwartungen zu messen, oder mit dem zu vergleichen, was er bereits kennt. In diesem Sinne öffnet er sich gegenüber dem, was ihm begegnet, auf eine unvoreingenommene Weise. Die Suche des Q4-Beobachtungstyps zielt auf das Besondere und das Unerwartete. Der Q4-Beobachtungstyp will nicht etwa neue Wege gehen, sondern sich seinen ganz eigenen Weg bahnen, um auszuprobieren, wozu er fähig ist. Dazu muss Q4 die bekannten Pfade mit Absturzsicherung verlassen (Q1), sich nicht auf Wegbeschreibungen von Vorgängern verlassen, um die Ziele der Vorbilder zu erreichen (Q2) und auch keine Standpunkte ausprobieren, um zu sehen, was andere gesehen haben (Q3). Zwar verbindet Q3 und Q4 der Drang zu entdecken, doch Q3 durchsucht ein gegebenes Angebotsspektrum, auf der Suche nach etwas Passendem – was bedeutet, er misst das Neue mit dem Maßstab des Alten.

Der Q4-Beobachtungstyp wagt sich auf unbekanntes Terrain vor, um etwas zu entdecken, was bisher im Verborgenen lag. Aber was veranlasst Q4 dazu, die Komfortzone orientierungsgebender Strukturen (Q1), das soziale Netz zukunftssichernder Anknüpfungspunkte (Q2) und die Bereicherung durch vielfältige Optionen (Q3) aufzugeben, um ins Unbekannte vorzustoßen? Q4 begibt sich auf die Suche nach etwas, das er vorab nicht beschreiben kann, doch er erkennt es, wenn er es (emp-)findet. Diese Empfindung entsteht, wenn der Q4-Beobachtungstyp zu einem Objekt eine besondere Beziehung eingeht, die in den Daten als „intensive Energieübertragung" beschrieben wird. Diese Beziehung kann im Gegensatz zu „zweckorientiert" als „beziehungsorientiert" charakterisiert werden, weil sie unabhängig von einem angestrebten Handlungsziel eingegangen wird.

Aber wenn es ihm nicht um die Erreichung eines angestrebten Ziels geht, was ist dann aus der Perspektive des Q4-Beobachtungstyps effizientes Verhalten? Der Zweck des Diskursfeldes Q4 ist das Bedürfnis nach Transformation, im Sinne einer Veränderung seiner selbst in einer Beobachtungsbeziehung. Die Handlung ist also nicht auf ein vom Beobachter getrenntes Objekt bezogen, sondern auf das

Selbst, das innerhalb dieser Beziehung erfahren werden kann. Eine auf sich selbst bezogene Handlung ist nicht zweckfrei, sondern verfolgt einen Selbstzweck. Die dem Selbsterhalt dienende Selbstorganisation eines lebenden Systems (die auf den homöostatischen Ausgleich zielt), wird von Maturana und Varela (1987, 55) als *Autopoiese* bezeichnet.

In den Daten wurde aus einer als Q4 kodierten Beobachtungshaltung einer negativ konnotierten zweckorientierten Handlungsausrichtung, die mit dem Konzept der *Poiesis* assoziiert wurde, der Begriff der *Praxis* gegenübergestellt. Praxis als Gegenbegriff zu Poiesis kann aber auch als *Auto*poiesis übersetzt werden. Vor einem systemtheoretischen Hintergrund kann daraus die Schlussfolgerung gezogen werden, dass Effizienz im Diskursfeld Q4 nicht an der Erreichung von Zielen bemessen wird, sondern an der Erreichung eines Zustandes, der als ausgeglichen empfunden wird, weil alle Werte im homöostatischen Bereich liegen. So gesehen ist die begriffliche Unterscheidung zwischen Erkenntnis und Viabilität im Diskursfeld Q4 nicht erforderlich, denn der Q4- Beobachtungstyp bewertet ein Verhalten als Erkenntnis, wenn es der Erreichung eines vom System als viabel empfundenen Zustandes dient. Der Q4-Beobachtungstyp berichtet davon, dass er in diesem Zustand Glück empfindet. In diesem Kontext kann dem Glück das Gefühl der Angst gegenübergestellt werden, das in allen der drei anderen Diskursfelder eine Rolle spielt (Q1: Angst vor Orientierungsverlust, Q2: Angst den eigenen Ansprüchen nicht zu genügen und abgehängt zu werden, Q3: Angst vor Verendlichung). Angst wird hier als systemischer Hinweis auf einen drohenden Mangelzustand interpretiert, dem gegengesteuert wird durch Bedürfnisse, die der Sättigung des Wertes dienen. Aufgrund der Instabilität eines lebenden Systems kann der ausgeglichene Zustand, in dem alle Bedürfnisse gesättigt sind und Glück empfunden wird, nur ein flüchtiger sein.

Das Komplementärstudium wird im Diskursfeld Q4 relativ wenig direkt thematisiert. Das ist nicht verwunderlich, da der Q4-Beobachtungstyp seinen Fokus nicht auf das Objekt richtet, sondern darauf, was in der Beziehung zwischen einem Individuum und seinem Objekt entsteht. Pauschale Aussagen über *das*

Komplementärstudium widersprechen dieser Idee der Relationalität. Das Komplementärstudium wird eher als Repräsentant eines Bildungsideals thematisiert, welches sich jedoch schwer in Worte fassen lässt und eher über die Negation dessen, was es aus der Q4-Perspektive nicht ist, beschrieben wird.

Generell weist Q4 Praktiken zurück, durch die Studierende auf bestimmte Lernziele festgelegt werden, z.B. wenn Lehrende vorgeben, wie ein Text zu interpretieren ist. Im Fokus von Q4 steht nicht der Erwerb von Bildungsgütern, sondern die Reflexion der Beziehung des Lernenden zu den Inhalten. In diesem Sinne wird das Komplementärstudium auch deutlich von einem Studium generale abgegrenzt, das insbesondere mit der Idee eines „Bildungskanons" in Verbindung gebracht wird. Sofern das Komplementärstudium Studierende dazu anregt, das Studium als einen „Pfad der eigenen Entdeckungen" zu verstehen, „ihren ganz eigenen Weg zu beschreiten", und sie dazu anregt, „Fragen nach Möglichkeiten des Denkens" weiterzuentwickeln und „Standpunkte zu verlassen, statt sie einzunehmen", wird es positiv bewertet.

Q4-Studienmotiv: Potentialentfaltung

Das Q4-Studienmotiv der *Potentialentfaltung* verweist auf das, was den Q4-Beobachtungstyp antreibt: Er will entdecken, was in ihm steckt. Q4 strebt mit dem Studium eine Entwicklung an, die nicht auf die Erreichung vorab festgelegter Ziele ausgerichtet ist, sondern auf die Erkundung der eigenen Möglichkeiten. Das ideale Studium ist für den Q4-Beobachtungstyp ein Mehr/Meer an Möglichkeiten, in dem es unendlich viel zu entdecken und zu erleben gibt. Auf der Suche nach dem Unbekannten gilt es, darin von allen Erwartungen und konkreten Vorstellungen befreit einzutauchen. Eine solche Expedition ins Ungewisse kennt kein vorab festgelegtes Ziel. Vielmehr geht es darum, eine neue Erfahrung zu machen – nicht zuletzt in Bezug auf sich selbst. Das Bedürfnis nach Transformation findet im Q4-Studienmotiv der Potentialentfaltung seinen Ausdruck im Sinne einer Überschreitung der Grenzen bisheriger Erfahrungen, auch im Hinblick auf die eigenen Fähigkeiten, Wahrnehmungen und Empfindungen. Der Versuch, das eigenes Potential auszuschöpfen, erfordert die Konfrontation mit dem, was es bisher noch begrenzt – seien es persönliche oder kollektive Konzepte über die Welt oder sich selbst/sein Selbst.

Reprise: Verdeckter Widerstreit um Erkenntnisbefähigung

Die datenbasierten Beobachtungen gaben Anlass zu der bereits in Kapitel I benannten These, dass der Diskurs um das Komplementärstudium ein „verpuppter Rechtsstreit" im Sinne Lyotards (1989) ist. Das Ideal der Erkenntnisbefähigung als übergeordnetes Bewertungskriterium für Bildungsprozesse (universelle Urteilsregel) verdeckt die Pluralität dessen, was unterschiedliche Beobachter unter Erkenntnis bzw. effektivem Verhalten verstehen. Die unterschiedlichen Beobachter bewerten Verhaltensweisen als effektiv, die auf folgende vier Zwecke ausgerichtet sind: Sicherheit, Bindung, Autonomie und Transformation. Durch die Auffächerung des Erkenntnisbegriffs in diese vier Begriffe eröffnet sich eine neue Vielfalt bezüglich der analytischen Leitfrage: *Was bewerten die Beobachter als effektives (viables) Verhalten im Studium?*

Die Aktivität des Bewertens basiert auf dem Prinzip der Viabilitätsbeurteilung und auf dem Urbild vom biologischen Wert. Sicherheit, Bindung, Autonomie und Transformation als begriffliche Variationen des Erkenntnisbegriffs verdeutlichen die Beziehung, in der das Konzept der Erkenntnis zu grundlegenden menschlichen Bedürfnissen steht. Der Zweck von Bedürfnissen als einem biologischen Anreizsystem besteht auf der systemischen Ebene darin, für den Werterhalt im homöostatischen Bereich zu sorgen und auf diese Weise für die Aufrechterhaltung der Lebensfähigkeit des Organismus (dem Inbegriff von effektivem Verhalten) zu sorgen. Für ein erfolgreiches Lebensmanagement ist der homöostatische Ausgleich aller Werte erforderlich, weshalb aus einer systemischen Perspektive jedem dieser Bedürfnisse die gleiche Relevanz zukommt. Alle Bewertungen erwachsen der Ur-Dichotomie *viabel – nicht viabel*, die jedem Wertspektrum als Strukturprinzip zugrunde liegt.[38]

---

[38] Das heißt nicht, dass der Mensch grundsätzlich viable Entscheidungen trifft – zumindest nicht aus der Perspektive eines Beobachters, der das eigene Verhalten und das anderer als ineffizient beurteilen kann. Doch auf der systemischen Ebene des emotionalen Bewusstseins mag es Gründe geben, die wir nicht

Diese strukturelle Gemeinsamkeit sowie die gemeinsame Wurzel von gegenpoligen Begriffen gerät auf der semantischen Ebene aus dem Blick. Die Beobachter setzten sich argumentativ für einen oder mehrere der von ihnen priorisierten Diskurszwecke ein, um die als vorrangig empfundenen Bedürfnisse durchzusetzen. Die Priorisierung bestimmter Bedürfnisse geht einher mit der Posterisierung anderer Bedürfnisse und einer Abwertung der an diese geknüpften Verhaltensstrategien. Daraus entsteht der Widerstreit zwischen den Diskursarten, der im Fall des Komplementärstudiums nicht offen ausgetragen wird, sondern als verpuppter Rechtsstreit über die richtigen Strategien zur Erkenntnisbefähigung vor sich hin schwelt.

Die anhaltende Auseinandersetzung über das Komplementärstudium spiegelt in doppelter Weise einen verdeckten Disput über die richtige Art des Erkennens: Zum einen geht es um die Frage, welche Verhaltensweisen überhaupt als erkenntnisfördernd gelten können und deshalb von Studierenden im Studium eingeübt werden sollten. Zum anderen steht zur Diskussion, welche konzeptionellen (didaktischen) Strategien verfolgt werden sollten, um Studierende mit als effektiv erachteten Erkenntnisstrategien vertraut zu machen. Aufgrund einer tendenziellen Tabuisierung von gezielter Verhaltenssteuerung im Hochschulkontext werden diese Fragen aber nicht offen, sondern nur unter dem semantischen Deckmantel der Erkenntnisbefähigung diskutiert. Die gemeinsame Urteilsregel *Erkenntnis* transportiert die implizite Prämisse, wonach es eine richtige Strategie – oder zumindest bessere und schlechtere Strategien – geben müsste.

Das monolithische Bildungsideal der Erkenntnisbefähigung steht der Anerkennung und Förderung heterogener Erkenntnisstrategien im Weg. Diese These erscheint im Kontext des fächerübergreifenden Komplementärstudiums auf den ersten Blick widersinnig, da doch gerade die Diversifikation der

---

mithilfe des Verstandes treffen und die dieser auch nicht zu erfassen vermag. Wenn sich beispielsweise ein Elternteil für sein Kind opfert, ist dies auf systemischer Ebene und aus einer intergenerativen bzw. transpersonalen Perspektive auf das Lebensmanagement des ganzen Menschen durchaus eine viable Entscheidung.

wissenschaftlichen Erkenntnisstrategien als Charakteristikum dieses Studienprogrammes gilt. Doch wenn Erkenntnis als semantische Kategorie Verhaltensweisen bündelt, die unterschiedliche Beobachter *als effektiv bewerten*, stellt sich die Frage, ob Vertreter unterschiedlicher Disziplinen mit ihrem wissenschaftlichen Tun überhaupt unterschiedliche Zwecke verfolgen. In vielen wissenschaftlichen Kontexten wird an der Idee des objektiven Beobachters festgehalten, trotz des wissenschaftlichen (quantenphysikalischen) Belegs, dass Objekt und Subjekt der Beobachtung eine untrennbare Einheit bilden. Die Prämisse, wonach Wissenschaftler unabhängig von ihrer individuell, soziokulturell und gattungsspezifisch geprägten Wahrnehmungsweise unabhängige Forschungsergebnisse hervorbringen, wurde auch durch das Aufkommen neuer epistemischer Tugenden wie Interdisziplinarität und Transdisziplinarität – die u.a. als ein Zugeständnis an die Mannigfaltigkeit von Sichtweisen zu verstehen sind – nicht grundsätzlich in Frage gestellt.

Im Kontext objektiver Wissenschaften wird das Bildungsziel der Erkenntnisbefähigung als Anleitung zur Einübung *objektiver* Beobachtungspraktiken verfolgt. So ist es nicht allzu verwunderlich, wenn im Studium weiterhin vor allem Beobachtungspraktiken eingeübt werden, die der epistemischen Tugend der Objektivität verpflichtet sind. Konfrontiert man Studierende mit disziplinär unterschiedlichen Denk- und Verhaltensweisen, eröffnet man ihnen im Zweifelsfall nur ein breiteres Spektrum an Strategien, welche auf *objektive* Erkenntnis ausgerichtet sind. Doch die Pluralisierung objektiver Beobachtungspraktiken führt nicht zur „Rehabilitation" des „als Subjektivität vorgestellten Selbst" (Daston und Galison 2007, 46).

Wie im ersten Kapitel ausgeführt, gehen mit objektivierenden Praktiken bestimmte Selbst-Techniken einher, die auf die Unterdrückung von Subjektivität im Forschungsprozess zielen. Die gezielte Ausgrenzung innerpsychischer Vorgänge aus dem Bewusstseinsfeld der Forschenden fördert die Habitualisierung einer einseitig auf das Objekt der Beobachtung gerichteten Beobachtungshaltung. Eine so verstandene Objektivität steht einer auf die *Beziehung* zwischen Objekt und Subjekt fokussierenden Betrachtungsweise im Weg. Der auf der Bedürfnisebene verdeckt geführte

Widerstreit über viable Erkenntnisstrategien im Studium lässt sich auch als ein Konflikt zwischen einer auf das Objekt orientierten gegenüber einer auf das Subjekt orientierten Beobachtungseinstellung beschreiben, wie im folgenden Kapitel ausführlich dargestellt wird.

Kapitel 4: Komplementäre Bildung – Kompensation einseitiger Welt- und Selbstverhältnisse

Die Bewertung des Komplementärstudiums als das Resultat einer bedürfnisorientierten Beobachtung geht hervor aus der Beziehung zwischen einem Beobachter, seiner Bedürfnislage und seinem Objekt. Die von einem Beobachter eingenommene Beobachtungshaltung hat einen wesentlichen Einfluss darauf, wie innerhalb dieser von mir als Beziehungsdreieck[1] bezeichneten Konstellation Welt- und Selbstverhältnisse hervorgebracht werden.

Bisher standen die Bedürfnisse der Beobachter im Vordergrund der Analyse.[2] Diese rücken nun zugunsten der anderen beiden Faktoren des Beziehungsdreiecks in den Hintergrund, d.h. im Fokus steht nun das *Verhältnis zwischen dem Beobachter und seinem Objekt*. Dieses Verhältnis wird in der Regel als Beziehung zwischen einem Subjekt und einem Objekt beschrieben. Jedoch greift diese Beschreibung zu kurz, um den entscheidenden Aspekt für die folgende Interpretation der Diskursdynamik herauszuarbeiten. Unter Bezugnahme auf Carl Gustav Jung (1972; 1995) und seine Ausführungen über das Objekt als *Imago* kann der Objektbegriff weiter ausdifferenziert und damit das Subjekt-Objekt-Verhältnis im Rahmen eines komplexeren Modells thematisiert werden.

Der in Kapitel 1.4 eingeführte Begriff der *Imago* als „Bild der subjektiven Beziehung zum Objekt" (Jung 1995, 507) stellt – anders als der herkömmliche Objektbegriff – ein Beziehungskonzept dar, weil er die Idee beinhaltet, dass die Beziehung zum Subjekt immer schon in dieses *Gegenstandsbild* eingeschrieben ist. Da es zum Teil „aus Material geschaffen ist, das aus dem Subjekt selber stammt"

---

[1] Vgl. dazu Kapitel 3.2, Abschnitt Das Muster der Polarität und das Beziehungsdreieck der Bewertung.
[2] Die Ebene der Bedürfnisse (als der positiven Pole der Schlüsseldichotomien) stellte bisher die höchste Abstraktionsstufe der Analyse dar, die dazu geeignet ist, den Widerstreit zwischen den Diskursarten als Dissens über den Zweck des Studiums zu veranschaulichen.

(Jung 1972, 27), umfasst es u.a. Bedürfnisse, Gedanken und Gefühle. Die Imago steht mithin für eine komplexe Beziehung zu einem spezifischen Phänomen. Sie kann als ein subjektives Verhältnis zu einem Objekt bezeichnet werden bzw. im Anschluss an Koller[3] als ein Welt- oder ein Selbstverhältnis (2018, 15).

Zur Hervorbringung von Objekt-Imagines stehen dem Beobachter – bedingt durch seine gattungsspezifische Organisation und Struktur als menschliches Lebewesen[4] – zwei Arten von Wahrnehmungsfunktionen zur Verfügung. An die Unterscheidung zwischen ektodermen und endodermen Wahrnehmungsfunktionen knüpft Jung (1995) seine Theorie über extravertierte und introvertierte Beobachtungstypen an. Mithilfe ektodermer Funktionen knüpft der Beobachter Beziehungen zu Objekten seines äußeren Milieus, d.h. zu Objekten seines natürlichen und sozialen Umfeldes. Endoderme Funktionen ermöglichen Beziehungen zu Objekten des inneren Milieus, das von Maturana und Varela (1987, 53–54) auch als innere Dynamik der lebenden Einheit bezeichnet wird. Jung spricht von innerpsychischen Vorgängen, die sich u.a. als Emotionen, innere Bilder und Gedanken äußern.

Aus diesen unterschiedlichen Beobachtungshaltungen ergeben sich zwei grundlegend verschiedene Arten der Wirklichkeitsauffassung, die im Anschluss an Hans-Peter Dürr (2016) im Folgenden in *Außenansicht* und *Innenansicht* unterschieden werden.[5] Als Wirklichkeit wird aufgefasst, was der Beobachter bewusst wahrnimmt und als wirksam interpretiert. Davon zu unterscheiden ist das, was der Beobachter „nur" unbewusst wahrnimmt und was seine Wirkung entfaltet, auch ohne dass sich der Beobachter dies bewusst macht und in sein Konzept von Wirklichkeit integriert.

---

[3] Vgl. Kapitel 3.1, Abschnitt Welt und Selbst: semantische Beschreibungen und mentale Karten.

[4] Vgl. zum Begriff der *Organisation* im Unterschied zu *Struktur* die Ausführungen von Maturana und Varela (1987, 46–60) über die Entstehung von Leben, Kriterien des Lebendigen und die Rolle der Unterscheidung für die Definition einer Einheit.

[5] Jung unterscheidet einen sensualistischen von einem ideellen Wirklichkeitsbegriff. Im Hinblick auf den introvertierten Beobachtungstyp schreibt er: „Die Unsichtbarkeit der Idee tut nichts zur Sache neben ihrer außerordentlichen *Wirksamkeit*, die eben eine *Wirklichkeit* ist" (1995, 40; Hervorh. i. O.).

Vor diesem Hintergrund unterscheidet Jung (1995) eine bewusste von einer unbewussten Einstellung. Seine Einteilung in Beobachtungstypen orientiert sich an der habitualisierten bewussten Beobachtungshaltung, also daran, worauf ein Beobachter seine bewusste Aufmerksamkeit gewohnheitsmäßig gezielt richtet. Die potentiell veränderliche Beobachtungshaltung kann sich zu einer habitualisieren Einstellung verfestigen. Wenn das passiert, integriert der Beobachter einseitig nur noch solche Wahrnehmungen ins Bewusstsein, die seiner Vorstellung von Wirklichkeit entsprechen.[6] Der Einseitigkeit der habitualisierten Wahrnehmung – von Jung u.a. auch als *allgemeine Wahrnehmung*[7] bezeichnet – steuert die unbewusste Einstellung entgegen. Zwischen der bewussten und der unbewussten Einstellung eines Beobachters besteht grundsätzlich ein kompensatorisches bzw. *komplementäres* Verhältnis. Die bewusste Einstellung kann sowohl extravertiert als auch introvertiert sein. Die von Daston und Galison (2007) vertretene These, wonach im wissenschaftliche Kontext Bemühungen um objektive Welterkenntnis im Vordergrund stehen (also die Habitualisierung von auf das äußere Milieu gerichteten Beobachtungspraktiken), kann im Anschluss an Dürr (2016) und Jung (1995) als Habitualisierung einer Außensicht bzw. einer extravertierten Beobachtungshaltung übersetzt werden.

Vor diesem Hintergrund wird mit der hier erarbeiteten Konzeption *komplementärer* Bildung darauf abgezielt, der drohenden Einseitigkeit einer nur auf objektive Welterkenntnis ausgerichteten wissenschaftlichen Beobachtungshaltung entgegenzuwirken. Diese Konzeption ist als Antwort auf die eingangs mit Huber (1991) aufgeworfene Frage zu verstehen, was die Entstehung einer wissenschaftlichen Haltung wahrscheinlicher macht. Huber verfolgte den Aspekt der Vermittlung objektiver Ansprüche der

---

[6] Eine Einstellung wirkt wie ein Filter, der Bekanntes und Vertrautes bestätigt und entsprechende Imagines durch Bestätigung verfestigt. Auf den Begriff der „Einstellung" wird in Kapitel 4.3 ausführlicher eingegangen.

[7] Mit „allgemeiner Wahrnehmung" bezieht sich Jung (1995, 548) auf die bewusste im Gegensatz zur unbewussten Informationsaufnahme und -verarbeitung. Außerdem betont er, dass die extravertierte und introvertierte Einstellung nur als vorherrschende bewusste Funktion nachgewiesen werden kann (1995, 554).

Wissenschaft und subjektiver der Person (1991, 196). Die gezielt einzuübende Reflexion der eigenen Beobachtungshaltung dient der Erweiterung des Wahrnehmungsspektrums des Beobachters, wodurch ein umfassenderes Verständnis von Wirklichkeit entsteht. Ein Beobachter, der sowohl extravertierte als auch introvertierte Beobachtungen anzustellen weiß, kann unterschiedlich geartete Welt- und Selbstverhältnisse hervorbringen. Dadurch steht diesem Beobachter – im Vergleich zu einem nur einseitig orientierten Beobachter – auch ein weiteres Handlungsspektrum zur Verfügung. Sofern Erkenntnis als effektive Handlung verstanden wird, kann entsprechend von einer gesteigerten Erkenntnisfähigkeit des Beobachters gesprochen werden.

Im Kontext von Bildung als Selbstbildung ist eine durch unterschiedliche Beobachtungshaltungen erzielte Diversifizierung der Selbstverhältnisse eines Beobachters von besonderem Interesse. Damit knüpfe ich an die obige Unterscheidung zwischen Objekt-Imagines des äußeren respektive des inneren Milieus an. Sie ermöglicht eine Differenzierung der Beobachtungsbeziehungen zwischen dem Beobachter (Subjekt) und sich selbst als einem inneren und einem äußeren Objekt. Mit Hilfe der von Jung entwickelten Terminologie lässt sich zwischen der Beziehung des Beobachters zu einer Persona-Imago (äußeres Objekt) und einer Anima-Imago (inneres Objekt) unterscheiden. Diese zwei Arten von Imagines wirken sich unterschiedlich auf die Welt- und Selbstverhältnisse eines Beobachters aus, so die in diesem Kapitel vertretene These.[8]

Mit dem Fokus auf Selbstbildung können entlang dieser These an die semantischen Beschreibungen des Komplementärstudiums folgende analytische Fragen gestellt werden: Wie beschreibt sich der Beobachter selbst? Präziser noch: Auf welchen Anteil seiner selbst/seines Selbst fokussiert er? Diese Fragen stehen wiederum

---

[8]   Nimmt sich der Beobachter vorrangig als äußere Persönlichkeit (extravertierte Einstellung) in den Blick, bringt er andere Welt- und Selbstbilder hervor, als ein Beobachter, der sich vor allem als innere Persönlichkeit (introvertierte Einstellung) begreift. So, wie sich das Subjekt mit seinem spezifischen Selbstverhältnis in seine Weltbilder einschreibt, wirkt sich sein Selbstverhältnis auch prägend auf sein Selbstbild aus. Man könnte auch sagen, dass es eine selbstverstärkende Wirkung hat, wodurch eine Haltung gegenüber sich selbst zu einer habitualisierten Einstellung wird (vgl. Kapitel 4.3).

in Verbindung zu der eingangs in Bezug auf die Definition von Bildung als Selbstbildung (Hastedt 2012, 7) formulierten Frage: Was ist das *Selbst*? Vor dem dargelegten erkenntnistheoretischen Hintergrund muss diese auf das *Selbst*verständnis des Beobachters abzielende Frage noch einmal neu formuliert werden: Was ist das Selbst aus *der Perspektive eines bestimmten Beobachters*? Aus der Frage „Wie sieht sich der Beobachter *selbst*?" lässt sich so die Frage nach seinem „allgemeinen Menschenbild" ableiten, d.h. seiner bewussten Vorstellung davon, was der Mensch ist oder was er werden kann.[9]

Die hier skizzierte Fragestellung wird im Folgenden schrittweise und dort, wo möglich, mit Bezug zu den kondensierten Analyseergebnissen aus Kapitel III ausgeführt. Ausgehend von der auffälligen dichotomen Argumentationsstruktur der untersuchten semantischen Beschreibungen leite ich durch meine Interpretation der semantischen Dualität als systemische Polarität zu Dürr (2016) über, der zwei Arten der Wirklichkeitsauffassung als *Innensicht* und *Außensicht* unterscheidet. Daran anschließend widme ich mich der Anbindung der Analyseergebnisse an diese theoretische Unterscheidung, indem ich zeige, dass sich die vier bedürfnisorientierten Diskurspositionen den zwei zueinander *komplementären* Beobachtungshaltungen der Extraversion und der Introversion zuordnen lassen. Dabei wird die Ausrichtung der Wahrnehmung auf Objekte des äußeren respektive des inneren Milieus als übergeordnete Ähnlichkeitsbeziehung betrachtet und entsprechend als Kriterium zur Gruppierung der Diskurspositionen genutzt. Diese Zuordnung korrespondiert mit den bipolaren Spannungsverhältnissen zwischen den vier Schlüsseldichotomien der Diskursfelder. Vor diesem Hintergrund erfolgt eine Charakterisierung der Diskursposition Q1 (Sicherheit) und Q2 (Bindung) als extravertiert und der

---

[9] Analog zur „allgemeinen Wahrnehmung" (Jung 1995, 548) sind mit „allgemeines Menschenbild" oder „allgemeines Weltbild" die bewussten Vorstellungen eines Beobachters gemeint, die mit Hilfe der Sprache artikuliert werden können. Die als semantische Beschreibungen vorliegenden Gegenstandsbilder des Komplementärstudiums sind somit überwiegend als Ausdruck bewusster Welt- und Selbstbilder zu verstehen. Wie noch ausführlich dargestellt wird (vgl. Kapitel 4.3), werden bewusste Vorstellungen durch unbewusste auf eine kompensatorische Weise ergänzt.

Diskursposition Q3 (Autonomie) und Q4 (Transformation) als introvertiert. Mit Jungs (1995) Unterscheidung zwischen innerer und äußerer Persönlichkeit arbeite ich schließlich das jeweils dominante Selbstbild der vier Beobachtungstypen heraus. Dies ermöglicht eine Rückbindung an die oben genannte These, wonach sich das vom Beobachter hervorgebrachte Selbstbild auf seine Welt- und Selbstverhältnisse auswirkt. Anhand des Gegenstandsbildes vom Komplementärstudium als einem exemplarischen Weltverhältnis kann zudem gezeigt werden, wie sich das daran eingeschriebene Bildungsverständnis der vier Beobachtungstypen in ihrem jeweiligen Selbstverhältnis spiegelt.

4.1 Dualität als Merkmal einer objekthaften Wirklichkeitsauffassung

Die für den untersuchten Diskurs so auffälligen begrifflichen Gegensatzpaare stehen im Zusammenhang mit der Bedürfnisorientierung der Beobachter.[10] Sie sind Ausdruck der sprachlichen Engführung, die ein Beobachter vollzieht, wenn er versucht, eine komplexe Beobachtung mithilfe sprachlicher Kategorien zu artikulieren. Der an einem Wert orientierte Beobachter bewertet sein Objekt, indem er es auf einer Bewertungsskala zwischen Sättigung und Mangel ansiedelt und den nähergelegenen Pol als Referenzpunkt für seine Bewertung nutzt.[11] Auch wenn Bewertungen graduell

---

[10] Das dominante Bedürfnis einer jeden Diskursposition repräsentiert den positiven Pol einer Schlüsseldichotomie. Eine jede Schlüsseldichotomie umfasst zahlreiche Subdichotomien, die das übergeordnete Spannungsverhältnis auf einer niedrigeren Abstraktionsstufe inhaltlich variieren. Die Subdichotomien wiederum ergeben sich aus den Kodes, welche auf der Ebene der Daten zu Gruppen ähnlicher Aussagen gebündelt werden können, die i.d.R. entweder den negativen oder den positiven Pol einer Subdichotomie bilden.

[11] An dieser Stelle möchte ich daran erinnern, dass hier Diskurspositionen rekonstruiert werden und von modellhaften Beobachtungseinstellungen die Rede ist, und nicht von Individuen. Individuen lassen sich i.d.R. nicht von nur einem Kernbedürfnis steuern, sondern sind als menschliche Wesen auf die Befriedigung aller vielfältigen Bedürfnisse angewiesen. Die von einem Beobachter zu einem bestimmten Zeitpunkt eingenommene Beobachtungshaltung entspricht seinem momentanen Empfinden im Hinblick auf das Maß der Befriedigung eines bestimmten Bedürfnisses. Vor dem persönlichen Erfahrungshintergrund kommt es aber immer wieder dazu, dass einzelne Bedürfnisse auch dauerhaft

unterschiedlich ausfallen, lassen sie sich auf einem bipolaren Wertspektrum immer rechts oder links der Mitte einordnen.[12] Durch die sprachliche Reduktion der wahrgenommenen Wirklichkeit wird das Prinzip „sich ergänzender Polarität" (Gebser 1978, 299), welche das Wertspektrum auf systemischer Ebene kennzeichnet, in eine begriffliche Dualität überführt.[13] Durch den Fokus auf einen der einander gegenüberliegenden Pole wird das zwischen ihnen liegende Spektrum an möglichen Erfahrungen ausgeblendet.

Wie in Kapitel 1 ausgeführt[14], erteilt Weizsäcker (1990) der Reduktion komplexer Beobachtungen auf begriffliche Gegensatzpaare eine Absage. Durch das Konzept der (zirkulären) Komplementarität wird das ausgeschlossene Dritte, das in diesem Kontext für das breite Spektrum an nichtidentischen Wirklichkeitserfahrungen steht, als Spannungsbogen zwischen den Polen reintegriert.[15] Der Physiker Hans-Peter Dürr verweist darauf, dass sich das „Zweiwertige unseres Denkens: Richtig oder falsch, *tertium non datur*" (2016, 20; Hervorh. i. O.) und damit auch unser „fragmentiertes Denken, unsere begriffliche Sprache" in einer „auf Handlungen orientierten Welt herausgebildet" hat. Seine Unterscheidung in *Außenansicht* und *Innenansicht* nimmt Dürr vor dem Hintergrund der Entdeckungen der Physik, namentlich der „‚Kopenhagener

---

priorisiert werden und sich, wenn das empfundene Defizit nicht ausgeglichen werden kann, zu einer ‚chronischen' Einstellung wandeln.

[12] Die Bezeichnung für den positiv konnotierten Pol (z.B. „Sicherheit") steht nicht nur für den höchsten Punkt des positiven Ausschlages, sondern für das gesamte positive Spektrum der Bewertungsskala und somit für jeden Punkt auf der Linie rechts des Nullpunktes. Der negativ konnotierte Begriff (z.B. Unsicherheit) beinhaltet hingegen jeden Punkt auf der Skala, der sich im Bereich links der Null befindet.

[13] Solange kein Bewusstsein dafür vorhanden ist, dass die Äußerungen auf der semantischen Ebene an Bewertungsvorgänge auf der systemischen Ebene gekoppelt sind, wird nicht verständlich, dass die verschiedenen Diskurszwecke für den homöostatischen Ausgleich des Gesamtsystems erforderlich sind.

[14] Kapitel 1.4, Abschnitt Sowohl-als-auch: Komplementarität als Ausweg aus dem identitären Denken.

[15] In der Quantenphysik werden nichtidentische Messergebnisse damit erklärt, dass es im Rahmen einer Beobachtung unmöglich ist, das Objekt von den Einflüssen des beobachtenden Subjekts (und sei dieses auch nur ein Messinstrument) zu isolieren. Ist der Beobachter ein menschliches Wesen mit einer komplexen Bedürfnisstruktur, wirkt sich dies unweigerlich auf seine Wahrnehmung eines Objektes oder Phänomens aus.

Interpretation' der Quantenmechanik" (Dürr 2016, 16) und unter Bezugnahme auf die Frage nach Wahrheit und Wissen vor. Dabei differenziert er zwischen einer „‚Außenansicht' mit der Trennung von Beobachter und dem Beobachteten" als „das begreifbare Wissen" und einer Innenansicht als der „Gewissheit um den inneren Zusammenhang", „wo das Wahrnehmende auch gleichzeitig das wahrgenommene ungetrennte Eine ist" (2016, 19). Die Außenansicht dient Dürr (2016) zufolge der Wahrnehmung der Welt sowie unserer Mitmenschen und einem pragmatischen Umgang mit den auf diese Weise hervorgebrachten Objekten. Die Außenansicht ist charakteristisch für die Handhabung westlicher Zivilisationen und deren Ausrichtung auf schöpferisches physisches Wirken, auf Veränderung, Handeln, Machterwerb und Machterweiterung [...] zu dessen Grundverständnis es deshalb gehört, sich die Wirklichkeit als objekthafte Realität vorzustellen, um sie in dieser materiell geronnenen Form zum eigenen Nutzen manipulieren und in den Griff bekommen zu können (Dürr 2016, 16). Doch hat die moderne Physik gezeigt, dass die Außenansicht nur begrenzt Gültigkeit hat und die Struktur der Wirklichkeit anders ist als die zweiwertige Struktur, die wir für die Handhabung unserer „gewohnte[n] Lebenswelt, dem von uns direkt wahrgenommenen Mesokosmos" (Dürr 2016, 16, 20) entwickelt haben. Von einem pragmatischen Standpunkt aus ist die Reduktion der Wirklichkeit auf das objektiv Feststellbare vorteilhaft, was aber nicht bedeutet, dass „persönlich erfahrbare Wirklichkeit" darauf reduziert werden kann (2016, 26). Die abendländische Geschichte ist geprägt von einem fruchtbaren Wechselspiel zwischen Außenansicht und Innenansicht, doch wurde die Außenansicht von Rationalismus und Aufklärung letztlich zu „der Struktur der Wirklichkeit angemessenen Ansicht erklärt" (2016, 21). Die Sprache ist Dürr zufolge primär der Außenansicht zugeordnet und wirkt sich aufgrund ihrer Zweiwertigkeit deformierend auf unsere Vorstellung von Wahrheit aus (2016, 20). Die Welt allein durch das begriffliche Denken erfassen zu wollen, spiegelt unsere doppelte Beziehung zur Wirklichkeit nicht angemessen wider, da die *komplementäre* Erfahrungsweise des Menschen beides meint: Außenansicht und Innenansicht (2016, 19).

Vor diesem Hintergrund weist Dürr darauf hin, dass Rationalität, verstanden als die Fähigkeit exaktes Wissen über die Wirklichkeit zu sammeln und kritisch denkend zu verarbeiten, zu einer verengten Wirklichkeitserfahrung führt (2016, 12). Eine umfassendere Sichtweise erfordert die Integration einer zur wissenschaftlichen Erkenntnis komplementären Beobachtungshaltung (2016, 17), welche einen anderen Zugang zur Wirklichkeit ermöglicht, indem sie anerkennt, dass Wirklichkeit keine „*Realität* im Sinne einer *dinghaften* Wirklichkeit ist" (2016, 15; Hervorh. i. O.), sondern erfahrbar wird als „*Potentialität*, als ein ‚Sowohl/ Als-auch', also nur als *Möglichkeit* für eine Realisierung in der uns vertrauten stofflichen Realität, die sich in objekthaften und der Logik des ‚Entweder-Oder' unterworfenen Erscheinungsformen ausprägt" (2016, 15; Hervorh. i. O.). Die kritisch-rationale Außenansicht muss um eine Innenansicht ergänzt werden, die ihrem Wesen nach holistisch ist und eine Innenerfahrung ermöglicht (2016, 19).

4.2 Diskursdynamik: Widerstreit zwischen komplementären Einstellungen

Als Schlüssel zur Interpretation des untersuchten Diskurses erweist sich das Verhältnis der vier Schlüsseldichotomien untereinander: Ebenso wie jedes Diskursfeld in sich eine dichotome Argumentationsstruktur aufweist, stehen auch Diskursfelder zueinander in bipolaren Spannungsverhältnissen. Das Muster „sich ergänzender Polarität" (Gebser 1978, 299) lässt sich somit auch auf einer diskursfeldübergreifenden Ebene nachweisen. Daraus kann abgeleitet werden, dass sich der Widerstreit zwischen den Diskursarten nicht allein um die Frage nach der Priorisierung bestimmter Bedürfnisse dreht, sondern um einen Konflikt zwischen zwei grundsätzlich unterschiedlichen Beobachtungshaltungen, die mit Dürr als Außenansicht und Innenansicht bzw. mit Jung als extravertierte und introvertierte Einstellung bezeichnet werden können.[16] Im Hinblick auf

---

[16] Jungs psychologische Typen haben noch eine weitere Unterscheidungsebene, die er nach den vier psychologischen Grundfunktionen ‚Denken', ‚Fühlen', ‚Empfinden' und ‚Intuieren' als „Funktionstypen" bezeichnet (1995, 552–53). Für das Verständnis der Dynamik, die ich verdeutlichen will, ist diese Unterscheidungsebene aber nicht erforderlich.

die Interpretation der Diskursdynamik ist Jungs Unterscheidung in Extraversion und Introversion insofern hilfreich, als dass sich damit auf modellhafte Weise zwei grundlegend verschiedene Arten des „In-der-Welt-Seins" beschreiben lassen.[17]

Damit wird behauptet, dass extravertierte Beobachter ihre Welt- und Selbstverhältnisse anders hervorbringen, als es introvertierte Beobachter tun. Der Unterschied bezieht sich auf das, was Jung als „Art der Motivationen" (1995, 548) beschreibt und als Ausrichtung der psychischen Energie des Beobachters definiert (1995, 483). Die Datenanalyse hat ergeben, dass in den Diskursfeldern Q1 und Q2 „hauptsächlich äußere Faktoren als motivierend" (1995, 549) empfunden werden und in den Diskursfeldern Q3 und Q4 umgekehrt den „inneren oder subjektiven Faktoren" (1995, 459) besonderer Wert beigemessen wird.[18] Das komplementäre Verhältnis dieser zwei Grundhaltungen zeigt sich im untersuchten Diskurs anhand der Spannungsbögen, die zwischen den Plus- und den Minuspolen der vier Schlüsseldichotomien bestehen. Durch die nun folgende Verdichtung der vier bedürfnisorientierten Diskurspositionen auf zwei typische Beobachtungseinstellungen wird das Abstraktionsniveau der Interpretation noch einmal um eine Stufe angehoben.

Unter Rückgriff auf die in Kapitel 3.4 ausführlich dargestellten Schlüsseldichotomien und Studienmotive[19] wird im Folgenden verdeutlicht, wie auch die einzelnen Diskursfelder untereinander in einem Verhältnis sich ergänzender Polarität stehen. Die diskursfeldübergreifende Dynamik zwischen den Feldern wird erkennbar,

---

[17] Auch hier gilt wieder, dass die Bezugnahme auf die Pole nur der kontrastierenden Verdeutlichung dient und das dazwischenliegende Spektrum immer mitzudenken ist.

[18] Jung (1995) betont, dass sich die meisten Menschen gleichermaßen von innen wie von außen determinieren lassen, und der extravertierte und der introvertierte Typ sozusagen die Randbereiche der Normalverteilung darstellen. Eine Diskursanalyse, die auf die Reproduktion bestimmter Sichtweisen abzielt, führt konsequenterweise zu einer analytischen Separation von Aspekten der Gesamtheit in modellhafte Extrempositionen.

[19] Da die Reduktion auf ein einziges Begriffspaar als Schlüsseldichotomie zu einer so starken Abstraktion führt, dass der Datenbezug nicht mehr offensichtlich ist, wurde in Kapitel 3.4 pro Diskursfeld zusätzlich ein als *Studienmotiv* charakterisierter Begriff eingeführt sowie ein weiteres Begriffspaar, welches den Spannungsbogen des Diskursfeldes auf einer dem Studienmotiv übergeordneten Ebene als Handlungsmotivation des Beobachtungstyps wiedergibt.

wenn man die einzelnen Pole der Schlüsseldichotomien und/oder der (dem jeweiligen Studienmotiv übergeordneten) Handlungsmotivation miteinander konfrontiert.

Q3 **Autonomie** – Heteronomie Selbstbestimmung – Fremdbestimmung	Q4 **Transformation** – Gleichförmigkeit Potentialität – Faktizität
Q2 **Bindung** – Ungebundenheit Zugehörigkeit – Bindungslosigkeit	Q1 **Sicherheit** – Unsicherheit Festlegung – Unbestimmtheit

Abbildung 11: Schlüsseldichotomien der Diskursfelder

Diese Vorgehensweise erlaubt eine Einteilung der vier Diskursfelder in zwei Gruppen: Harmonieren die Pluspole (und damit auch die Minuspole) zweier Diskursfelder miteinander, sind sie der gleichen Gruppe zuzurechnen. Stehen die Pluspole (und damit auch die Minuspole) jedoch in einem konfliktreichen Spannungsverhältnis, gehören sie unterschiedlichen Gruppe an. Um das beobachtete Verhältnis zwischen den Diskursfeldern zu verdeutlichen, wird die Darstellung der Polbeziehungen im Folgenden durch Kommentare in Klammern ergänzt. In Tabelle 12 werden die harmonischen, in Tabelle 13 die spannungsreichen Diskursfeldbeziehungen aufgeführt:

Diskursfelder	Pluspole	Minuspole
Q1 und Q2	*Festlegung* (im Sinne von Verbindlichkeit) und *Zugehörigkeit* (im Sinne von verlässlicher Bindung)	*Unbestimmtheit* (in Sinne von Ungewissheit) und *Bindungslosigkeit* (im Sinne von unbestimmter Zugehörigkeit)
Q3 und Q4	*Selbstbestimmung* (im Sinne von Entscheidungsfreiheit) und *Potentialität* (verstanden als nicht vorbestimmte Möglichkeit)	*Fremdbestimmung* (als Festlegung durch andere) und *Faktizität* (im Sinne einer unveränderlichen Tatsache)

Abbildung 12: Harmonische Diskursfeldbeziehungen

Diskursfelder	Pluspole	Minuspole
Q1 vs. Q4	*Festlegung* (auf eine Form) als Gegenpol zu *Potentialität*	*Unbestimmtheit* als Gegenpol zu *Gleichförmigkeit* (als kalkulierbarer Größe)
Q1 vs. Q3	*Festlegung* (als Reglementierung durch andere) als Gegenpol zu *Selbstbestimmung*	*Unbestimmtheit* als Gegenpol zu *Fremdbestimmung* (als Vorgabe durch andere)
Q2 vs. Q3	*Zugehörigkeit* (im Sinne von Zusammenhalt) als Gegenpol zu *Autonomie* (im Sinne von Selbstverwaltung)	*Bindungslosigkeit* als Gegenpol zu *Fremdbestimmung* (verstanden als unterstützende Vorgabe durch andere)
Q2 vs. Q4	*Bindung* (im Sinne von Anknüpfungspunkt) als Gegenpol zu *Potentialität* (verstanden als nicht real bzw. materialisiert)	*Ungebundenheit* (Unverbindlichkeit) als Gegenpol zu *Faktizität* (im Sinne von Realität und Verlässlichkeit)

Abbildung 13: Spannungsreiche Diskursfeldbeziehungen

Das sich auf der Ebene der Schlüsseldichotomien bzw. der Handlungsmotivation abzeichnende Spannungsverhältnis zwischen einer Gruppe, die sich aus Q1 und Q2 zusammensetzt, und der aus Q3 und Q4 gebildeten Gruppe, lässt sich auch anhand der Studienmotive veranschaulichen. In der folgenden Tabelle werden die Studienmotive bereits gruppenweise miteinander konfrontiert, wodurch die übergeordnete Ähnlichkeitsbeziehung (der gemeinsame Nenner) einer jeden Gruppe deutlicher hervortritt.

Q1, Q2	Q3, Q4
Passfähigkeit, Anschlussfähigkeit	Horizonterweiterung, Potentialentfaltung
→ Verträglichkeit mit dem Umfeld	→ Ausweitung des bisherigen Ausmaßes

Abbildung 14: Studienmotive nach Gruppen

Q1 und Q2: Fokus auf die Verträglichkeit mit dem äußeren Milieu

Die Studienmotive der *Passfähigkeit* und der *Anschlussfähigkeit* äußern sich durch ein Verhalten, das an Objekten des äußeren Milieus orientiert ist und diese zu Bezugs- bzw. Anhaltspunkten macht. Während Q1 nach orientierenden Strukturen bzw. Halt gebenden (materiellen) Objekten (Regeln, Vorgaben, Institutionen etc.) sucht, ist die Aufmerksamkeit von Q2 vor allem auf Objekte seiner sozialen Umwelt (Autoritäten, Vorbilder), also auf soziale Bezugspunkte, gerichtet.

Auf der positiv besetzten Seite der Q1-Dichotomien finden sich Begriffe wie *klar, eindeutig, bewährt, normiert, kalkulierbar, orientiert*. Alle diese Begriffe spiegeln den Wunsch nach Berechenbarkeit und Verlässlichkeit, nach stabilen Faktoren im Außen, durch die sich der Beobachter Sicherheit erhofft. Aus seinem Sicherheitsstreben heraus passt der Q1-Beobachtungstyp sich bzw. sein Verhalten den „objektiven Gegebenheiten" an; eine Strategie, durch die er in eine passive, reaktive Rolle gerät.

Der Q2-Beobachtungstyp will sich *nützlich, verbunden* und seinen Objekten *zugehörig* fühlen. Um den erwünschten *Anschluss* zu erreichen, ist er dazu bereit, *Autoritäten* zu folgen und den Anforderungen seines Umfeldes zu *genügen*. Diese Haltung macht die Rückmeldung der Peergroup in Form von *Anerkennung* und *Wertschätzung* erforderlich. Q2 benötigt Feedback von außen, weil er seinen Selbstwert daran bemisst, welche Bedeutung er für seine Bezugsgruppe hat. Aufgrund seines ausgeprägten Zugehörigkeitsbedürfnisses haben die anderen und deren Urteil einen so hohen Stellenwert für den Q2-Beobachtungstyp, dass er sogar im Zuge seiner Selbstbewertung kollektive (Nützlichkeits-)Kriterien anlegt. Da er sich den Anforderungen seines sozialen Umfeldes anpasst und den kollektiven Wertmaßstäben seiner Peergroup unterordnet, kann das Verhalten des Q2-Beobachtungstyps ebenfalls als reaktiv beschrieben werden.

Die Haltung, welche Q1 und Q2 gegenüber der Welt einnehmen, d.h. das Verhältnis, in dem sie sich gegenüber den Objekten ihres äußeren Milieus positionieren, ist ähnlich: Um ihren Weg zu finden, suchen beide im Außen nach Wegweisern bzw. *Führung*. Sie versuchen ihre Ziele dadurch zu erreichen, dass sie ihr Verhalten an den äußeren Rahmenbedingungen bzw. den Erwartungen ihres sozialen Umfeldes orientieren. Beiden Beobachtungstypen geht es vorrangig um Möglichkeiten zur Strukturkoppelung. Das Sicherheitsbedürfnis des Q1-Beobachtungstyps harmoniert mit dem Bindungsbedürfnis des Q2-Beobachtungstyps, für den Zugehörigkeit vor allem auch Sicherheit bedeutet. Diese Beobachtungstypen unterwerfen sich der Wirkmächtigkeit, die sie ihren eigenen Objekten zuschreiben.[20] Man könnte auch sagen, die Beobachter überlassen ihren Objekten die aktive Rolle des Subjektes und machen sich selbst zum Objekt innerhalb der Beobachtungsbeziehung. Anpassung bzw. Unterordnung erscheint aus einer extravertierten Haltung heraus als effektive Verhaltensstrategie. Die Tendenz der extravertierten Beobachtungstypen sich bereitwillig den (materiellen und sozialen) Objekten des äußeren Milieus zu fügen, d.h. *Fremdbestimmung* zu dulden und *Faktizität* anzuerkennen, steht in einem harten Kontrast zu dem, was die introvertierten Typen Q3 und Q4 anstreben.

Q3 und Q4: Fokus auf die Ausweitung des inneren Milieus

Die Studienmotive der *Horizonterweiterung* und der *Potentialentfaltung* zielen auf eine Verschiebung der bisherigen Grenzen nach außen, also eine Vergrößerung des inneren Raumes. Was die beiden Beobachtungstypen eint, ist ihr Streben nach Veränderung und der Unwille, sich auf das beschränken oder festlegen zu lassen, was bereits ist. Das geteilte Bedürfnis nach einer Vergrößerung des eigenen Möglichkeitsraumes drückt sich in der hohen Bereitschaft der beiden Beobachtungstypen zur Erkundung neuer (Seins-)Möglichkeiten aus. Diese Bewegung der Entgrenzung wird von Q3 und Q4 aber auf unterschiedliche Weise vorgenommen.

---

[20] Orientiert an der gesellschaftlichen Realität (äußere Wirklichkeit) der Studienplatzvergabe stellt z.B. der Erwerb fachnaher Credit-Points in einem ausreichenden Umfang ein effektives Verhalten, sprich Erkenntnis, dar. Denn dieses Verhalten führt dazu, dass das Bedürfnis nach beruflichem Anschluss und damit auch nach (u.a. finanzieller) Sicherheit befriedigt wird.

In den Diskursfeldern Q3 und Q4 geht es darum, selbstbestimmt den eigenen Weg zu finden und sich nicht – wie Q1 und Q2 – durch vermeintlich unveränderbare Rahmenbedingungen oder Autoritäten auf einen *vorgegebenen Pfad* drängen zu lassen. Die vorherrschenden Entwicklungsmotive (*Erweiterung, Entfaltung*) zielen gerade nicht – wie im Fall von Q2 – auf Vergleichbarkeit mit anderen anhand allgemeingültiger Kriterien, sondern auf das Eigene, das Individuelle, Besondere, Einzigartige.

Auf der positiven Seite der Q3- und Q4-Dichotomien finden sich Begriffe wie *breit, unreguliert, unverbindlich, vergänglich, offen* und *spontan* – also Negationen der von Q1 angestrebten *Festlegung* und bejahende Ausdrucksweisen der von Q1 abgelehnten *Unbestimmtheit* (vgl. auch *schleierhaft, unscharf, ungewiss, unberechenbar*). In den Diskursfeldern Q3 und Q4 werden *Engführung, Einschränkung* und *Bürokratisierung* als Übergriff auf bzw. Beschränkung der *eigenen* Möglichkeiten zur *Horizonterweiterung* bzw. zur *Potentialentfaltung* empfunden.

Der Q3-Beobachtungstyp stört sich vor allem an Grenzen, die ihm im Außen begegnen und denen er einen inneren Widerstand entgegensetzt. Er will frei von äußeren Zwängen agieren können. Darüber hinaus will sich Q3 auch nicht durch eigene Entscheidungen festlegen müssen, was sich in der Tendenz äußert, sich möglichst viele Handlungsoptionen offenzuhalten. Sein Streben nach Autonomie äußert sich durch Verhaltensweisen, die darauf abzielen, eigene Vorstellungen zu verwirklichen und den eigenen Willen notfalls auch gegen die Erwartungen anderer und gegen vorhandene Regeln durchzusetzen. Q3 orientiert sich an inneren Konzepten, die er als Ausdruck seiner Individualität und Identität interpretiert und in die Realität zu überführen versucht. Der Q3-Beobachtungstyp erlebt sich selbst in einer aktiven und wirkmächtigen Rolle.

Im Fall von Q4 geht es vorrangig um die Überschreitung der Grenzen des Gegebenen, auch der eigenen (Denk- und Verhaltens-) Gewohnheiten.[21] Q4 ist an neuen Erfahrungen interessiert, die es

---

[21] Diese Art der Transformation kann als Bewusstseinserweiterung bezeichnet werden, d.h. die Integration bisher unterhalb der Bewusstseinsschwelle

ihm ermöglichen, über seine eigenen Grenzen hinauszuwachsen. Der Q4-Beobachtungstyp trägt keine konkreten Vorstellungen vor sich her, ihn zeichnet eher eine Haltung der Offenheit aus. Q4 will austesten, wozu er selbst fähig ist und neue Aspekte seiner selbst entdecken. Der Q4-Beoachtungstyp nimmt ebenfalls eine aktive Rolle gegenüber seinen Objekten ein.

Aus einer introvertierten Sicht ist Verhalten *viabel*, durch welches das Individuum sein Erfahrungsspektrum erweitert. Doch geht es den introvertierten Beobachtungstypen nicht in erster Linie um Erlebnisvielfalt. Vielmehr geht es um eine Suchbewegung, deren Ziel im Fall von Q3 als *Selbstfindung* beschrieben werden kann und im Fall von Q4 als *Selbstüberschreitung*. Q3 sucht nach zu ihm passenden Objekten, in denen er sein Inneres reflektiert sieht, sodass es äußerlich sichtbar werden kann. In den Objekten seiner Wahl und den Resultaten seines eigenen Handelns (seinen Realisierungen) versucht sich Q3 selbst zu erkennen. Die Suchbewegung von Q4 zielt auf die eigenen Grenzen und deren Überschreitung. Vor diesem Hintergrund bringe ich den Begriff der *Transformation* auch mit der Idee der *Transzendenz* in Verbindung.[22]

Extraversion und Introversion: eine Frage der Wahrnehmungsausrichtung

Die übergeordneten Ähnlichkeitsbeziehungen zwischen den zwei Diskursfeldern der gleichen Gruppe können als Hinweis auf die Ausrichtung der Wahrnehmung der Beobachtungstypen interpretiert werden: Q1 und Q2 suchen nach einem Orientierungspunkt in ihrem Umfeld, ihrem äußeren Milieu, der auch als ein soziales

---

liegender Beweggründe für Verhaltensweisen. Dadurch versetzt sich der Beobachter selbst in die Lage, zu reflektieren, was seine Beobachtungswirklichkeit auf welche Weise beeinflusst.

[22] Die Studienmotive der *Horizonterweiterung* und der *Potentialentfaltung* können in Hinblick auf das Thema des Selbst begrifflich auch differenziert werden in *Selbstbestimmung* (Q3) und *Selbstorganisation* (Q4). Q3 imaginiert und artikuliert, was er will, er nutzt seine Stimme für seine *Selbstbestimmung*. Q4 richtet sein Verhalten nicht an bestimmten Zielen aus, sondern an der Erreichung eines Zustandes, der als viabel empfunden wird, weil alle Werte im homöostatischen Bereich liegen, was dem obersten Zweck der Selbstorganisation eines autopoietischen Lebewesens entspricht.

Gegenüber gedacht werden kann. Q3 und Q4 hingegen richten ihre Aufmerksamkeit auf die Überschreitung eines gegebenen Radius, einer als *Horizont* oder *Potential* bezeichneten Größe. Dabei wird die angestrebte Grenzüberschreitung als eine Ausdehnung gedacht, als eine Bewegung von innen nach außen, durch welche das Innen seine Reichweite vergrößert. Der Fokus liegt entsprechend auf diesem entwicklungsfähigen Zentrum, was einer Konzentration auf das Innere entspricht.

Es ist kein Zufall, dass sich die extravertierte Einstellung vor allem anhand von Aussagen nachweisen lässt, in denen es um die Bedürfnisse *Sicherheit* und *Bindung* geht. Im Diskurs um das Komplementärstudium wird die Erfüllung dieser Bedürfnisse in der Beziehung zu Objekten gesucht, die dem äußeren Milieu zugerechnet werden, wie z.B. Vorgaben zum Workload und zur Regelstudienzeit, festgelegte Lernziele, Noten, Masterstudienplätze und Karrierechancen. Diese Gegenstandsbilder werden als objektive Rahmenbedingungen wahrgenommen, die *Ein*fluss auf den (passiven) Beobachter haben. Autonomie und Transformation werden im untersuchten Kontext hingegen als ein vom (aktiven) Subjekt als Zentrum *aus*gehendes Verhalten gedacht. Im Diskursfeld Q4 ist die Rede von Subjekten, von denen eine besondere Energie *aus*geht und die sich *aus*probieren wollen. Unliebsamen *Ein*wirkungen von außen stellt der Q3-Beobachtungstyp seinen Willen und seine Interessen aktiv entgegen.

Jung zufolge steht *Einstellung* für eine spezifische Erwartungshaltung und „Erwartung wirkt immer auswählend und *Richtung gebend*" (Jung 1995, 454; Hervorh. C. S.). Die Einstellung als Ausrichtung der Motivation des Beobachters

> besteht immer darin, dass eine gewisse subjektive Konstellation, eine bestimmte Kombination von psychischen Faktoren oder Inhalten vorhanden ist, welche entweder das Handeln in dieser oder jener bestimmten *Richtung* determinieren oder einen äußeren Reiz in dieser oder jener bestimmten Weise auffassen wird. (1995, 453; Hervorh. C. S.)

In diesem Zusammenhang spricht Jung auch von der Aus*richtung* der Libido[23], wobei er *Libido* als psychische Energie definiert:

> Psychische Energie ist die Intensität des psychologischen Vorgangs, sein *psychologischer Wert*. Darunter ist kein erteilter Wert moralischer, ästhetischer oder intellektueller Art zu verstehen, sondern der psychologische Wert wird einfach bestimmt nach seiner determinierenden Kraft, die sich in bestimmten psychologischen Wirkungen (‚Leistungen') äußert. (1995, 483; Hervorh. i. O.)

Für die Einteilung der Beobachtungstypen in extravertiert und introvertiert ist ausschlaggebend, wohin die psychische Energie fließt, die der Beobachter investiert, und wo sie sich auswirkt. Dies wird im Folgenden im Hinblick auf die Beziehungen des Beobachters zu den Imagines seiner selbst, also zu seinen „Selbstbildern", herausgearbeitet. Um die Differenz zwischen äußeren und inneren Selbstkonzepten klar hervortreten zu lassen, eignet sich Jungs terminologische Unterscheidung in eine äußere Persönlichkeit (*Persona*) und eine innere Persönlichkeit (*Anima*). Mit ihrer Hilfe lassen sich unterschiedliche Beziehungsfunktionen[24] definieren, was mir als Basis für die Ausführung meiner These dient, wonach sich das so gebildete Selbstverständnis auf die Welt- und Selbstverhältnisse auswirkt, welche ein Beobachter hervorbringt.

Unter Bezugnahme auf den Diskurs zum Komplementärstudium kann diese These noch konkretisiert werden: Das Verhältnis eines Beobachtungstyps zum (Komplementär-)Studium, hängt davon ab, auf welchem Selbstkonzept diese Beziehung aufbaut. Um diesen Aspekt besser greifen zu können, ist es notwendig, ausführlicher auf Jungs Unterscheidung zwischen dem Subjekt als einem inneren respektive einem äußeren Objekt (1995, 498) zu schauen. Als Basis dafür wird zunächst ausgeführt, was Jung als „Einstellung" definiert und woran er die extravertierte und die introvertierte Einstellung unterscheidet. Eine Einstellung ist zunächst eine habitualisierte Beobachtungshaltung. Für den hiesigen

---

[23] Jung grenzt sich von der Vorstellung ab, mit Libido könnte eine spezifische psychische Kraft gemeint sein, wie z.B. der Sexualitätstrieb in Freuds Theorie oder der Machttrieb bei Adler (1995, 483).
[24] Vgl. die auf S. 203 folgenden Ausführungen nach Jung (1995)

Zusammenhang entscheidend ist die mögliche Habitualisierung einer extravertierten Haltung vor dem Hintergrund der gezielten Einübung spezifischer Praktiken und Selbst-Techniken im Rahmen eines wissenschaftlichen Studiums. Eine Habitualisierung führt im Extremfall zu einer dauerhaften (chronischen) Einstellung der Beobachtungshaltung, der Beobachter reduziert sich auf einen Beobachtungstyp: „Jeder Mensch aber besitzt beide Mechanismen, den der Extraversion sowohl wie den der Introversion ..." (Jung 1995, 2). Nur durch das Überwiegen eines der beiden Mechanismen entsteht „ein *Typus*, nämlich eine aktuelle Einstellung, in welcher der eine Mechanismus dauernd vorherrscht" (1995, 4; Hervorh. i. O.).

Eine zur Einstellung gewordene habitualisierte Beobachtungshaltung hat zur Folge, dass der Beobachter das Spektrum seiner Wahrnehmungsfunktionen nicht mehr ausschöpft und seine Wirklichkeitsauffassung dadurch einseitig wird. Eine Einstellung wirkt sich dann wie eine Art Filter aus, durch den nur bestimmte Aspekte hervorgehoben und viele andere ignoriert werden. Weil die Einstellung „die Wahrnehmung und Apperzeption alles Gleichartigen [fördert] und [...] diejenige alles Ungleichartigen" (1995, 454) hemmt, hat sie eine selbstverstärkende Wirkung. Der dadurch drohenden Einseitigkeit der Einstellung wirkt eine kompensatorische zweite Einstellung entgegen, die Jung (1995) als „unbewusste Einstellung" beschreibt:

> Es ist aber praktisch zwischen bewusst und unbewusst zu unterscheiden, da ungemein häufig auch zwei Einstellungen vorhanden sind, nämlich eine bewusste und eine unbewusste Einstellung. Damit soll ausgedrückt sein, daß das Bewusstsein eine Bereitstellung von anderen Inhalten hat als das Unbewusste. (Jung 1995, 453)

Die bewusste Einstellung kann die unbewusste Einstellung nie völlig unterdrücken, denn der komplementäre Mechanismus gehört unbedingt zur psychischen Lebenstätigkeit dazu (Jung 1995, 4). Die Dynamik zwischen den beiden Mechanismen ist nach Jung eine „biologisch zweckmäßig[e] [...] *Kompensation der Einseitigkeit*" (1995, 2; Hervorh. i. O.) zwischen der bewussten und der unbewussten Einstellung. Dieses kompensatorische Verhältnis bezeichnet Jung auch als *komplementär* (1995, 500).

Die bewusste Einstellung ist die „Beziehung psychischer Inhalte zum Ich" (Jung 2013, 22), welche Jung von der unbewussten Einstellung als der Beziehung psychischer Inhalte zum Selbst unterscheidet. Die Differenzierung zwischen *Ich* und *Selbst* basiert auf der Idee, dass das *Ich* als Wahrnehmungsorgan das Zentrum des Bewusstseinsfeldes ist, wohingegen das *Selbst* als virtueller Mittelpunkt der gesamten Psyche verstanden wird (GW 6, § 810 zitiert in: Hark und Jung 1998, 73). Das Selbst ist eine dem bewussten Ich übergeordnete Größe, sozusagen eine unsere bewusste Persönlichkeit übersteigende Persönlichkeit, die wir *auch* sind (Jung 1972, 69).[25] Um zu begreifen, was wir als Selbst sind, müsste das Ich-Bewusstsein dazu in der Lage sein, das Selbst als Ganzes zu begreifen, was Jung zufolge aber nicht möglich ist. Das Ich kann nur Ausschnitte dieser es übersteigenden und ihm übergeordneten Größe durch die Assimilation unbewusster Inhalte (Bilder und Symbole) mithilfe der Sprache zugänglich machen (Jung 1972, 70).[26]

Zur Unterscheidung der Beziehung des Beobachter-Ichs zu bewussten psychischen Inhalten einerseits und zum Unbewussten andererseits, führt Jung zwei weitere Begriffe ein: Persona (1995, 231) und Anima (1995, 442).[27] Die Anima als Beziehungsfunktion zum Unbewussten versteht Jung auch als innere Persönlichkeit

---

[25] Susann Köppl (2017), die in ihrer Abhandlung über „,Selbst' und ,Selbstsein'" zwischen „Subjekt" und „Selbst" unterscheidet, beschreibt das Subjekt als den bewussten, artikulierten Teil des Menschen und das Selbst als das bewusste und unbewusste Lebewesen, welches der Mensch gleichzeitig ist. Dieser Unterscheidung korrespondiert mit Jungs übergeordnetem Selbst-Konzept, welches das Ich als das bewusste Subjekt umfasst, und rückt die Funktion der Sprache für das Bewusstsein in den Fokus.

[26] „Bewußt ist alles, was das Ich wahrnimmt und weiß. Es ist ein Wahrnehmungsorgan, das die vielfältigen Beziehungen zur Mitwelt registriert und deutet sowie die Bilder und Symbole des Unbewussten assimiliert und diese in Begriffe und Worte einordnet" (Hark und Jung 1998, 33).

[27] Für die innere Persönlichkeit nutzt Jung je nach dem, welchem Geschlecht sich der Beobachter zugehörig fühlt, die Termini „Anima" und „Animus". Dabei ist aufgrund der kompensatorischen Funktion des Unterbewussten die Anima die unbewusste Persönlichkeit des Mannes und der Animus die der Frau (1995, 501).

oder innere Einstellung (1995, 500) bzw. als Seele.[28] Sie ist Jung zufolge ein halbbewusster psychischer Komplex von zum Teil autonomer Funktion (1972, 84). Sie knüpft die Beziehung zu den inneren psychischen Vorgängen bzw. zum Subjekt als „innerem Objekt" (Jung 1995, 498; vgl. auch 2013, 20).

Als „Persona" definiert Jung die für andere als Charakter (1995, 497–98) erfahrbare äußere Persönlichkeit eines Menschen. Die Persona ist Jung zufolge ein „mehr oder weniger willkürlicher Ausschnitt aus der Kollektivpsyche" (1972, 45–46). Als Beziehungsfunktion zum Ich-Bewusstsein integriert sie nur als persönlich empfundene Ausschnitte der Kollektivpsyche (des übergeordneten Selbst) in das bewusste persönliche Selbstbild. Das Bestreben, sich nach einem idealen Bild zu gestalten, welches den Erwartungen des sozialen Umfeldes entspricht (Jung 1995, 497), steht der Integration „unerwünschter" psychischer Inhalte entgegen. Das führt dazu, dass die äußere Persönlichkeit in Abhängigkeit vom sozialen Umfeld variiert (Jung 1972, 46–47, 85–86).[29] „Die Persona ist ein Funktionskomplex, der aus Gründen der Anpassung oder der notwendigen Bequemlichkeit zu Stande gekommen, aber nicht identisch ist mit der Individualität" (Jung 1995, 498). Sie wirkt wie eine Maske, hinter der versteckt wird, was sozial jeweils nicht erwünscht ist. Doch kann das Unbewusste nicht so verdrängt werden, dass es sich von Zeit zu Zeit nicht doch bemerkbar machen würde (Jung 1972, 47). Zwischen Persona und Anima besteht eine kompensatorische oder auch *komplementäre* Beziehung. Den Begriff der Kompensation verwendet Jung im Sinne von „Selbstregulierung des physischen Apparates" (1995, 478): „In diesem Sinne fasse ich die Tätigkeit des

---

[28] Jung (1972, 83–85) distanziert sich von der religiösen Vorstellung einer unsterblichen Seele, die vom Ich getrennt als unsichtbares Wesen in einer anderen Welt existiert. Ihm zufolge ist menschliche Erfahrung nur durch das Dazutreten einer subjektiven Bereitschaft möglich, welche als angeborene psychische Struktur darin besteht, dass wir *virtuelle Bilder* aktivieren, sobald wir auf entsprechende empirische Tatsachen treffen. Diese ererbten kollektiven Bilder interpretiert Jung als „Niederschläge aller Erfahrungen der Ahnenreihe, aber nicht diese Erfahrungen selbst" (1972, 83).

[29] Ein bestimmtes Milieu erfordert eine bestimmte Einstellung. Die Persona als ein Funktionskomplex, der aus Gründen der Anpassung oder der Bequemlichkeit zustande kommt, ist nicht identisch mit Individualität (Jung 1995, 498).

Unbewußten [...] als Ausgleichung der durch die Bewusstseinsfunktion erzeugten Einseitigkeit der allgemeinen Einstellung auf" (1995, 478; Hervorh. i. O.).[30] Von der Persona als der

> Beziehung des Individuums zum äußeren Objekt ist nun die Beziehung zum Subjekt scharf zu unterscheiden. Mit dem Subjekt meine ich zunächst jene wagen oder dunklen Regungen, Gefühle, Gedanken und Empfindungen, die uns nicht nachweisbar aus der Kontinuität des bewussten Erlebens am Objekt zufließen, sondern [...] aus den Unter- und Hintergründen des Bewusstseins auftauchen und in ihrer Gesamtheit die Wahrnehmung vom Leben des Unbewussten ausmachen. Das Subjekt, als ‚inneres Objekt' aufgefasst, ist das Unbewusste. (Jung 1995, 498)

Die Formulierungen *äußeres Objekt* und *inneres Objekt* beziehen sich auf die Objekt-Imagines, die das Beobachter-Ich von sich selbst hervorbringt. Der extravertierte Beobachter, der die inneren psychischen Vorgänge, die Anima, zu unterdrücken versucht, imaginiert sich selbst vor allem als Persona, d.h. er richtet seine psychische Energie vor allem auf seine äußere Persönlichkeit, also auf das, was er nach außen hin darstellt. Der introvertierte Beobachter, der seine Aufmerksamkeit nach innen richtet, nimmt sich selbst vorrangig über innere Regungen wahr. Seine Vorstellung von sich selbst ist nicht an objektiv erfahrbare Eigenschaften gebunden, sondern wird aus einer inneren Erfahrungswelt gespeist.

Durch die Verwendung der Begriffe *Persona* und *Anima* kann in der Beschreibung der Beobachtungsbeziehungen, die der Beobachter zu den Imagines seiner selbst eingeht, der Objektbegriff vermieden werden. Das ist von Interesse, weil dadurch die Verteilung der aktiven und der reaktiven Rolle innerhalb der Beobachtungsbeziehung (Subjekt und Objekt der Beobachtung) nicht von vornherein festgelegt wird, d.h. dadurch wird es möglich, auch das Subjekt in einer passiven, reaktiven Rolle zu denken. Dies wiederum ermöglicht die Unterscheidung zwischen einer extravertierten

---

30 Mit der allgemeinen Einstellung meint Jung die bewusste Einstellung, die im Gegensatz zum Affektzustand als Normalzustand angesehen wird. Allerdings ist der Normalzustand problematisch in dem Sinne, dass er ein „Zustand der freien Wahl, der Dispositionsfähigkeit" (1995, 548) ist. Jung betont, dass die extravertierte und die introvertierte Einstellung jeweils nur als vorherrschende bewusste Funktionen nachgewiesen werden können (1995, 554).

und einer introvertierten Einstellung anhand das Kräfteverhältnisses zwischen Subjekt und Objekt, sprich anhand der Frage danach, wer sich wem unterordnet.

> Ganz allgemein könnte man den introvertierten Standpunkt als denjenigen bezeichnen, der unter allen Umständen das Ich und den subjektiven psychologischen Vorgang dem Objekt und dem objektiven Vorgang überzuordnen oder doch wenigstens dem Objekt gegenüber zu behaupten sucht. Diese Einstellung gibt daher dem Subjekt einen höheren Wert als dem Objekt. Dementsprechend steht das Objekt immer auf einem tieferen Wertniveau, es hat sekundäre Bedeutung [...]. Der extravertierte Standpunkt dagegen ordnet das Subjekt dem Objekt unter, wobei dem Objekt der überragende Wert zukommt. Das Subjekt hat stets sekundäre Bedeutung; der subjektive Vorgang erscheint bisweilen bloß als störendes oder überflüssiges Anhängsel objektiver Geschehnisse. [...] Der eine sieht alles unter dem Gesichtswinkel seiner Auffassung, der andere unter dem des objektiven Geschehens. (Jung 1995, 3-4)

Demzufolge gibt der introvertierte Beobachter der Beziehung zu seinen inneren psychologischen Vorgängen (Innenansicht) den Vorrang. Im Hinblick auf die Beziehung zu sich selbst bedeutet dies, dass er inneren Impulsen (u.a. seinem Willen) einen höheren Wert beimisst als dem, was ihm im Außen begegnet, entsprechend stellt er auch seine innere Persönlichkeit (Anima) über seine äußere Persönlichkeit (Persona). Auf der Ebene der unbewussten Einstellung erfolgt jedoch ein kompensatorischer Prozess, d.h. hier dominiert die Persona die Anima. Im Fall des extravertierten Beobachters ist das kompensatorische Verhältnis zwischen bewusster und unbewusster Einstellung genau andersherum gelagert.

Doppeltes Selbstverhältnis: Das Selbst als innere und als äußere Persönlichkeit

Die extravertierte und die introvertierte Einstellung stehen für zwei sehr unterschiedliche Arten, wie sich der Beobachter in den Beziehungen zu *seinen* Objekten positioniert. Objekt-Vorstellungen, die sich auf den Beobachter selbst beziehen, können mit Jung (1995) in *Persona-Imagines* und *Anima-Imagines* unterschieden werden. Sie stehen folglich für unterschiedliche Selbstkonzepte bzw. Selbstverhältnisse des Beobachters. Jedes Individuum kennt beide Arten der Selbstwahrnehmung, doch wird – auch situationsbedingt – der

Wertakzent unterschiedlich gesetzt. Der extravertierte Beobachter definiert sich überwiegend über seine Persona-Imagines, seine äußere Persönlichkeit; der introvertierte Beobachter vorrangig über seine Anima-Imagines, seine innere Persönlichkeit.

Wenn jedoch die kompensatorische Funktion der unbewussten Einstellung zum Tragen kommt, wird der Beobachter von dem überwältigt, was er im Allgemeinen aus seinem Bewusstsein ausgrenzt. Das passiert zum Beispiel, wenn der introvertierte Beobachter, der sich der Einwirkung der Persona-Imagines gewohnheitsmäßig widersetzt, diesem Druck nicht mehr standhält und die Wirkmächtigkeit der äußeren Bedingungen anerkennen muss. Er ist dann dazu gezwungen, sich, ebenso wie es der extravertierte Beobachter bereitwillig tut, den äußeren Objekten unterzuordnen. Hingegen kann sich der extravertierte Beobachter, der die inneren Impulse aus seinem Bewusstsein verdrängt, von Zeit zu Zeit der Wirkung seiner inneren Impulse nicht widersetzen und wird von den ihm wenig vertrauten innerpsychischen Vorgängen überwältigt. In beiden Fällen bringt die Einseitigkeit der Einstellung also die Gefahr der Überwältigung durch das Unbewusste mit sich. Einer solchen Überwältigung kann nur durch die Hinwendung zu den unterdrückten unbewussten Kräften entgegengesteuert werden kann. Dafür ist es erforderlich, sich die Wirkmächtigkeit der äußeren wie auch der inneren Imagines bewusst zu werden, denn „*Wirklich* [...] *ist, was wirkt*" (Jung 1972, 113; Hervorh. i. O.) – unabhängig davon, ob wir uns dieser Wirkung bewusst sind oder nicht. Dadurch wird der Beobachter in die Lage versetzt, sich sowohl gegenüber seinen Persona-Imagines als auch seinen Anima-Imagines bewusst zu positionieren, statt ihnen gegenüber in eine unbewusste reaktive Rolle zu geraten. Die Bewusstwerdung eröffnet dem Beobachter überhaupt erst die Möglichkeit, die Wirkung dieser Imagines zu reflektieren und sich davon freizumachen, wenn ihm dieses (bis dahin unbewusste) Selbstverhältnis nicht länger als angemessen bzw. viabel erscheint.[31] Die Auseinandersetzung mit bisher unbewussten Aspekten des

---

31 In der Regel wird eine Einstellung aus guten Gründen entwickelt, eben weil sie in bestimmten Lebenssituationen viabel war. Vor dem Hintergrund sich verändernder Lebensbedingungen – z.B. wenn ein Kind erwachsen wird – können

Selbstkonzeptes ist als eine Strategie der Selbsterkenntnis zu interpretieren. Sowohl für den extravertierten als auch für den introvertierten Beobachter geht es darum, aus der Einseitigkeit der bewussten Einstellung auszubrechen und ein doppeltes Selbstverhältnis zu pflegen, um eine umfänglichere Wirklichkeitserfahrung machen zu können.

Für den Transfer der vorangegangenen theoretischen Überlegungen auf das Konzept *komplementärer Bildung* ist die Charakterisierung der wissenschaftlichen Beobachtungshaltung als einer *bewussten* extravertierten Beobachtungshaltung von besonderem Interesse. Die introvertierte Einstellung stellt demzufolge den *unbewussten* Gegenpol zur wissenschaftlichen Außenansicht (Dürr 2016) dar. Die im Studium gezielt eingeübten objektiven Beobachtungspraktiken sowie die Selbst-Techniken zur Unterdrückung der Subjektivität verweisen auf eine Dynamik, die der zwischen der bewussten und der unbewussten Einstellung eines Beobachters entspricht. Zwischen der bewussten und der unbewussten Einstellung herrscht Jung (1995, 500) zufolge eine *komplementäre* Dynamik, die er als *Selbst*regulierungsmechanismus (1995, 478) zur Kompensation einer einseitigen Ausrichtung der psychischen Energie (1995, 483) interpretiert. Durch die Einübung eines bewussten Perspektivenwechsels zwischen Außen- und Innenansicht steuert *komplementäre Bildung* einer drohenden Einseitigkeit der Einstellung entgegen. Die Kompetenz zum *selbst*gesteuerten Wechsel zwischen einer extravertierten und einer introvertierten Haltung entspricht folglich dem, was hier als das Ziel einer auf Ganzheitlichkeit ausgerichteten Bildung angesehen wird.

Um der Frage nachzugehen, inwiefern dies ein Ideal *wissenschaftlicher* Bildung sein kann, wird zuvor anhand der als extravertiert und introvertiert charakterisierten Beobachtungstypen Q1 bis Q4 der Zusammenhang zwischen Selbstkonzept und Bildungsverständnis herausgearbeitet.

---

die alten Verhaltensmuster aber zunehmend unangemessen sein, weshalb dann die Veränderung der einst habitualisierten Einstellungen viabel ist.

4.3 Selbstkonzepte und Bildungsverständnis

Die Frage nach dem Selbstkonzept eines Beobachters steht im Zusammenhang mit der übergeordneten Frage nach dem Selbst als dem Bezugspunkt von Bildung als Selbstbildung. Was ein Beobachter unter Bildung versteht, so die These, variiert in Abhängigkeit davon, was er sich unter *selbst/Selbst* vorstellt.[32] Seine Vorstellungen darüber, was das Selbst bzw. der Mensch ist oder noch werden kann, wirken sich auf seine Bildungsmotivation und damit auf sein Verhalten im Studium aus. Auch die Bewertungen von Praktiken im Studienkontext und die Beurteilung fächerübergreifender Bildungsangebote stehen in einem direkten Zusammenhang mit den Vorstellungen, die sich ein Beobachter über sich selbst als menschliches Wesen macht.

Q1 und Q2: Das Streben nach der passenden Form

Der extravertierte Beobachtertyp, der seine psychische Energie auf seine äußere Persönlichkeit richtet, versucht sich nach seinen Persona-Imagines zu *formen*. Dieses Bildungsverständnis geht einher mit einem Selbstverhältnis, in dem sich der Beobachter seinen äußeren Objekten unterwirft, mit dem Ziel, seinem Idealbild (seiner Persona-Imago) zu entsprechen. Das Selbstverständnis des extravertierten Beobachters bleibt an die Vorstellung von einem verkörperten Individuum gebunden.

Wie bereits ausgeführt, geht die äußere Persönlichkeit aus einem Anpassungsprozesses an das soziale Umfeld (Jung 1995, 497) hervor. Die Persona ist ein an kollektiven Erwartungen orientiertes Selbstbild und gibt Anhaltspunkte in Hinsicht auf sozial verträgliches, angemessenes Verhalten, das die kollektive Anbindung fördert. In diesem Sinne wirkt sie motivierend auf Beobachter, die die Sättigung ihres Bindungs- und/oder Sicherheitsbedürfnisses verfolgen. Die Persona-Imago dient als Bewertungsmaßstab, d.h. der Beobachter legt den Wertakzent auf diese Objekt-Imago und richtet

---

[32] Wie ich anhand des detaillierten Vergleichs zwischen den Beobachtungstypen Q3 und Q4 noch deutlich herausstellen werde, kann auch das Selbstverhältnis introvertierter Typen sehr unterschiedlich sein.

sich bzw. sein Verhalten daran aus. Stößt er bei seinen Versuchen der Verwirklichung dieses Selbstbildes auf Hindernisse, fühlt er die Diskrepanz zwischen sich und diesem Idealbild seiner selbst. Das schwächt sein Selbstwertgefühl, denn er bewertet sich danach, ob und in welchem Maß er den damit verbundenen Erwartungen an sich gerecht wird. Sein Bedürfnis, dieser Idealvorstellung seiner selbst zu entsprechen, führt zu seiner Bereitschaft, die dafür erforderlichen Bedingungen zu erfüllen, d.h. sich den Anforderungen seiner natürlichen und sozialen Umwelt unterzuordnen. Aus dieser Haltung heraus erscheint die Anpassung an „objektive Gegebenheiten" als viable Verhaltensstrategie.

Solange der extravertierte Beobachter nicht lernt, zwischen sich und seiner Objekt-Imago zu unterscheiden – d.h. die Objektstufe (Jung 1995, 485) zu überwinden –, wird sein Bedürfnis, diesem idealisierten Selbstbild zu entsprechen, seine Energie binden. Um sich aus der Identifikation mit der Persona zu lösen, benötigt der extravertierte Beobachter die Erfahrung der Nichtidentität. Dafür sorgt die unbewusste introvertierte Einstellung, die der bewussten extravertierten Einstellung kompensierend gegenübersteht. Trotz aller Versuche, die inneren psychischen Vorgänge zu unterdrücken oder nur im Privaten auszuleben, machen sich diese in unkontrollierten Momenten bemerkbar. Dadurch wird der extravertierte Beobachtungstyp dazu aufgefordert, sich mit Aspekten seiner selbst auseinanderzusetzen, die er bisher aus seinem Selbstkonzept ausgegrenzt hat.

Der extravertierte Beobachter misst der äußeren *Wirklichkeit* einen höheren Wert bei als der inneren. Für ihn sind die Objekte des äußeren Milieus *wirk*licher bzw. *wirk*ungsvoller als die Kräfte aus seinem inneren Milieu. Aufgrund seiner Fixierung auf sichtbare und greifbare Objekte ist für den extravertierten Beobachtungstyp auch nur der Teil seines Selbst erfassbar, der dieser Art der Wirklichkeitsauffassung entspricht. Vor diesem Hintergrund kann das Selbstkonzept der extravertierten Beobachtungstypen als ein auf die bewusste äußerliche Persönlichkeit, die Persona, reduziertes Selbstverständnis beschrieben werden. Für das Bildungsverständnis der extravertierten Beobachtungstypen Q1 und Q2 lässt sich der Begriff der Persönlichkeitsbildung nutzen, sofern damit Praktiken und Selbst-Techniken gemeint sind, die auf die Formation der äußeren Persönlichkeit abzielen.

Die Persona-Imago wirkt in dem Sinne *bildend*, als dass der Beobachter die psychische Bereitschaft zeigt, sich so zu verhalten, dass er ihr entspricht. Die Überhöhung der Persona wirkt sich nicht nur auf Vorstellungen über angemessenes Verhalten aus, sondern auch auf die Vorstellung dessen, was überhaupt unter *Selbst* zu verstehen ist. Der extravertierte Beobachtungstyp identifiziert sich mit den äußeren Objekten. Er macht sich zu dem, was Damasio (2013, 21) als „Selbst-als-Objekt" bezeichnet und unter Bezugnahme auf „The Principles of Psychology" von William James, erschienen 1909, inhaltlich ausführt als „Summe von allem, was ein Mensch als sein Eigen bezeichnen kann" (2013, 20–21), wie z.B. seinen Körper, seine Geisteskräfte, seine Kinder, seine Freunde, seinen Ruf, seine Arbeit, sein Bankkonto etc. Vom „Selbst-als-Objekt" unterscheidet Damasio das „Selbst-als Subjekt", das im folgenden Abschnitt im Zusammenhang mit den introvertierten Beobachtungstypen zur Sprache kommt.

Q3 und Q4: Auf der Suche nach dem Ich/Selbst

Die introvertierten Beobachtungstypen richten ihre Aufmerksamkeit bewusst auf innere psychische Vorgänge, mithin auf die Beziehung zu ihren *Anima-Imagines*. Diese inneren Regungen – die in Form von Gedanken, Gefühlen, Interesse, Wille, Lust etc. ins Bewusstsein drängen – nimmt der Introvertierte als Ausdruck seiner selbst wahr, weshalb er sich ihnen zuwendet, statt sie zu unterdrücken. Sein Ziel ist die Entdeckung und Erkundung dieser inneren Dynamiken, weshalb er ihnen Raum gibt und versucht, sie auszuleben bzw. auszudrücken.

Die Objekte der äußeren Welt – sei es z.B. in Form von „Sachzwängen" oder Anforderungen der sozialen Umwelt – haben für den Introvertierten sekundäre Bedeutung, weshalb er diese den inneren Impulsen unterordnet. Seine psychische Energie setzt er dafür ein, diese inneren Regungen auszuleben und dadurch neue Erfahrungen zu machen. Sein Streben nach Entfaltung stößt dort an Grenzen, wo er sich dazu gezwungen sieht, seine potentiellen

Entwicklungsmöglichkeiten durch die Realisierung von Optionen einzuschränken. Wird der Introvertierte mit objektiven Ansprüchen oder fixen Vorstellungen darüber, was (ihm) möglich ist, konfrontiert, empfindet er dies als eine Beschränkung (seiner selbst) und wehrt die äußere Einflussnahme ab. Aus dieser Haltung heraus erscheinen Verhaltensstrategien viabel, durch die Regeln, Strukturen, Institutionen und Denkgewohnheiten infrage gestellt und Grenzen überschritten werden.

Auf der Bewusstseinsebene stellt sich der introvertierte Beobachter den äußeren Objekten entgegen. Gegenüber seinem Unbewussten hat er jedoch eine extravertierte Einstellung, was bedeutet, dass er sich auf dieser Ebene von seinen Objekten dominieren lässt, d.h. er räumt seinen Anima-Imagines große *Wirk*macht über sich ein. Wenn sich der introvertierte Beobachter mit seinem Willen, seinen Interessen oder Gefühlen gleichsetzt, agiert auch er auf der *Objektstufe* (Jung 1995, 485), d.h. er kann sich nicht von seinen Anima-Imagines unterscheiden. Um sich aus der Identifikationsbewegung mit der Anima zu lösen, benötigt der introvertierte Beobachter die Erfahrung der Selbstbegrenzung, zu der er gezwungen wird, wenn er sich entscheiden muss. *Entscheiden* kann hier im umfassenden Sinne von Festlegen (inkl. Form annehmen) ausgelegt werden. Aus einer introvertierten Einstellung heraus fällt es schwer, potentielle Möglichkeiten endgültig auszuschließen und anzuerkennen, dass Selbstverwirklichung letztlich auch immer Verendlichung bedeutet. Kompensation erfolgt in diesem Fall dadurch, dass die innere Persönlichkeit zur Unterordnung und zu Entscheidungen gezwungen wird, z.B. indem äußere Anforderungen eine Selbstbegrenzung erzwingen und letzten Endes durch den Tod.

Der introvertierte Beobachter misst seiner inneren *Wirklichkeit* einen höheren Wert bei als der äußeren, die er tendenziell als begrenzend erlebt. Das Selbstkonzept des Introvertierten ist nicht auf den Teil beschränkt, der als äußere Persönlichkeit für andere sichtbar ist. Im Gegenteil betrachtet er diesen Teil, seine Persona, tendenziell als einen mangelhaften oder unvollkommenen Repräsentanten seiner selbst/seines Selbst. Das hat u.a. zur Folge, dass er sich auf keine Form festlegen (lassen) will, um die Verkleinerung seines Möglichkeitsraumes zu vermeiden. Seine Persona, als einem minimalen Ausschnitt des ihm übergeordneten Selbst, empfindet der Introvertierte als nur momentanen Zustand, der sein volles Möglichkeitsspektrum bzw. Potential nicht abbildet. Vor diesem Hintergrund erklärt sich das Bestreben des Introvertierten, seinen Horizont zu erweitern und sein Potential zu entfalten.

Die Anima-Imago wirkt *bildend* in dem Sinne, dass der Beobachter die psychische Bereitschaft zeigt, seinen inneren Regungen Raum zu geben und seiner inneren Persönlichkeit die führende Rolle als Subjekt zu überlassen. Das „Selbst-als-Subjekt" (Damasio 2013, 21) kann jedoch sehr unterschiedlich imaginiert werden. Subjektivität als Voraussetzung für die Bewusstwerdung des unbewussten Geistes kann als Prozess der Aneignung von Bildern aus allen Schichten des Selbst interpretiert werden (2013, 22). Das „Selbst-als-Subjekt" umfasst neben dem autobiografischen Selbst auch die unbewussten Vorstufen: das „Protoselbst und seine ursprünglichen Gefühle" sowie das „von Handlungen getriebene Kern-Selbst" (2013, 22). Auf diese Weise gerät das Selbst als das „schwer fassbare […] Gebilde" in den Blick, das sich sprachlich offenbar nur ex-negativo ausdrücken lässt, weil es „sich viel weniger unter geistigen oder biologischen Begriffen subsumieren lässt, […] dezentraler [ist], […] sich oftmals im Bewusstseinsstrom auf[löst]" (2013, 21).

Hier soll nicht der Versuch unternommen werden, das Selbst in Worte zu fassen, da gerade die Unmöglichkeit dies zu tun, eine Art Merkmal dieses Phänomens zu sein scheint.[33] Jung (1995, 505) beschreibt das Selbst als „Gesamtumfang aller psychischen Phänomene im Menschen", durch den sich die „Einheit und Ganzheit der Gesamtpersönlichkeit" ausdrückt und verweist darauf, dass die bewusst-unbewusste Ganzheit ein Postulat ist, insofern

> „ihr Begriff *transzendent* ist, denn sie setzt das Vorhandensein von unbewußten Faktoren aus empirischen Gründen voraus und charakterisiert damit eine Wesenheit, die nur zum Teil beschrieben werden kann, zu einem anderen Teil aber pro tempore unerkennbar und unbegrenzbar bleibt" (1995, 505; Hervorh. i. O.).

---

[33] „Es fehlt uns die Sprache, dies ausdrücken zu können, da Sprache primär der Außenansicht zugeordnet ist" (Dürr 2016, 20).

Auch semantische Beschreibungen wie die folgende sind hilfreich, will man keine objekthafte und an eine Person gebundene Vorstellung vom Selbst entwickeln:

> „Das Leben, das über mich hinaus geht, ist eine Grundbedingung dessen, wer ich bin, und es gibt kein Leben, das ausschließlich mein eigenes ist, genauso wie mein eigenes Leben nicht jedes andere Leben ist und nicht sein kann" (Butler 2013, 31).

Aufgrund der thematisierten „Unschärfe" des Selbst kann nicht von *dem* Selbstverständnis des introvertierten Beobachtungstyps gesprochen werden. Wie unterschiedlich sich eine introvertierte Beobachtungshaltung auf das Selbstbild und damit auch auf das Bildungsverständnis auswirken kann, soll im Folgenden anhand der introvertierten Beobachtungstypen Q3 und Q4 verdeutlich werden.

Der Q3-Beobachtungstyp verfolgt sein Bildungsmotiv der (Horizont-)Erweiterung durch eine Strategie der „Einverleibung" von Objekten, d.h. durch die Integration solcher Ausschnitte der Kollektivpsyche in das bewusste persönliche Selbstbild, die als *zum Eigenen passend* empfunden werden. Q3 ist darum bemüht, seine innere Persönlichkeit durch Identifikationsobjekte für sich selbst und anderen sichtbar zu machen, mit Jung gesprochen bewegt er sich auf der *Objektstufe*. Unter *Selbst* wird im Diskursfeld Q3 die Summe der inneren psychischen Vorgänge verstanden, die durch das Individuum als persönlich erfahren werden, d.h. der eigene Wille, die eigenen Interessen und Gefühle. Seine Angst vor Verendlichung zwingt Q3 zur permanenten Erweiterung seines Selbstbildes, das jedoch auf der Objektstufe an die bewusste Vorstellung von einem autobiografischen Selbst gebunden bleibt.

Der Q4-Beobachtungstyp hat im Gegensatz zu Q3 keine spezifischen Vorstellungen oder Erwartungen hinsichtlich seiner eigenen Entwicklung. Dadurch läuft er nicht Gefahr, sich wie Q3 mit Objektvorstellungen seiner selbst zu verwechseln. Q4 strebt keine Identität mit den Objekt-Imagines seiner selbst an. Vielmehr versucht er seine innere Persönlichkeit durch die Überschreitung der Grenzen seiner bisherigen Vorstellungen zu entfalten, indem er neue Erfahrungen macht, was u.a. bedeutet, dass er neue psychische Inhalte in sein Bewusstsein integriert und dadurch die alten Selbstbilder transformiert. Q4 macht sich auf die Suche nach einem Selbst, das sich nicht auf das konkrete Individuum, seinen Körper und seine persönlichen Erfahrungen beschränken lässt, sondern diese übersteigt (lat.: *transcendere*). Die Suchbewegung von Q4 kann als das Eintauchen in einen Zustand beschrieben werden, in dem der Beobachter mit einer sein Bewusstsein – und damit auch seine Sprache – übersteigenden Größe in Kontakt kommt. Durch die Überschreitung bzw. Ausweitung der Grenzen des bisherigen Bewusstseinsfeldes werden bisher unbewusste Aspekte des übergeordneten Selbst in das persönliche Selbstkonzept integriert. C. G. Jung beschreibt das Folgendermaßen:

> Fast jedes Jahr taucht wieder etwas Neues auf, das uns bisher unbekannt war. Jedes Mal meinen wir, jetzt seien wir am Ende unserer Entdeckungen angelangt. Das sind wir aber nie. Wir finden heraus, dass wir das und jenes und noch anderes sind, und dabei können wir die erstaunlichsten Dinge erleben. Daraus geht hervor, dass es immer noch Teile unserer Persönlichkeit gibt, die unbewusst, die noch im Werden sind; wir sind unvollendet, wir wachsen und verändern uns. (2013, 32)

Ein solcher Transformationsprozess, in dem es um die Auflösung und Ablösung von alten Konzepten geht, verweist auf ein Bildungsverständnis, das mit der auf Meister Eckhart zurückzuführenden Formulierung der *Entbildung* in Verbindung steht (vgl. Elsholz 2013, 13; Stachel 1998). Vor diesem Hintergrund wird das im Diskursfeld Q4 zum Ausdruck kommende Bedürfnis nach Entfaltung nicht nur als Transformationsbedürfnis gedeutet, sondern darüber hinaus als Bedürfnis nach *Selbsttranszendenz* erörtert. In einer späten Version seiner Bedürfnispyramide hat Maslow den von ihm benannten Entwicklungsbedürfnissen die Stufe der Selbsttranszendenz hinzugefügt.[34] Selbsttranszendenz steht damit noch über dem Bedürfnis, das Maslow als Selbstverwirklichung bezeichnet (vgl. Koltko-Rivera 2006; Venter 2016). Diese beiden Konzepte

---

[34] Auch wenn ich mich hier auf Maslows hierarchisch angeordnetes – und dafür viel kritisiertes – Modell der Bedürfnispyramide beziehe, heißt das nicht, dass ich mich der These anschließe, menschliche Bedürfnisse stünden in einem hierarchischen Verhältnis zueinander.

eignen sich gut, um den Unterschied zwischen den Beobachtungstypen Q3 und Q4 in Worte zu fassen.

Die introvertierte Einstellung zwischen Identität und Entbildung

Der Begriff der Transzendenz hat im Bildungsdiskurs Tradition und verweist auf die enge Beziehung, in der die Frage nach Bildung auch zu theologischen Fragestellungen steht. Diesen Aspekt thematisiert u.a. Käte Meyer-Drawe (2007) in ihrem Text ‚*Du sollst dir kein Bildnis noch Gleichnis machen…*' – *Bildung und Versagung* sowie Tilman Bechthold-Hengelhaupt (1990) in *Bildung als Erkenntnis des Unaussprechbaren* – jeweils unter Bezugnahme auf Meister Eckarts Formulierung der *Entbildung*.

Meyer-Drawe (2007, 88) formuliert ihr Bildungsverständnis, indem sie – in Manier des Beobachtungstyps Q4 – beschreibt, was es *nicht* ist:

> Bildung bedeutet in dieser Hinsicht gerade nicht Selbstfindung, Selbsterhaltung oder Selbstverwirklichung auf dem Grunde eine Überfülle an Möglichkeiten, die nur noch zu verwirklichen sind, sondern eine konflikthafte Lebensführung, einen spezifischen Prozess der Subjektivation, der eingespannt bleibt zwischen reiner Autonomie und bloßer Heteronomie. (Meyer-Drawe 2007, 86)

Meyer-Drawes Kritik an einer Selbstsuche im Sinne der Selbstfindung bzw. Selbstverwirklichung fasst den Unterschied zwischen dem Bildungsverständnis des Q3- und des Q4-Beobachtungstyps pointiert zusammen.[35] Der Begriff der Selbst*erhaltung*, von dem sie sich ebenfalls abgrenzt, ist in diesem Kontext m. E. nicht im Sinne von Autopoiesis, sondern als eine identitätsbestätigende und dadurch das Selbstbild *erhaltende* Festschreibung zu verstehen. Meyer-Drawe (2007, 86) übt scharfe Kritik am Konzept der *Identität* als einer „Gestik der Weltbemächtigung, die […] das Nicht-Ich instrumentalisiert und gerade auch dadurch den Weg zur Anerkennung des Fremden oder Anderen auf subtile Weise verschließt."

---

[35] Ihre Kritik, insbesondere die Formulierung „Weltbemächtigung", erinnert an die durch den Q3-Beobachtungstyp repräsentierte Haltung der „Einverleibung" und dessen Vorbehalte gegenüber dem (zu) Fremden.

Entbildung ist zu verstehen als eine Entledigung aller Bilder (Meyer-Drawe 2007, 88), also als die Loslösung von den Objekt-Imagines, die einer vorurteilsfreien Innenschau im Sinne einer von Erwartungen und Vorstellungen befreiten Suchbewegung im Wege stehen. Meyer-Drawe betont, dass Bildung als Entbildung „das genaue Gegenteil der Selbstbildung der Moderne" (Meyer-Drawe 2007, 88) sei.

> Bildung in diesem Sinne [der identitätsbildenden Selbstbildung, Anm. C. S.] richtet sich gegen die Suche nach dem Selbst, die Foucault polemisch als ‚kalifornischer Kult des Selbst' anspricht, dem es darum geht, ‚sein wahres Ich [zu] entdecken', indem man es von allem trennt, was es verdunkeln oder entfremden könnte ...' (Meyer-Drawe 2007, 86; Hervorh. i. O.).

In dieser Lesart wird Selbstbildung zum Hindernis bei der Suche nach dem Selbst, weil das Ich dem Suchenden die Sicht auf das Selbst versperrt. Weil die „Selbstbildung der Moderne" den Scheinwerfer des Bewusstseins auf das Ich richtet, liegt das Selbst im Schatten. Im Konzept der Entbildung hingegen scheint das Selbst als die das Ich übersteigende *Kollektivpsyche* im Sinne Jungs (1972, 45–46) auf.

Reprise: (Bewusstseins-)Bildung als Transformationsprozess

Bildung als Entbildung steht für einen Veränderungsprozess, bei dem die Grenzen der eigenen Identität überschritten bzw. überstiegen werden. Der Begriff „Transzendenz" wird im Bildungskontext für einen Prozess der Bewusstseinsveränderung, meist einer Bewusstseinserweiterung, verwendet.[36] Transzendenz bezieht sich dabei nicht auf die Veränderung von Bewusstseins*inhalten*, sondern auf die Veränderung der *Struktur* des menschlichen Bewusstseins. Während die physische Struktur des Menschen seit tausenden von

---

[36] Jürgen Elsholz' Definition von Bildung als Bewusstseinsentwicklung (2013, 9) basiert auf Gebser (1978), der die Bewusstseinsentwicklung als den entscheidenden Faktor der menschlichen Entwicklung ansieht. Wie auch Humboldt sieht Gebser die mit der Geburt erhaltene Aufgabe eines jeden Menschen darin, „das Leben gemäß der Möglichkeiten/Potentiale, die in uns angelegt sind, auch zu leben. Dies bedeutet im Rahmen seiner Konzeption die Bewusstwerdung in vollem Umfang der Strukturen des Bewusstseins" (Elsholz 2013, 17).

Jahren weitgehend stabil geblieben ist[37], haben sich auf der psychischen Ebene gravierende Veränderungen ergeben, die von Gebser als *Mutationen der menschlichen Bewusstseinsstruktur* beschrieben werden.[38] Vor dem Hintergrund der menschlichen Phylogenese kann Bildung deshalb vor allem als die Veränderung der Bewusstseinsstruktur betrachtet werden.

Die in Kapitel 1 vorgenommene Untergliederung des Bildungsbegriffes in *Erkenntnis* und *Viabilität* diente der Unterscheidung in einen semantischen und einen systemischen Fragebereich. Als das auf beiden Ebenen wirkende Prinzip (sprich als übergeordnetes Ähnlichkeitsprinzip) wurde das Streben eines jeden Lebewesens nach Homöostase benannt. Unabhängig davon, ob ihre Sättigung auf soziokultureller oder auf systemischer Ebene bewusst oder unbewusst erfolgt, dienen Bedürfnisse als biologisches Anreizsystem der lebenserhaltenden Verhaltenssteuerung. Bedürfnisorientierte Verhaltensweisen sorgen in der Summe, also in einem koordinierten Verhältnis des gegenseitigen Ausgleiches, für die Aufrechterhaltung der Homöostase des Gesamtsystems auf allen Ebenen und damit – im Sinne von Autopoiesis (ergo Selbstzweck) – für ein auf die selbsterhaltende Selbstorganisation gerichtetes viables Verhalten des Lebewesens. Bedürfnisse ebenso wie ektoderme und endoderme Wahrnehmungsfunktionen stellen charakteristische Merkmale der Organisation der menschlichen Spezies dar. Diese und weitere kollektive Strukturmerkmale zur

---

[37] Vgl. dazu den von Elsholz gegebenen Rückblick (2013, 19–29) auf die Entwicklungsgeschichte des Menschen. „Die Menschheit hat sich in den letzten 30 000 Jahren in ihrer biologischen Ausstattung nicht mehr grundlegend verändert" (Elsholz 2013, 219).

[38] Gebser (1978, 158) zufolge durchläuft jede Bewusstseinsstruktur verschiedene Entwicklungsphasen und gerät von einer produktiven Phase in eine Defizienzphase. In der defizienten Phase wird deutlich, dass die Bewusstseinsstruktur den Anforderungen, die an das lebende System gestellt werden, nicht mehr gerecht wird. Um die für das (Über-)Leben erforderliche Strukturkopplung gewährleisten zu können, steht eine neuerliche Mutation an, sobald die Defizite der aktuellen Bewusstseinsstruktur nicht mehr kompensiert werden können. Diese Strukturveränderungen vollziehen sich im Kontext von Verhaltensänderungen, welche durch Perturbationen des Milieus stimuliert werden. Deshalb erfolgt die Veränderung der Bewusstseinsstruktur als eine spezifische Antwort (also nicht im Sinne einer linearen Fortentwicklung) auf die jeweils aktuellen Herausforderungen, denen sich das lebende System stellen muss.

Aufrechterhaltung der Lebensfunktionen sind auf den *Wert* des Lebens selbst und dessen Erhalt in Zukunft gerichtet. Vor diesem Hintergrund wird verständlich, warum alle unter dem Klammerbegriff *Bildung* subsummierbaren Erkenntnisziele gar nicht anders als normativ sein können, da sie auf lebensdienliches (d.h. werterhaltendes) Verhalten abzielen. Erkenntnisbefähigung ist per se wertorientiert.

Von einem Beobachter wahrnehmbare Zustandsveränderungen eines lebenden Systems können als Verhaltensweisen und im Ergebnis als Transformation beschrieben werden. Auf der semantischen Ebene kann ein solcher Prozess als „transformatorischer Bildungsprozess" (Koller 2018) bezeichnet werden. Aber auch Prozesse, die von außen nicht beobachtbar sind, weil sie als innere Dynamiken auf der systemischen Ebene ablaufen, führen zu einer Zustandsveränderung des Lebewesens. Diese größtenteils automatisch und unbewusst ablaufenden Prozesse lassen sich aber schwerlich als Verhaltensweisen beschreiben. Das Gleiche gilt für Veränderungsprozesse, die keine einzelnen Lebewesen betreffen, sondern die Zustandsveränderung eines diesen – aus einer systemischen Perspektive – übergeordneten Organismus. Betrachtet man einen solchen übergeordneten Organismus in seiner phylogenetischen Entwicklung, geraten zudem Strukturveränderungen größeren Ausmaßes in den Blick. Für Strukturveränderungen, welche nicht allein die Struktur von Individuen betreffen, sondern durch welche auch die für die gesamte Spezies bisher charakteristische Struktur eine Transformation erfährt, erscheint der Begriff der *Transzendenz* angemessen.[39] Transzendenz im Sinne einer

---

[39] Der Begriff der Transzendenz ist im untersuchten Diskurs zum Komplementärstudium nicht in Verwendung. Der Umstand, dass im untersuchten Diskurs von Erfahrungen berichtet wird, für die keine Worte gefunden werden können, weshalb Formulierungen ex negativo verwendet werden, wird als Hinweis darauf gedeutet, dass das im Diskursfeld Q4 artikulierte Bedürfnis nach Transformation auch die nur schwerlich artikulierbare Idee der Transzendenz betrifft. Der intersubjektive Austausch über Transzendenzerfahrungen wird dadurch erschwert, dass sich die Erfahrung einer strukturellen Veränderung im inneren Milieu nur schwerlich in Worte fassen lässt. Doch besteht die Möglichkeit, die Erfahrung selbst als etwas zu charakterisieren, was keinen Vergleich ermöglicht, da die Grenzüberschreitung ja gerade den Kontakt mit etwas bisher Unbekanntem darstellt.

Überschreitung der bisher gegebenen Organisationsform der Spezies bezieht sich dann auf einen umfassenden Veränderungsprozess auf struktureller Ebene, aus dem nicht nur Individuen verändert hervorgehen, sondern von dem auch Gruppen oder die gesamte Spezies erfasst werden. Dieser Gedanke soll auf die Veränderung der menschlichen Bewusstseinsstruktur angewandt werden, die sowohl strukturelle Veränderungen auf einer ontogenetischen (also die Veränderung mentaler Muster im Gehirn eines Individuums) als auch gattungsspezifische Strukturmerkmale auf der phylogenetischen Ebene umfasst.

Am Übergang vom 20. zum 21. Jahrhundert befinden wir uns in einer historischen Situation, die von Gebser als Schwelle zwischen der *mentalen* und der *integralen* Bewusstseinsstruktur charakterisiert wurde. Wie diese neue Bewusstseinsstruktur letztlich aussehen wird, lässt sich aus heutiger Perspektive noch nicht sagen. Als Indizien für das Aufkommen des neuen integralen Bewusstseins hat Gebser insbesondere solche Erkenntnisse gewertet, die im Laufe des vergangenen Jahrhunderts im Kontext von Quantenphysik und Tiefenpsychologie über die in Beobachtungsbeziehungen wirkenden Kräfte zwischen Subjekt und Objekt gewonnen wurden. Wie in Kapitel 1.4 ausgeführt, wurde der logische Gegensatz von Wahrheit und Falschheit durch die quantentheoretische Einführung des Begriffs der Wahrscheinlichkeit so modifiziert, „daß zwar der Satz vom Widerspruch, aber nicht der Satz vom ausgeschlossenen Dritten erhalten bleibt". In der Konsequenz wird der Dualität zwischen *wahr* und *falsch* sowie der Idee, der Beobachter könne bezüglich eines Phänomens zu einer von ihm unabhängigen, objektiven Erkenntnis gelangen, eine Absage erteilt. Tiefenpsychologische Befunde, wie sie C.G. Jung auch auf empirischer Basis erarbeitet hat, sowie die im theoretischen Teil vorgestellten erkenntnistheoretischen und sozialwissenschaftlichen Überlegungen bestätigen, dass der Begriff der Realität als Beobachterrealität (und nicht als Wahrheit) zu behandeln ist.

Auf den Gegenstand der vorliegenden Untersuchung übertragen bedeutet dies, dass keine deterministischen Aussagen über das Komplementärstudium möglich sind, weil alle semantischen Beschreibungen als Beziehungsaussagen interpretiert werden müssen. Die Anerkennung der Unmöglichkeit, Subjekt und Objekt der Erkenntnis zu trennen, regt zudem zu der Schlussfolgerung an, dass auf Erkenntnisbefähigung ausgerichtete wissenschaftliche (Studien-)Praktiken durch einen *einseitigen* Objektfokus in eine Schieflage geraten und von daher einen kompensatorischen Impuls erfordern.

4.4 Ganzheitliche Bildung der Beobachtungshaltung

Im Folgenden ist die Frage zu erörtern, wodurch die mit Jung (1995) und Dürr (2016) thematisierte Einseitigkeit einer habitualisierten Beobachtungseinstellung einen solchen kompensatorischen Impuls erhalten kann und inwiefern dies eine Haltung befördert, die dem Ideal wissenschaftlicher Bildung entspricht, in dem nach Huber eingangs ausgeführten Sinne von Bildung, „in der objektive Ansprüche [...] der Wissenschaft, und subjektive der Person miteinander vermittelt sind" (Huber 1991, 196).

Wie oben ausgeführt sind alle auf Erkenntnis ausgerichteten Verhaltensweisen an Werten orientiert, weshalb auch das Konzept *komplementärer Bildung* wertorientiert und damit normativ ist.[40] Erkenntnisbefähigung im hier avisierten Sinne besteht in der Befähigung des Beobachters, sich der eigenen Welt- und Selbstverhältnisse zunehmend bewusst zu werden, um diese verantwortungsvoll zu gestalten. Bewusstwerdung bezieht sich dabei einerseits auf die Rolle, die der Beobachter in der Beziehung zu seinen Objekten einnimmt, und andererseits auf die Werte, die ihn zu seinem Verhalten gegenüber den inneren und äußeren Objekt-Imagines motivieren. Um sich aus der Einseitigkeit seiner habituellen Beobachtungshaltung zu lösen, ist es notwendig, dass sich der Beobachter selbst als einen konstitutiven Teil seiner Beobachtungsbeziehungen verstehen lernt. Dabei ist die Aufmerksamkeit darauf zu richten,

---

[40] Zur Erinnerung: Verhalten als Haltungs- oder Standortveränderung erfolgt in Bezug auf einen Wert. Bedürfnisse zeigen an, welcher Wert nach Sättigung verlangt und motivieren zu entsprechenden Aktivitäten. Wird das Bedürfnis gestillt, wird das Verhalten als effektiv bewertet, also als Erkenntnis. Erkenntnis als effektives Verhalten kann sich nicht einseitig auf Objekte beschränken, sondern betrifft immer den Umgang, die Beziehung des Beobachters mit den Objekten.

wie die zueinander komplementären Haltungen der Extraversion und der Introversion zu verschiedenen Beobachterrealitäten führen. Letztlich geht es darum, sich bewusst zu machen, wie man sich gegenüber seinen Objekten positioniert und vor diesem Hintergrund zu entscheiden, ob die dadurch stimulierten Verhaltensweisen angemessen bzw. viabel sind.

Komplementäre Bildung zielt darauf ab, den Beobachter in die Lage zu versetzen, die extravertierte und die introvertierte Haltung bewusst zu nutzen, wie beim Laufen beide Beine, um das Gleichgewicht zu halten. Statt gewohnheitsmäßige Verhaltensweisen unbewusst zu reproduzieren, kann er dann je nach Situation neu entscheiden, welches Verhalten ihm einem Objekt gegenüber als angemessen (viabel) erscheint. Die hier vertretene These besagt, dass der Beobachter durch die gezielte Einübung des Perspektivenwechsels zwischen Außen- und Innenansicht zum bewussten, selbstgesteuerten Wechsel zwischen einer extravertierten und einer introvertierten Beobachtungshaltung befähigt werden kann, wodurch eine ganzheitlichere Wirklichkeitsauffassung wahrscheinlicher wird.

Der bewusste Wechsel zwischen einer extravertierten und einer introvertierten Haltung kann als Strategie der Dezentrierung eingesetzt werden, d.h. der Beobachter bewegt sich aus seiner habitualisierten Einstellung – als seinem bisherigen Wahrnehmungszentrum – heraus. Durch diesen Standortwechsel innerhalb einer Beobachtungsbeziehung nimmt der Beobachter einen Perspektivenwechsel vor, der weit mehr bedeutet als der Positionswechsel, den ein Subjekt vornimmt, um ein äußeres Objekt aus einem anderen Winkel zu betrachten. Vielmehr geht es um den Wechsel zwischen der Rolle, die sich der Beobachter in der Beziehung zu seinen inneren oder äußeren Objekten zuschreibt.[41]

---

[41] Der Beobachter kann sich innerhalb einer Beobachtungsbeziehung selbst als Objekt imaginieren, indem er seinen Objekt-Imagines Wirkmacht über sich zugesteht. Der extravertierte Beobachter ordnet sich den äußern Objekten unter; der introvertierte Beobachter versucht diese zu dominieren. Andersherum verhält es sich mit den inneren Objekten, die der Extravertierte durch Unterdrückung zu dominieren versucht und denen sich der Introvertierte unterordnet. Wie in Kapitel 4.2 ausgeführt geraten beiden Strategien an ihre Grenzen, was Jung als Selbstregulierungsmechanismus (1995, 478) zur Kompensation einer einseitigen Ausrichtung der psychischen Energie (1995, 483) interpretiert.

Durch die dezentrierend wirkende Distanzierung von der habitualisierten Einstellung eröffnet sich dem Beobachter ein neuer Möglichkeitsraum zur gezielten Transformation seiner Welt- und Selbstverhältnisse.[42] Doch dies gelingt nicht allein durch die Einübung einer komplementären Beobachtungshaltung, sondern bedarf zusätzlich der Reflexion der aus der jeweiligen Haltung hervorgebrachten Welt- und Selbstverhältnisse.[43] Doch zu glauben, dass das Ziel einer solche Reflexion darin bestünde, dem Beobachter effektive Strategien zur Befriedigung seiner vorrangigen Bedürfnisse an die Hand zu geben, wäre zu kurz gedacht. Komplementäre Bildung ist per definitionem unbequem, weil sie nicht mit der bewussten Einstellung und den daraus resultierenden Präferenzen eines Beobachters harmoniert.[44] Der kompensatorische

---

[42] Der extravertierte Beobachter wird dazu angeregt, vermeintlich unveränderliche Rahmenbedingungen („Sachzwänge") nicht einfach hinzunehmen, der introvertierte Beobachter lernt, nicht reflexartig gegen sie anzukämpfen. Im Hinblick auf die inneren Objekte profitiert der extravertierte Typ durch den Zugewinn an Informationen, welche ihm aus dieser bis dahin ungenutzten Informationsquelle zufließen. Der introvertierte Typ hingegen gewinnt an Souveränität gegenüber seinen inneren Impulsen, die er zu steuern und dadurch als Informationsquelle zu nutzen lernt, statt sich von ihnen steuern zu lassen.

[43] Denn sowohl die extravertierte Priorisierung des Objekts als auch die introvertierte Vorrangstellung des Subjekts sind einseitig. Ein einseitiger Fokus auf innere Befindlichkeiten des Subjekts kann sehr wohl zu einer von Wissenschaftler*innen zurecht gefürchteten Wahrnehmungsverzerrung führen.

[44] Das kann zur Folge haben, dass komplementäre Bildung in wissenschaftlichen Kreisen, in denen das Grundverständnis von Objektivität nicht hinterfragt wird, als Provokation erlebt wird. Insbesondere in anwendungsorientierten Fachbereichen, aber auch darüber hinaus, wird die Aufforderung zur Integration der Innensicht, als einer komplementären – und damit gleichwertigen – Erfahrungsweise von Wirklichkeit, noch immer als unwissenschaftlich zurückgewiesen. Wenn komplementäre Bildung nicht auf die Einübung einer introvertierten Haltung reduziert wird, stellt sie eine wertvolle Ergänzung einer auf Objektivität zielenden Beobachtungshaltung dar. Ebenso wenig ist die Reduktion von Wissenschaft auf eine extravertierte Betrachtungsweise angebracht, denn letztlich haben wissenschaftliche Erkenntnisse sowohl aus den Natur- als auch den Sozial- und Geisteswissenschaften wesentlich dazu beigetragen, das viel kritisierte Wirklichkeitsverständnis von einer dinghaften Realität aufzubrechen. Komplementäre Bildung als Beitrag zur wissenschaftlichen Bildung ist entsprechend als Aufforderung zur Anerkennung unserer doppelten Beziehung zur Wirklichkeit zu verstehen und damit als Impuls zur umfassenden Reflexion der Dualität unserer Wahrnehmungsweise und deren Wirkung auf die von uns hervorgebrachten Welt- und Selbstverhältnisse sowie die Veränderlichkeit menschlicher Bewusstseinsstrukturen.

Impuls erfolgt gerade durch die Aufforderung zur Ausübung von Verhaltensweisen, die nicht der Sättigung der üblicherweise priorisierten Bedürfnisse dienen, denn es geht ja gerade um eine Erweiterung des Verhaltensspektrums. Letztlich profitiert der Beobachter, der zur Einnahme unterschiedlicher Haltungen und zur Verfolgung aller seiner Bedürfnisse (auch der unbewussten, unterdrückten oder posterisierten) in der Lage ist, denn er erweitert sein persönliches Spektrum an effektiven Verhaltensstrategien.

Die Herausforderung besteht darin, dass unser Verhalten überwiegend durch unbewusste innere Prozesse und Bedürfnisse gesteuert wird, deren Funktion der homöostatische Ausgleich von tief im System verwurzelten Werten ist. Die automatische Homöostase sorgt für unser Überleben als biologischer Organismus. Als soziales Wesen ist der Mensch zudem darauf angewiesen, sein Überleben durch sozial angemessenes Verhalten zu sichern. Damasio spricht in diesem Zusammenhang von „soziokultureller Homöostase" (2013, 307). Auch diese funktioniert überwiegend als unbewusster Regulationsprozess nach dem Prinzip der Bedürfnissteuerung.

Welche Erkenntnisstrategien neu zu integrieren sind, hängt ganz vom Beobachter und seinen gewohnheitsmäßigen Verhaltensstrategien ab. Allerdings kann davon ausgegangen werden, dass die persönlichen Muster in einem nicht unbeträchtlichen Maß gesellschaftlich geprägt sind. Hinzu kommt, dass in einem spezifischen Umfeld vor allem solche Verhaltensstrategien habitualisiert werden, die von der jeweiligen Gemeinschaft (dem Beobachterkollektiv) als positiv bewertet werden. Im universitären Kontext werden Praktiken und Selbst-Techniken eingeübt, die als erkenntnisfördernd anerkannt sind, womit vor allem auf die objektive Erkenntnis der Welt gerichtete Beobachtungsstrategien gemeint sind.[45] In wissenschaftlichen Kontexten, in denen sich die Beobachter der epistemischen Tugend der Objektivität – in dem nach

---

[45] Diese Haltung hat ihre Berechtigung, gerät als einseitig zweckorientierte Funktionalisierung und Technisierung sämtlicher Erkenntnisprozesse jedoch in eine Schieflage, die zu Recht als auf Verfügbarkeit zielende Rationalität (u.a. Adorno 1972) viel Kritik erfahren hat.

Daston und Galison (2007) ausgeführten Sinne – verpflichtet fühlen, ist die extravertierte Beobachtungshaltung als die dominante allgemeine Einstellung anzusehen. Die introvertierte Einstellung kann in Folge wissenschaftlicher Objektivitätsbestrebungen als der unterdrückte (aus dem kollektiven Bewusstseinsfeld ausgegrenzte) Mechanismus bezeichnet werden. So betrachtet zeichnet sich die wissenschaftliche Erkenntnissuche durch Einseitigkeit aus, weshalb bereits Humboldt (1986, 34) auf die Notwendigkeit hinwies, die „wissenschaftliche Aus*bildung* des Kopfes um die der Gesinnung" zu ergänzen. Übersetzt man Gesinnung als Haltung, kann Humboldts (1986) ergänzendes Anliegen als Bildung der Beobachtungs*haltung* interpretiert werden.

Das wissenschaftliche Selbst, welches durch spezifische Selbst-Techniken lernt, die Impulse des Unbewussten gewohnheitsmäßig zu unterdrücken, steht vor der Aufgabe, der Innensicht einen höheren Wert beizumessen, um zu einer umfassenderen Wirklichkeitserfahrung zu kommen. Insbesondere sein Selbstkonzept darf eine Erweiterung erfahren, die nicht wie bisher nur über die Integration äußerer Objekte ins bewusste Selbstbild funktioniert. Zur Kompensation seiner extravertierten Einstellung braucht das wissenschaftliche Selbst also keine auf die Formation der *Persona* gerichtete Persönlichkeitsbildung. Vielmehr ist die Einübung von Selbst-Techniken zielführend, die der habituellen Unterdrückung innerer Impulse entgegensteuern und dadurch die Assimilation unbewusster Inhalte in das Bewusstseinsfeld ermöglichen.

Angesichts aktueller Problemlagen im Sinne einer zukunftsorientierten Bildungspolitik wäre es eine vertane Chance, fächerübergreifende Bildung auf die Einübung disziplinär unterschiedlicher Beobachtungspraktiken zur objektiven Welterkenntnis zu reduzieren. Die seit der Bologna-Reform gehäufte Implementierung fächerübergreifender Studienprogramme an deutschen Universitäten interpretiere ich als Ausdruck neu (oder *erneut* im Sinne einer Rückbesinnung) aufkommender epistemischer Tugenden, die wiederum einen Wertewandel anzeigen. Neue Herausforderungen (bzw. Perturbationen oder Problemlagen) in unserem Lebensraum lassen nicht nur veränderte Bedürfnislagen und damit neue Verhaltensweisen entstehen, sondern wirken sich langfristig auch auf die menschliche Bewusstseinsstruktur aus. Im Sinne der Aufrechterhaltung der Strukturkoppelung ist Bewusstseinswandel als effektives Verhalten zu bewerten.

„Bildung ist Bewusstseinsentwicklung und kann durch integrale Anthropotechniken gefördert werden", so die Hauptthese von Elsholz (2013, 9). Anthropotechniken dienen Elsholz zufolge dazu, unseren „Körper durch *innere Techniken* wieder mit einem spürenden Leib zu verbinden" (2013, 220; Hervorh. i. O.) und tragen dazu bei, die „Aufmerksamkeit auf das *Hier und Jetzt* [zu] richten und *Leib wie Geist* als fundamentale Einheit dieser Gegenwart" (2013, 221; Hervorh. i. O.) zu erspüren. Metzinger (2010, 332) fordert sogar, Kinder mit einem neurophänomenologischen Werkzeugkasten auszustatten, der mindestens zwei Meditationstechniken sowie zwei standardisierte Techniken für die Tiefenentspannung enthält.

Auch wenn die Universität (noch) nicht der Ort sein mag, an dem entsprechende Anthropotechniken im Rahmen des Curriculums gelehrt und eingeübt werden, kann sie dennoch einen wesentlichen Beitrag zu einer Kultur des Bewusstseins leisten. Wie dies meiner Ansicht nach aussehen kann, skizziere ich im Folgenden anhand einer Konzeption für das Komplementärstudium am Leuphana College.

Ausblick: Komplementäre Bildung – ein Konzept für das Leuphana College

Das Komplementärstudium am Leuphana College wurde im Zuge der Bologna-Reform und der damit einhergehenden Umstellung auf Bachelor- und Masterstudiengängen als Teil des Leuphana-Bachelor etabliert. Es war von Anfang an als Gegengewicht zu einer einseitig auf *employability* ausgerichteten fachlichen Ausbildung konzipiert.[1] Seitdem wird unter Verweis auf eine humanistische Bildungstradition betont, dass die fächerübergreifenden Studienbestandteile das Fachstudium im Sinne ganzheitlicher Bildung ergänzen.[2]

Vor dem Hintergrund der Auslegung des Begriffs „Komplementarität" als „sich ergänzende Polarität" (Gebser 1978, 299) wird das Komplementärstudium im vorliegenden Kontext als kompensatorischer Impuls zu einer einseitig extravertierten Ausrichtung der wissenschaftlichen Beobachtungshaltung auf objektive Welterkenntnis konzipiert. Im Zentrum der Konzeption steht der Beobachter und die Idee, *komplementäre Bildung als Bildung der Beobachtungshaltung* zu thematisieren.

Komplementäre Bildung zielt darauf ab, dass sich das Individuum als Beobachter verstehen lernt, um sich anschließend zu fragen, welche Erfahrungen, Erwartungen und Bedürfnisse seinen Interpretationen und Bewertungen zugrunde liegen. Selbsterkenntnis wird in diesem Konzept aber nicht allein durch die Reflexion des individuellen Verhaltens angestrebt, sondern beinhaltet die Auseinandersetzung mit Verhaltensweisen, die wir vor dem Hintergrund soziokultureller und biologischer Prägungen mit anderen teilen. Damit rückt die Frage in den Blick, wo die Grenze zwischen

---

[1] Ohne Frage enthalten auch die Curricula der Fächer Aspekte, die über die disziplinäre und anwendungsbezogene Wissensvermittlung hinausreichen. Zudem ist dies von Studiengang zu Studiengang unterschiedlich stark ausgeprägt und lässt sich nicht pauschal beurteilen.

[2] An der Leuphana Universität wird „...durch Major, Minor und Komplementärstudium eine ganzheitliche Bildung ermöglicht" (Leuphana 2021b; Hervorh. C. S.).

dem Selbst und anderen Lebewesen verläuft bzw. inwieweit der Beobachter dazu bereit ist, kollektive Aspekte in sein persönliches Selbstbild zu integrieren. In dieser Hinsicht steht die Frage nach dem *Selbst* im Zentrum komplementärer Bildung, was sich im Konzept in den drei Ebenen der Beobachter-*Selbst*-Reflexion spiegelt.

Vorliegende Konzeption sieht eine Programmstruktur mit 12 Modulen vor, die sich aus einer Unterteilung in drei Ebenen der Beobachter-Selbst-Reflexion und vier Fokusfragen ergibt. Die als Kreisradien dargestellten Reflexionsebenen, in deren Mitte der Beobachter steht, symbolisieren den individuellen, den lokalen und den tiefen Erfahrungshintergrund.[3] Der Ich-Beobachter, der sich selbst mitdenkt, kann sich als Individuum, als Teil eines ihm übergeordneten sozialen Systems (Familie, Nation, Generation etc.) oder als Gattungswesen imaginieren. Die Fokusfragen dienen der Clusterung der Seminare auf einer inhaltlichen Ebene.

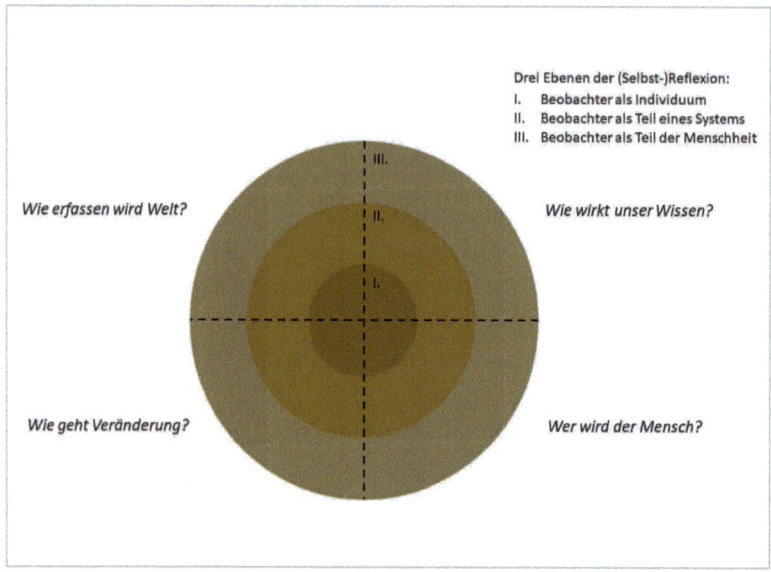

Abbildung 15: Visualisierung der Neukonzeption für das Komplementärstudium

---

[3] Wie unter 2.1 Beobachtung, Beschreibung und Bewertung von Verhalten, insb. Fußnote 85, ausgeführt nach Köppl (2017, 105–6).

Wie im Modell vom Beziehungsdreieck (vgl. Kapitel 3.2) dargestellt, soll sich der Beobachter selbst als konstitutiven Teil der Beobachtungsbeziehung in den Blick nehmen können, um sich mit dem Objekt der Beobachtung als *seinem* Objekt (Gegenstandsbild) auseinandersetzen zu können.[4] Es geht also in erster Linie um die Verschiebung der Aufmerksamkeit auf die Beziehung, die wir als Beobachter zu unseren Objekten eingehen, und die Reflexion der Haltung, die wir in diesen Beobachtungsbeziehungen einnehmen. Deshalb muss eine erste Auseinandersetzung mit erkenntnistheoretischen Fragen und der Rolle des Beobachters am Anfang stehen, was bereits im Leuphana-Semester beginnen und im Komplementärstudium vertieft werden kann.

Durch ein disziplinär breites Spektrum an Seminaren (u.a. aus den Kognitionswissenschaften, Neurowissenschaften, Kulturwissenschaften, der Physik, Philosophie, Theologie etc.), welche in unterschiedliche Theorien über das menschliche Bewusstsein einführen, wird eine theoretische Basis geschaffen, von der aus Studierende in die Diskussion über den Beobachter als konstitutiven Teil einer Beobachtungbeziehung einsteigen können. Diese einführenden Seminare dienen der gezielten Irritation einer Wirklichkeitsauffassung, in der Wirklichkeit mit dem objektiv Feststellbaren gleichgesetzt und dadurch auf eine dinghafte Realität reduziert wird. Darüber hinaus werden die Studierenden in diesen Seminaren mit dem Vokabular vertraut gemacht, welches den intersubjektiven Austausch über die Innenansicht als der zur Außenansicht komplementären Erfahrungsweise von Wirklichkeit überhaupt erst ermöglicht. Auch wenn die begriffliche Sprache vorrangig der zweiwertigen Struktur der Außenansicht entspricht, können wir nicht auf sie verzichten, wenn es um die Integration und Assimilation bisher unbewusster Inhalte ins Bewusstsein geht.

Um die erforderliche Basis für einen solchen Austausch zu schaffen, sind entsprechend qualifizierte Lehrkräfte erforderlich, die aus vielfältigen Perspektiven einen Beitrag zur Sensibilisierung der Studierenden für die Relevanz der Bewusstseinsthematik im

---

[4] Im Seminarkontext ist damit sowohl die Auseinandersetzung mit persönlichen als auch kollektiv geteilten Ansichten (Gegenstandsbildern) gemeint.

Hinblick auf Erkenntnissuche und Bildung leisten. Diese Grundlagenseminare können auch als Vorlesungen durchgeführt werden. In darauf aufbauenden Seminaren erfolgt anhand von konkreten Themen bzw. Fragestellungen eine angeleitete Reflexion der eigenen Beobachtungshaltung. Prinzipiell gibt es keine thematischen Einschränkungen, vor dem Hintergrund der erforderlichen Modularisierung ist es aber sinnvoll, mehrere Themenbereiche voneinander abzugrenzen. Diese sollten dabei möglichst weit gesteckt sein, so dass in sie grundsätzlich alle als wissenschaftliche Untersuchungsobjekte infrage kommenden Bewusstseinsinhalte (gerade auch neu aufkommende Phänomene und Themen) integriert werden können.[5] Diese Art der Seminare können Lehrkräfte durchführen, die sich sowohl die theoretischen Grundlagen als auch die spezifische Herangehensweise zur Reflexion von Beobachtungsbeziehungen erarbeitet haben.[6]

Die Anerkennung der eigenen Rolle als Beobachter stellt die Grundvoraussetzung für die Reflexion der Beobachtungsbeziehung dar, weshalb sich die Diskussion über eine Thematik nicht darauf beschränken sollte, was objektiv über ein Phänomen ausgesagt werden kann. Denn es geht gerade *nicht* um das Zusammentragen von Fakten und die Gegenüberstellung von Thesen und Theorien und eine anschließende Positionierung der Diskutanten. Vielmehr werden die Studierenden dazu angeleitet, sich gegenseitig danach zu befragen, womit ihre persönliche Meinung oder ein kollektiv geteiltes Urteil über ein Objekt in Verbindung steht. Um Antworten auf diese Frage nach den zugrundeliegenden Werten und Bedürfnissen zu finden, ist es hilfreich, explizite und implizite Bewertungen des Objektes als Viabilitätsbewertung zu betrachten. Durch die Klärung der Frage, ob das Objekt bzw. ein bestimmtes Verhalten als angemessen/viabel empfunden wird oder eher nicht, lässt sich das Erkenntnisinteresse des Beobachters als spezifischeres Bedürfnis (ggf. auch mehrere) präzisieren.

---

[5] Die Fokusfragen können so formuliert werden, dass durch sie die Systematik gespiegelt wird, die bereits durch die drei fächerübergreifenden Module des Leuphana-Semesters angelegt ist.
[6] Zu diesem Zweck sollen spezielle Weiterbildungsangebote für Lehrende im Komplementärstudium entwickelt und regelmäßig durchgeführt werden.

Sind die Bedürfnisse und damit auch die handlungsleitenden Motive offengelegt, kann die Reflexion darüber erfolgen, in welcher Rolle sich der Beobachter gegenüber dem Objekt positioniert. Mit *Rolle* ist hier die Selbstimagination des Beobachters gemeint. Diese findet ihren Ausdruck darin, ob der Beobachter gegenüber seinem Objekt eine aktive oder eine reaktive Haltung einnimmt, also ob er sich selbst tendenziell als eine sich den Objekten fügende Person imaginiert (extravertierte Haltung) oder als ein Selbst, welches auf die Objekte einzuwirken versucht (introvertierte Haltung). Darüber hinaus unterscheiden sich die Selbst-Imaginationen in ihrer „Reichweite", d.h. darin, ob der Beobachter aus seiner aktuellen Haltung heraus auch kollektive Aspekte der Gruppenzugehörigkeit in sein Selbstkonzept integriert.

Auf der Ebene der Seminare wirkt sich die „Reichweite" der Selbstimagination folgendermaßen aus: Im äußersten Kreis werden Seminare angesiedelt, in denen über den Menschen als ein Lebewesen reflektiert wird, das im Laufe seiner Geschichte eine spezifische Struktur ausgebildet hat, die seine Art der Wahrnehmung, der Informationsverarbeitung und damit zusammenhängende Verhaltensweisen bedingt. In diesen Bereich gehören die einführenden theoretischen Grundlagenseminare, in denen aus disziplinär unterschiedlichen Perspektiven die vier Fokusfragen gestellt werden.[7] Im mittleren Kreis werden Seminare angeboten, in denen sich der Beobachter als soziales Wesen, das in unterschiedliche Systeme eingebunden ist, in den Blick nimmt und reflektiert. In diesen Seminaren werden vor allem Fragen nach Identifikation stiftenden Faktoren sowie Abgrenzungsmechanismen behandelt, die das Individuum zu einer das Ich übersteigenden Imaginationen seiner selbst (wir vs. die anderen) veranlassen. Die Fokusfragen werden auf dieser Ebene bereits stärker auf den thematischen Schwerpunkt eines Seminars abgestimmt, d.h. die allgemeine Frage nach der Auswirkung von Wissen wird z.B. im Hinblick auf medizinisches Wissen

---

[7] Inhaltliche Überlappungen sind absehbar, was aber gerade bei diesen Grundlagenseminaren aufgrund der Komplexität der Thematik sinnvoll ist. Zudem steht es Studierenden frei, ob sie nur ein Seminar aus diesem Bereich wählen oder mehrere.

und daraus resultierende kollektive Verhaltensweisen erörtert (bspw. im Pandemiekontext). Im innersten der drei Kreise geht es um individuelle Wirklichkeitserfahrungen, d.h. um die Reflexion von lebensweltlichen Beobachtungen auf der Ebene des Individuums. Die Anbindung an die Fokusfragen kann hier noch weiter konkretisiert werden, indem die Fragen auf ein sehr konkretes Objekt (Seminarthema) bezogen werden, z.B. auf die Darstellung lebensverändernder Ereignisse in ausgewählten literarischen Werken und eine daran gekoppelte vergleichende Reflexion über die Wirkmächtigkeit, die darin äußeren und inneren Ereignissen zugeschrieben wird. Die Fokusfragen können auf dieser Ebene auch als persönliche Fragen formuliert werden, z.B.: „Was hat in meinem Leben Veränderungen bewirkt?", oder: „Welche Zukunftsvision habe ich bezüglich der Entwicklung der Menschheit und wie könnte mein Beitrag dazu aussehen?" In diesem Bereich können auch praktische Übungen angesiedelt werden, etwa autobiografisches Schreiben, Wahrnehmungsübungen oder meditative Selbst-Techniken.

Die vier Fokusfragen sind ganz bewusst thematisch sehr weit gesteckt, um für vielfältige Seminarthemen (Bewusstseinsinhalte) anschlussfähig zu sein. Dadurch beinhalten sie aber gleichzeitig die Aufforderung an den Lehrenden zur Herstellung eines Zusammenhangs zu diesen übergeordneten Leitfragen. Das erweist sich als hilfreich, wenn es im Zuge der Programmerstellung darum geht, Angebote herauszufiltern, die nicht im beschriebenen Sinne zur Reflexion der Beobachtungsbeziehungen konzipiert wurden.

So kann beispielsweise nicht einfach ein Seminar zur „Einführung ins Marketing" im Komplementärstudium angeboten werden. Aus dem Seminarkonzept muss vielmehr hervorgehen, auf welche Weise über Marketing als einer spezifischen kommunikativen Praxis reflektiert werden soll. Im Fragebereich „Wie erfassen wir Welt?" könnte Marketing als eine effektive Strategie der gezielten Erzeugung und Verbreitung von wirkmächtigen Objekt-Imaginationen diskutiert werden. Der Schwerpunkt einer Marketing-Veranstaltung könnte aber ebenso auf der Frage liegen „Wie geht Veränderung?", beispielsweise wenn nach praktikablen Ansätzen für die Förderung nachhaltigen Konsumentenverhaltens gesucht wird. In beiden Fällen gehören Diskussionen über Werte und Bedürfnisse sowie ethische Implikationen der intendierten Kundensteuerung dazu und es muss eine Reflexion über die potentielle Beobachtungsbeziehung zwischen Verkäufern, Kunden und Konsumgütern stattfinden. Diese Art von Seminaren finden sich vor allem auf der Ebene „Ich als Teil der Gesellschaft" (mittlerer Kreis), wobei das Thema durchaus auch auf der individuellen Ebene im Sinne einer Beobachtung des eigenen Konsumentenverhaltens bewusst gemacht werden kann.

Dies soll zur Orientierung hinsichtlich der Zuordnungsmöglichkeiten einer konkreten Lehrveranstaltung in dieser Modulmatrix reichen. Jedoch möchte ich auf die konzeptionelle Idee hinter den Fokusfragen und deren Beziehung untereinander an dieser Stelle noch etwas ausführlicher eingehen.

Im Fragebereich *„Wie erfassen wir Welt?"* sollen Auseinandersetzungen über unsere Möglichkeiten und Grenzen der Wahrnehmung von Informationen und unseren alltäglichen sowie wissenschaftlichen Methoden zur Erfassung und Auswertung solcher Daten angesiedelt sein. An die Reflexion darüber, was wir als Welt erfassen, knüpfen die Fragen an, was wir mit den auf diese Weise gewonnenen Vorstellung von der Welt, den anderen und uns selbst machen bzw. was diese mit uns machen. Unser Wissen über uns und über die Welt wirkt sich auf unser Verhalten aus, weshalb wir u.a. auch danach fragen sollten, woher dieses Wissen stammt, unter welchen Bedingungen es hervorgebracht wurde und wie es sich in unsere persönlichen und kulturellen Praktiken einschreibt – es soll die Voraussetzung für ein Bewusstsein auf Metaebene geschaffen werden.

Damit ist bereits die Schnittstelle zur nächsten Fokusfrage berührt: *„Wie wirkt unser Wissen?"* und wie veranlasst es uns zu Verhaltensweisen, die wir auch vor unterschiedlichen Erfahrungshintergründen – also nicht nur als Individuum oder Mitglied einer spezifischen Bezugsgruppe, sondern auch aus der Perspektive als „ganzer Mensch" – als angemessen bzw. viabel beschreiben würden. Kommen wir zu dem Schluss, dass es erforderlich ist, Verhaltensweisen zu verändern, stellt sich die Frage *„Wie geht Veränderung?"* Da das menschliche Verhalten bei Weitem nicht nur durch bewusste Faktoren gesteuert ist, erfordert dies eine Reflexion über bewusste und unbewusste Bereiche des menschlichen Verhaltens. Die Integration von unbewussten Verhaltensmotiven und Bedürfnissen ins Bewusstsein birgt auf individueller wie auf gesellschaftlicher Ebene großes Veränderungspotential. Die Auseinandersetzung mit der Frage nach handlungsleitenden Bedürfnissen kann insbesondere dann zu einer veränderten Einschätzung hinsichtlich der Angemessenheit bzw. Viabilität von Verhaltensweisen führen, wenn der Beobachter sich selbst in unterschiedlichen Rollen und Selbstkonzepten mit unterschiedlicher „Reichweite" imaginiert. Die Bedürfnisse des Beobachters als Individuum können in Konflikt zu seinen Bedürfnissen als soziales Wesen und als Gattungswesen stehen. Diese Erkenntnis kann zu einer Neubewertung von bisherigem Verhalten (als un/angemessen) führen und damit zu einem Umdenken und zu veränderten Handlungsweisen. Auf die gleiche Weise können auch Konfliktlinien analysiert werden, die zwischen verschiedenen Beobachtern (bzw. Beobachterkollektiven) mit unterschiedlichen Bedürfnislagen bestehen. Die verantwortungsvolle Gestaltung von Beziehungen spielt in diesem Fragebereich die zentrale Rolle.

Große Veränderungen finden oft erst durch die Konfrontation mit Herausforderungen statt, die durch die bisherigen Verhaltensstrategien nicht mehr zu bewältigen sind. Spätestens durch existentielle Bedrohungen sieht sich der Mensch zu einer Haltungs- oder Standortveränderung und zur Entwicklung neuer Verhaltensweisen veranlasst, um seine Lebensfähigkeit (d.h. die Homöostase) zu erhalten. Dadurch entwickelt sich der Mensch als Spezies zu dem weiter, was er einmal sein wird. Unter der Fragestellung *„Wer wird der Mensch?"* können unterschiedlichste Perspektiven auf die Entwicklung des Menschen (sowohl als historischer Rückblick wie auch in Form fiktiver Zukunftsszenarien) versammelt werden. Dieser Fragebereich ist anschlussfähig für notwendige Diskussionen über unser Verhältnis zu unserem Planeten und unser Verhalten gegenüber allem und allen (inklusive uns selbst!), die diesen Planeten bewohnen.

Resümee

Am Anfang einer Grounded-Theory-Analyse steht eine offene und weite Fragestellung, durch die zunächst das Phänomen bestimmt wird, das untersucht werden soll (Strauss und Corbin 1996, 22–23). „[W]as in diesem Bereich relevant ist, wird sich erst im Forschungsprozess herausstellen" (1996, 8). Durch diese Offenheit sollen neue Erkenntnisse und Entdeckungen ermöglicht werden.[1]

Gerade vor dem Hintergrund meiner Doppelrolle als Forscherin und Akteurin im untersuchten Feld bot sich eine solche Herangehensweise an, die stärker darauf abzielt, bestehende Konzepte zu reflektieren als vorgefasste Hypothesen zu beweisen. Der Untersuchungsbereich – das Komplementärstudium am Leuphana College – stand von Beginn an fest, die konkrete Fragestellung ergab sich jedoch erst durch die Beschäftigung mit den Daten, wobei ihre präzise Formulierung nur durch die theoretische Auseinandersetzung mit dem Konzept *Erkenntnis* möglich wurde.

Vor dem Hintergrund der Definition von Erkenntnis als *effektive Handlung* (Maturana und Varela 1987) ergab die – insbesondere von Strauss und Corbin (1996) sowie Charmaz (2006) betonte – Handlungsorientierung in der Grounded Theory einen tieferen Sinn. Erkenntnis geriet auf doppelte Weise als Handlung in den Blick: Zum einen als effektive Handlung im Existenzbereich, zum anderen als eine Aktivität der Bewertung von *beobachtetem* Verhalten in Form einer semantischen Beschreibung dieses Verhaltens *als effektiv*. Zur Differenzierung dieser beiden als *systemisch* und *semantisch* bezeichneten Fragebereiche wurde zusätzlich der von Ernst von Glasersfeld geprägte Begriff der *Viabilität* eingeführt. Mit diesem werden Aktivitäten eines Lebewesens bezeichnet, die zum homöostatischen Ausgleich der lebenden Einheit *effektiv* beitragen, sprich lebensdienlich bzw. *viabel* sind. In Abgrenzung dazu wird der Begriff der *Erkenntnis* im hiesigen Kontext auf die Bewertungsaktivität eines Beobachters angewandt, der beobachtetes Verhalten

---

[1] Insofern ist die Suchbewegung der Grounded Theory mit der Haltung des Q4-Beobachtungstyps vergleichbar.

als *effektiv* bzw. *angemessen* beschreibt. In genau diesem Sinne ist die Leitfrage der qualitativen Analyse zum Komplementärstudium zu verstehen: *Welche Praktiken bewertet ein Beobachter im Studienkontext als effektiv/angemessen und was empfindet er als ineffizient/unangemessen?*

Mithilfe dieser Fragestellung ließen sich im Rahmen der Analyse vier Diskurspositionen mit unterschiedlichen Vorstellungen bezüglich Erkenntnis voneinander abgrenzen. Das bedeutet, dass hinsichtlich der Frage nach effektivem Verhalten im Studium vier typische Antwortcluster gebildet werden konnten. Diese als Q1 bis Q4 bezeichneten Diskurspositionen wurden im Prozess des Kodierens auf folgende vier Begriffe, so genannte Schlüsselkategorien, kondensiert: Sicherheit (Q1), Bindung (Q2), Autonomie (Q3) und Transformation (Q4). Diese Clusterung auf der Basis von semantischen Verhaltensbewertungen führte zu weiteren Entdeckungen im Forschungsprozess, die zunächst jeweils benannt und dann an die Ergebnisse der Analyse des Diskurses um das Komplementärstudium rückgebunden wurden.

Die erste Entdeckung im Forschungsprozess steht in direktem Zusammenhang mit dem Begriff der Erkenntnis und dessen Verhältnis zum Untersuchungsbereich: Der Konflikt um das Komplementärstudium ist eine Auseinandersetzung darüber, welche Verhaltensweisen im Studienkontext als angemessen/effektiv angesehen werden in Hinsicht auf das übergeordnete Bildungsziel der Erkenntnisbefähigung. Mit Lyotard (1989) gesprochen werden im Diskurs um das Komplementärstudium vier verschiedene Zwecke verfolgt. Der Gesamtdiskurs kann als ein zu einem Rechtsstreit verpuppter Widerstreit beschrieben werden. Während dem Ziel der *Erkenntnisbefähigung* die Funktion einer universellen Urteilsregel zugewiesen wird, erwiesen sich die Zwecke der sich im Widerstreit befindlichen Diskursarten als menschliche Grundbedürfnisse.

Durch die biologische Definition von Erkenntnis als Verhalten, das auf den Erhalt der Lebensfunktionen ausgerichtet ist, erschloss sich zudem der Zusammenhang zwischen den Bedürfnissen, die ein Individuum als Person verfolgt und Bedürfnissen, die es als Teil einer Gruppe oder als Gattungswesen Mensch hat. Bedingt durch das Spannungsverhältnis, in dem unterschiedliche

Bedürfnisse zueinanderstehen, ergeben sich Konflikte, wenn *Polarität* als *Dualität* und damit als ein Verhältnis unvereinbarer Gegensätze gedeutet wird. Im Spannungsfeld zwischen individuellen und kollektiv geteilten Bedürfnissen wird das Bildungsziel der Erkenntnisbefähigung als eine Thematik sichtbar, die sich nicht auf die Bildung der Person beschränken lässt. Aus systemtheoretischer Perspektive ist das Individuum auch als ein Teil der ihm übergeordneten kollektiven Systeme zu betrachten, was die Formulierungen von der „Bildung des *ganzen* Menschen" in einem veränderten Licht erscheinen lässt. Das Ideal *ganzheitlicher Bildung* wird hier sowohl auf dieser systemischen als auch auf einer weiteren Bedeutungsebene verstanden.

Die zweite Entdeckung im Forschungsprozess steht mit dieser weiteren Bedeutungsebene von ganzheitlicher Bildung im Zusammenhang. Sie betrifft einen Aspekt von Ganzheitlichkeit, der für die bewusst-unbewusste Ganzheit der menschlichen Psyche steht, die im Sinne C. G. Jungs das Bewusstsein und das Unbewusste (und zwar jeweils in individueller und kollektiver Ausprägung) beinhaltet. Im Kontext der Frage nach effektivem Verhalten (sprich Erkenntnis) ist dieser Aspekt insofern relevant, als dass er die Wahrnehmung und Informationsverarbeitung des Beobachters betrifft und das Konzept der Kognition (u.a. durch die Integration emotionaler Prozesse) aus den engen Grenzen bewusster mentaler Beobachtungsprozesse befreit.

Dieser zweite Aspekt von Ganzheitlichkeit entfaltet seine Bedeutung als eine Frage der Wahrnehmungsausrichtung: Was Hans-Peter Dürr als *Außensicht* und *Innensicht* bezeichnet, unterscheidet Jung als *extravertierte* und *introvertierte* Einstellung des Beobachters. Die Art und Weise, wie sich diese unterschiedlichen Beobachtungstypen gegenüber ihren Objekt-Imagines positionieren, wirkt sich auf die von ihnen hervorgebrachten Welt- und Selbstverhältnisse aus. Je nachdem, ob ein Beobachter seine Aufmerksamkeit eher nach außen oder nach innen richtet, wird er vorrangig eine Beziehung zu sich als *äußerer* oder als *innerer Persönlichkeit* pflegen. Was er infolge seiner habituellen Einstellung unter „Selbst" versteht, d.h. welches Selbstkonzept er entwickelt, hat wesentlichen Einfluss darauf, welche Dimensionen von Bildung als Selbstbildung sich ihm erschließen.

Der Transfer dieser theoretischen Überlegungen auf die Ergebnisse der Datenanalyse ergab, dass sich jeweils zwei der vier Diskurspositionen als extravertierte und zwei als introvertierte Beobachtungstypen charakterisieren lassen. Der datenbasiert nachgewiesene Wahrnehmungsfokus der unterschiedlichen Beobachtungstypen lässt – in Kombination mit Aussagen, die das Studium (als exemplarisches Weltverhältnis) und das Selbstverhältnis betreffen – Rückschlüsse auf das Bildungsverständnis eines Beobachtungstypen zu. Damit erfährt auch die Frage nach der Wahrnehmungsausrichtung – so wie zuvor die im Zusammenhang mit der Handlungsorientierung ausgeführte Frage nach der Bedürfnislage des Beobachters – eine Anknüpfung an die Diskussion um *Bildung*.

Auf diese Weise werden in den Daten vier voneinander unterscheidbare Erkenntniskonzepte sichtbar, die zunächst mit einem als Studienmotiv bezeichneten Begriff etikettiert werden: Passfähigkeit (Q1), Anschlussfähigkeit (Q2), Horizonterweiterung (Q3) und Potentialentfaltung (Q4). Im Anschluss an diese Studienmotive und den in ihnen zum Ausdruck kommenden Selbstverhältnissen[2] wurde ein übergeordnetes Bildungsverständnis der Beobachtungstypen herausgearbeitet. Im Fall der extravertierten Beobachtungstypen Q1 und Q2 konnte das auf die Formation der äußeren Persönlichkeit gerichtete Verhalten als Persönlichkeitsbildung übersetzt werden. Das Bildungsverständnis der introvertierten Beobachtungstypen zielt als *Selbst*bildung auf die innere Persönlichkeit ab. Diese wird im Fall von Q3 vor allem als subjektiver Wille

---

[2] Im Anschluss an Jung kann zwischen einer Beziehung zum Selbst als äußerem Objekt (Persona) und als innerem Objekt (Anima) unterschieden werden. Wird das Selbst auf die äußere Persönlichkeit reduziert, steht Selbstbildung allein für die Formation der Person als einem äußeren Objekt. Werden hingegen auch Aspekte der inneren Persönlichkeit ins Bewusstsein integriert, kann das Selbst über die Idee der Subjektivität hinaus auch als Kollektivinstanz imaginiert und in diesem Sinne transformiert werden. Das Selbstverständnis des Beobachters wirkt sich auf sein Verhalten und damit auf die durch ihn permanent hervorgebrachten Welt- und Selbstverhältnisse aus. Ein verändertes Selbstkonzept eröffnet dem Beobachter entsprechend neue Optionen zur Gestaltung bzw. zur Transformation seiner Welt- und Selbstverhältnisse.

wahrgenommen. Das Bildungsverständnis des Q3-Beobachtungstyps entspricht dem von Maslow als *Selbst*verwirklichung (vgl. Koltko-Rivera 2006) bezeichnetem Entwicklungsbedürfnis und wird von Meyer-Drawe (2007) als „Selbstbildung der Moderne" bezeichnet. Die vom Q4-Beobachtungstyp angestrebte Entwicklung der inneren Persönlichkeit zielt auf die Überschreitung der ihm bereits bekannten Aspekte seiner selbst/ seines Selbst und kann mit dem Konzept der „Entbildung" bei Meister Eckhart bzw. der Idee der *Selbst*transzendenz bei Maslow in Verbindung gebracht werden.

Die dritte Entdeckung bezieht sich auf das Wechselverhältnis zwischen der systemischen und der semantischen Ebene: Das auffällige bipolare Argumentationsmuster in den semantischen Beschreibungen des Komplementärstudiums korrespondiert auf der systemischen Ebene mit den bipolaren Wertspektren, welche die Bedürfnisse als veränderbare Zustände zwischen den Polen *Sättigung* und *Mangel* repräsentieren. Auf beiden Ebenen kann in dem nach Gebser definierten Sinne „sich ergänzender Polarität" (Gebser 1978, 299) von einem *komplementären Verhältnis gesprochen werden*.

Die vorliegende Theorie über *komplementäre Bildung* wurde – und dies entbehrt nicht einer gewissen Ironie – im Kontext des als *Komplementärstudium* bezeichneten fächerübergreifenden Studienprogramms am Leuphana-College erarbeitet. In seiner bisherigen Form entspricht dieses Studienprogramm jedoch *nicht* dem, was hier unter komplementärer Bildung verstanden wird. Im untersuchten Diskurs wird der Begriff „komplementär" fast ausschließlich in einem alltagssprachlichen Sinne von „ergänzend" und kontextbezogen als „fachfremd" (im Sinne von nicht zur eigenen Disziplin gehörig) verwendet. Dies bestätigt, dass die Auseinandersetzung um das Komplementärstudium (auch häufig als „Komplimentärstudium" bezeichnet) nicht an den wissenschaftlichen Diskurs um Komplementarität angebunden ist. Die überwiegende Deutung dieses *fächer*übergreifenden Studienbestandteils als Möglichkeit zur Ergänzung des *Fach*studiums um inhaltliches und methodisches Wissen aus anderen *Fächern* (verstanden als

Disziplinen) verstellt den Blick auf Komplementarität in dem von Niels Bohr im Kontext der Quantenphysik formulierten Sinne.[3] Komplementäre Bildung im hier gemeinten Sinne nimmt Bezug auf das Quantenpostulat der beeinflussenden Beobachtung, wonach eine objektive (vom Subjekt unabhängige) Beobachtung nicht möglich ist und folglich auch keine deterministischen Aussagen über den Zustand eines beobachteten Phänomens gemacht werden können. Daraus leitet sich die zentrale Forderung nach der Reflexion der Beobachtungsbeziehungen[4] ab, welche das wissenschaftliche Selbst zu seinen Objekt-Imagines[5] eingeht. Ein Beobachter der seine Beobachtungshaltung innerhalb einer Beobachtungsbeziehung reflektiert, macht nicht sich, sondern die Beziehung zwischen sich und seinen Gegenstandsbildern zum Inhalt seiner reflektierenden Tätigkeit. Sein Fokus liegt also weder auf einem äußeren noch auf einem inneren Objekt, sondern darauf, was *dazwischen* passiert. Im untersuchten Diskurs konnte das Muster sich ergänzender Polaritäten („Poly-Polarität") sowohl als Bewertungsraster der einzelnen Diskursfelder wie auch als diskursfeldübergreifende Dynamik nachgewiesen werden.[6]

Aus der Analyse dieser Dynamik ergab sich die datenbasierte Charakterisierung der Beobachtungstypen Q1 und Q2 als extravertiert, und Q3 und Q4 als introvertiert: Sicherheit und Bindung als Diskurszwecke der extravertierten Diskursarten Q1 und Q2 bilden

---

[3] Diese Beobachtung lässt mich an die in der Einleitung geäußerte Bemerkung anknüpfen, wonach mangelhaft reflektierte Begriffe oft nicht zur Klärung beitragen, sondern im Gegenteil zu einer babylonischen Sprachverwirrung führen können.

[4] Das Prinzip der Komplementarität bezeichnet das Verhältnis, in dem Beobachtungen stehen, die sich gegenseitig ausschließen und gleichzeitig wechselseitig ergänzen, so dass ein umfassenderes Verständnis des beschriebenen Phänomens als Ganzem möglich wird. Die Heterogenität der Beobachtungen wird auf die einzigartige Beziehung zurückgeführt, die ein Beobachter zu *seiner* Objekt-Imago im Moment der Messung etabliert. Vgl. Kapitel 1.4, Abschnitt *Sowohl-als-auch: Komplementarität als Ausweg aus dem identitären Denken*.

[5] Vgl. Kapitel 1.4, Abschnitt Kognition und Emotion: Informationsverarbeitung im gleichen Modus.

[6] Dieses Muster ergibt sich aus der Bedürfnisorientierung der Beobachter, wodurch sich Verhaltensbewertungen in einem bipolaren Wertspektrum bewegen, und steht darüber hinaus in Zusammenhang mit der Wahrnehmungsausrichtung des Beobachters.

die Gegenpole zu den Diskurszwecken Autonomie und Transformation der introvertierten Diskursarten Q3 und Q4. Diese vier menschlichen Grundbedürfnisse stehen in einem *komplementären* Verhältnis zueinander und regulieren sich – orientiert am homöostatischen Ausgleich des Gesamtsystems – gegenseitig. Dem Bedürfnis nach Bindung steht das Bedürfnis nach Autonomie gegenüber. Ebenso lassen sich das Bedürfnis nach Sicherheit und das Bedürfnis nach Transformation als kompensatorische Impulse in Hinblick auf die Persistenz bzw. Veränderungsbereitschaft eines Systems beschreiben. Während das Komplementärstudium aus der extravertierten Perspektive von Q1 und Q2 überwiegend als *ineffektiv* bewertet wird, da es nicht zur Sättigung des Sicherheits- und Bindungsbedürfnisses beiträgt, wird es von Q3 und Q4 tendenziell als positiver Aspekt des Studiums bewertet.

All diese Überlegungen münden in eine Theorie *komplementärer Bildung*, in welcher der Beobachter im Zentrum steht und durch die gezielte Reflexion seiner Beobachtungshaltung zur Transformation seiner Welt- und Selbstverhältnisse befähigt wird. Der Beobachter steuert der Habitualisierung einer einseitigen Beobachtungseinstellung entgegen, indem er auf verschiedenen Ebenen der Selbstimagination (als Individuum, Teil einer Gruppe oder Gattungswesen) – den Perspektivenwechsel zwischen *Innensicht* und *Außensicht* einübt. Durch die Einnahme unterschiedlicher Beobachtungshaltungen erweitert der Beobachter das Spektrum seiner Beurteilungsmöglichkeiten von Verhaltensweisen, da er auf mehreren systemischen Ebenen aus unterschiedlichen Perspektiven zu reflektieren lernt, ob ihm beobachtetes Verhalten als angemessen, effektiv bzw. viabel erscheint. Als kompensatorischer Impuls ist komplementäre Bildung im Kontext wissenschaftlicher Bildung von besonderem Interesse, sofern die Bildung des wissenschaftlichen Selbst vorrangig durch die Einübung von Praktiken und Selbst-Techniken erfolgt, die einseitig auf eine extravertierte, auf objektive Welterkenntnis ausgerichtete Beobachtungspraxis zielen. Zur Verdeutlichung, wie dieses theoretische Modell in die Praxis übertragen werden könnte, wurde eine Konzeption für das Komplementärstudium am Leuphana-College entworfen.

Zu einem Gesamtbild fügen sich die im Forschungsprozess gemachten Entdeckungen über die *Bedürfnisorientierung*, die *Studienmotivation* und die *Beobachtungseinstellung* der Diskurspositionen zusammen, wenn man danach fragt, welchen Beitrag diese Aspekte zum Verständnis von *Bildung* leisten. Dem Bildungsbegriff wurde die Funktion einer übergeordneten Kategorie für *Erkenntnis* und *Viabilität* zugewiesen.[7] Die als Bedürfnisse charakterisierten Zwecke der vier Diskursarten werden als unterschiedliche Erkenntniskonzepte interpretiert. Die Studienmotive zeigen an, welche Verhaltensstrategie der Beobachtungstyp in Bezug auf die Entwicklung dessen verfolgt, was er unter seinem *Selbst* versteht. Anhand ihrer Wahrnehmungsausrichtung wird den vier Beobachtungstypen eine extravertierte oder eine introvertierte Beobachtungshaltung zugesprochen. Durch die genannten Aspekte entsteht pro Diskursposition das Bild eines Beobachtungstypen[8], welches als Bezugspunkt für das Konzept der Bildung *als Selbstbildung* dient.

Die einleitende Definition von Bildung als Selbstbildung (Hastedt 2012, 7) diente der Einbettung dieser Untersuchung in den Fragekontext nach dem Selbst und dem Mensch. Die Auslegung von Selbstbildung als „Entwicklung der Person" (2012, 11) sowie Hastedts darauf aufbauende Unterscheidung zwischen Bildung als Selbstbildung, Bildung in speziellen Institutionen und Bildung der „Menschheit als nicht greifbare[r] Kollektivinstanz" (2012, 10) wird aus einer systemtheoretischen Perspektive infrage gestellt, da auch überpersönliche (bzw. transpersonale) Systeme als eine Einheit imaginiert werden können. Vielmehr ist nach dem *Selbst*konzept zu fragen, das ein Beobachter in seine Vorstellung von *Selbst*bildung einfließen lässt.[9]

---

[7] Diese beiden Begriffe stehen für die Bewertung von Verhalten im Sinne lebensdienlicher Haltungs- oder Standortveränderungen. Während Viabilitätsbewertungen dem Prinzip des Werterhalts auf systemischer Ebene (Aufrechterhaltung der Homöostase) zuzuordnen sind, steht Erkenntnis für eine auf der semantischen Ebene vorgenommene Verhaltensbewertung.

[8] Der Beobachtungstyp steht (wie in Kapitel 3 mehrfach ausgeführt) für eine typische Beobachtungshaltung, die ein Individuum einnehmen kann. Der Beobachtungstyp ist *nicht* als charakteristischer Menschentyp zu interpretieren.

[9] Ein soziales System besteht aus einer Vielzahl an Individuen, die als Mitglieder eines Gemeinwesens zu denken sind, das als Metasystem das personale Selbst

Mit der Analyse von Gegenstandbildern des Komplementärstudiums wurde der Versuch unternommen, das Beziehungsgeflecht zwischen den drei von Hastedt separierten Dimensionen von Bildung zu rekonstruieren. Meiner Überzeugung nach kann eine Auseinandersetzung mit fächerübergreifenden Bildungsangeboten weder die Frage nach institutionalisierten Praktiken aussparen, noch die kollektive Dimension der Wirkung solcher Praktiken auf all diejenigen, die sie einüben, um sich *selbst* zu bilden. Der institutionelle Kontext wird als das *äußere Milieu* der darin situierten Individuen betrachtet. Auch wenn nicht vorhersehbar ist, ob und wie die von Bildungsinstitutionen gesetzten Impulse von einem sich bildenden Individuum aufgenommen und verarbeitet werden, sind sie als Perturbationen zu betrachten, durch die das Individuum aufgefordert ist, sich auf die eine oder andere Weise zu verhalten.[10]

Institutionalisierte Praktiken sind im Sinne Hubers als „intentionale Intervention[en]" (1991, 194) zu verstehen. Die Anforderungen, die das soziale Milieu an die Individuen stellt, haben Einfluss darauf, welche Verhaltensweisen gesellschaftlich anerkannt sind und im Sinne der „soziokulturellen Homöostase" (Damasio 2013, 307) als effektiv bzw. angemessen gelten. Durch Studiencurricula, Modulbeschreibungen, Lernziele und Noten erfolgt eine institutionalisierte Einflussnahme auf das Verhalten der Studierenden. Auch

---

übersteigt. Vor diesem Hintergrund ist auch Selbstbildung als ein doppeltes Verhältnis zu denken: Individuen, die persönliche Welt- und Selbstverhältnisse hervorbringen, bilden das Gemeinwesen. Genauso wie sich die Bildung der Individuen auf das Gemeinwesen auswirkt, nimmt auch das Gemeinwesen als soziales Milieu auf die Bildung seiner Mitglieder Einfluss. Die im Milieu vorgefundenen Bedingungen sowie auftretende Perturbationen veranlassen das Individuum zu lebensdienlichen Haltungs- und Standortveränderungen, sprich viablen Verhaltensweisen. Darüber hinaus sind die Individuen aber selbst ein Teil dieses sozialen Umfeldes und veranlassen andere zu reaktiven Verhaltensweisen. Es besteht also ein Verhältnis der Interdependenz.

10 Die soziokulturelle Homöostase lebt langfristig von der Verträglichkeit individueller Verhaltensweisen mit dem Gemeinwohl, weshalb das Kollektiv dem Individuum durch Verhaltensnormen Grenzen setzt. Da der Mensch als soziales Wesen tendenziell auf die Einbindung in eine Gemeinschaft angewiesen ist, respektieren Individuen gesellschaftliche Normen, wenn auch in unterschiedlichem Ausmaß, abhängig u.a. von der aktuellen Lebenssituation und davon, wie ausgeprägt ihr Bedürfnis nach sozialer Bindung ist.

wenn das Individuum letztlich selbst entscheidet, welche Ereignisse ihm zum Bildungsanlass werden, muss es sich dennoch immer entscheiden, wie es sich gegenüber den Anforderungen und Herausforderungen seines Milieus verhält.[11]

Auch mit dem hier vorgestellten Konzept komplementärer Bildung wird eine intentionale Intervention angestrebt. Es beruht auf der theoretisch begründeten Vorstellung, dass sowohl handlungsleitende Bedürfnisse als auch die von Jung als extravertiert und introvertiert unterschiedenen Einstellungen in einem komplementären Verhältnis zueinanderstehen. Die *Haltung* des Beobachters wird als Ausrichtung der Aufmerksamkeit auf sein äußeres oder inneres Milieu verstanden, wodurch deutlich wird, warum ihr von Huber die Bedeutung einer „Disposition der Erkenntnissuche" (Huber 1991, 194) zugesprochen wird. Bedürfnisse sowie die (in ektoderm und endoderm unterscheidbaren) Wahrnehmungsfunktionen stellen charakteristische Merkmale der Organisation der menschlichen Spezies dar. Es handelt sich mithin um kollektiv geteilte Aspekte des Menschseins, die der Aufrechterhaltung der Lebensfunktionen im Sinne der Homöostase dienen. Vor dem Hintergrund des mit Maturana und Varela (1987) biologisch begründeten Erkenntnisbegriffs wird zudem verständlich, dass alle Praktiken, die auf Erkenntnisgewinn abzielen, nicht anders als wertorientiert sein können, da sie auf den Erhalt von Werten im homöostatischen Bereich und damit den Wert des Lebens selbst gerichtet sind.[12] Von daher ist es nicht verwunderlich, wenn alle auf Erkenntnisbefähigung abzielenden Verhaltensweisen (folglich auch entsprechende Praktiken im Bildungskontext) normativ – d.h. an Werten orientiert – sind.

---

[11] Denn die Bewertung von Verhalten erfolgt immer im Hinblick darauf, ob es *in einem spezifischen Milieu* als angemessen bzw. viabel gilt (Maturana und Varela 1987, 151, 190–91). In einem Umfeld, in dem das Verhalten Studierender bewertet wird, bleibt es nicht aus, dass die Individuen ihr Verhalten an diesbezüglichen kollektiven Bewertungsmaßstäben orientieren.

[12] Auch wenn nicht vorhersehbar ist, auf welche Perturbationen der Umwelt künftige Generationen reagieren müssen, ist zumindest davon auszugehen, dass der Mensch auch künftig alle seine Grundbedürfnisse befriedigen muss, um zu überleben.

Komplementäre Bildung als intentionale Intervention zielt auf die Erweiterung des Spektrums an Erfahrungsweisen von Wirklichkeit ab, indem einer *einseitigen* Wirklichkeitsauffassung entgegensteuert wird. Eine ganzheitliche Beobachtungspraxis – so der argumentative Ankerpunkt – lebt von der Fähigkeit, Haltungen einzunehmen, statt sich in einer chronischen Beobachtungs*einstellung* festzufahren. Im Rahmen komplementärer Bildung wird der Beobachter zur Reflexion habitualisierter Wahrnehmungs- und Handlungsweisen und zum Perspektivenwechsel aufgefordert. Die bewusste Einübung des Perspektivenwechsels zwischen *Außensicht* und *Innensicht* (Dürr 2016) erfolgt idealerweise vor dem Hintergrund der theoretischen Auseinandersetzung mit dem Beobachter. Beobachtung wird als konstitutiver Prozess der Hervorbringung von Welt- und Selbstverhältnissen verstanden, weshalb sich der Beobachter nicht auf die Rolle eines „bescheidenen Zeugen" zurückziehen kann, sondern Verantwortung übernehmen muss für seine Beziehungen zur Welt, zu anderen und zu sich selbst/seinem Selbst. Die Frage nach dem Beobachter eröffnet neue Dimensionen der Selbstreflexion, indem sie unser Selbstverständnis auf zweierlei Weise herausfordert: Zum einen wird der Beobachter in seiner Doppelexistenz als Lebewesen und Subjekt thematisiert, wodurch unbewusste Verhaltensbereiche auf der systemischen Ebene der lebenden Einheit in den Blick geraten und deren Wirkung auf die artikulierten Einstellungen des Beobachters. Zum anderen kommt das auf die *Person* abzielende *Selbst*verständnis ins Wanken, wenn der – im Sinne Jungs – *äußeren Persönlichkeit* eine *innere Persönlichkeit* zur Seite gestellt wird, die auch kollektive Aspekte beinhaltet. Die innere Persönlichkeit, in ihrer Beziehungsfunktion zum kollektiven Unbewussten, reicht über das als Subjektivität vorgestellte Selbst (Daston und Galison 2007, 46) weit hinaus.[13] Selbstreflexion erscheint vor diesem Hintergrund als eine Bildungsaufgabe, die nicht

---

[13] Die Theorie Jungs über die Kollektivpsyche als übergeordnetes Selbst (1972, 45–46; vgl. Kapitel 4.2 Abschnitt *Extraversion und Introversion: eine Frage der Wahrnehmungsausrichtung*) lässt sich mit einer systemtheoretischen Betrachtungsweise in Einklang bringen, wonach eine lebende Einheit nicht nur auf der Ebene des Individuums gedacht werden kann, sondern ebenso als ein System auf kollektiver Ebene (Maturana und Varela 1987, 195–218, insb. 216–17).

an den Grenzen des autobiographischen Selbst endet, sondern eine transpersonale Reflexion des Menschseins beinhaltet.

Was lässt sich aus all dem für das Komplementärstudium am Leuphana College ableiten? Einer konzeptionellen Neugestaltung dieses fächerübergreifenden Studienelements muss eine universitätsweite Aushandlung dessen vorangehen, was in diesem konkreten Kontext unter *fächerübergreifend* und *Erkenntnis* verstanden werden soll. Das bedeutet in erster Linie, dass in Betracht gezogen wird, dass sich die Erkenntnisziele eines Komplementärstudiums wesentlich von denen unterscheiden, die im Fachstudium angestrebt werden. Die Anerkennung der Pluralität von Erkenntnis ist m.E. die Voraussetzung dafür, dass sich unterschiedliche Interpretationsweisen von effektivem Verhalten im Studium gegenseitig ergänzen können. Doch solange der Widerstreit darüber, was als effektives Verhalten im Studienkontext anzusehen ist, nicht offen ausgetragen wird, kann in der Frage der Gestaltung dieses Studienbestandteils keine konstruktive Lösung herbeigeführt werden. Eine Ausdifferenzierung des Erkenntnisbegriffs bietet die Grundlage dafür, dass die verschiedenen Erkenntniskonzepte und die daran gekoppelten Studienpraktiken nicht länger durch Versuche der Priorisierung des jeweils eigenen Diskurszweckes gegeneinander ausgespielt werden.

Die strukturelle Anlage des Studienmodells *Leuphana-Bachelor* bietet hierfür eine ideale Ausgangslage, da das Studienmodell bereits so angelegt ist, dass den unterschiedlichen Bereichen die Priorisierung bestimmter Zwecke zugewiesen werden kann. In Major und Minor werden vorrangig Praktiken eingeübt, von denen ausgegangen wird, dass Studierende sie beherrschen sollten, um die objektiven Anforderungen an ihr künftiges Studien- und Berufsleben zu erfüllen.[14] Die fächerübergreifenden Studienbestanteile Leuphana-Semester und Komplementärstudium sind als ein Raum für andere Impulse gedacht. Allerdings wird dieser Raum von den

---

[14] Es geht mir *nicht* darum das Fachstudium auf die Vermittlung von Fach- und Methodenwissen zu reduzieren, sondern darum, dem legitimen Bedürfnis nach Erwerb von Fachwissen seinen Platz zu geben. Auch in Major und Minor kann darüber hinaus sehr viel mehr passieren.

Fachbereichen immer wieder zurückgefordert, einerseits mit Verweis auf die dadurch erzwungene „Beschränkung und Kondensierung im Hauptfach" (C. Strunz 2021, Interview 08), andererseits weil „das so, so [...] ein bisschen schleierhaft ist einfach für, für viele, was sie sich konkret darunter vorstellen können" (2021, Interview 01). Dem hier geäußerten Unverständnis liegt eine Wirklichkeitsauffassung zugrunde, der zufolge Phänomene wie das Komplementärstudium außerhalb ihres relationalen Kontextes erfasst und erklärt werden können. Dieser objektivierende Anspruch und die damit verbundene Klage über die „Unschärfe" des Komplementärstudiums weist genau in das Zentrum der Frage nach der Beobachterrealität. Deshalb empfiehlt sich die Auseinandersetzung darüber, was fächerübergreifende Bildung leisten kann, direkt in den Seminaren des Komplementärstudiums zu führen. Diese Art der Diskussion kann zum Anlass genommen werden, die Frage nach dem Beobachter zu stellen, und seine konstitutive Rolle hinsichtlich der Hervorbringung seiner Welt- und Selbstverhältnisse zu thematisieren.

Die Weitergabe von Wissensbeständen an nachfolgende Generationen ist allgemein als eine sinnvolle (bzw. vor dem Fragehintergrund nach Erkenntnis *effektive*) Praxis anerkannt. Zu unseren kollektiven Überzeugungen gehört aber ebenso die Vorstellung, dass zur Bewältigung künftiger und damit unvorhersehbarer Problemlagen mehr gehört als die Kenntnis der *bisherigen* Lösungswege. Daraus geht der legitime Wunsch hervor, junge Menschen durch ein Studium zukunftsfähig zu machen, was konkret bedeutet, dass sie dazu befähigt werden sollen, eigene Lösungsansätze für unbekannte Probleme zu entwickeln. Als komplementäres Studienelement wäre ein fächerübergreifendes Studienprogramm auf die Einübung von Praktiken auszurichten, die auf die Befähigung zur Produktion zukunftsfähigen Wissens zielen. Dabei ginge es nicht um die Vermittlung von Kenntnissen im Sinne von bereits Bekanntem, sondern um die Bildung einer Fragehaltung, die einleitend als das Vermögen beschrieben wurde, „selbst zu forschen, zu erfinden und darzustellen" (Schleiermacher 1808 zitiert in Huber 1991, 194). Diese Haltung setzt gerade nicht auf die Übernahme von kollektivem Erfahrungswissen, sondern auf die Fähigkeit, sich von etablierten Denk- und Verhaltensmustern zu befreien, um neue Wege einzuschlagen. Deshalb ist es erforderlich, diesen Raum gegenüber den Ansprüchen derer zu verteidigen, die ihn für die Sättigung ihres Bedürfnisses nach fachlicher Ausbildung wieder in Anspruch nehmen wollen.[15] Vor diesem Hintergrund ist die feste Verankerung der fächerübergreifenden Studienelemente im Curriculum des Leuphana Bachelor zu begrüßen. Diese Maßnahme entspricht dem von Huber (1991, 199) formulierten Paradox, wonach es erforderlich sein kann, fakultative Studien obligatorisch zu machen, um die Beschäftigung mit scheinbar nicht zielführenden Inhalten gewährleisten zu können.

Komplementäre Bildung ist jedoch nur im Verhältnis zu diesem etablierten Wissen, das es zu überschreiten (nicht zu negieren) gilt, als *komplementär* denkbar. Entsprechend baut sie auf dem Prinzip der Kompensation potentiell einseitiger Beobachtungshaltungen auf. Im universitären Kontext, also im Rahmen wissenschaftlicher Bildung, soll sie der Einseitigkeit einer auf objektive Welterkenntnis ausgerichteten Beobachtungshaltung entgegensteuern, um eine wissenschaftliche Haltung im Sinne der oben beschrieben Fragehaltung zu befördern.[16] Als Beitrag zur wissenschaftlichen Bildung ist komplementäre Bildung entsprechend als eine Aufforderung zur Anerkennung unserer doppelten Beziehung zur Wirklichkeit zu verstehen und damit als Impuls zur umfassenden Reflexion unserer Wahrnehmungsweise und deren Wirkung auf die von uns hervorgebrachten Welt- und Selbstverhältnisse. Im Anschluss an Kollers Definition von „Bildung als Transformation grundlegender Figuren des Welt- und Selbstverhältnisses" (2018, 15) bezieht sich das Konzept komplementärer Bildung auf die Transformation der Beobachtungshaltung als Disposition der Erkenntnissuche. In diesem Sinne ist es als ein Versuch zu verstehen, einen Beitrag zur Kultur der Bewusstseinsentwicklung im Rahmen wissenschaftlicher Bildung zu leisten.

---

[15] Vgl. hierzu die ausführlichen Darstellungen zu den Diskurspositionen Q1 und Q2.

[16] Wie in Kapitel 4.4 ausgeführt, distanziere ich mich von einer Position, von der aus Wissenschaft pauschal auf eine objektivierende Beobachtungshaltung reduziert wird.

Im vollen Bewusstsein, dass der hiermit verfolgte Anspruch nicht ohne Weiteres mit den institutionellen Rahmenbedingungen und den Bedürfnislagen aller Beteiligten harmoniert, habe ich einen konzeptionellen Entwurf vorgelegt, der als richtungsweisend in einem gemeinsam zu gestaltenden Prozess anzusehen ist. Ein solcher Prozess braucht Zeit und wird an Grenzen stoßen, die pragmatische Lösungen erfordern. Dennoch kann dieser Entwurf als Diskussionsgrundlage dazu dienen, die Grenzen des bisher Gedachten zu erweitern und dadurch neue Möglichkeitsräume eröffnen.

Schlusswort

Komplementäre Bildung soll dazu beitragen, dass wir lernen, uns als Beobachter zu verstehen und zu einer ganzheitlichen Betrachtungsweise fähig sind. Da sie einer einseitig ausgerichteten Wahrnehmungsweise als Korrektiv entgegensteuert, kann sie nur mit Blick auf eine habituelle Beobachtungspraxis konzipiert werden. Im wissenschaftlichen Kontext werden vorrangig objektive Erkenntnisstrategien zur Erkenntnis der Welt eingeübt. Dadurch bildet sich die habituelle Beobachtungshaltung des wissenschaftlichen Subjekts heraus, der extravertierte Beobachtungstyp.

Aus einer chronisch einseitigen Ausrichtung der Wahrnehmung ergibt sich eine reduzierte Wirklichkeitsauffassung.[a] Indem wir lernen, sowohl die extravertierte als auch die introvertierte Beobachtungshaltung einzunehmen, können wir beide Perspektiven in unsere Wirklichkeitsauffassung integrieren. Komplementäre Bildung dient der Einübung des bewussten Perspektivenwechsels zwischen der Außen- und der Innenansicht mit dem Ziel, die mit der jeweiligen Haltung in Zusammenhang stehenden Bedürfnisse, Erwartungen und Verhaltensweisen wahrzunehmen sowie über deren Wirkung auf unsere Welt- und Selbstverhältnisse zu reflektieren.

Um die transformatorische Bedeutung dieser Art von Perspektivenwechsel nachvollziehen zu können, war es notwendig, zunächst den Unterschied zwischen einer extravertierten und einem introvertierten Beobachtungshaltung zu erfassen[b] und zwischen Extraversion und Introversion anhand der durch die jeweilige Beobachtungshaltung hervorgebrachten Selbstverhältnisse zu

---

[a] Ein Beobachter kann die Tendenz ausbilden, seine bewusste Auffassung von Wirklichkeit vorrangig über eine der beiden Wahrnehmungsfunktionen hervorbringen und dadurch der Befriedigung bestimmter Bedürfnisse den Vorrang zu geben.

[b] Vgl. dazu Kapitel 4.2, Abschnitt *Extraversion und Introversion: eine Frage der Wahrnehmungsausrichtung*

differenzieren.[c] Denn abhängig davon, welche Vorstellungen sich ein Beobachter davon macht, wer er *selbst* ist bzw. was unter *Selbst* verstanden werden kann, wird er auch etwas anderes unter *Bildung* verstehen.[d] Dies lässt sich anhand der Konzepte Persönlichkeitsbildung und Selbstbildung gut verdeutlichen, deren diesbezügliche Differenz durch die von C. G. Jung eingeführten Termini *Persona* und *Anima* offenkundig wird:

Das Bildungsmotiv des extravertierten Beobachtungstyps kann formuliert werden als das Bestreben, mit seinen objekthaften Selbstbildern (*Persona*-Imagines) identisch zu werden. Persönlichkeitsbildung lässt sich entsprechend als *Formation der äußeren Persönlichkeit* nach der Vorgabe konkreter Zielbilder beschreiben. Das Bildungsmotiv des introvertierten Beobachtungstyps erweist sich hingegen als eine nach Innen gerichtete Suchbewegung, die durch die Beziehungsfunktion zum Unbewussten (*Anima*-Imagines) gespeist wird. Der Introvertierte will seine *innere Persönlichkeit* entdecken und erkundet seine Innenwelt mit dem Ziel, sich selbst zu erkennen. Auf der Objektstufe[e] führt das Bestreben nach Selbsterkenntnis zur Identifikation mit solchen Objekten im Außen, die aktuelle innere Zustände spiegeln. Kann dieses Bedürfnis nach Entäußerung innerer Erfahrungen mithilfe äußerer Identifikationsobjekte überwunden werden, wird die Suchbewegung selbst zum Bildungsmotiv.[f] Die nicht länger auf ein Ziel im Außen fokussierte Integration unbewusster Aspekte erweist sich dann als Selbstzweck

---

[c] Vgl. Kapitel 4.2, Abschnitt Doppeltes Selbstverhältnis: Das Selbst als innere und als äußere Persönlichkeit

[d] Die Frage nach dem *Selbst* steht im Zentrum komplementärer Bildung, wobei sich *Selbst*reflexion nicht nur auf individuelle Verhaltensweisen bezieht, sondern die Auseinandersetzung mit Verhaltensweisen beinhaltet, die wir vor dem Hintergrund soziokultureller und biologischer Prägungen mit anderen teilen. In der Konzeption für das Komplementärstudium am Leuphana College spiegelt sich dies in den drei Ebenen der Beobachter-Selbst-Reflexion. Vgl. dazu Ausblick: Komplementäre Bildung – ein Konzept für das Leuphana College

[e] Auf der Objektstufe, die einer abbildtheoretischen Auffassung der Welt entspricht, ist es dem Beobachter nicht möglich, zwischen Objekt und Imago zu unterscheiden (Jung 1972, 27).

[f] Vor diesem Hintergrund lässt sich Selbstbildung wie bei Maslow noch einmal unterteilen in Selbstverwirklichung und Selbsttranszendenz (vgl. Koltko-Rivera 2006; Venter 2016).

der Vergrößerung des Bewusstseinsfeldes. Durch die Ausdehnung verschiebt sich der virtuelle Mittelpunkt der gesamten Psyche, den Jung als *Selbst* bezeichnet. Selbstbildung erscheint in diesem Sinne als Transformation des Bewusstseinsfeldes bzw. als seine Transzendenz, da die bisherigen Grenzen überstiegen (lat: *transzendere*) werden. Damit verweist der Begriff der *Selbst*bildung nicht nur darauf, dass es sich hierbei um einen autopoietischen Prozess handelt, sondern korrespondiert ebenso mit Antonio Damasios (2013) Verständnis von Bewusstseinserweiterung als Entwicklung von bewusstem Geist (Bewusstsein) aus unbewusstem Geist.[8]

Je nachdem, in welchen Bildungskontext sie eingebettet wird, kann komplementäre Bildung entweder Persönlichkeitsbildung oder Selbstbildung fördern. Im zeitgenössischen universitären Kontext muss die Einübung der Innenansicht als komplementärer, weil zu den dominanten Beobachtungspraktiken kompensatorischer Impuls angesehen werden. Statt einer einseitigen Ausrichtung auf die Erreichung vorab definierter Bildungsziele und damit auf das Identisch-Werden mit spezifischen Persönlichkeits-Imagines (wie z.B. dem Wissenschaftler*innen-Ideal des bzw. der interdisziplinär gebildeten Spezialist*in) gilt es zusätzlich introspektive Beobachtungspraktiken und Selbst-Techniken einzuüben.

Komplementäre Bildung setzt bei der theoretischen Auseinandersetzung mit dem menschlichen Bewusstsein an. Auf dieser Basis erfolgt die Reflexion und Analyse der eigenen Beobachtungshaltung, mit dem Ziel, sich darüber bewusst zu werden, welche Wirklichkeitsauffassung und welche Bedürfnisse, Erwartungen und Erfahrungen die bisherigen Welt- und Selbstverhältnisse prägend beeinflusst haben. In einem nächsten Schritt kann darüber reflektiert werden, zu welchen Verhaltensweisen die eingenommene Perspektive führt und inwieweit diese in der gegenwärtigen Situation angemessen (viabel) erscheinen. Ein gezielt herbeigeführter Perspektivenwechsel ermöglicht die Distanzierung von den habituellen Welt- und Selbstbildern. Auf diese Weise öffnet sich ein Raum für neue Seins-Möglichkeiten, in dem andersartige Welt- und

---

[8] Vgl. hierzu Kapitel 2.2 Bewusstsein und Geist: Der Selbst-Prozess der Bewusstwerdung

Selbstverhältnisse hervorgebracht werden können. Dadurch wird das Spektrum der Erkenntnis- und Handlungsmöglichkeiten erweitert. Je breiter dieses Spektrum ist, desto größer sind unsere Chancen, in unvorhersehbaren und unbekannten Situationen neue, viable Verhaltensstrategien zu entwickeln und anzuwenden. Gerade in Zeiten der Transformation, in denen sich altbewährte Strategien nicht länger als wirksame Lösungswege erweisen, kann eine veränderte Beobachtungshaltung neue Orientierungsmöglichkeiten bieten. Ein erweitertes Bewusstsein über die Wirkung der im Unbewussten arbeitenden Welt- und Selbstkonzepte stellt einen vergrößerten Entscheidungsspielraum für uns als Beobachter dar hinsichtlich der Haltung, die wir gegenüber unseren Objekten einnehmen und damit der Verhaltensweisen, für die wir uns künftig entscheiden. Durch die Möglichkeit, sich bewusst für oder gegen eine bestimmte Haltung zu entscheiden, erweitert sich auch unser Handlungsspielraum und das Maß, in dem wir Verantwortung für unsere Handlungen übernehmen können.

Danksagung

Wie so vieles in dieser Welt konnte auch diese Arbeit nur mit Unterstützung anderer hervorgebracht werden. Damit sind zum einen die ausführlich zitierten Vordenker gemeint, deren Werke es mir erlaubt haben, auf dieser theoretischen Basis meine eigenen Ideen zu entwickeln. Zum anderen denke ich an die zahlreichen Unterstützer*innen in meinem wissenschaftlichen, beruflichen und meinem privaten Umfeld.

Seinen Anfang hat dieses Projekt mit einem Abstract genommen, das ich Prof. em. Dr. Ludwig Huber auf einer Tagung zum Forschenden Lernen vorgelegt habe. Er hat mir sofort seine Unterstützung als Betreuer meiner Promotion zugesagt, was mir enormen Rückenwind gegeben hat. Durch seine engagierte und zugewandte Art ist er mir bis heute ein anregendes wissenschaftliches sowie pädagogisches Vorbild. Ich bin dankbar, dass ich ihm vor seinem unerwartet plötzlichen Tod im Jahr 2019 nicht nur als dem renommierten Wissenschaftler, sondern auch als Mensch begegnen durfte – an einem wundervollen Tag mit selbstgepflückten Himbeeren in seinem Garten in Bielefeld.

Als großes Geschenk habe ich die Unterstützung sowie die Freiheit erlebt, die mir von meiner Erstbetreuerin Prof. Dr. Ulrike Steierwald gewährt wurde. Mit viel Geduld hat sie mich durch Höhen und Tiefen sowie Phasen der Stagnation begleitet und mich konsequent darin bestärkt, meine wissenschaftliche Haltung zu finden. Prof. Dr. Roberto Nigro danke ich dafür, dass er nach dem Tod Ludwig Hubers ohne Zögern als Zweitbetreuer in dieses Projekt eingestiegen ist. Seine pointierte Kritik hat mich an einem entscheidenden Punkt in eine konstruktive Krise gestürzt, die im positiven Sinne der Anfang vom Ende war. Prof. Dr. habil. Harald Schwaetzer, der mir als Drittgutachter zur Seite stand, bin ich für die profunde Auseinandersetzung mit meiner Arbeit und die zahlreichen Anregungen für eine fortgesetzte Reflexion der Thematik dankbar. Mit ihnen allen sind mir wunderbare, inspirierende Menschen begegnet.

In meinem beruflichen Umfeld an der Leuphana Universität Lüneburg gilt mein ganz besonderer Dank meinem großartigen Kollegen Prof. Dr. Maik Adomßent, der mir in all den Jahren unserer engen Zusammenarbeit immer den Rücken gestärkt hat. Insbesondere in der Abschlussphase dieser Arbeit haben mir die wohlwollende Haltung meiner Vorgesetzten Dr. Steffi Hobuß und die Wertschätzung des gesamten Teams am Leuphana College die Möglichkeit eröffnet, meinen Fokus auf die Fertigstellung der Arbeit zu richten. Mein ganz besonderer Dank gilt Astrid Becker, Pia Rudzinski und Britta Viehweger. Darüber hinaus möchte ich meiner Kollegin und Freundin Dr. Nuria Miralles Andres für ihre konstruktiven Impulse danken, trotz persönlicher Krisen am Ball zu bleiben und in den Prozess des Schreibens zu kommen. Auf keinen Fall unerwähnt dürfen die wunderbaren Studierenden bleiben, die mir in diesen Jahren als studentische Hilfskräfte und inspirierende Gesprächspartner*innen zur Seite standen. Sowohl durch ihre Perspektive auf das Leuphana Studienmodell als auch durch ihre ganz praktische Unterstützung, u.a. beim Kodieren der Interviews, haben Joelina Delphin, Gianna Henkel, Ninja Müller, Hanna Oester-Barkey und Florian Schmidt meine Sichtweise sehr bereichert.

Meine Lektorin Katerine Engstfeld hat grandiose Arbeit geleistet. Sie stand mir nicht nur in formalen, sondern auch in inhaltlichen Fragen und auch unter Zeitdruck überaus kompetent zur Seite. Wiederholt hat sie mich dazu veranlasst, die Perspektive der Leser*innen einzunehmen, entsprechende Übergänge zu formulieren und meine Gedanken prägnanter zu formulieren. Dr. Susanne Friese danke ich dafür, dass sie mir immer eine verlässliche und hilfreiche Ansprechpartnerin hinsichtlich methodischer und technischer Fragen zum Kodieren mit Atlas.ti war.

In meinem privaten Umfeld habe ich durch die unterschiedlichsten Menschen unglaublich vielseitige Unterstützung erfahren. Detlef, Nathalie und Jessika danke ich für ihre magischen Impulse, die meine Perspektive auf die Welt und mich selbst gründlich verändert haben, Lisa für unsere Gespräche und den Hinweis auf C. G. Jung, Anna für die großartige

Nachbarschaft, Conny und Paula für ihre unvergleichliche und für mich jeweils perfekte Art, Freundschaft zu leben. Meiner Mutter bin ich insbesondere dafür dankbar, dass sie mir angesichts meiner vertraglichen und damit auch finanziell ungewissen Situation immer das Gefühl gegeben hat, ein tragfähiges Sicherheitsnetz zu haben. Last, but not least, geht ein großer Dank an meine wunderbaren Kinder Miralem und Selvin Aljukic, die es mir ermöglicht haben, mich trotz all der Rollen, die ich als berufstätige Mutter in Zeiten einer Pandemie auszufüllen hatte, auch meiner Forschung zu widmen. Ich würde mich freuen, wenn ihnen meine Liebe zur Forschung in guter Erinnerung bleibt und möglicherweise in ihnen weiterlebt.

Literaturverzeichnis

Adorno, Theodor W. 1972. „Der Essay als Form". In *Essays avant la lettre*, herausgegeben von Ludwig Rohner, Ungekürzte Ausg. München: Dt. Taschenbuch-Verl.

—. 1990. *Negative Dialektik*. Herausgegeben von Rolf Tiedemann. 4. Aufl. Frankfurt am Main: Suhrkamp.

Bechthold-Hengelhaupt, Tilman. 1990. „Bildung als Erkenntnis des Unaussprechbaren. Über Sprache und Wahrheit bei Meister Eckhart". *Zeitschrift für wissenschaftliche Pädagogik* 66 (4): 478–97.

Bohr, Niels. 1937. „Kausalität und Komplementarität". *Philosophy and Science* 4: 289–98.

Breuer, Franz. 2010. *Reflexive Grounded Theory: eine Einführung für die Forschungspraxis*. 2. Aufl. Wiesbaden: VS, Verl. für Sozialwiss.

Breuer, Franz, und Petra Muckel. 2016. „Reflexive Grounded Theory - Die Fokussierung von Subjektivität, Selbstreflexivitöt und Kreativität des/der Forschenden". In *Handbuch Grounded Theory: von der Methodologie zur Forschungspraxis*, von Claudia Equit und Christoph Hohage, 67–85. Weinheim: Beltz Juventa.

Butler, Judith. 2013. „Von der Performativität zur Prekarität". In *Performing the future: die Zukunft der Performativitätsforschung*, herausgegeben von Erika Fischer-Lichte, 27–40. Paderborn München: Fink.

Charmaz, Kathy. 2006. *Constructing grounded theory: a practical guide through qualitative analysis*. London: SAGE.

Ciompi, Luc. 2016. *Die emotionalen Grundlagen des Denkens Entwurf einer fraktalen Affektlogik*. https://nbn-resolving.org/urn:nbn:de:101:1-2016112715196.

Clarke, Adele E. 2012. *Situationsanalyse: Grounded Theory nach dem postmodern turn. Interdisziplinäre Diskursforschung*. Wiesbaden: Springer VS.

Damasio, Antonio R. 2013. *Selbst ist der Mensch: Körper, Geist und die Entstehung des menschlichen Bewusstseins*. Übersetzt von Sebastian Vogel. 1. Aufl. München: Pantheon.

Daston, Lorraine, und Peter Galison. 2007. *Objektivität*. Herausgegeben von Christa Krüger. 1. Aufl. Frankfurt am Main: Suhrkamp.

Devereux, George. 1976. *Angst und Methode in den Verhaltenswissenschaften*. Sonderausg. Hanser-Anthropologie. München: Hanser.

DFG, (Deutsche Forschungsgemeinschaft). 2021. „Fachsystematik". 2021. https://www.dfg.de/dfg_profil/gremien/fachkollegien/faecher/.

Dürr, H.-P. 2016. *Geist, Kosmos und Physik: Gedanken über die Einheit des Lebens*. Deutsche Originalausg., 9. Aufl. Amerang: Crotona.

Elsholz, Jürgen. 2013. *Bildung und Bewusstsein*. Marburg: Tectum-Verl.

Foucault, Michel. 1978. *Dispositive der Macht: über Sexualität, Wissen und Wahrheit*. IMD 77. Berlin: Merve-Verlag.

—. 1996. *Der Mensch ist ein Erfahrungstier: Gespräch mit Ducio Trombadori*. Übersetzt von Horst Brühmann. 1. Aufl. Suhrkamp-Taschenbuch Wissenschaft 1274. Frankfurt am Main: Suhrkamp.

Gebser, Jean. 1975. *Gesamtausgabe Band I: Rilke und Spanien; Lorca und das Reich der Mütter; Der grammatische Spiegel; Abendländische Wandlung*. Schaffhausen: Novalis-Verlag.

—. 1976. *Gesamtausgabe Band V/I: Vorlesungen und Reden zu „Ursprung und Gegenwart"*. Gesamtausgabe, 5 1-2. Schaffhausen: Novalis.

—. 1977. *Gesamtausgabe Band V/II: Vorlesungen und Reden zu „Ursprung und Gegenwart"*. Schaffhausen: Novalis-Verlag.

—. 1978. *Gesamtausgabe Band II: Ursprung und Gegenwart: T.1, Die Fundamente der aperspektivischen Welt ; Beitrag zu einer Geschichte der Bewußtwerdung*. An die Gesamtausg. angeglilchener und erg. Nachdr. der Ausg. 1973. Schaffhausen: Novalis-Verl.

Glaser, Barney G. 1978. *Theoretical Sensitivity*. Place of publication not identified: Mill Valley Socioloty Press.

Glaser, Barney G., und Anselm L. Strauss. 2005. *Grounded theory: Strategien qualitativer Forschung*. Herausgegeben von Axel T. Paul. 2., Korrigierte Aufl. Verlag Hans Huber - Programmbereich Gesundheit Gesundheitswissenschaften : Methoden. Bern: Huber.

Glasersfeld, Ernst von. 1996. *Radikaler Konstruktivismus: Ideen, Ergebnisse, Probleme*. 1. Aufl. Frankfurt am Main: Suhrkamp.

Haan, Gerhard de, und Tobias Rülcker. 2009. *Der Konstruktivismus als Grundlage für die Pädagogik*. Berliner Beiträge zur Pädagogik. - Frankfurt, M : Lang, 2000-2010 ; ZDB-ID: 2121851-1 7. Frankfurt am Main [u.a.]: Lang.

Hark, Helmut, und C. G. Jung. 1998. *Lexikon Jungscher Grundbegriffe: mit Originaltexten von C. G. Jung*. 4. Aufl. Solothurn: Walter.

Hastedt, Heiner, Hrsg. 2012. *Was ist Bildung?: eine Textanthologie*. Reclams Universal-Bibliothek. - Stuttgart : Reclam, 1867- 19008. Stuttgart: Philipp Reclam jun.

Huber, Ludwig. 1991. „Bildung durch Wissenschaft - Wissenschaft durch Bildung: hochschuldidaktische Anmerkungen zu einem großen Thema". *Pädagogik und Schule in Ost und West* 39 (4): 193–200.

Humboldt, Wilhelm. 1986. „Theorie der Bildung des Menschen". In *Allgemeine Bildung : Analysen zu ihrer Wirklichkeit, Versuche über ihre Zukunft*, herausgegeben von Heinz-Elmar Tenorth, 32-38. Weinheim: Juventa.

Jongebloed, Hans-Carl. 2003. „,Komplementarität' als Prinzip beruflicher Bildung. Kritik der Lernfelder und Konstruktion durch Komplementarität." *SchulVerwaltung. Spezial*, Nr. 4: 35-45.

Jung, C. G. 1972. *Die Beziehungen zwischen dem Ich und dem Unbewussten*. Lizenzausg. für den Buchclub Ex Libris Zürich. Olten: Walter.

—. 1995. *Psychologische Typen*. 1. Aufl. Solothurn: Walter-Verl.

—. 1998. *Über den Menschen: im Körper verwurzelt, der Seele verpflichtet*. Zürich: Walter.

—. 2013. „Erste Vorlesung". In *Ausgewählte Schriften*, herausgegeben von Verena Kast und Ingrid Riedel, 3. Aufl., 16-47. Ostfildern: Patmos.

Kaufmann, Mathias. 1998. „Substrat". In *Historisches Wörterbuch der Philosophie*, herausgegeben von Joachim Ritter, Karlfried Gründer, Gottfried Gabriel, und Rudolf Eisler, Völlig neubearbeitete Ausg. des Wörterbuchs der philosophischen Begriffe von Rudolf Eisler. Bd. 10, St-T. Basel: Schwabe.

Koller, Hans-Christoph. 2018. *Bildung anders denken: Einführung in die Theorie transformatorischer Bildungsprozesse*. 2., Aktualisierte Auflage. Stuttgart: Verlag W. Kohlhammer.

Koltko-Rivera, Mark E. 2006. „Rediscovering the Later Version of Maslow's Hierarchy of Needs: Self-Transcendence and Opportunities for Theory, Research, and Unification". *Review of General Psychology* 10 (4): 302-17. https://doi.org/10.1037/1089-2680.10.4.302.

Köppl, Susann. 2017. *„Selbst" und „Selbstsein": ein philosophischer Bestimmungsversuch auf interdisziplinärem Grund*. Hamburg: disserta Verlag.

Lenzen, Dieter. 1997. „Lösen die Begriffe Selbstorganisation, Autopoiesis und Emergenz den Bildungsbegriff ab? : Niklas Luhmann zum 70. Geburtstag". *Zeitschrift für Pädagogik* 43 (6): 949-68.

Leuphana. 2021a. „Komplementärstudium am College". 6. Mai 2021. https://www.leuphana.de/college/studienmodell/komplementaerstudium.html.

—. 2021b. „STUDIEREN AN DER LEUPHANA: EIN INTELLEKTUELLES ABENTEUER". 7. Juli 2021. https://www.leuphana.de/studium.html.

Leuphana, Forschungsservice. 2021c. „Gute Wissenschaftliche Praxis". 4. Mai 2021. https://www.leuphana.de/forschung/transparenz-in-der-forschung/gute-wissenschaftliche-praxis.html,.

Ludewig, Kurt. 1987. „Vorwort des Übersetzers". In *Der Baum der Erkenntnis: d. biolog. Wurzeln d. menschl. Erkennens*, von Humberto R. Maturana und Francisco Varela, 1. Aufl, 11–16. Bern: Scherz.

Lyotard, Jean-François. 1989. *Der Widerstreit*. Übersetzt von Joseph Vogl. 2., Korrigierte Aufl. Supplemente 6. München: Fink.

Maturana, Humberto R., und Francisco Varela. 1987. *Der Baum der Erkenntnis: d. biolog. Wurzeln d. menschl. Erkennens*. 1. Aufl. Bern: Scherz.

Meyer-Drawe, Käte. 2007. „,Du sollst dir kein Bildnis noch Gleichnis machen...' - Bildung und Versagung". In *Bildungsprozesse und Fremdheitserfahrung: Beiträge zu einer Theorie transformatorischer Bildungsprozesse*, herausgegeben von Hans-Christoph Koller, Winfried Marotzki, und Olaf Sanders, 83–94. Theorie bilden 7. Bielefeld: Transcript-Verl.

Pörksen, Bernhard. 2002. *Die Gewissheit der Ungewissheit: Gespräche zum Konstruktivismus*. 1. Aufl. Reihe Konstruktivismus und systemisches Denken. Heidelberg: Carl-Auer-Systeme, Verl. und Verl.-Buchh.

Reichertz, Jo, und Sylvia Wilz. 2016. „Welche Erkenntnistheorie liegt der GT zugrunde?" In *Handbuch Grounded Theory: von der Methodologie zur Forschungspraxis*, von Claudia Equit und Christoph Hohage, 48–66. Weinheim: Beltz Juventa.

Richards, Mike. 1984. „Jeopardy!" Stockholm: Jeopardy Productions, Inc., Sony Pictures Television.

Richards, Tom, und Lyn Richards. 1996. „Using Hierarchical Categories in Qualitative Data Analysis". In *Computer-Aided Qualitative Data Analysis: Theory, Methods and Practice*, herausgegeben von Udo Kelle. London ; Thousand Oaks, Calif: SAGE Publications Ltd.

Ricken, Norbert. 1999. *Subjektivität und Kontingenz: Markierungen im pädagogischen Diskurs*. Epistemata: Würzburger wissenschaftliche Schriften [Epistemata / Reihe Philosophie]. - Würzburg : Königshausen & Neumann, 1979- ; ZDB-ID: 569970-8 249. Würzburg: Königshausen und Neumann.

Saldaña, Johnny. 2009. *The coding manual for qualitative researchers*. Los Angeles [u.a.]: SAGE.

Stachel, Günter. 1998. *Meister Eckhart: Beiträge zur Diskussion seiner Mystik*. Würzburg: Königshausen & Neumann.

Stolzenberg, Jürgen. 1998. „Subjekt". In *Historisches Wörterbuch der Philosophie*, herausgegeben von Joachim Ritter, Karlfried Gründer, Gottfried Gabriel, und Rudolf Eisler, Völlig neubearbeitete Ausg. des Wörterbuchs der philosophischen Begriffe von Rudolf Eisler. Bd. 10, St-T. Basel: Schwabe.

Strauss, Anselm, und Juliet Corbin. 1996. *Grounded theory : Grundlagen qualitativer Sozialforschung*. Weinheim: Beltz, Psychologie Verlags Union.

Strübing, Jörg. 2014. *Grounded Theory: zur sozialtheoretischen und epistemologischen Fundierung eines pragmatistischen Forschungsstils*. 3., Überarb. u. erw. Aufl. Qualitative Sozialforschung. Wiesbaden: Springer VS.

Strunz, Cathleen. 2021. *Datenbank zum Projekt Komplementärstudium*. ATLAS.ti.

Strunz, Kurt. 1965. *Integrale Anthropologie und Kybernetik : mit pädagogischen Vorschlägen zur anthropologischen Besinnung auf zahlreichen Lehrgebieten*. Heidelberg: Quelle & Meyer.

Valsangiacomo, Fabio. 2017. „Chronos und Kairos; Die Dichotomie der Zeit". Denkbrocken. 3. August 2017. https://denkbrocken.com/2017/08/03/chronos-und-kairos-die-dichotomie-der-zeit/.

Venter, Henry J. 2016. „Self-Transcendence: Maslow's Answer to Cultural Closeness". *Journal of Innovation Management* 4 (4): 3–7.

Warnke, Ulrich. 2013. *Quantenphilosophie und Spiritualität: der Schlüssel zu den Geheimnissen des menschlichen Seins*. 4. Aufl. Berlin: Scorpio.

Weizsäcker, Carl Friedrich. 1990. „Komplementarität und Logik". In *Zum Weltbild der Physik: mit neuem Vorwort: „Rückblick nach 46 Jahren"*, 13. Aufl., 281–331. Stuttgart: Hirzel.

Abbildungsverzeichnis

Abbildung 1: Schlüsselkategorien der vier Diskurspositionen 53
Abbildung 2: Interpretations- und Kategorienschema zum Bildungsbegriff 56
Abbildung 3: Schema zu Bildung/bildende Prozesse 58
Abbildung 4: Beziehungsdreieck als Pendelbewegung im Wertspektrum Bindung 108
Abbildung 5: Legende zum Kodiersystem 114
Abbildung 6: Die vier Positionen im Gesamtdiskurs 115
Abbildung 7: Kode-Tabelle Q1 122
Abbildung 8: Kode-Tabelle Q2 148
Abbildung 9: Kode-Tabelle Q3 164
Abbildung 10: Kode-Tabelle Q4 192
Abbildung 11: Schlüsseldichotomien der Diskursfelder 241
Abbildung 12: Harmonische Diskursfeldbeziehungen 241
Abbildung 13: Spannungsreiche Diskursfeldbeziehungen 242
Abbildung 14: Studienmotive nach Gruppen 242
Abbildung 15: Visualisierung der Neukonzeption für das Komplementärstudium 276

***ibidem**.eu*